Viva Guide

AUSTRALIEN

RV
VERLAG

Autor: Michael Ivory
Überarbeitung: Anne Mathews
Originalfotos: Adrian Baker

© The Automobile Association 1994
Karten © The Automobile Association 1994, 1996, 1998
Faltkarte: © Kartographie: GeoData GmbH & Co. KG

Deutsche Ausgabe:
© RV Reise- und Verkehrsverlag GmbH
in der FALK-VERLAG AG
München 1994
3. aktualisierte Auflage 1998

Alle Rechte vorbehalten. Reproduktionen, Speicherung in Datenverarbeitungsanlagen, Wiedergabe auf elektronischen, fotomechanischen oder ähnlichen Wegen, Funk und Vortrag – auch auszugsweise – nur mit ausdrücklicher Genehmigung des Copyrightinhabers.

Übersetzung: Simon & Magiera für GAIA Text, München
Redaktion: Dr. Christoph Schneider, Düsseldorf,
für Falk-Verlag AG, München
Koordination: Falk-Verlag AG, München
Satz und Produktion: GAIA Text, München
Lithographie: Fotographics Ltd
Druck und Verarbeitung: Printer Trento srl, Italien
Printed in Italy

Vertrieb: Falk-Verlag AG, München

ISBN 3-89480-602-8

Für Hinweise, Verbesserungsvorschläge und Korrekturen ist der Verlag dankbar. Bitte richten Sie Ihr Schreiben an:

FALK-VERLAG AG
Buchredaktion
Neumarkter Str. 43
81673 München

Internet: http://www.falk-online.de

Seite 2: Die Pinnacles, Nambung National Park
Seite 3: Sydney Harbour Bridge und Opera House
Seite 4: Parade bei Victoria Barracks, Sydney
Seite 5 (oben): Surfing Australia
Seite 6: Sonnenuntergang am Ayers Rock (Uluru)
Seite 7 (oben): Gebäudefassaden in Maldon, Victoria
Seite 8: Ayers Rock (Uluru)
Seite 9: Kalbarri Gorge, Western Australia
Seite 33: Sydney Opera House und Circular Quay
Seite 39: Sydney Tower
Seite 251: Clock Tower Square Shopping Centre, Sydney

Benutzerhinweise

Dieses Buch ist in fünf Kapitel aufgeteilt:

❏ Kapitel 1: *Australien heute*
befaßt sich mit dem Leben heute, der Landschaft und der Kultur

❏ Kapitel 2: *Australien damals*
zeigt Zusammenhänge auf und beleuchtet die historischen Ereignisse

❏ Kapitel 3: *A bis Z*
schlägt Ihnen Sehenswürdigkeiten, Spaziergänge und Ausflüge, nach Bundesstaaten geordnet, vor. In den »Special«-Kapiteln werden Ihnen landestypische Themen detaillierter nähergebracht

❏ Kapitel 4: *Reiseinformationen*
enthält viele praktische Tips für einen gelungenen Aufenthalt

❏ Kapitel 5:
Hotels and Restaurants
nennt Ihnen von uns empfohlene Hotels und Restaurants in ganz Australien, die wir Ihnen in Kurzform vorstellen

Die Sehenswürdigkeiten
Die meisten der vorgestellten Sehenswürdigkeiten sind in verschiedene Kategorien aufgeteilt:

▶▶▶ Nicht versäumen!

▶▶ Sehr Sehenswert

▶ Sehenswert

Kartenbenutzung
Um Ihnen das Auffinden der Sehenswürdigkeiten zu erleichtern, ist rechts neben der Bezeichnung ein Code angegeben, bestehend aus einer Ziffer, einem Buchstaben und einer weiteren Ziffer (z. B. *176B3*). Die erste Ziffer nennt die Seite auf der sich die Karte befindet. Buchstabe und zweite Ziffer bezeichnen das Planquadrat, in dem man die Sehenswürdigkeit findet. Die Karten auf den Umschlaginnenseiten vorne und hinten sind statt mit einer Seitenzahl mit den Buchstaben *UIV* und *UIH* gekennzeichnet.

Inhalt

Kurzübersicht	6–7
Mein Australien	
von Michael Ivory	8
Australien heute	9–20
Australien damals	21–32
Australien von A bis Z	
Reiseplanung	34–37
Sydney	38–61
New South Wales	62–89
Victoria	90–123
South Australia	124–145
Western Australia	146–175
Northern Territory	176–199
Queensland	200–225
Tasmania	226–250
Reiseinformationen	251–266
Hotels und Restaurants	267–281
Register	282–287
Bildnachweis	288

Oben: Palm Valley, Finke Gorge National Park.
Links: Yachten in Hobart.

Kurzübersicht

Die folgende Kurzübersicht gibt Ihnen schnell Aufschluß über die »Special«-Kapitel, die Spaziergänge und die Ausflüge, die Sie mit dem Auto unternehmen können.

Karten

Australiens Staaten und Drei-Sterne-Sehenswürdigkeiten	UIV
Australien im Jahre 1848	23
Verkehrswege in Australien	36–37
Sydney	38–39
Sydneys Vororte	56–57
New South Wales	62–63
Canberra	66
Victoria	90–91
Melbourne	94–95
Victoria	123
South Australia	124–125
Adelaide	128–129
Barossa Valley	144
McLaren Vale und Fleurin Peninsula	145
Western Australia	146–147
Perth	150–151
Perth	155
Northern Territory	176
Darwin	180
Queensland	200–201
Brisbane	204
Queensland	208
Queensland	212
Great Barrier Reef	218
Tasmania	226–227
Hobart	230

Australien heute

Landschaft	10–11
Flora und Fauna	12–13
Menschen	14–15
Lebensstil	16–17
Kultur	18–19
Politik und Wirtschaft	20

Australien damals

Ein alter Kontinent	22–23
Die ersten Australier	24–25
Entdeckungsreisen	26–27
Entdecker des Landes	28–29
Gold	30–31
Veränderte Natur	32

Special

Strände	46
Sydneys Hafen	55
Captain Cook	76–77
Snowy Mountains	82–83
Tödliche Tierwelt	88
Architektur	102
Murray	112–113
Eukalyptus	120
Weinanbau	140–141
Tracks	143
Perlen	161
Mineralien	166–167
Wildblumen	169
Kimberley	173
Krokodile	183
Australische Eisenbahnen	188–189
Aborigines heute	194–195
Schafe	196
Great Barrier Reef	216–217

Kurzübersicht

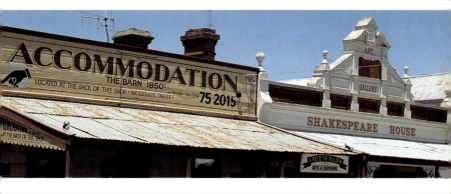

Regenwälder	222
Rinder	224
Wasserkraft	238
Tasmanias Aborigines	241
Schiffbrüche	242–243

Zu Fuß

Der Hafen und seine Geschichte	49
Innenstadt und Darling Harbour	49
Die Straßen von Melbourne	105
Entlang dem Yarra	105
Grünflächen und historische Bauten	132
Das Stadtzentrum von Perth	154
Brisbanes Bauwerke und der Botanische Garten	205
Von Sullivans Cove zum Battery Point	234

Mit dem Auto

Blue Mountains	58
Palm Beach und West Head	58
Dandenong Ranges	122
Mornington Peninsula	122
Barossa Valley	144
McLaren Vale und Fleurieu Peninsula	145
Der Südwesten	154–155
Mundaring Weir	155
Sunshine Coast und Hinterland	208
Zum Daintree und Cape Tribulation	212
Über den Lyell Highway durch die Wildnis	246

Blütenpracht.

Mein Australien von Michael Ivory

Michael Ivory hat bereits mehrere Reiseführer zu den Ländern Osteuropas geschrieben, darunter den *Viva Guide Prag* und die *Viva Twins Prag* und *Ungarn*. Gerne nahm er das Angebot an, einen Führer zu Australien zu schreiben, ein Land, das ihn schon immer fasziniere. Der Viva Guide *Australien* vermittelt etwas von dieser Freude, ein beeindruckendes und fremdes Land zu entdecken.

Als ich die schier unendliche Nullarbor-Ebene mit der Indian Pacific-Linie durchquerte, beging ich den typisch englischen Fehler, im Speisewagen einen eigenen Tisch zu verlangen. Der Ober antwortete mir konsterniert, ich möge eine Minute warten: »Warum setzt Du dich nicht dort an den Tisch? Du wirst mit den anderen Gästen sicher Spaß haben.« Er behielt recht. Australien ist ein Land, in dem die Kontaktaufnahme leicht fällt. Tatsächlich ist die australische Freundlichkeit sprichwörtlich, ungezwungen wird man beim Vornamen genannt, und schnell ein »Freund«, insbesondere dann, wenn Sie von der (unbestreitbaren) Schönheit des Landes schwärmen.

Ich werde die Fahrt von Kalgoorlie aus durch die Nullarbor-Ebene mit ihrer stets gleichen Landschaft Richtung Osten nicht vergessen. Es war wirklich eine Freude, durch meine Reisegefährten während des Essens unterhalten zu werden. Die Australier haben das, was früher als die »Tyrannei der Distanz« bezeichnet wurde, diese unglaublichen Entfernungen, denen noch der ersten Siedler ausgeliefert waren, längst überwunden. Heute liegt die Freude an Australien gerade in den vielfältigen Möglichkeiten begründet, das Land zu erkunden. Es hatte eine besondere Faszination, in die Fahrerkabine eines Trucks zu steigen, der den Indischen Ozean zum Ziel hatte und der Weite des Landes auf der einzigen Straße trotzte. Im Kontrast dazu stand die Fahrt auf dem holprigen Broomfield Track im nördlichen Queensland, Regenwald auf beiden Seiten der Straße. Weit entspannender war eine Tour durch eine faszinierende Landschaft an Bord eines amphibischen DUKW, das Dschungel, Flüsse und mit Schlangen gefüllte Becken passierte. Ich begleitete Buschgänger auf ihren Wanderungen durch Buschlandschaft und Eukalyptuswälder, die die meisten Städte umgeben. Das Fliegen hat hier eine ganz andere Bedeutung als anderswo: nicht in einem Linienflugzeug, sondern einem leichten Flieger, umhergeworfen durch thermische Einflüsse, die von der heißen Oberfläche des Ayers Rock herrühren oder einem kleinen Wasserflugzeug, das die Schlucht des Gordon River auf Tasmanien überfliegt. Der schönste Moment? Nicht in der Luft, sondern erst in einem Schnellboot, das durch die Bucht des Hafens von Sydney raste; in dem Moment, als die Oper in den Bögen der Harbour Bridge in Sicht kam, fühlte ich mich 'Down Under'.

AUSTRALIEN HEUTE

9

AUSTRALIEN HEUTE — *Landschaft*

■ Australien besetzt einen abgeschiedenen Winkel des Globus. Bis auf die eisige Antarktis ist es der einzige vollständig auf der Südhalbkugel siedelnde Kontinent. Zwar liegt gleich hinter dem Horizont jenseits der seichten Timorsee Papua-Neuguinea; doch Neuseeland ist immerhin über 2000 km und das asiatische Festland sogar 3000 km entfernt. ■

Der von nahezu 37 000 km Küste umsäumte »Inselkontinent« ist, zur Freude aller Geographielehrer, überschaulich in drei landschaftliche Großräume gegliedert.

Das Western Plateau: Das weite, trockene Westaustralische Tafelland bedeckt fast zwei Drittel des Kontinents – den größten Teil von Western Australia, South Australia, Northern Territory sowie Teile von Queensland. Aus dem tiefliegenden Plateau ragen zuweilen bizarre Gestalten wie Ayers Rock (Uluru) und die Olgas (Kata Tjuta) auf, Felsformationen wie die Kimberleys und Arnhem Land, zerfurchte Bergketten wie die MacDonnell, Flinders und Hamersley Ranges.

Den fruchtbaren Boden des uralten Plateaus spülten Regenfälle vor Jahrmillionen weg; sie hinterließen dürre Wüsteneien mit bezeichnenden Namen wie Nullarbor Plain oder Sturt Stony Desert. Winde formten in grauer Vorzeit ein schmerzhaft eintöniges Muster von Sanddünen. Regen fällt, außer in den Tropen, minimal und unregelmäßig: mitunter jahrelang kein Tropfen, bis unvermittelt heftige Güsse die vertrockneten Flußbetten anschwellen lassen, die sich in großen Salzseen verlieren.

Hier sind weite Teile nicht oder so dünn besiedelt, daß man die Bevölkerungsdichte in Hunderten von Quadratkilometern pro Person mißt. Nur im Westen der Darling Ranges, in den vergleichsweise fruchtbaren Küstenebenen um die Großstadt Perth, finden sich ausgedehntes Ackerland und ein durch Straßen und Eisenbahnen verknüpftes Siedlungsnetz. Andernorts bilden die Siedlungen isolierte Stätten – Häfen, Bergbaustädte und Knotenpunkte an endlosen Highways, oder auch Zentren des *Outback*-Tourismus.

Die Great Dividing Range: Dieser Gebirgszug begleitet Australiens gesamte Ostküste, von Cape York im hohen Norden bis zu den Hügeln und Hochländern von New South Wales und Victoria im Süden. Dann taucht er in der Bass Strait unter, um sich in Tasmanias Bergen fortzusetzen. Hier

Nationalpark Mount Warning, New South Wales.

Landschaft

recken sich die höchsten Erhebungen des Kontinents empor: Mount Kosciuszko in New South Wales (2228 m), Mount Bogong in Victoria (1986 m) und Mount Ossa (1617 m) in Tasmania.

Diese Region besteht jedoch weitgehend aus Hochplateaus, von denen Flüsse ostwärts über die Küstenebene eilen. Dort lebt der Großteil der Bevölkerung, meist im Einzugsbereich der großen Küstenhauptstädte der Bundesstaaten, in Sydney (New South Wales), Melbourne (Victoria), Adelaide (South Australia) und Brisbane (Queensland). Die ländliche Besiedlung ist recht dicht in den Hochlandtälern und dem fruchtbaren Streifen entlang der Küste von Queensland bis in die Tropen. Die einzige Großstadt im Binnenland ist Canberra, die künstlich geschaffene Bundeshauptstadt.

Central Eastern Lowlands: Zwischen diesen beiden geographischen Großräumen neigt sich die Mittelaustralische Senke von Osten sanft zum Landesinneren. Über eine Folge breiter Becken, vom Südsaum des Golfes von Carpentaria durch Queenslands Channel Country, erreicht sie jenes Gebiet, das vom größten Flußsystem des Landes (Murray, Darling und Murrumbidgee) entwässert wird. Dort, im Outback, übertrifft die Zahl grasender Tiere jene der Menschen um das Hundertfache, hängt die Landwirtschaft von den Launen des Regens und Weltmarktes ab. Mineralienvorkommen schufen einige Städte wie Broken Hill und Mount Isa, die unvorstellbar lange Straßen und Gleise mit der Küste verbinden.

Südaustralische Opale.

Trotz seiner Größe schwankt das Klima dieses nach der Antarktis trockensten Kontinents der Erde erstaunlich wenig. Der meiste Regen fällt im tropischen und subtropischen Norden bei ganzjährig warmen Temperaturen (Sommer 29 °C, Winter 24 °C). Während im Norden der Sommer Niederschläge bringt, sind es in Südaustraliens gemäßigter Klimazone Winter und Frühjahr. Die Durchschnittstemperaturen schwanken hier heftiger (von 24 °C im Sommer bis 10 °C im Winter mit Schnee auf den höheren Gipfeln). Im Landesinneren mit kargen (in manchen Jahren ganz ausbleibenden) Regenfällen sengt die Sonne – 1889 maß man in Cloncurry, Queensland 53,1 °C –, nachts kann es jedoch empfindlich kalt werden.

11

AUSTRALIEN HEUTE — *Flora und Fauna*

■ **Australiens einzigartige Pflanzen- und Tierwelt ist Ergebnis seiner Jahrmillionen während Isolation vom Rest der Welt – reichlich Zeit für eine an lokale Gegebenheiten angepaßte, von anderortigen Entwicklungen vergleichsweise unberührte Evolution.** Diese schuf eine Fülle ungewöhnlicher Kreaturen und Gewächse, die Joseph Banks, der 1770 Captain Cook an Bord der *Endeavour* begleitete, maßlos erstaunte und entzückte. Die Schäden der späteren, ökologische Belange mißachtenden Erschließung versuchte Australien durch Einrichtung von Schutzgebieten – etwa 2000 erwarten den Besucher – zügig gutzumachen. ■

Wälder: Australiens kostbarster Lebensraum ist der Regenwald. Der tropische Regenwald zeigt sich nirgends eindrucksvoller als im nördlichen Queensland (siehe Seite 222), gedeiht aber auch in Teilen der nördlichen Küstenregion im Northern Territory und West Australia, wo genügend Regen fällt. Ein gleichermaßen faszinierender gemäßigter Regenwald bedeckt weite Flächen des kaum erschlossenen Südwesten Tasmanias. Hier ist die Heimat der **Südbuche** und eines der langlebigsten Bäume der Erde, der **Huonkiefer**.

Noch kleiden ausgedehnte Wälder einige unzugängliche Gebiete im Südosten und Südwesten, doch die Abholzung fügte den Waldbeständen schwere Schäden zu. Am häufigsten sind die verschiedenen Arten des **Eukalyptus** *(gum tree* genannt) verbreitet; zu diesen zählen einige der höchsten Bäume der Erde wie der Königs-Eukalyptus in den Küstenwäldern Victorias oder der Karribaum im südwestlichen Westaustralien.

Busch und Wüste: Abseits der Küste entdeckten die Pioniere undurchdringlichen **mallee** (dichtes Buschwerk niedrigwachsender Eukalypten) oder offeneres, parkähnliches Waldland. Die ursprüngliche Flora wurde weitgehend durch Rodung in Weideland umgewandelt, heimische Gräser und Kräuter mußten exotischen, hochertragsreichen Arten weichen.

Der Regenbogenlori.

In der Wüste, Australiens wohl fesselndstem Ökosystem, gewähren **Salzbusch**, **Spinifex** und gelegentlich die »Wüsteneiche« Skorpionen, Spinnen und anderen Tieren Schutz, ihrerseits Nahrung von Schlangen, Eidechsen und den Riesenechsen **Goannas**. Die Samen vieler kleiner Pflanzen entfalten sich bei spärlichem Regen in eine wahre Blütenpracht.

Von Beutel- bis Schnabeltieren: Zu Australiens Wappentieren und verbreitetsten Beuteltieren zählen die

Flora und Fauna

Springbeutler, die **Känguruhs** und **Wallabies**. Beide Familien sind äußerst artenreich vertreten; neben dem (teils über zwei Meter großen) Roten Riesenkänguruh tummeln sich etwa 50 Arten, vom ebenso großen Forester-Känguruh bis hin zu den Quokkas (die frühe Entdecker für Ratten hielten) und pinselschwänzigen Bettongs. Känguruhs leben in fast allen Landesteilen, mitunter gar an Stadträndern.

Auch den possierlichen **Koala** möchte jeder Besucher sehen oder gar tätscheln. Sie verbringen ihre Zeit zumeist schlafend, ansonsten an den Blättern bestimmter Eukalypten kauend. Die durch Pelzjäger geminderten Bestände erholen sich heute, sind aber durch Krankheiten und den Verlust von Lebensraum weiterhin bedroht. Daher werden Sie Koalas eher in einem der beeindruckenden Wildreservate entdecken als in freier Natur. Dort können Sie auch **Wombats**, grabende Plumpbeutler, entdecken und **Opossums**, von denen einige Arten mit Hilfe einer Flugmembran von Baum zu Baum gleiten können.

Ebenfalls nur in geschützten Lebensräumen anzutreffen ist das **Schnabeltier** (Platypus). Als das

Das Känguruh – eines von Australiens bekanntesten Beuteltieren.

erste Exemplar nach England gesandt wurde, hielten Forscher dieses scheue, eierlegende Säugetier mit seinem weichen Schnabel zunächst für eine Posse der Natur. Weniger furchtsam ist der stachelige **Ameisenigel** (Echidna), der sich bei Gefahr in die Erde eingräbt oder mit seinen spitzen Stacheln verteidigt.

Nationalparks: Bereits 1879 richtete Australien seinen ersten Nationalpark (**Royal National Park**) ein. Heute dienen über 100 dieser Parks, Besuchern zugänglich, dem Erhalt von Flora und Fauna und natürlicher Schönheit. Und in Anerkennung der herausragenden Werte und der globalen Bedeutung von Australiens natürlichem Erbe wurden nicht weniger als neun Gebiete zu *World-Heritage*-Regionen ernannt. Die in der Regel bestens organisierten Nationalparkverwaltungen versorgen Besucher mit ausgezeichneten Informationen, Wanderwege laden zur Erkundung des Geländes ein. Wer sich vor Ort nicht auskennt, sollte stets den Rat der Parkhüter einholen.

AUSTRALIEN HEUTE *Menschen*

■ Sie können in *Down Under* sehr wohl »dem« Australier begegnen. Vermutlich hegen Sie diese Vorstellung: groß, sonnenverbrannt, blond, blauäugig, geizig an Worten, nicht aber beim Kippen kurzer Bierflaschen *(stubbies)* mit seinen Kumpeln, ein Feind von Hektik und Dünkel, unerschütterlich in seinem männlichen Chauvinismus. Diese Stereotype hat Vertreter, doch sind die Australier von heute weit schwieriger zu klassifizieren. ■

Die Geschichte der Ankunft der ersten europäischen Siedler in Australien ist sehr bizarr. Einige Jahre nach der Entdeckungsreise von James Cook im Jahr 1770 hatte die britische Regierung eine ziemlich kühne – man könnte auch sagen verabscheuungswürdige – Lösung gefunden, um die Kriminellen des Landes loszuwerden. Im Mai 1787 starteten zwei Schiffe mit über 1400 Menschen an Bord, von Portsmouth aus, zu einer langen und anstrengenden Reise. Nach ihrer Ankunft in Sydney im Jahr 1788 wurden die Briten,

Ein typischer »Aussie«.

Auf einer alten Karikatur landen hoffnungsfrohe britische Einwanderer neben einer Flagge mit dem vielsagenden Gruß: »Welcome Pommie Bastards!« *Pommie*, verletzendste aller abfälligen Bezeichnungen für Nichtaustralier, meint die Briten. Die Worterkunft ist strittig; keine der vielen Erklärungen überzeugt vollständig. Manche führen *Pom* zurück auf »Prisoner of Motherland«, wie die Sträflinge hießen, andere auf »pomegranate« – schließlich laufen Granatäpfel so wie *Poms* in der Sonne rot an.

wenn auch ungewollt, die ersten Einwanderer Australiens.

Im 19. und frühen 20. Jahrhundert stießen nichtbritische Einwanderer auf Argwohn und oftmals Ablehnung, doch die frommen, hart arbeitenden Deutschen, die zur Besiedlung Südaustraliens beitrugen, kamen gelegen. Goldfunde lockten Tausende von Chinesen an, die auf geradezu paranoide Vorurteile trafen. Auf Queenslands Zuckerplantagen arbeiteten Kanaken, Einwohner der Südsee-Inseln, bis man sie zum Schutz »weißer Arbeitsplätze« zurück in ihre Heimat sandte.

Kriegsflüchtlinge: Bis zum Zweiten Weltkrieg genügte der Zustrom britischer Einwanderer Australiens Bedürfnissen. Als der Nachkriegsboom mehr Arbeitskräfte forderte, als England stellen konnte, öffnete das Land dem von Flüchtlingen und Ver-

Menschen

Griechisches in Melbourne.

schleppten überquellenden Europa seine Tore. Auf heikle Inquisitionen zur Kriegsvergangenheit verzichtend, empfing es Hunderttausende von Zuwanderern aus Nord- und Mitteleuropa, den Niederlanden, Deutschland, Skandinavien, der Tschechoslowakei und den Baltischen Staaten.

Als diese Quelle zu versiegen begann, spendete Südeuropa Nachschub. Die neue Welle von »New Australians« wurde getragen von Italienern, Griechen, Maltesern, Kroaten und Serben. Die stillschweigende »White Australia«-Politik gewährte Nichteuropäern selten Einlaß. Oft scheiterten Antragsteller an einem entwürdigenden Diktat, mit dem der zuständige Immigrationsbeamte Kenntnisse einer Sprache seines Gutdünkens prüfte. Ein (unerwünschter) chinesischer Antragsteller mußte sich womöglich einem Gälisch-Test unterziehen – den er natürlich nicht bestehen konnte.

Eine multikulturelle Gesellschaft:
Die schwankende, doch fortgesetzte Nachfrage nach Arbeitskräften sowie das wachsende Bewußtsein der geopolitischen Lage und der sozialen Bindungen Australiens zu Asien führ-

ten zu einer Kursänderung. Dies belegen die Gesichter der Menschen, die sich durch die Straßen gleich welcher Landeshauptstadt bewegen: Etliche besaßen unlängst noch kambodschanische, vietnamesische, philippinische oder eine andere asiatische Staatsangehörigkeit.

Vollständige Assimilation ist nicht mehr erwünscht, statt dessen Erhalt der Einwandererkulturen; ein Fernsehsender (SBS) spezialisiert sich auf Programme in unterschiedlichen Sprachen. Für ein Land, das lange eine Politik rassischer Reinheit verfolgte und ein reiches Repertoire scheinbar abschätziger (in der Tat aber harmloser) Ausdrücke für nicht »echte Australier« *(fair dinkum Aussies)* kennt, ist es eine beachtliche Leistung, einen solchen Wandel in so kurzer Zeit ohne ernsthafte soziale Rückschläge gemeistert zu haben.

Inmitten dieser kulturellen Vielfalt unternehmen die Ureinwohner, die ja die einzigen Australier sind, die weder eingewandert sind noch von Einwanderern abstammen, große Anstrengungen, um ihre Traditionen und ihre Kultur zu bewahren.

AUSTRALIEN HEUTE — *Lebensstil*

■ »No worries«, kein Problem, so scheint das Motto des Durchschnittsaustraliers zu lauten. Arbeit spielt eine weniger zentrale Rolle als in manchen Gesellschaften im Bereich des Pazifik oder Europas. Das Leben gilt es zu genießen, vorzugsweise draußen, beim Essen und Trinken, leidenschaftlicher Ausübung von Sport, beim Schwimmen, Surfen, *bushwalking* oder schlicht Faulenzen in der freien Natur dieses »besten Landes der Welt«. ■

Feststimmung beim Melbourne Cup.

Heute weckt die Sträflingsvergangenheit Stolz statt Scham. Sie mag tatsächlich positive Eigenschaften der Australier gefördert haben. Die Kameradschaft *(mateship)* wurzelt in der gemeinsamen Erfahrung von Unterdrückung und der Notwendigkeit von Freunden in einer rauhen, öden Fremde. Durch die harte physische Herausforderung des Landes gingen konventionell »männliche« Züge unmittelbar mit Erfolg, ja sogar Überleben einher. Die Häftlinge arbeiteten unter Zwang für andere, bis sie nach der Freilassung ihr eigenes Leben führen durften. Autorität, von Wärtern und Gefängnisdirektoren ausgeübt, war mißbilligt; andererseits gab es weder eine althergebrachte herrschende Klasse noch einen komplizierten Verhaltenskodex. Fremdlinge sah man selten, brauchten sie aber Hilfe, konnten sie gewiß sein, diese zu erhalten.

Alle sind gleich: So ist das weiße Australien seit langem ein Land, in dem sich jeder dem anderen ebenbürtig fühlte. Geld verdienen wird bewundert, ohne daß Vermögende zu besonderen Geschöpfen aufsteigen. Der ungezwungene Umgang erstaunt viele Besucher. Fragen Australier: »How are you?«, dann stehen die Chancen gut, daß sie es ernst meinen und Ihre Antwort hören

Lebensstil

möchten (besonders wenn Sie gestehen, wie sehr Sie ihr Land lieben). Erwarten Sie Ehrerbietung, könnten Sie eine unangenehme Überraschung erleben: Australier hassen Dünkel, vor allem ihre britische Ausgabe, und stellen die Stacheln auf, sobald sie derlei wittern.

Outdoor life: Angesichts der Beschaffenheit der Natur – der Weite, des Klimas und der großartigen Landschaften – sowie der Tatsache, daß die Bevölkerungsmehrheit nahe Stränden lebt, überrascht es kaum, daß die Australier leidenschaftlich dem *outdoor life* und Sport anhängen. *Barbies* (Grillfeste) und Strandaufenthalte, ob zum Sonnenbaden oder Surfen, sind allgemein beliebt. Die großen Tage der Lebensrettungsclubs und Paraden mögen vorüber sein, doch das Strandleben geht ungemindert weiter: Surfen ist Lebensinhalt vieler Australier.

Auch Wetten ist nationale Leidenschaft, ob man das Glück herausfor-

Lebensretter am Bondi Beach.

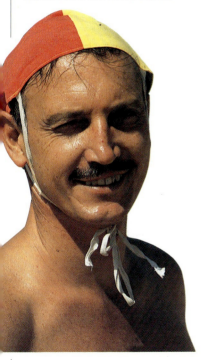

Obwohl Australierinnen sehr früh das Wahlrecht erhielten, war Australien stets ein Land der Männer. Der Anteil von Männern und Frauen der ersten Häftlingsflotte war mehr als unausgewogen. Augenzeugen berichten von »unbeschreiblichen« Szenen, als das erste Schiff mit Frauen einlief. Die sogenannten *Sheilas* wurden hier länger als in den meisten anderen Ländern in konventionelle Schranken verwiesen, ins Haus und hinter die Theke, wo sie die Gläser nachschenkten, damit die Männer dem ernsten Geschäft des Trinkens nachgehen konnten. Umwälzende Veränderungen brachten der Zweite Weltkrieg und später die Frauenbewegung, deren bedeutendstes Werk das Buch der Australierin Germaine Greer *Der weibliche Eunuch* ist.

dert vor endlosen Reihen von *pokies* (Spielautomaten), in Casinos oder auf Rennplätzen. Am ersten Novemberdienstag stockt das Alltagsleben der Nation: Beim großen Pferderennen geht es um den Melbourne Cup.

Sport: Fast alle Australier widmen sich, ob aktiv oder passiv, einem Lieblingssport. Die Cricket-Euphorie teilen sie mit Engländern und anderen Mitgliedern des Britischen Commonwealth. Tagesmatches, Flutlicht und farbige Kleidung nahmen dem Cricket seine Fadheit. Die *Rugby Union* und die *Rugby League* treten in NSW und Queensland auf. Die beliebteste Fußballvariante, *Australian Rules Football*, mit Melbourne als Hochburg, entwickelte sich als Verschnitt des Gälischen Fußballs, mit dem sich die Schürfer die Zeit vertrieben. Jene »organisierte Körperverletzung, die das Fehlen erkennbarer Regeln auszeichnet«, lockt im September zum großen Finale im MCG (Melbourne Cricket Ground) bis zu 120 000 Zuschauer an. Das Jahr 2000 wird Australien jedoch einen neuen Platz auf der Weltkarte des Sports verleihen: Sydney ist Austragungsort der 27. Olympischen Spiele.

AUSTRALIEN HEUTE — *Kultur*

■ Australiens kulturelle Wurzeln reichen weit über die 200jährige weiße Siedlungsgeschichte hinaus. Besucher werden die Fels- und Höhlenmalereien im Punkt- und Röntgenstil faszinieren, die, wie die ergreifenden Schöpfungsmythen aus der Traumzeit der Aborigines, von mindestens 40 000 Jahren ununterbrochener Zivilisation zeugen. ■

Australien hat seinen kulturellen Minderwertigkeitkomplex gegenüber Europas vermeintlicher künstlerischer und intellektueller Überlegenheit überwunden. Die australische Gesellschaft schätzt Kultur und künstlerische Begabung hoch; internationale Erfolge australischer Künstler, Filmemacher und Schriftsteller erfüllt sie mit Stolz.

Literatur und Film: Der Bogen der dramatischen Literatur spannt sich von elegischen Widmungen an die verlorene Jugend wie Ray Lawlors *Summer of the Seventeenth Doll* zu David Williamsons straff strukturierten Schauspielen, die Facetten des australischen Lebens wie Politik, Geschäftsleben, Kriminalität, Ruhestand und Männerfreundschaft beleuchten. Sein *Emerald City* ist Pflichtlektüre für jeden, der das moderne Sydney verstehen will.

In der Literaturszene besitzen Judith Wright und Gwen Harwood Weltrang; mit einer geschickten Mischung aus persönlichen und allgemeinen Themen fangen sie Australiens einzigartigen Charakter ein. In Patrick Whites *Voss* und *The Tree of Man* schwingt die Seele des Landes. Die jüngeren Schriftsteller, Thomas Keneally, David Malouf oder Peter Carey, wenden sich übergreifenderen Belangen des menschlichen Daseins zu. Die Filmwelt wendet sich von den humoresken Stereotypen eines *Crocodile Dundee* ab, hin zu feinfühligeren sozialen Beobachtungen, so in *Strictly Ballroom*, *Muriel's Wedding* oder *The Last Days of Chez Nous*.

Australischer Humor.

Malerei: Wundervolles Licht und einmalige Landschaften trugen zu einer herausragenden Maltradition bei. Europäischer Kunstsinn floß in die frühen, träumerischen Landschaftsbilder McCubbins und der Heidelberger Schule ein. Diesen folgten eigenständigere australische Werke von Malern wie Sidney Nolan mit seiner berühmten Bilderfolge zu Ned Kelly, Australiens Robin Hood. Arthur Boyds und Brett Whiteleys Projizierungen ihrer Träume und Besessenheiten erlangen schon hohes Ansehen; Fred Williams' Beschwörungen der dürren australischen Landschaft wetteifern mit der Ursprünglichkeit der Aboriginal-Kunst.

Musik: Ihre goldene Stimme macht Joan Carden zur würdigen Nachfolgerin der Sopranistinnen Nellie Melba und Joan Sutherland (»La Stupenda«). Jede Landeshauptstadt besitzt ein Symphonieorchester der öffentlich-rechtlichen Australian Broadcasting Corporation von Weltniveau, mit international renommierten Dirigenten und einem Repertoire, das

Kultur

Ein Werk von Sidney Nolan mit dem Titel Dog and Duck Hotel.

Der 1917 in Melbourne geborene Sir Sidney Nolan war einer der *Angry Penguins*, einer Gruppe junger, radikaler Künstler, die in den frühen 40er Jahren die australische Malerei wachrütteln wollten, der sie Selbstgefälligkeit vorwarfen. Nolan führte der Welt die Fremdartigkeit der australischen Landschaft vor Augen und wertete sagenumwobene Episoden aus Australiens neuerer Geschichte auf, so Kellys Heldentaten und die gescheiterten Expeditionen von Burkes und Wills. Zum britischen Ritter geschlagen, lebte Nolan später in England, wo er 1992 starb.

zeitgenössische australische Komponisten wie Colin Brumby, John Antill und Peter Sculthorpe bereichern. Zunehmende Aufmerksamkeit weckt die Aboriginal-Musik. Die wachsende internationale Popularität der Aboriginal-Rockband *Yothu Yindi* machte ihren Leadsänger Mandawuy Yunupingu 1992 zum »Australian of the Year«. Daneben beleben anspruchsvoller Jazz (James Morrison), Folk (Kev Carmody) sowie Country und Western (John Williamson) die abwechslungsreiche Musiklandschaft.

Medien: Die meisten Zeitungen und Fernsehsender sind im Besitz der drei Medienmogule Murdoch, Packer und Black. Geschäftspropaganda, Personality-Rummel, Sport, sentimentales »Buschgarn« und Herumstochern im Privatleben von Prominenten machen den Inhalt aus, womit die australische Presse nicht besser als die vieler anderer Länder ist. Im Gegensatz dazu finden Qualität und Themenwahl der Rundfunk- und Fernsehprogramme der *Australian Broadcasting Commission*, vor allem in den Bereichen Wissenschaft, Umwelt und Religion, internationale Anerkennung. Herausragend ist die wöchentliche Sendung *Four Corners*, die seit 20 Jahren das politische Geschehen verfolgt und Wirtschafts- und Regierungsskandale aufdeckte, die von kommerziellen Medien unbeachtet blieben.

AUSTRALIEN HEUTE — *Politik und Wirtschaft*

■ **Die unabhängige Nation Australien entstand am ersten Tag des 20. Jahrhunderts durch Zusammenschluß von sechs Bundesstaaten, die sich von ihren Hafen-Hauptstädten ins Landesinnere hinein mit unterschiedlichen kulturellen und Charaktereigenschaften entwickelt hatten. Das nationale Bewußtsein wuchs zögerlich; bis heute konkurrieren die Staaten politisch wie wirtschaftlich heftig untereinander und mit der Bundesregierung.** ■

Seit 1940 gewinnt die Bundesregierung mit ihrer Kontrolle über die Steuereinnahmen und der Ernennung der Richter des Obersten Bundesgerichtshofes die meisten Streitfälle mit den Bundesstaaten. So wurde 1983, nach Protesten junger australischer und internationaler Umweltschützer, das Staudammprojekt am tasmanischen Franklin River, der auf der *World-Heritage*-Liste stand, unterbunden und 1990 das Abholzen in Nord-Queenslands Regenwäldern. Hier erhörte die Bundesregierung die Umweltschutzbewegung, hinter der ein disziplinierter Wählerstamm steht – schätzungsweise 8–15 Prozent der Wählerschaft.

Politische Parteien: In anderen Fragen bestehen nur mehr wenige Unterschiede zwischen der traditionellen Gewerkschaftspartei *Australian Labor Party* (ALP), 1993 unvermutet ein fünftes Mal Wahlsiegerin, und der *Liberal Party* (Sprachrohr der städtischen Mittelklasse und Angestellten) sowie ihrer Koalitionspartnerin, der traditionell Agrarinteressen vertretenden *National Party*. Die Gegenwartspolitik kreist um Persönlichkeiten – Premierminister Keatings aggressivem populistischen Opportunismus steht das selbstgerechte, konservative Auftreten des Liberalenführers John Howard gegenüber.

Unerwartete Aufmerksamkeit erfährt die republikanische Bewegung. Sie stützt zunehmend die antimonarchische Kampagne der *Labor Party*, während traditionalistische Treuepflichten die Liberalen zu Widerstand zwingen. Kultur- und Handelsbeziehungen zu Südostasien will die ALP engagiert vertiefen. Seit den frühen 70er Jahren haben beide Parteien die *White-Australia*-Politik aufgegeben und begrüßen wohlhabende asiatische Geschäftsleute – bei schrittweisen Begrenzungen der Aufnahmequoten für politische Flüchtlinge, besonders vietnamesischer *boat people*.

Wirtschaftliche Entwicklung: Über Wirtschaftsalternativen wird noch zu wenig nachgedacht. Dem *Lucky Country* mangelt es an Absatzmärkten für Wolle, Weizen, Rindfleisch oder Mineralien, die seine unersättliche Gier auf teure Importe finanzieren. Zolltarife, einst Schutz kleiner lokaler Industrien vor mächtigen europäischen und amerikanischen Herstellern, wurden im Interesse eines größeren ökonomischen Nutzens beträchtlich gesenkt. Die Arbeitslosenrate nähert sich neun Prozent. Die Übersee-Verschuldung wächst jährlich. Die Regierung setzt starke Hoffnungen auf Einnahmen durch den Tourismus.

Parteiübergreifend besteht Übereinstimmung hinsichtlich der Notwendigkeit, Fertigprodukte für den Export zu entwickeln, obwohl die derzeitige Politik der Senkung von Zollschranken das Gegenteil und breite Arbeitslosigkeit bewirkte. Über jeden Zweifel erhaben ist jedoch die Erfordernis verbesserter Zusammenarbeit mit Australiens nächsten Nachbarn, den Wirtschaftssystemen der demographischen und ökonomischen Riesen Südostasiens und des Pazifischen Randgebiets.

AUSTRALIEN DAMALS

AUSTRALIEN DAMALS — *Ein alter Kontinent*

■ Auf Teilen der Erdkugel sind mächtige Formungskräfte am Werk. Eis und Schnee greifen Berggipfel an, Gletscher schürfen sich durch Täler, Sturzbäche und Wasserfälle nagen am Relief, während andernorts Geysire brodeln und Lava aus dem Erdinnern drängt. Im Vergleich dazu ist Australien ein ruhiger Kontinent, dessen geologische Formung vor langer Zeit endete. ■

Urzeitlicher Erdaufbau: Vor etwa 100 Millionen Jahren war Australien Teil von Gondwanaland, dem südlichen Superkontinent, der allmählich in die heutigen Erdteile Antarktis, Südamerika, Afrika und Indien, aber auch Australien und Neuseeland zerfiel. Doch Australiens Vergangenheit reicht viel weiter zurück. Mehr als 600 Millionen Jahre alte präkambrische Felsen erheben sich über dem Kontinent, wozu auch die Eisenerzlager von Pilbara in Westaustralien zählen. Ein Großteil des kontinentalen Kernlandes versank periodisch im Meer, dessen Relikte die Sand-, Muschel- und Schotterablagerungen oder der Kalkstein der Nullarbor-Ebene sind. Ebenso wuchsen große Korallenriffe heran, die nach ihrer späteren Heraushebung aus dem Meer die weiten Höhlensysteme von New South Wales und Queensland schufen und wie ein Wall die Kimberleys nach Süden begrenzen. Das Große Artesische Becken, das mit seinem unterirdischen Wasser den Outback lebendig erhält, entstand ebenfalls zu jener Zeit.

Jüngere Veränderungen: Vor etwa zwei Millionen Jahren fiel im trockenen »Roten Zentrum« des Kontinents erheblich mehr Regen, wovon heute noch die Palmen und andere Pflanzen zeugen, die in den Schluchten der kargen Höhenzüge wachsen. Im Osten wuchs die Great Dividing Range im Zuge vulkanischer Aktivitäten weiter; ihr südlicher, alpiner Abschnitt war (zusammen mit dem tasmanischen Hochland) der einzige Teil des Kontinents, der während der letzten Eiszeit vor 10 000 Jahren von Gletschern bedeckt wurde. Mit der Eisschmelze hob sich der Meeresspiegel und schuf dabei einen wunderbaren Naturhafen für das zukünfti-

Die Great Dividing Range.

Ein alter Kontinent

ge Sydney. Gleichzeitig wurden die Landbrücken nach Tasmanias und Neuguinea unterbrochen. Noch später (vor etwa 5000 Jahren) bedeckte ein Vulkanausbruch die Ebenen des südwestlichen Victoria mit Lava, die eine Landschaft von Kegeln, Kraterseen und fruchtbarer Erde bildete.

Rechts: Sandstein-Pflaster auf der tasmanischen Halbinsel.
Unten: Australien 1848 – beachten Sie die weißen Flecken auf der Landkarte des inneren Kontinents.

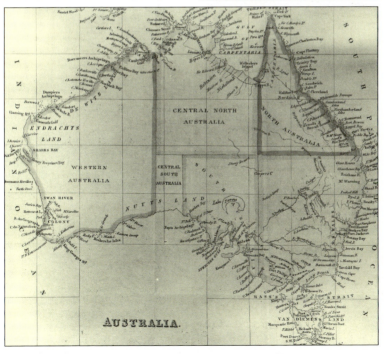

AUSTRALIEN DAMALS — *Die ersten Australier*

■ Europäische Entdecker und gebildete frühe Siedler neigten schon früh zur Romantisierung der dunkelhäutigen Bevölkerung, auf die sie an den Gestaden des unbekannten Kontinents stießen. Die Aborigines wurden im Geiste des 18. Jahrhunderts zu »Edlen Wilden« stilisiert, die den Europäern moralisch überlegen seien. Als faszinierende Motive für Künstler wurden die ursprünglichen Australier sogar in den heroischen Posen griechischer Statuen dargestellt. ■

Opfer des weißen Mannes: Die Aborigines entsprachen nicht den europäischen Stereotypen. In einer heute als vollkommen gerechtfertigt erachteten – wenn auch zum Scheitern verurteilten – Reaktion wehrten sich einige Gruppen heftig gegen die weiße Besetzung des Landes, das seit undenklichen Zeiten ihre Lebensgrundlage bildete. Andere wurden

Rituale und Zeremonien bilden das Zentrum der Aborigines-Kultur.

leichte Beute der Krankheiten und Laster der Eroberer. Nur wenige Jahrzehnte nach der Landung der Ersten Flotte hat sich die Zahl der Aborigines im Gebiet von Sydney durch Grippe und Trunksucht stark verringert. Und vor dem Ende des 19. Jahrhunderts gab es eigentlich keine Tasmanier mehr. Den Großteil dieses Jahrhunderts galten die Aborigines als unzuverlässige Hilfskräfte, »Wohlfahrtsschnorrer« oder, zusammengedrängt in Reservaten, als »Menschenmaterial« für die christliche Mission.

Erst seit vergleichsweise kurzer Zeit haben weiße Australier begonnen, Reichtum und Vielschichtigkeit des Lebens zu entdecken, das ihre Aneignung des Kontinents nahezu zerstörte, das aber die Uraustralier 40 000 Jahre lang in materieller und spiritueller Eintracht mit der Umwelt existieren ließ.

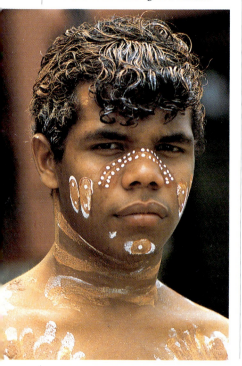

Traumzeit: Die Aborigines besiedelten ihr Land völlig fern vom europäischen Besitz- und Eigentumsdenken. Sie glaubten nicht nur, daß die Landschaft von Ahnengestalten während der Traumzeit geschaffen worden war, sondern auch, daß diese Urahnen in den Landschaftselementen erkennbar seien. Das Land selbst war Teil der geistigen Schöpferwelt, Heimat allen Seins – des tierischen wie menschlichen, des lebendigen wie toten. Deshalb wurde das Land von den Einzelnen, Familiengruppen oder Klans verehrt, wobei bestimmte »heilige Stätten« besondere Beachtung erfuhren.

Dieses tiefe Verständnis der spirituellen Bedeutung von Land wurde

Die ersten Australier

durch höchst vielfältiges Lied- und Tanzgut weitergegeben. Weil niemals etwas schriftlich niedergelegt wurde, sind viele dieser mündlichen Überlieferungen unglücklicherweise verlorengegangen. Rituelle Versammlungen, gelegentlich *corroborees* genannt, nahmen viel Zeit in Anspruch, wobei Frauen und Männer häufig strikt getrennte Zeremonien durchführten. Die Bildkunst, etwa Höhlen- und Wandmalereien oder Erdskizzen, hatte zeremonielle oder erzählerische Bedeutung; die Bilder verblaßten oder wurden von Zeit zu Zeit erneuert.

Lebensstil: Nahezu alle Aboriginal-Stämme waren Nomaden und lebten steinzeitlich vom Jagen, Sammeln und Fischen je nach saisonalem Angebot von Wild, Früchten und Wurzeln. Kontrollierter Buschbrand diente der Wuchsförderung und so auch der Anlockung von Tieren. Die materielle Ausstattung war äußerst minimal: Körbe und Netze, Grabstöcke, Unterstände aus Buschholz, Waffen aus geschnitztem Holz und gefeilten Knochen, Rindenkanus und Bumerangs. Ebenso bescheiden war die Kleidung, außer in den kühleren Wetterecken des Südostens, wo Häute und Pelze getragen wurden.

Ranger der Aborigines vermitteln ihr Wissen über die Natur.

Die Gebiete der Klans waren mehr in Liedern definiert als am Boden markiert. Wollte ein anderer Klan dieses Gebiet durchqueren, bedurfte es langer Verhandlungen. Heute kann Australien nach solchen Gebieten kartographiert werden, zur Zeit der europäischen Besiedelung gab es eine solche Karte nur in den Herzen der Ureinwohner. Dies erlaubte den Europäern, das Land mehr oder weniger reinen Gewissens zu besiedeln.

Es gab etwa 200 Sprachen der Aborigines, die miteinander verwandt, aber nicht zwangsläufig untereinander verständlich waren. Doch beherrschten die meisten Aborigines fünf oder sechs Sprachen. Die Sprache im Gebiet der späteren Siedlung Sydney war den Europäern selbstverständlich unvertraut, weshalb sie den Ruf »Warra! Warra!«, der ihnen entgegenschallte, nicht verstanden. Und selbst wenn, hätten sie darauf reagiert? »Warra! Warra!« bedeutet »Verschwindet!«.

AUSTRILIEN DAMALS — *Entdeckungsreisen*

■ Die ersten Entdecker Australiens waren die Vorfahren der heutigen Aborigines, die wohl vor 40 000 Jahren die noch bestehende Landbrücke von Neuguinea her überquerten. Sie lebten zunächst entlang der Küsten und in Gebieten mit leichtem Zugang zu Nahrung. Allmählich verbreiteten sie sich über das gesamte Land, wobei sie in Gebieten zu leben lernten, in denen späteren Erkundern Überleben unmöglich schien. ■

Portugiesische und holländische Entdecker: Die europäische Entdeckung des Inselkontinents begann in zögerlicher, eher zufälliger Weise im 16. Jahrhundert, als portugiesische Seefahrer nach Routen zu den östlichen Gewürzinseln suchten. Die erste gesicherte Landung erfolgte 1606 vom holländischen Schiff *Duyfken* (»Täubchen«) aus, das von der holländischen Kolonialstadt Batavia (Djakarta) kam. Der Kapitän Willem Jansz gewann keinen guten Eindruck von der öden Westküste des Cape York und »seinen grausamen, schwarzen Wilden«.

Wenig später entdeckten holländische Seefahrer auf dem Weg nach Java, daß sie ihre Fahrt um Wochen verkürzen konnten, wenn sie sich der Winde *Roaring Forties* bedienten, bis diese kurz vor der westaustralischen Küste noch Norden abbiegen. Manche segelten weiter, etwa Dirk Hartog 1616 (er hinterließ eine gravierte Zinntafel an einem Pfosten auf der Insel, die seinen Namen trägt) und Frederik de Houtman, der 1619 auf den Houtman-Abrolhos-Inseln landete.

Unter dem Kommando eines Kapitäns, dessen Name in Vergessenheit geriet, erreichte die *Leeuwin* (»Löwin«) 1622 die südwestliche Kontinentspitze. Danach unternahm die Holländische Ostindien-Kompagnie systematischere Erkundungen der Küste. Die berühmteste war die Reise von Abel Tasman 1642–43 auf der *Heemskerck* und der *Zeehaan*. Der in Tasmaniens Blackman Bay an Land gesetzte Lotse hörte Stimmen aus dem Busch, aber die Eingeborenen zeigten sich nicht. Tasman ließ die Flagge hissen und nannte die Insel

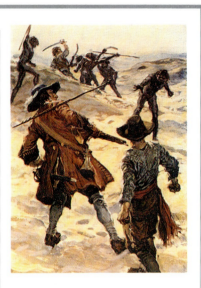

W. R. Stotts Gemälde zeigt William Dampier; bei seiner Landung 1699 griffen ihn Aborigines an.

nach dem Gouverneur von Holländisch-Ostindien, van Diemen, dessen Namen jedoch 1855 gegen den des tatsächlichen Entdeckers ausgewechselt wurde.

Bei seiner zweiten Reise verpaßte Tasman (wie all seine Vorgänger) zwar die Passage zwischen Neuguinea und Australien, später Torres-Straße genannt, aber er kartographierte 3000 km der Nordküste. Somit hatten die Holländer die Küste von der Spitze des Cape York rund um Westaustralien bis zum Archipel in der Großen Australischen Bucht erkundet. Obwohl sie den Kontinent nicht einnahmen, gaben sie ihm doch den Namen: *Neu-Holland.*

Entdeckungsreisen

Frühe Siedler – Kapitän Phillip erreicht 1788 Sydney Cove.

Ankunft der Briten: Der erste Engländer am Strand von Neu-Holland war der Abenteurer William Dampier, der zweimal an der nordwestlichen Küste landete, erstmals 1688, dann 1699. Jedoch war es Kapitän Cook, der nicht nur die unbekannte Ostküste fand, sondern sie auch der Länge nach entlangsegelte und den Ort festlegte, wo die britische Siedlung errichtet werden sollte. Er vollendete seinen Auftrag trotz des Festlaufens seines Schiffes *Endeavour* auf dem Great Barrier Reef (siehe S. 214). Dem für die britische Krone beanspruchten Land gab er den Namen *New South Wales*.

Selbst nach der vollzogenen Ansiedlung im britischen Hafen von Sydney (durch Kapitän Phillip 1788) blieb die Frage, ob sich denn die drei bekannten Landteile zu einem Kontinent zusammenfügen würden. Einen Teil der Antwort lieferten zwei furchtlose Männer, George Bass und Matthew Flinders, die um 1798 den Kanal zwischen der Kontinentalmasse und Van-Diemens-Land, heute Bass-Straße genannt, entdeckten.

Von Bord der *Investigator* erkundete Flinders äußerst gründlich die Südküste, wobei er in der späteren Encounter Bay auf das französische Vermessungsschiff *Geographe* stieß. Der Eigner der *Geographe*, Nicolas Baudin, verhielt sich korrekt, während Flinders sein Mißtrauen gegenüber dem Vertreter eines Landes zum Ausdruck brachte, mit dem Britannien vor nicht langer Zeit Krieg geführt hatte. Später ließ sein Argwohn nach und führte dazu, daß Flinders auf dem Rückweg nach England (nach seiner Australien-Umsegelung 1802–03) vom französischen Gouverneur auf Mauritius festgesetzt wurde – er hatte übersehen, daß der Krieg wieder ausgebrochen war. Nach sechs Jahren Gefangenschaft kehrte der frühzeitig gealterte 40jährige nach England zurück und konnte vor seinem Tod 1814 gerade noch sein Werk *A Voyage to Terra Australis* vollenden.

Auch die Nichteuropäer kamen mit Australien in Kontakt. Chinesische Dschunken scheinen auf dem Weg nach Süden bis zur australischen Nordküste vorgedrungen zu sein, möglicherweise bereits im 15. Jahrhundert. Und es gab Verbindungen zwischen den Aborigines und den kriegerischen Bewohnern Neuguineas. Von 1700 an bis vor kurzem segelten Fischer von Macassar auf Celebes auf der Suche nach *trepang* (Seegurken) zur Nordküste Australiens.

AUSTRALIEN DAMALS — *Entdecker des Landes*

■ Die Landkarte Australiens ist gesprenkelt mit Honoratiorennamen, etwa von Gouverneuren, die Landschaftsmerkmale benennen. Aber es gibt auch Bezeichnungen wie Sturt Stony Desert, die auf einen anderen Ruhmerwerb verweisen – den der Inlandentdecker. Diese Männer waren unterschiedlich erfolgreich bei der Erkundung der noch unbekannten Weite des australischen Innenraumes. ■

Blanke Neugier mag einige Entdecker in das australische Innere gelockt haben, aber es gab auch wachsenden Landhunger der sich vergrößernden Siedlerkolonie. Zudem war Englands Gier nach Wolle nahezu unersättlich geworden, und sie konnte durch die erfolgreichen Merinoschaf-Kreuzungen des John Macarthur nur befriedigt werden, wenn neue Weidegründe gefunden wurden. Lange Zeit schienen die Blue Mountains den Weg von Sydney in das Innere zu versperren, aber 1813 überwanden William Lawson, Charles Wentworth und Gregory Blaxland dieses Hindernis. Gouverneur Macquarie ließ im Eiltempo eine Straße über die Berge bauen, auf der Siedler in die satten Weidegebiete strömen konnten.

Sturts Reise: Lange beschäftigte Behörden wie Entdecker die Frage, was denn aus den westwärts strömenden der Berge werde. Speisten sie etwa einen riesigen Inlandsee? Dem widersprach die Erfahrung von Charles Sturt 1829–30: Er zog ein Walboot über die Berge und fuhr dann den Murrumbidgee bis zum Zusammenfluß mit dem Murray hinab; schließlich erreichte er den weiten Alexandrina-See und die Flußmündung, die bislang den Entdeckern von Seeseite her durch einen Sandwall verborgen geblieben war. Sturts Rückfahrt – Rudern gegen die anschwellende Strömung – war eine Tour der Leiden mit beinahe schrecklichem Ausgang, als Nahrungsmittel und Kräfte gleichermaßen versiegten.

Viele verloren ihr Leben bei der Erkundung Australiens.

Nicht alle, die sich in das Unbekannte wagten, waren britischer Herkunft. In den Jahren 1839 und 1840 unterzog sich der polnische Abenteurer und selbsternannte »Graf« Paul Strzelecki nahezu ebensolchen Qualen wie Sturt, als er das Hochland, das er Gippsland benannte, durchquerte. Nur dank des Geschicks seines Aboriginal-Führers überlebte er diesen Ausflug. Ein hitzköpfiger Preuße, Ludwig Leichhardt, erfuhr weniger Glück, wenngleich er auf seiner ersten Reise 1844 erstaunliche 4800 km von Brisbane nach Arnhem Land zurücklegte. Ein noch ehrgeizigeres Unterfangen, das ihn von Sydney nach Perth quer durch das Landesinnere führen sollte, schlug fehl. Leichhardt und seine Gefährten verschwanden in den Weiten.

Entdecker des Landes

Oben: Burke und Wills verlassen Melbourne im August 1860.

Burkes Expedition: Ein weiterer Fehlschlag (aber ein ausführlich dokumentierter) war die Expedition, die 1860 von Melbourne unter der Leitung des ungeduldigen Robert O'Hara Burke aufbrach. Sie erreichte zwar ihr Ziel, die Mangrovensümpfe des Golfes von Carpentaria, aber als die Gruppe zum Basislager am Cooper Creek zurückkehrte, war dieses nur sieben Stunden zuvor von der Nachschubgruppe verlassen worden. Burke und sein Stellvertreter Wills starben, während John King von Aborigines mit Wurzeln und Fisch aufgepäppelt wurde und so als Zeuge übrigblieb.

Vor der erfolgreichen Durchquerung des australischen Inlands hatte Stuart bereits Alice Springs erreicht.

Eyre und Stuart: Die Namen von Überlandstraßen quer durch die große Leere des Zentrums und Westens erinnern an die heroischen Treks zweier Entdecker, deren Ausdauer nahezu sprichwörtlich wurde. 1840/41 erreichte Edward Eyre (unterstützt vom Aboriginal Wylie) Albany, nachdem sie die wasserlose Wüste am Rande der Großen Australischen Bucht durchquert hatten. 1862 gelangte John McDouall Stuart, ergraut und nahezu blind, an die Küste des heutigen Darwin. Seine vorherigen Versuche, das Landesinnere von Süd nach Nord zu durchqueren, waren an Spinifex-Gras, Skorbut und Feindseligkeit der Ureinwohner gescheitert, wenn es ihm auch gelungen war, den Union Jack auf einen Hügel nahe Alice Springs zu hissen. Seine Rückkehr nach Adelaide, wo die Damen der Stadt ihn belagerten, erfolgte teilweise auf einer Bahre.

AUSTRALIEN DAMALS *Gold*

■ In der ersten Hälfte des 19. Jahrhunderts entwickelte sich Australien stetig, aber wenig spektakulär. Bald überwogen freie Siedler die Zahl der Sträflinge. Die Kolonien konnten sich von New South Wales unabhängig machen. Doch erst die Entdeckung von Gold veränderte das Land, weil sie Massen von Menschen anzog und somit die Grundlage für die Verstädterung des Landes legte. ■

Goldrausch: Die Nachricht der ersten Goldfunde wurde von den Behörden aus Furcht vor den Folgen unterdrückt. Aber dies konnte Edward Hargraves nicht aufhalten, einen Veteranen des kalifornischen Goldrausches von 1849, der in der Nähe von Bathurst in NSW im Februar 1851 fündig wurde. Der einsetzende Goldrausch drohte die Hafenstädte zu entvölkern. Als ein gewisser James Esmond im Juli 1851 in Clunes Gold fand und andere es ihm in Castlemaine, Bendigo und Ballarat gleichtaten, verlor Melbourne seine arbeitsfähigen Männer. Die Schiffe lagen ohne Besatzung im Hafen, weil die Seeleute auf Glückssuche ins Landesinnere strömten.

Goldgräber (Mitte 19. Jahrhundert).

Das Leben in den Goldfeldern war rauh, aber weit entfernt von der Gewalttätigkeit der nordamerikanischen Fundstätten. Viele der Goldgräber strebten lediglich nach solidem Dasein mit einer Farm oder einem Geschäft. Oder sie kehrten bald zurück, um ihr Glück lieber unter den anscheinend grenzenlosen Möglichkeiten zu suchen, die das *Marvellous Melbourne* bot. Die Rebellen unter ihnen äußerten ihren Unmut am *Eurekazaun* (siehe S. 110); auch wenn sie unterworfen wurden, bewirkten sie doch einen Wandel der Atmosphäre hin zur Forderung nach einer repräsentativen Regierung. Victorias Bevölkerung wuchs in zehn Jahren von weniger als hunderttausend auf mehr als eine halbe Million. Das gesamte Land erhielt einen Energieschub, der zu einem Boom bis in die 1890er Jahre führte.

Glückssucher: Die Goldgräber kamen aus der ganzen Welt nach Australien, hauptsächlich jedoch aus Britannien. Die größte Minderheit bildeten die Chinesen, von denen viele in Südaustralien landeten und zu Fuß zu den Goldfeldern in Victoria aufbrachen, um die 10 £ Landegebühr in Melbourne zu umgehen. Ihr fester Wille zur harten Arbeit, ihre soziale Abgeschlossenheit und ihre bloße Anzahl brachten ihnen keine Freunde. Zur Zeit des Palmer-River-Goldrausches in Nord-Queensland während der 1870er Jahre bildeten die chinesischen Goldgräber die Mehrheit der Männer im Staat – trotz des Gerüchtes, die dort lebenden Aborigines hätten eine Vorliebe für asiatisches Fleisch!

Gold

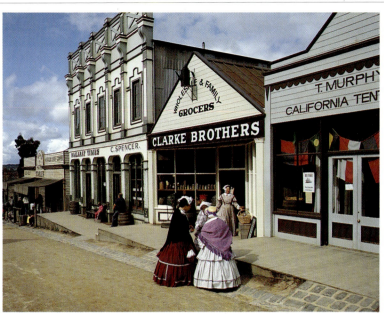

Sovereign Hill (Ballarat, Victoria), eine Kopie der Goldrauschzeiten.

Von der *boom town* zur *ghost town*: In Victoria hielten die tollen Tage jedoch nicht lange an. In den späten 1850er Jahren war das an der Oberfläche oder in Flachgrabungen zugängliche Gold erschöpft. Der einzelne Goldgräber konnte sich nicht die Ausrüstung leisten, um tiefere Grabungen voranzutreiben und abzustützen, weshalb die Aktivitäten auf kapitalbestückte Gesellschaften übergingen. Ballarat war bald kein chaotisches Schlammnest mehr, sondern verwandelte sich in die nobelste Stadt Viktorias.

In der zweiten Hälfte des 19. Jahrhunderts gab es in ganz Australien Goldfunde, die meisten jedoch nur kurzfristig und bedrückende Geisterstädte hinterlassend. Der letzte große Rausch fand 1892–93 in den Östlichen Goldfeldern von Coolgardie und Kalgoorlie-Boulder in Westaustralien statt. Er brachte ebenfalls einen Adrenalinstoß für die träge Ökonomie dieser Kolonie und verwandelte Perth in eine wahrhafte Stadt. Noch heute finden Grabungen in großem Maßstab statt, bei denen riesige Maschinen eingesetzt werden, ganz im Gegensatz zum primitiven Handwerk und Handwerkszeug der frühen Goldgräber.

Räuberei auf Überlandstraßen war in der Kolonie seit ihrem Bestehen verbreitet und wurde noch verlockender, als der Goldreichtum transportiert werden mußte. Australiens *bushrangers* (Strauchdiebe) waren entsprechend erfahren im »Absahnen«. Ihre draufgängerische Art verlieh ihnen legendären Ruf bei einer Bevölkerung, die nicht als besonders gesetzestreu galt. Das bekannteste Beispiel für australische Widerspenstigkeit und Gesetzlosigkeit war Edward »Ned« Kelly, Sohn eines irischen Sträflings. Nach einer Reihe von Coups, darunter der Ausraubung ganzer Städte, wurde die Kelly-Gang im Juni 1880 in Glenrowan, einem Ort im nordöstlichen Victoria, in die Enge getrieben. Der verwundete Kelly hatte zwar seine berühmte selbstgebastelte »Rüstung« an, wurde aber in die Beine geschossen und in Melbourne am 11. November 1880 gehängt.

AUSTRALIEN DAMALS *Veränderte Natur*

■ Die australischen Landschaften, die die ersten Siedler erblickten, waren nicht von Menschenhand beeinflußt wie in Europa. So drängte es die Einwanderer, eine rationelle und produktive Ordnung in diese unvertraute und scheinbar chaotische Szenerie zu bringen. Dies führte gelegentlich zu schwerwiegenden Eingriffen in die Natur, die heute erst als Artenzerstörung und Verlust an Schönheit bewußt werden. ■

In Europa begann die Umwandlung von Wald in Ackerland während der Jungsteinzeit und nahm 5000 Jahre in Anspruch. In den bewaldeten südöstlichen und westlichen Gebieten Australiens war dieser Prozeß nach einem einzigen Jahrhundert vollzogen. Die Ersetzung von Baum- und Buschwerk durch Anbaufelder war ein Beweggrund, ein anderer der in manchen Gebieten hohe Wert des Holzes, der zur Entwicklung einer bedeutsamen Holzfällerei führte.

Das Abholzen des ursprünglichen Waldes oder das Ersetzen durch fremde Baumarten setzte sich bis ins 20. Jahrhundert fort; heute wurde dem teilweise ein Riegel vorgeschoben. Kein Besucher sollte sich solche Augenweiden der australischen Landschaft entgehen lassen wie den tropischen Regenwald von Queensland, seine gemäßigteren Vertreter im Südosten und Tasmania, die blaudunstigen Eukalyptuswälder (nach denen die Blue Mountains benannt sind) oder die Karri-Wälder Westaustraliens.

Die Farmer kommen: Nach der Rodung des Busches teilten sich Siedler und Viehzüchter das Land, zogen Zäune, pflanzten europäische Bäume, um dem Ort ein vertrauteres Aussehen zu verleihen, und bauten je nach Vermögen architektonisch mehr oder weniger exklusive Heimstätten. Australische Landhäuser weisen eine Spannbreite von eleganten Backsteinvillen zu baufälligen Holzhütten auf.

Der Versuch, die australische Natur umzugestalten, scheiterte häufig an deren Eigenwilligkeit. Regenlose Jahre ruinierten manchen Farmer, der sich mit Ackerbau zu weit ins Binnenland vorgewagt hatte. Australien weist noch mehr verlassene ländliche Gehöfte auf als Geisterstädte nach dem Goldrausch.

Die Besiedlung vertrieb einheimische Tiere, die mancherorts von Myriaden an Weideschafen ersetzt wurden, für die geeignete Grassorten importiert werden mußten. Känguruhs und andere Tiere zogen ebenfalls Vorteil aus der Bewässerung ehemals dürrer Landstriche und wurden deshalb als Schädlinge verfolgt.

Interessenkonflikt: Mit ihren Eingriffen strebten die Europäer danach, eine vermeintlich ungestaltete Landschaft in wirtschaftliche und visuelle »Vernunft« zu bringen und ihr Nutzen abzuringen. Dies hieß für die Aborigines, daß das Land in jedem traditionellen Sinn unbewohnbar wurde. Dieser grundlegend verschiedene Ansatz trug wohl mehr als alles andere zum Konflikt zwischen Ureinwohnern und Siedlern bei, ein Konflikt, in dem die Aborigines unweigerlich Verlierer waren.

> Kaninchen wurden um 1850 eingeführt. In wenigen Jahren explodierte die Population und verbreitete sich um 100 km jährlich. Weite Flächen der ursprünglichen Flora wurden unwiderbringlich zerstört. Auch in angeblich karnickelsicheren Zäunen, einer erstreckte sich 2000 km weit über Westaustralien, fanden die Kaninchen Schlupflöcher. Erst in den 50er Jahren wurden sie durch den sich ausbreitenden Myxomatose-Virus dezimiert.

AUSTRALIEN
von A bis Z

AUSTRALIEN VON A BIS Z *Reiseplanung*

Viele Australien-Besucher planen ihren Aufenthalt recht gründlich. Wer mit weniger konkreten Vorstellungen aufbricht, sollte vor allem bedenken, daß ihn ein Kontinent erwartet. Ein Australien-Urlaub gleicht einem Besuch Europas oder der USA. – Australien ist etwa so groß wie die USA ohne Alaska und etwa 24 mal größer als die Britischen Inseln. Auf einer einzigen Reise können Sie gerade mal einen Überblick gewinnen; ein wahres Kennenlernen kostet viele Monate Zeit und eine beträchtliche Menge Geld (obwohl weniger als andernorts).

Entfernungen
Bedenken Sie, ehe Sie im gemieteten Wagen oder Wohnmobil in den Outback aufbrechen, die Entfernungen. Von Sydney trennen Cairns etwa 2546 km, Alice Springs 2644 km, Darwin 3999 km und Perth beachtliche 4144 km – alles andere als Katzensprünge!

Längere Reisen: Ein längerer Aufenthalt, der sämtliche Hauptsehenswürdigkeiten einschließt, sollte mindestens drei Monate währen. In dieser Zeit lassen sich alle Bundesländer, Tasmanias inbegriffen, und fast alle in diesem Reiseführer vorgestellten Glanzlichter besichtigen – vor allem, wenn Sie die meisten Strecken und einige Rund-reisen mit dem Flugzeug zurücklegen. Wer mehr Zeit erübrigen kann, um so besser: Dann können Sie an einigen Orten verweilen und ihre Atmosphäre behaglich genießen, statt wie ein Schmetterling von einer Sehenswürdigkeit zur anderen zu flattern. Seit man den Kontinent auf Asphaltstraßen umfahren kann, genießen viele Australier im Ruhestand die gemächliche Erkundung ihres Heimatlandes, vorzugsweise im Wohnmobil.

Wohnmobile eignen sich besonders bei schmalem Geldbeutel hervorragend zur Erkundung.

Kürzere Reisen: Die meisten Australien-Urlaubern müssen sich jedoch mit weniger Zeit bescheiden und daher eine Auswahl treffen. Um von allen Erlebnisangeboten zu kosten, werden Sie nicht nur Stadtleben schnuppern, sondern auch das Land entdecken wollen, über die unbefe-

AUSTRALIEN VON A BIS Z

stigten Straßen des *Outback* reisen, das Fahrzeug stehenlassen und durch den Busch oder am Strand wandern, durch alte Goldgräbersiedlungen stromern, an der Bar eines Pub im *Outback* hocken oder sich bekehren lassen, daß Tauchen und Schnorcheln nicht allein Experten vorbehalten sind.

Australier werden Sie mit Vergnügen zu den unterschiedlichsten Unternehmungen einladen, auf Kamelen durch die Wüste reiten oder, begleitet von Aboriginal-Rangers, nach Käferlarven graben. Sie finden mehr (von fachmännisch bis amateurhaft-liebevoll geführte) Museen pro Kopf als vermutlich in irgendeinem anderen Teil der Welt. Aber auch Industrien und Unternehmen öffnen Besuchern ihre Pforten. Weinkellereien ohne Weinproben sind unbekannt, Obst- und Tierfarmen heißen Sie willkommen, und etliche Landbesitzungen bieten Unterkunft und Gelegenheit, am ländlichen Leben teilzuhaben.

Planung der Reiseroute: Bei einem Urlaub von wenigen Wochen gilt es, die Vorhaben auf ein angemessenes Maß zu begrenzen. Trotz ihrer Weite werden fast alle australische Bundesstaaten von ihren Hauptstädten beherrscht, deren jede mit ihrem eigenen Gesicht und Schatz an Attraktionen aufwartet. Hier nahm die Kolonisierung ihren Anfang und hier hinterließ sie ihre tiefsten Spuren. Gleich hinter den Vororten eröffnen sich unberührte Landschaften; keine große Stadt liegt außer Sichtweite der Hügel oder Berge eines Nationalparks. Daher bietet sich eine Stadt gut als Ausgangsort für Ausflüge an, vielleicht mit einigen Übernachtungen, um die für Australien so typischen aufregenden Kontraste zwischen Stadt und Land hautnah zu erleben. Aber auch eine Überlandreise – mit Mietwagen, Zug, Bus oder als organisierte Tour –, die Sie von Ihrem Ankunftsort zu einem beliebigen Endpunkt führt, läßt Sie ein Gespür für das Land entwickeln; das Auslands-Rückflugticket läßt sich in der Regel entsprechend ausstellen. Es wäre schade, den *Outback* auszuklammern, doch müssen Sie nicht den gesamten Hin- und Rückweg über Land zurücklegen; Sie können auch zu einer der vielen Basen für *Outback*-Touren fliegen und von dort zur Erkundung aufbrechen.

Australiens gut entwickelte touristische Infrastruktur empfängt Sie mit Abwechslungen und zuvorkommendem Personal, vor allem wenn Sie Ihr Gegenüber als menschliches Wesen und nicht schnöde als bloßen Informanten behandeln. Unterkünfte und Restaurants kommen jedem Geldbeutel entgegen. Zahlreiche Reiseveranstalter bieten Ausflüge an. Es lohnt sich allerdings zu prüfen, ob diese Angebote tatsächlich Ihren Wünschen – und nicht vielmehr den Bedürfnissen des Veranstalters – entsprechen. Und haben Sie auch ein seltenes Reiseziel sehnlich ins Auge gefaßt, dann finden Sie mit Sicherheit einen Australier, der Ihnen hilft, dorthin zu gelangen.

Autofahrer: Vorsicht Kamele!

Australische Inseln
Die fern im Pazifik gelegenen Inseln Lord Howe Island (über 700 km nordöstlich von Sydney) und Norfolk Island (weitere 1000 km entfernt) zählen zum Programm der wenigsten Australien-Besucher, sind bei entdeckungsfreudigen Australiern jedoch sehr beliebt. Norfolk, etwa 40 km² groß, diente als Sträflingsinsel für rückfällige Häftlinge aus Sydney, die hier unter einem berüchtigt brutalen Regiment litten. Überreste von Bauten aus den Tagen der Strafkolonie erinnern an die Atmosphäre in Port Arthur. Im subtropischen Klima gedeihen neben Regenwald auch die berühmten Norfolk-Pinien und saftiges Weideland. Lord Howe Island, nicht einmal halb so groß, kennzeichnen Berggipfel, deren einzigartige Pflanzen- und Vogelwelt dem Gebiet die Auszeichnung zur *World Heritage Area* eintrug. Autos verkehren hier kaum; wenn Sie nicht schnorcheln, sollten Sie das Gelände mit dem Fahrrad erforschen.

AUSTRALIEN VON A BIS Z

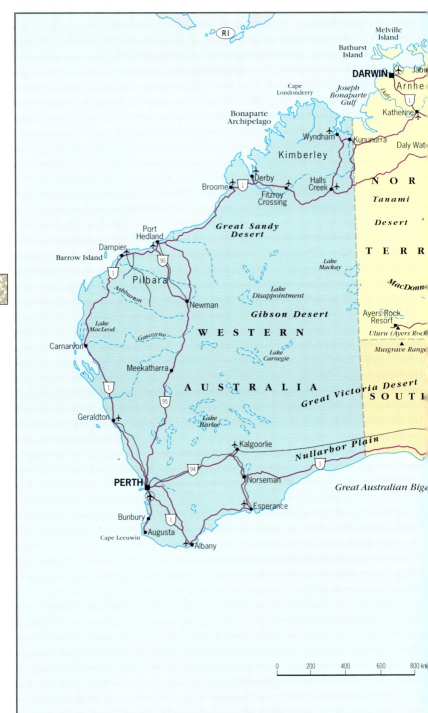

VERKEHRSWEGE IN AUSTRALIEN

SYDNEY

SYDNEY

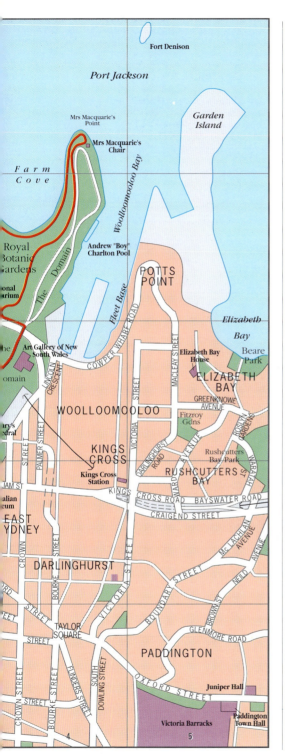

HIGHLIGHTS

ART GALLERY OF NEW SOUTH WALES *siehe Seite 42*
AUSTRALIAN MUSEUM *siehe Seite 42*
CIRCULAR QUAY *siehe Seite 43*
DARLING HARBOUR *siehe Seite 43*
NATIONAL MARITIME MUSEUM *siehe Seite 45*
POWERHOUSE MUSEUM *siehe Seite 47*
THE ROCKS *siehe Seite 47*
ROYAL BOTANIC GARDENS *siehe Seite 47*
SYDNEY HARBOUR BRIDGE *siehe Seite 47*
SYDNEY OPERA HOUSE *siehe Seite 48*

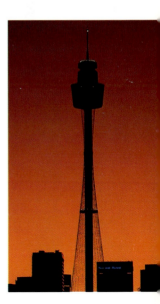

SYDNEY

Sydneys Ureinwohner

Vermutlich bewohnten drei Aboriginal-Hauptstämme, insgesamt mehrere tausend Menschen, das Gebiet um die künftige Stadt, als die Erste Flotte ihre Segel einholte. Viele ihrer Ritzzeichnungen blieben in den Sandsteinplateaus im Norden und Süden erhalten. Die Aborigines begegneten den Eindringlingen mit einer Mischung aus Gleichgültigkeit, Abwehr und Neugier. Letztendlich machtlos, fielen die wenigen Überlebenden im frühen 19. Jahrhundert in einen erbärmlichen Zustand von Trunksucht und Bettlertum.

Sydney: Die unglückseligen Anfänge als Strafkolonie der sich lasziv um den glitzernden Hafen rekelnden Stadt sind im Nu vergessen angesichts ihrer sprühenden Lebenskraft in solch prachtvoller Lage. Sydney, eine der großen Städte der Welt und Heimat von nahezu einem Viertel der Bevölkerung des Kontinents, scheint noch in frischer Jugendblüte zu stehen – begeisterungsfähig, gastfreundlich, pulsierend, Wachstum und Wandel bejahend. Zu Wahrzeichen gerieten, kaum waren sie vollendet, die Harbour Bridge und das Opera House. Vom Wasser aus bietet die Skyline der Innenstadt einen ungemein reizvollen Blickfang, während sich um die 240 km lange Uferlinie des Hafens Villenvororte und Überreste nahezu unberührter Landschaft abwechseln.

Sydney ist von extravaganter Schönheit, aber mit Spuren der »australischen Häßlichkeit« nicht makellos. Seine Wolkenkratzer streben nicht nach Harmonie mit ihrer Nachbarschaft, vieles im Zentrum mutet chaotisch an. Hinter seinen zumeist schmucken viktorianischen Vororten scheint das Meer rotüberdachter Bungalow-Siedlungen über den Horizont zu quellen. Die Monotonie dieses urbanen Krebsgeschwürs macht eine einzigartige landschaftliche Umgebung wett: die Heiden und Wälder des **Ku-ring-gai Chase** und **Royal National Park,** die Sandsteinklippen der **Blue Mountains** und die wie Perlen auf die meilenlange Schnur der Pazifikküste gereihten Strände. Das Wohlbefinden fördert zudem ein Klima, das trotz beachtlicher Regenfälle heiße Sommer und milde Winter gewährleistet.

Die frühen Tage: Es waren nicht die angenehmen Temperaturen, die im Januar 1788 Captain Philipp und seine buntgescheckte Sträflingsflotte in Port Jackson Anker werfen ließen. Vielmehr schien das Gebiet um den heuti-

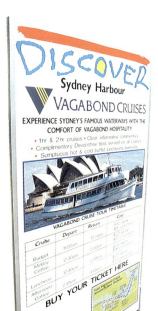

SYDNEY

gen Circular Quay für eine Besiedlung geeigneter als das Hinterland der Botany Bay, in die die Erste Flotte gelandet war. Man hißte die Flagge und taufte den Landeplatz (nach dem damaligen britischen Innenminister) auf den Namen Sydney Cove, der bald auch die Siedlung meinte, die sich zerstreut am Ufer ausbreitete.

Den ersten Pionieren folgten freie Siedler; in den 50er Jahren des 19. Jahrhunderts ließen Goldfunde im Westen der Blue Mountains die Einwohnerzahl der Stadt in die Höhe schnellen. Adrette Villen entstanden in den Außenbezirken; im späteren 19. Jahrhundert überzogen in den nahen ländlichen Gegenden Mittelklasse- und Arbeitervororte wie Balmain und Paddington ihre Straßen mit bescheidenen Hütten und erhöhten Häuserzeilen und überließen Siedlungen wie The Rocks dem Alkohol, Laster und Verbrechen. In den späten 20er Jahren dieses Jahrhunderts war Sydney Millionenstadt und ein selbstbewußter, stolzer Standort für eine starke Gewerkschaftsbewegung, die ihren Mitgliedern einen der weltweit höchsten Lebensstandards sichern half.

Sydney heute: Der Zweite Weltkrieg dehnte Sydneys Bande zur Außenwelt jäh aus. Sie verstärkten sich in der Nachkriegszeit, als Wellen von *New Australians*, zunächst aus dem verwüsteten Europa, später aus dem Libanon, Vietnam, China, den Philippinen und unzähligen anderen asiatischen Ländern, anbrandeten. Einst strikt anglokeltisch, ist Sydney heute unverkennbar multikulturell.

Sydney verbirgt seine Reize nicht, sondern zeigt sie. Einen historischen Überblick gewinnen Sie rasch, und Sie finden hier all jene Museen, Galerien, Geschäfte, Restaurants und Unterhaltsangebote, die einer Metropole anstehen.

Der Befestigungsring wird durchbrochen

Sydneys erste Befestigung auf dem Observatory Hill sollte die koloniale Oberschicht vor einem möglichen Aufstand der Sträflinge schützen. Später ging die Furcht vor ausländischen Eindringlingen um, und Mitte des 19. Jahrhunderts war fast jede Landspitze bewehrt. Im Zweiten Weltkrieg durchbrach ein japanisches Klein-U-Boot die Hafensperre und drang bis Garden Island vor. Hier feuerte es seine Torpedos auf den US-Kreuzer *Chicago*, doch trafen die Schüsse daneben. Durch Wasserbomben fand die U-Boot-Besatzung den Tod; ihr Boot wurde geborgen und ist heute im National Maritime Museum zu besichtigen.

Viele betrachten Sydney als »beste Adresse auf Erden«.

SYDNEY

Stilvolle Wohnvillen
Nicht alle frühen Häuser Sydneys waren so anspruchslos wie Cadman's Cottage, obwohl Feuchtigkeit und merkwürdige Gerüche den ersten Gouverneurssitz tränkten. Vom Ehrgeiz aufstrebender Bürger sprechen einnehmende Villen wie das Elizabeth Bay House. Der prächtige, mit weißem Stuck verzierte klassische Bau kehrte seinen schäbigen Nachbarn im anschließenden Kings Cross (siehe S. 59) den Rücken. Weiter östlich weckt das Vaucluse House Bewunderung, dessen Zinnen und Veranden in den 30er Jahren des 19. Jahrhunderts der Entdecker William Charles Wentworth hinzufügen ließ.

Das Australian Museum hütet ethnographische Exponate aus aller Welt.

▶▶▶ Art Gallery of New South Wales 39C4
Art Gallery Road
Der ehrwürdige klassische Sandsteinbau wurde 1887 eröffnet und im Laufe der Jahre mehrfach erweitert, ein letztes, aufwendiges Mal 1988 anläßlich der 200-Jahr-Feier. Das großzügige Innere bewahrt Australiens wohl unbestritten bedeutendste Kunstsammlung, obwohl Canberra heute die Nationalsammlung hütet. Sie veranschaulicht die Entwicklung der australischen Kunst bis zur Gegenwart und besitzt größere Abteilungen zur Kunst der Aborigines (in der Yiribana Gallery), Asiens, Amerikas und Europas mit einer herausragenden Sammlung britischer Malerei des 20. Jahrhunderts. Zudem zeigt sie Wanderausstellungen von Weltniveau. Besonders faszinieren werden den Besucher jedoch die Werke australischer Maler über die Menschen und Orte dieses so anderen Landes; alle sind hier vertreten, so John Glovers tasmanische Landschaften, Grace Cossington Smiths Metamorphose der Harbour Bridge und Sydney Nolans Interpretation der Ned-Kelly-Sage.

▶▶▶ Australian Museum 38B3
Ecke College Street / William Street
Australiens größtes naturgeschichtliches Museum ist ein lebhafter Ort. Vor einigen Jahren erweitert und umgestaltet, harmonisiert seine viktorianische Architektur mit den fesselnden Ausstellungen zur Erdgeschichte, Meereswelt, Insekten, Vögeln und anderen Tieren. Riten vergangener wie heutiger Tage werden anregend erläutert, ebenso die 40000jährige Aboriginal-Kultur. Andere Abteilungen widmen sich Indonesien, Papua-Neuguinea und dem Pazifik, während »Planet of Minerals« Australiens Mineralienreichtum dokumentiert. Die ausgestopften Tiere stehen in lebensnahem Umfeld und wirken so besser als Einzelexemplare. Viele Computer-Bildschirme darf man auch berühren.

▶ Cadman's Cottage 38E3
George Street
Der bescheidene georgianische Bau genießt den Ruhm des ältesten erhaltenen Gebäudes der Stadt. 1816 erbaut, geht sein Name zurück auf den begnadigten Sträfling John Cadman, der hier von 1827–45 lebte. Am Türsturz erinnern die sauber geschnitzten Initialen GR an König George III von Großbritannien. Cadmans Haus lag einst unmittelbar am heute etwa fünfzig Meter entfernten Strand. Es beherbergt ein Informationszentrum des *National Parks and Wildlife Service*.

▶ Chinatown 38B2
Chinesen wanderten zunächst im Zuge des Goldrausches ein und siedelten in The Rocks oder um die Botany Bay. Sydneys chinesische Bürger leben nun über die Vororte verstreut, doch das chinesische Herz der Stadt pocht am heftigsten entlang der Dixon Street, hinter deren verzierten Toren sich exotische Läden, Lebensmittelzentren und Restaurants reihen. Wenige Schritte entfernt lockt seit der Umgestaltung von Darling Harbour der **Chinesische Garten**. Landschaftsarchitekten aus Guangzhou, Sydneys südchinesischer Partnerstadt, schufen einen feinsinnig geplanten Hort der Ruhe mit Pflanzen, Seen, Brücken, Wasserfällen und einem Teehaus an einem Lotusteich.

ART GALLERY – DARLING HARBOUR

▶▶▶ Circular Quay   38D3

Dies ist nicht nur der beste Platz, um die Menschen zu beobachten, sondern auch einer der geschichtsträchtigsten der Stadt: In Sydney Cove warf am 26. Januar 1788 die Erste Flotte Anker. Immer noch im Mittelpunkt des Alltagslebens, ergießt sich ein ununterbrochener Menschenstrom aus den Bahnstationen, Taxis, Bussen und Fähren, die unermüdlich an den Kais an- und ablegen. Darüber dröhnt der Lärm von Zug- und Straßenverkehr, unbeachtet von Müßiggängern, die auf der breiten Promenade den Straßenmusikanten lauschen. Landeinwärts ragen wie steile Klippen die Citybauten auf, während Richtung Wasser die stets wechselnden Ansichten der Harbour Bridge und des Opera House das Auge erfreuen. Eine Karte zeigt dort, wie die Kolonie 1808 ausgesehen hat.

▶▶▶ Darling Harbour   38D1

Die frühen Kolonisten nannten die tiefe Bucht im Westen des Stadtzentrums Cockle Bay, »Herzmuschelbucht«. Wie viele Hafenviertel der Welt verlor auch dieses schließlich seine wirtschaftliche Bedeutung, erwachte aber als Touristenzentrum mit vielbesuchten Ausstellungs- und Unterhaltungseinrichtungen zu neuer Vitalität.

    Der Hafen zeigt eine aufregende Mischung von alt und neu, nach Osten begrenzt von glitzernden Bürotürmen und einigen von Sydneys modernen Bauten inmitten weiter Flächen aus Wasser und Stein. Über die Parklandschaft im Süden schwingen sich Schnellstraßen, während die umstrittene Hochbahn *Monorail* das Gebiet mit dem Zentrum verbindet. Sie gleitet über die Pyrmont Bridge, die weltweit älteste Drehbrücke ihrer Art.

    Auf die Sehenswürdigkeiten dieses Viertels (National Maritime Museum, siehe S. 45) verweist der nebenstehende Kasten.

Die ersten Pioniere würden Sydney Cove, Landeplatz der Ersten Flotte, zweihundert Jahre später nicht mehr wiedererkennen.

Sehenswertes in Darling Harbour
Neben der Pumphouse Brewery Tavern und dem grandiosen Sydney Aquarium locken ein IMAX-Theater, Sporteinrichtungen, ein Freizeitpark, Freiluftvergnügungen aller Art, Hafenkreuzfahrten, im Harbourside-Komplex 200 Geschäfte, Boutiquen und Märkte, ein Kongreßzentrum und das Sydney Exhibition Centre mit Veranstaltungen wie der *Motor Show*. Das Harris Street Motor Museum und Paddy's Market liegen ebenso wie das große Sydney Harbour Casino nur einen Steinwurf entfernt.

SYDNEY

Der Unbekannte Soldat
Bruce Dellit, Architekt aus Sydney, entwarf das Anzac War Memorial, »nicht um den Glanz, sondern das Unheil und Grauen des Kriegs ahnen zu lassen«. Als solches geriet es zu einem Meisterwerk. Die Außenskulpturen – sie zeigen die verschiedenen Abteilungen der Streitkräfte (samt Sanitätern) – schuf der gebürtige Brite Rayner Hoff. Die bewegende zentrale Figur des gefallenen Soldaten im Innern läßt sich nur bei Beugen des Kopfes genau betrachten. Darüber durchbrechen 120 000 Sterne, für jeden Freiwilligen des Ersten Weltkriegs einer, die Kuppel.

Observatory Hill und Sydney Observatory
Mit seiner beeindruckenden Sicht über den Hafen war Millers Point Standort einer Zitadelle, einer Windmühle und seit 1858 eines Observatoriums, das das unbekannte Firmament des Südens beobachtete und bis 1982 in Betrieb war. Im mit Turm und Kuppeln versehenen renovierten Bau dürfen Besucher zahlreiche fesselnde Objekte des jetzigen Museums für Astronomie getrost auch anfassen.

▶▶ **The Domain** 39D4
Diese langgestreckte Grünfläche zieht sich von Mrs. Macquarie's Point landeinwärts und mündet in einem der großen Stadtparks, der von Feigenbäumen gesäumt ist. Hier wenden sich, ähnlich wie in Londons Speaker's Corner, Redner an williges Publikum, ziehen Jogger ihre Bahnen, verzehren Büroangestellte ihre Sandwiches. Vor allem während des im Januar abgehaltenen »Festival of Sidney« finden hier Freiluftaufführungen statt, Opern und klassische Musikkonzerte. Allerdings blieb die Domain von dem Bau einer unterirdischen Parkgarage, dem Cahill Expressway und der Eastern Suburbs Railway nicht verschont.

▶ **Garrison Church** 38E2
Millers Point
Der **Argyle Cut**, eine der frühen technischen Großtaten der Kolonie, schlug eine Schneise durch den mittleren Kamm des Viertels The Rocks bis zum **Argyle Place**, gern umschrieben als Sydneys einziger Dorfanger – und als solcher in ungewöhnlicher Nähe zu einer mehrspurigen Schnellstraße (der Zufahrt zur Harbour Bridge). Den dennoch gefälligen Platz rahmen schmucke Wohnhäuser aus der Mitte des 19. Jahrhunderts. Die Holy Trinity Church nahe dem Zugang zum Cut erhielt den Beinamen Garrison Church, da die Rotröcke der Dawes-Point-Truppe sie besuchten. Im Cut abgetragener Stein lieferte das Baumaterial. Das Fehlen einer Turmspitze betont die untersetzte Gestalt der Kirche, die mit einem weitläufigen Inneren und erlesenen Buntglasfenstern überrascht.

▶ **Hyde Park** 38C3
Wie sein Londoner Namensvetter einst am Stadtrand gelegen, bietet der hübsche Park heute eine Oase der Ruhe im Herzen der Stadt. Ins Auge fallen seine Allee mächtiger Moreton-Bay-Feigenbäume und ein dem Barock nachempfundener Brunnen, vor allem aber das aufwendig im Art deco gestaltete **Anzac Memorial** (siehe Kasten), wo am 25. April, dem Anzac-Tag, eine Parade stattfindet.

▶▶ **Hyde Park Barracks** 38C3
Queens Square
Das eindrucksvolle dreistöckige Gebäude, versehen mit Ziergiebeln und Pfeilern, zieht sich würdevoll hinter seine großen Tore zurück. Francis Greenway, brillanter Architekt, Ex-Sträfling und Umgestalter Sydneys, schuf im Auftrag Gouverneur Macquaries einen der schönsten klassizistischen Bauten der Stadt. Er bot bis zu tausend Sträflingen Unterkunft, die zuvor selbst für ihre Bleibe hatten sorgen müssen. Heute gibt hier ein Museum für Sozialgeschichte wertvollen Aufschluß über die frühe Geschichte der Kolonie und das Leben der einstigen Insassen.

▶▶ **Museum of Contemporary Art** 38D3
Circular Quay West
Eher abweisend blickt der braune Sandsteinbau, früher Verwaltungssitz des Marineministeriums, auf den Circular Quay. Seine späte Art-deco-Kulisse steht im Gegensatz zur hier ausgestellten, bedeutenden Sammlung zeitgenössischer Kunst.

THE DOMAIN – NATIONAL MARITIME MUSEUM

▶   **Museum of Sydney**   38D3
Ecke von Bridge und Phillip Street
An der Stelle des ersten Government House (1788) gebaut, gibt dieses Museum einen Überblick über das Leben im Australien der Kolonialzeit. Nachdem es 1846 zerstört wurde, hat man bei Ausgrabungen die Grundmauern wieder freigelegt. Diese können heute zum Teil besichtigt werden. Anhand von Computern und Videowänden illustriert das Museum die Geschichte der Stadt. Sie reicht von den Anfängen, als nur Aborigines dort siedelten, bis hin zum relativ kultivierten Sydney Mitte des 19. Jahrhunderts. Eines der Highlights liegt im Vorhof. Die ungewöhnliche Skulptur »Edge of Trees« besteht aus spitzen Stangen und repräsentiert sowohl die Ureinwohner, als auch die frühen Siedler Australiens.

▶▶▶   **National Maritime Museum**   38C1
Darling Harbour
Hinter der einem futuristischen Schiff ähnelnden Konstruktion vermutet man kaum eine solch althergebrachte Einrichtung wie ein Museum. Dieses wiederum überrascht mit Exponaten, die von der innigen Beziehung des Inselkontinents zu den ihn umgebenden Meeren erzählen.

Im weitläufigen, ungewöhnlich gestalteten Inneren sind zahlreiche Schiffe, von Aboriginal-Kanus bis zu supermodernen Yachten, ausgestellt. Doch nicht nur Objekte, auch die Menschen stehen im Mittelpunkt: die Entdecker, Sträflinge, Siedler, Flüchtlinge und andere Einwanderer.

An den Docks liegen weitere Schiffe. Dazu zählt auch die Tu Do, ein Schiff vietnamesischer »boat people«, das 1977 in Darwin völlig überladen anlegte, ein russisches U-Boot und der Zerstörer HMAS Vampire.

Tummelplatz des Pazifik
So nannte man einst den Bondi Beach. Im National Maritime Museum werden die frühen Tage der ausgelassenen australischen Strandkultur lebendig. Damals, noch zu Lebzeiten älterer Besucher, wachten Hüter der Moral mit Argusaugen darüber, daß männliche Schwimmer sich nicht »oben ohne« am Strand tummelten. Doch zeigen die Poster, Fotos und Videos, wie freudig junge Australier immer schon ihre Hüllen abwarfen und den Körper Sonne und Meer aussetzten. Den Rückblick überschattet die Erinnerung an den Schwarzen Sonntag des 6. Februar 1938, als trotz des Einsatzes von sechzig Lebensrettern fünf Menschen bei einer Sturmflut ums Leben kamen.

Das Observatorium, aus heimischem Sandstein im Kolonialstil erbaut.

SPECIAL *Strände*

■ Zu Sydneys schönsten Vorzügen zählt die Nähe zu den Stränden des Hafens und der Pazifikküste. Dabei war, was verwundern mag, noch zu Beginn dieses Jahrhunderts das Baden bei Tageslicht gesetzlich verboten. Eines hellichten Tages spazierte der extravagante Herausgeber einer Zeitung des Seebads Manly voll bekleidet in die Brandung, um die Gesetzeshüter herauszufordern, die jedoch nie reagierten. ■

Bevor Sie ins Wasser gehen ...
Vor Wasserverschmutzung sind auch Sydneys Strände nicht vollkommen gefeit. Manche sind gelegentlich von Abwässer verseucht. Verbesserungsmaßnahmen werden jedoch getroffen; erkunden Sie vor Ort den Wasserzustand.

Die Hafenstrände
Mit den Meeresstränden können sie es kaum aufnehmen, doch bieten sie zahlreiche hervorragende Flecken für ein Picknick oder Sonnenbad. An der Südküste locken Vaucluse, Nielsen Park und Parsley Beach, im Norden die Strände um Manly sowie Mosman's Obelisk und Balmoral.

Sydneys Strände sind ein Paradies für Surfer.

Manly im Norden – »sieben Meilen von Sydney, aber tausend Meilen von den Sorgen entfernt« – ist Sydneys Badeort par excellence. Vom Anleger der Fähre führt der von Geschäften, Imbißbuden, Cafés und Pubs gesäumte Corso zum geschwungenen Sandstrand, wo eine Doppelriege von Norfolk-Pinien den Ozean begrüßt. Hier wurde 1915 der Surfsport geboren, und jährlich findet ein großer Surf-Wettbewerb statt. Zu Manlys vielen Attraktionen zählen das Oceanworld Aquarium und eine alte Quarantäne-Station, die ursprünglich Sydney vor ansteckenden Krankheiten schützen sollte. Jetzt ist sie täglich zu besichtigen.

Noch eindrucksvoller wirkt – trotz seiner leicht angestaubten Kulisse von Cafés, Pubs und Appartementblocks – der im Süden zwischen zwei Landspitzen gebettete weltbekannte Strand von **Bondi**. Den beliebten vorstädtischen Strand verband einst eine Straßenbahn mit dem Zentrum, die beim Endspurt in halsbrecherischem Tempo zum Meer hinabstürzte und durch das geflügelte Wort *to go like a Bondi tram* Ruhm erlangte.

Weitere 18 ebenso schöne, wenn auch weniger bekannte Strände ziehen sich nördlich von Manly über die Warringah-Halbinsel bis zum bezaubernden Palm Beach. Manche, so Narrabeen, muten städtisch an, andere, Freshwater und Whale Beach etwa, sind noch nahezu unberührt. Und in Bondis Süden endet die Kette von Stränden beim zehn Kilometer langen Cronulla Beach, dem einzigen mit der Vorortbahn erreichbaren Strand.

PARLIAMENT HOUSE – SYDNEY HARBOUR BRIDGE

▶ **Parliament House** 38C3
Macquarie Street
Wie das **Mint Museum** gehörte der Parlamentssitz von New South Wales zum 1816 erbauten »Rum-Hospital«. Der aus England stammende Eisenfertigbau des Sitzungssaals des Gesetzgebenden Rats war eigentlich für eine Kirche in den Goldfeldern entworfen worden. Das Parlamentsgebäude ist, auch zu Sitzungen, Besuchern geöffnet.

▶▶▶ **Powerhouse Museum** 38A2
Harris Street, Ultimo
Die höhlenartigen Dampfkesselhallen und anderen Innenräume des ehemaligen Kraftwerks und Straßenbahndepots am Rande von Darling Harbour bewahren die umfangreichen Sammlungen des Museums für angewandte Kunst und Wissenschaft. In der verblüffenden Palette dieses größten Museums Australiens sind die dekorativen Künste stark vertreten, aber auch die Sozialgeschichte mit spannenden Ausstellungen über das Leben der Aborigines, traditionelle Frauenarbeit, und Brauwesen. Objekte zum Anfassen, audiovisuelle Darstellungen, Toneffekte und Hologramme lockern die Atmosphäre auf.

Das Powerhouse Museum ist selbst für Kinder ein höchst unterhaltsamer Ort.

▶▶ **Queen Victoria Building** 38C2
George Street
Unlängst renoviert, erstrahlt die 1898 erbaute, von etlichen Kuppeln überwölbte spätviktorianische Einkaufspassage in frisch poliertem alten Glanz. Buntglas und Mosaiken, verglaste Gewölbe und kostbare Details schmücken den auf mehreren Ebenen einen gesamten Straßenblock einnehmenden Tempel des Luxuskonsums.

▶▶▶ **The Rocks** 38D2
Ein in Dawes Point endender Sandsteinbuckel verlieh Australiens ältester europäischer Siedlung ihren Namen. Das heutige Touristenmekka (siehe Kasten) stand lange im Ruf eines Sündenpfuhls, heimgesucht von Schlägern und Trunkenbolden, Huren und Zuhältern, Schurken aller Art. Doch diese Spuren wurden längst bereinigt, zunächst – nach Ausbruch der Beulenpest 1900 – durch Abbruch zahlreicher unhygienischer Behausungen und in einer zweiten Aktion vor Baubeginn der Harbour Bridge.

The Rocks heute
Das Viertel mit seiner für Australien seltenen, nahezu mittelalterlichen Atmosphäre verführt zum Bummeln. Sie können in der 106 George Street aufbrechen, wo sich das aufschlußreiche Sidney Visitor Centre at The Rocks befindet.

▶▶▶ **Royal Botanic Gardens** 39D4
Die auf 30 Hektar üppig bepflanzte Gartenlandschaft kontrastiert erholsam mit den hochstrebenden Bauten und der Hektik des Stadtzentrums. Diese Wirkung steigern die Hafennähe und der Blick auf die langgeschwungene Promenade der Farm Cove, die zwei Landspitzen – mit der Oper am einen und Mrs. Macquarie's Point am anderen Zipfel – begrenzen. Der Park auf dem Gelände der ersten Regierungsfarm besitzt ein Besucherzentrum, das nationale Herbarium (mit über einer Million Gewächsen), eine unter einer Kuppel aus Stahlrippen wuchernde Farnsammlung und zwei ungewöhnlich gestaltete Gewächshäuser namens Arc und Pyramid, in denen tropische Pflanzen aus vielerlei Ländern gedeihen.

▶▶▶ **Sydney Harbour Bridge** 38E3
Die 1932 eröffnete Brücke, ein Wahrzeichen Sydneys wie auch Australiens, überspannt, eingefaßt von Granitpfei-

SYDNEY

De Groots »Attentat«
Die Eröffnung der Harbour Bridge am 19. März 1932 rief zu Sydneys bislang größtem Volksfest über eine Million Menschen auf die Beine. Während diese warteten, daß Jack Lang, Premierminister der Labor Party von New South Wales, das Band durchtrennte, preschte ein uniformierter Reiter vor und durchhieb mit dem Schwert das Band. Der Ire Francis de Groot wollte verhindern, daß ein sozialistischer Politiker sämtliche Lorbeeren einheimste.

AMP-Turm
Der Blick von der Aussichtsplattform dieses 305 Meter hohen Gebäudes, dem höchsten in Sydney, ist wirklich spektakulär. Mit einer Rundumsicht über das gesamte Stadtgebiet ist dies der ideale Platz, um sich mit dem Stadtplan Sydneys vertraut zu machen.

Ein Opernschicksal
Sydneys Oper ist trotz ihrer genialen Konstruktion kein idealer Opernbau und akustisch Melbournes Arts Centre unterlegen. Wie der Volksmund lästert, besitzt Australien das beste Opernhaus der Welt – mit Außenanlage in Sydney und Innenbau in Melbourne.

Sydneys 1932 fertiggestellte Harbour Bridge bildet immer noch die Hauptverbindung zwischen dem Norden und dem Süden.

lern, in weitem Bogen die Hafenenge zwischen Dawes Point und Milsons Point im Norden. Acht Autospuren und eine zweigleisige Bahnstrecke überqueren diese weltweit breiteste Brücke, die 1932 nach beinahe neun Jahren Bauzeit, eröffnet wurde. Sie erhebt sich 134 m über das Wasser. In den frühen 90er Jahren ist die stauanfällige Brücke durch den Sidney Harbour Tunnel ersetzt worden, der direkt unter dem Hafen verläuft.

Der Fußweg über die Brücke (zu erreichen über die Cumberland Street in The Rocks) erlaubt hinreißende Ausblicke. Sie können auch auf die Aussichtsplattform des südöstlichen Granitpfeilers steigen und dessen kleines Museum besichtigen.

▶▶▶ Sydney Opera House 38E3
Bennelong Point

An der Stelle eines baufälligen Straßenbahndepots krönt seit 1973 dieser aufsehenerregende Bau, ein verwegener Entwurf des dänischen Architekten Jørn Utzon, den Bennelong Point. Obwohl der Bau des Opernhauses sowohl von technischen als auch von politischen Problemen begleitet war – was dazu führte, daß der führende Architekt Utzon das Projekt noch vor Fertigstellung des Gebäudes abgab – sind die eleganten, in die Höhe schwingenden Dächer spektakulär. Diese, mit über einer Million schwedischer Keramikfliesen bedeckten Dächer hat man mit geblähten Segeln, Muschelschalen, gar Nonnenhauben verglichen. Das Innere birgt außer dem Opernsaal eine Konzerthalle, zwei traditionelle Theater, Restaurants, Bars, Geschenkläden und eine Bibliothek. Die Stufen draußen scheinen für Riesen angelegt zu sein; eine Promenade führt um die Landzunge.

Führungen werden normalerweise zwischen 9 und 16 Uhr angeboten. Die Zeiten können sich allerdings ändern.

SYDNEY

Zu Fuß

Der Hafen und seine Geschichte

Siehe Karte S. 38/39.

Dieser fünf Kilometer lange Weg gewährt herrliche Hafenansichten, führt durch den bezaubernden Botanischen Garten und, vorbei an vielen frühen Bauten, zurück zum Circular Quay.

Es ist vielleicht weniger aufregend, doch durchaus reizvoll, sich der **Oper** vom Land statt vom Wasser her zu nähern, streckenweise unter einem Baldachin, dann treppauf über gigantische Stufen. Die schönen Bäume der **Royal Botanic Gardens** und des Government House reichen zum Fußweg hinab, der um die Farm Cove zur Landspitze mit dem zu Recht beliebten Hafenaussichtspunkt Mrs. Macquarie's Point strebt. Versäumen Sie im Botanischen Garten keinesfalls die tropischen Gewächshäuser »Arc« und »Pyramid«.

Die über den Cahill Expressway zur **Art Gallery of New South Wales** leitende Brücke erlaubt schöne Blicke über Innenstadt und östliche Vororte. Die Macquarie Street, im Westen begrenzt von einer Mauer meist moderner, im Osten von einer einzigartigen Folge historischer Bauten, führt nördlich zum Hafen zurück. Die Bridge Street stößt westlich vor; hier wetteifern neue mit alten Gebäuden – wie mit dem **Museum of Sidney**. Eine grüne Augenweide bietet, vor dem Zollamt aus dem Jahre 1885 und den Kais, der Macquarie Place.

Zu Fuß

Innenstadt und Darling Harbour

Siehe Karte S. 38/39.

Der Weg führt durch dichtbebaute Straßen zum neu belebten Darling Harbour und zurück durch den würdevoll ruhigen Hyde Park.

Der erste Abschnitt vom Bahnhof Martin Place über den gleichnamigen Platz zur Strand Arcade und Pitt Street Mall ist insgesamt fußgängerfreundlich. Bei Überqueren der Pyrmont Bridge erblicken Sie in der Höhe die unpopuläre *monorail,* rückwärts beeindruckt die Skyline.

In **Darling Harbour** erstaunt die Vielfalt neuer Einrichtungen. Eine Rast im **Chinesischen Garten** stärkt für die letzte Etappe: über die Dixon Street nach **Chinatown** und weiter zum **Hyde Park** mit seinen prächtigen Feigenbaum-Alleen und dem eindrucksvollen **Anzac War Memorial**.

Landschaftsarchitekten aus China gestalteten den Chinesischen Garten.

SYDNEY

Übernachten

Übernachten

Es ist natürlich von Vorteil, im Stadtzentrum zu wohnen, aber in den Vororten von Sydney gibt es einige exzellente und häufig günstigere Alternativen. In Kings Cross, das mit dem Zug nur eine Haltestelle von Stadtzentrum entfernt liegt, finden Sie eine große Auswahl an Hotels unterschiedlicher Preiskategorien. Bei Bondi, Coogee und Manly können Sie ein Hotel am Strand nehmen, der Vorort Double Bay im Osten bietet erlesene Umgebung, was allerdings seinen Preis hat.

Sydney bietet eine überaus breite Palette von Unterkünften, auch wenn die Stadt, abgesehen von den Vierteln für Rucksacktouristen, nicht gerade als billig gilt. Hotels finden Sie von der einfachen bis zur Luxuskategorie, wie dem wunderschönen Inter-Continental oder dem Observatory, daneben Appartements mit Serviceleistungen, Motels, Zimmer für Rucksackreisende, Zeltplätze und Frühstückspensionen. Wichtig ist die Lage; ziehen Sie am besten die Karte *Sydney Transport* zu Rate, ehe Sie Ihre Wahl treffen. Manche Ort sind ohne Auto kaum zu erreichen, andere, obwohl von den Sehenswürdigkeiten entfernt, durch gute öffentliche Verkehrsverbindungen durchaus günstig gelegen. In der Hochsaison, Weihnachten und Januar etwa, sollte man im voraus buchen.

Hotels: Im Stadtzentrum wartet ein vorzügliches Angebot an Hotels der Spitzenklasse; ebenso in den Stadtteilen wie Manly, Kings Cross und North Sydney. Manly empfiehlt sich durch seine Ferienatmosphäre, die Anbindung ans Zentrum und ist mit der Fähre in dreißig Minuten, mit dem Tragflügelboot in etwa 15 Minuten zu erreichen. Hotels der mittleren und unteren Preisklasse bieten im Herzen der Stadt, vornehmlich beim Hauptbahnhof, Herberge sowie in breiter Auswahl und oft in vergleichsweise ruhigen Straßen in Kings Cross.

Preiswerte Unterkünfte: Kings Cross ist ein Paradies für Rucksackreisende, die in der Victoria Street etliche Unterkünfte finden. Da die Situation sich stets verändert, prüfen Sie die Etablissements am besten vor Ort. Oft herrscht rege Nachfrage; Sie sollten Ihre Suche daher früh am Tage beginnen. Auch in Bondi – einer verlockenden Urlaubsadresse – häufen sich die Unterkünfte. Die Räumlichkeiten sind zumeist erschwinglich und besitzen häufig Kochgelegenheiten. Möglichkeiten für Übernachtung mit Frühstück sind über die gesamte Stadt verstreut. Vermittlungsbüros erteilen genauere Informationen (siehe auch Hotels und Restaurants, S. 267–81). Achten Sie unbedingt auf die Verkehrsanbindung. Zeltplätze liegen, wie zu erwarten, weit außerhalb der Stadt.

Gipfel des Luxus – eines der besten Hotels der Stadt.

Essen und Trinken

Speiselokale: Die kulinarische Szene Australiens hat sich in den vergangenen Jahren grundlegend verändert, vor allem durch den gewaltigen Einwandererzustrom. Dieser Wandel springt nirgendwo so sehr ins Auge wie in Sydney. Der *Sydney Morning Herald's Good Food Guide* nennt, von der afrikanischen bis zur vietnamesischen, über fünfzig Landesküchen. Trotz der Rezession schießen Restaurants mit zunehmender Professionalität und Qualität aus dem Boden, besonders im beliebten, international anerkannten Kochstil des Modern Australien (»Mod Oz«), einer Mischung verschiedener kulinarischer Richtungen und Zutaten. Die Preise sind überaus günstig, besonders in Pubs. Feinschmeckerlokale locken oft mit Mittagsmenüs, die die Abendpreise weit unterschreiten. Die Sitte, alkoholische Getränke in Lokale mitzunehmen, *BYO (Bring Your Own)* genannt, verbilligt das Ausgehen, mag auch ein geringes Korkengeld verlangt werden. Am kostspieligsten sind Restaurants mit ausgefallenem Ambiente, etwa einer Hafenkulisse oder Panoramasicht.

Internationale Küche: Ausländische Spezialitätenrestaurants verteilen sich über die gesamte Stadt. Manche ballen sich in den Wohngebieten bestimmter Nationalitäten. So häufen sich **griechische Restaurants** in der Elizabeth und Liverpool Street, **chinesische** in Chinatown, **italienische** in Leichhardt und Newtown, **vietnamesische** im südwestlichen Vorort Cabramatta. Einige Gegenden haben ganz unterschiedliche Restaurants angezogen, so Oxford Street in Darlinghurst, Stanley und Crown Street in Ost-Sydney, aber auch im Westen des Zentrums die Glebe Point Road, King Street (Newtown) oder Darling Street (Balmain). Edel wie seine Designerboutiquen sind die Eßlokale im Viertel Double Bay, während es im Badeort Manly eine Menge Restaurants, Cafés, »Frittenbuden« und Take-aways gibt.

Trinklokale: Die Auswahl in dieser Kategorie ist unübertroffen. Der einfache Pub und das *hotel* (Bar zum Trinken!) behaupten sich weiterhin, andere Pubs bieten auch Speisen und Unterhaltungsprogramm. Auf gehobenerem Niveau bewegen sich die vielen Hotel- und Cocktailbars. Die berühmte **Marble Bar** des Adam's Hotel hat im Hilton ein neues Domizil gefunden.

Sydneys exzellente Bierlokale und Bistros sind zu Recht gut besucht.

Exklusive Restaurants
An Sydneys langem Küstensaum lassen sich, von The Rocks bis Watsons Bay nahe South Head, zahlreiche Restaurants ihre Hafenlage teuer bezahlen. Die beeindruckendsten Panoramen genießt man von den beiden Restaurants hoch oben im AMP-Tower.

Erfrischungen
Stärken können Sie sich in etlichen Cafés, die ausgezeichneten italienischen Kaffee anbieten. Angenehm überrascht das hochwertige Angebot von Speisen und Erfrischungen in den Museen und Galerien.

SYDNEY

Queen Victoria Building, ein Einkaufsparadies in historischer Umgebung.

Shopping

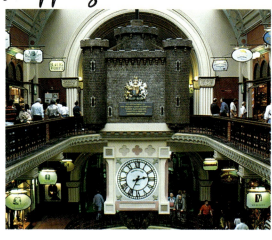

Duty-free-Verkauf
Besucher mit einem internationalen Flugticket dürfen zollfrei Waren kaufen. Doch billiger als am Flughafen erwirbt man technische Geräte, Schmuck, Uhren und Parfüm in den Läden der Innenstadt.

Rocks Market
Wenn Sie The Rocks an einem Samstag oder Sonntag besuchen, haben Sie den Vorteil, daß in der Upper George Street Markttag ist. Zusätzlich zu den über 100 Marktständen, an denen Schmuck, Haushaltswaren und außergewöhnliche Geschenke verkauft werden, erwartet Sie ein kostenloses Unterhaltungsprogramm und Karnevalatmosphäre.

Sydneys Geschäftsviertel CBD (Central Business District) im Herzen der Stadt läßt keine Wünsche offen. Kaufhäuser laden zum Stöbern ein: so **David Jones**, elegante Einkaufsgalerien aus dem 19. Jahrhundert wie die **Strand Arcade** und als deren moderne Gegenstücke Einkaufszentren auf den unteren Stockwerken von Verwaltungsbauten. Mit seinen 200 Boutiquen und Cafés auf mehreren Ebenen ist das sorgfältig restaurierte **Queen Victoria Building** (siehe S. 47) nicht bloß schnöder Tempel des Konsums, sondern auch eine Sehenswürdigkeit.

Souvenirs: In Touristenorten wie The Rocks oder Darling Harbour ist die Auswahl an Andenken groß. »Typische« Australien-Mitbringsel beschränken sich nicht auf die unvermeidlichen (häufig in Taiwan hergestellten) Kuschelkoalas und -känguruhs. Wie wäre es mit einem stilechten Akubra-Hut mit typischer Kleidung, einem Buschhemd oder Ölmantel *(aussie coat)*? Auch Schaffellprodukte, Surfkleidung und Opale stehen zur Wahl. Die Buchläden führen ein breites Sortiment an Australien-Literatur und herrliche Bildbände. Schreibwarenläden bieten eine Vielfalt von Zeitschriften.

Erstklassige Karten sind in Australien nur mit Mühe erhältlich; schauen Sie in den **Travel Bookshop** (Bridge Street). Kunst der Aborigines – Malereien, Schnitzereien, Bumerangs, Didgeridoos (Holzblasinstrumente), Stoffe – wird in unterschiedlicher Qualität fast überall angeboten, man sollte sie aber besser in Fachgeschäften kaufen. Die großen Museen und Galerien unterhalten die wohl besten Souvenirgeschäfte; das Schnabeltier (Platypus) des **Australian Museum** wirkt richtig lebensecht!

Märkte: Außerhalb des Zentrums, in den Einkaufsstraßen der feineren Vororte wie Paddington und Balmain, kann man noch Ausgefallenes finden. Aufregend sind Sydneys Märkte, die zumeist samstags oder sonntags in The Rocks, Bondi Beach, Balmain, Manly, Paddington und in Glebe stattfinden. Auf dem berühmten **Paddy's Market** gibt es frische Produkte, allerdings auch viele billige und qualitativ schlechte Waren; doch lassen Sie sich Pyrmonts weitläufigen und lebhaften Fischmarkt, der täglich stattfindet, nicht entgehen.

Ausgehen

Wenn die Sydneysider abends ausgehen, dann wohl zunächst zum Essen und Trinken, aber auch, um das breite Unterhaltungsangebot zu genießen. Von Oper bis Jazz, Disko und Tranvestitenshow findet der Besucher alles, was er von einer Weltstadt erwartet, deren Bevölkerung im Vergnügen den Hauptlebensinhalt zu sehen scheint.

Konzerte und Theater: In den verschiedenen Sälen des Opera House werden auch Klassik-Konzerte, Ballett und Theater geboten. Klassische Musik erklingt ebenfalls in der Town Hall und dem Conservatorium of Music, wo Musikstudenten ihr Talent beweisen. Etwa zwanzig Theater, einige – so das Wharf Theatre (nahe The Rocks) oder Ensemble Theatre (am Nordufer) – in bezaubernder Uferlage, unterhalten mit Musicals, konventionellem und unkonventionellem Theater. Ein Besuch im wunderschön restaurierten Capitol Theatre aus dem Jahre 1928 in der Gegend um Haymarket, ist sehr zu empfehlen. Die mitreißende Sydney Dance Company und das populäre Aboriginal and Islander Dance Theatre treten auf verschiedenen Bühnen auf.

Kino: Die Kinos der Innenstadt zeigen die neuesten Kassenschlager, einige Häuser in Paddington (Academy Twin) und dem Zentrum (Dendy, Mandolini) vorwiegend »alte« und ausländische Filme. Das State Theatre mit seinem extravaganten Innendekor ist Schauplatz des städtischen Filmfestivals im Juni.

Musik: Sydneys lebhafte Jazzszene ist an vielerlei Orten zugegen. Auch Rockfreunde kommen nicht zu kurz; Mammutkonzerte finden im Entertainment Centre statt, etliche andere Auftritte in Pubs und Klubs. Eine Fülle von Diskos, Kabaretts und Nachtklubs kommt jedem Geschmack und Portemonnaie entgegen. In Sydney leben vermutlich mehr Homosexuelle als in gesamt Australien; Gay-Hochburg sind die Bars, Klubs und Pubs um die Oxford Street in Darlinghurst.

Wegweiser durch das Nachtleben
Über das reiche Unterhaltungsangebot dieser prickelnden Stadt informiert die Freitagsausgabe des *Sydney Morning Herald;* einen umfassenden Überblick bieten verschiedene kostenlos erhältliche Publikationen. Als Kostprobe eignen sich auch Führungen durch Sydneys Nachtleben, die sich allerdings als Touristenfallen entpuppen können.

Sidney Harbour Casino
Sidneys erstes, temporäres Casino eröffnete Mitte der 90er Jahre und ist jetzt in sein permanentes Zuhause westlich von Darling Harbour umgezogen. Dieser große Komplex umfaßt ein Hotel und ein Theater sowie zahlreiche Restaurants, Bars, 1500 Spielautomaten und 200 Spieltische, an denen Roulette, Blackjack, Baccarat, asiatische Spiele und das Lieblingsspiel der Australier *Two-up* (im wesentlichen wird gewettet, auf welche Seite zwei Münzen fallen werden) gespielt werden können.

Studebaker's, Kings Cross.

SYDNEY

Praktische Hinweise

Touristeninformation: Besuchern helfen folgende Stellen weiter: **Sydney Visitor Centre**, 106 George Street, The Rocks (Tel.: 9255 1788); **Sydney Visitors' Information Centre**, Martin Place (Tel.: 9235 2424); **Infoline** (für Züge, Fähren und Busse; Tel.: 13 1500).

Transportmöglichkeiten: Einen guten Überblick über die Anlage der Stadt und ihre Hauptsehenswürdigkeiten verschafft eine organisierte Busrundfahrt; Sie können an zentralen Hotels zu- und aussteigen. Alternativen sind der leuchtendrote **Sydney Explorer,** der zu günstigen Pauschalpreisen eine touristisch interessante Rundstrecke von zwanzig Kilometern abfährt – Sie können an den Haltestellen beliebig ein- und aussteigen – und der blaue **Bondy & Bay Explorer,** der in die östlichen Vororte Bondi, Bronte, Coogee Beaches und Paddington fährt.

Ein dichtes Busnetz überzieht Stadtzentrum und Vororte; mit ein wenig Geduld gelangen Sie fast zu jedem Fleck. Beim Hauptbahnhof und dem Bahnhof Wynyard haben Sie Anschluß an Züge, beim Circular Quay außerdem an Fähren. Ein Bus pendelt zwischen The Rocks und Darling Harbour, während der Airport Express am Circular Quay und einigen Stationen im Zentrum sowie in Potts Point, Oxford Street und Kings Cross hält.

Fähren bringen Sie in häufigen Intervallen vom Circular Quay zu verschiedenen Zielen wie Manly und Taronga Zoo am Nordufer oder Balmain, Hunters Hill und Meadowbank flußaufwärts. Täglich fahren Fähren östlich zur Double Bay, zur Rose Bay und zur Watsons Bay.

Doppelstöckige Elektrozüge bedienen ein ausgedehntes Netz von Vorortlinien sowie auf dem City Circle eine Anzahl von Stationen im CBD. Eine nützliche Linie führt von der Central Station und Town Hall nach Kings Cross und Bondi Junction (von dort ein Bus zum Strand). Die Linie nach Nord-Sydney überquert die Harbour Bridge. Recht jung ist die **Monorail** zwischen dem Südwesten des Zentrums und Darling Harbour.

Der Sydney Pass
Mit diesem Ticket können Sie drei, fünf oder sieben Tage Busse (Airport Express, Sydney Explorer und Bondi Bay Explorer inbegriffen) und Fähren nutzen, ein durchaus erwägenswertes Angebot.

An Taxis mangelt es nicht; Sie können Taxis aufhalten, am Taxistand einsteigen oder telefonisch bestellen. Lassen Sie sich nicht verunsichern, wenn Ihr Fahrer den Stadtplan hinzuzieht!

Sydney Light Rail
Sydneys neuestes Verkehrsmittel ist die Straßenbahn. Die Strecke der sogenannten Light Rail verläuft von Central Station zu den Hauptattraktionen der Stadt nach Chinatown, Darling Harbour, zum Casino und zum Sydney Fish Market. Zu den Hauptverkehrszeiten sollen die Züge alle 5 Minuten fahren.

Die Monorail.

SPECIAL *Sydneys Hafen*

■ Die glitzernde Wasserfläche, die sich zwischen zwei Landzungen landeinwärts streckt, *schuf* Sydney. Sie ist Urquell des einzigartigen Charakters und Zaubers der Stadt. Die Bucht, die Captain Cook Port Jackson taufte und Captain Philip als »schönsten Hafen der Welt« pries, beleben heute noch Frachter, Fähren und Vergnügungsschiffe. ■

Einer der größten Häfen der Welt: Der Hafen von Sydney ist verzweigt angelegt, mit Meeresarmen, Zuflüssen, Buchten und Landspitzen, so daß viele Sydneysider mit Blick auf das Wasser wohnen. Doch sind die heiß begehrten Wohnsitze mit besonders schöner Aussicht inzwischen schwindelerregend teuer. Die 240 km lange Küste ist nicht vollständig bebaut; weite Teile, so die Landzungen an der Hafeneinfahrt, werden als Nationalparks gehütet. Den Reiz erhöht eine Schar von Inseln, darunter Goat Island mit seinen alten Werften westlich der Harbour Bridge sowie das mit dem Fort Denison befestigte Eiland, auf dem einst die Skelette der Hingerichteten baumelten.

Erkundungsmöglichkeiten: An Bord der Luxusyacht Ihres millionenschweren Freundes einen Tag durch die Hafenwelt zu gleiten, solch ein Angebot sollten Sie keinesfalls ablehnen. Bei dickem Geldbeutel können Sie die Kreuzfahrt auch mit einem Wassertaxi unternehmen. Als erschwingliche Alternative erweisen sich kommerzielle Hafenrundfahrten. Oder Sie schließen sich den ortsüblichen Gepflogenheiten an; seit Einstellen der Straßenbahn ist die Fähre das einzig typische Transportmittel Sydneys.

Verschiedene Arten von Booten pendeln zwischen etlichen Punkten; Drehscheibe ist der Circular Quay mit seinen vielen Pieren. Binnen Minuten können Sie im Schatten der Harbour Bridge nach Kirribilli schlüpfen oder am Nachmittag flußaufwärts tuckern, begleitet von uniformierten Schulkindern, die in ihre gepflegten Elternhäuser auf der Landzunge von Hunters Hill zurückkehren. Empfehlenswert auch ein 50minütiger Ausflug zur historischen Stadt Parramatta (siehe Seite 61).

Der herrliche Hafen mit seinen Zwillingswahrzeichen für Sydney – und Australien.

Bummel durch The Rocks
Das Museum für zeitgenössische Kunst kontrastiert mit Cadman's Cottage (erbaut 1816) und den alten Häusern, die darüber die liebevoll restaurierte George Street säumen. Dort erteilt das Besucherzentrum wertvolle Informationen. Auch um Campbells Cove begegnen sich alt und neu. Am Dawes Point Park zu Füßen der Harbour Bridge lag Australiens erste Befestigung. Der Rückweg führt über den hochgelegenen Gloucester Walk und die Argyle Street.

SYDNEY

SYDNEYS VORORTE

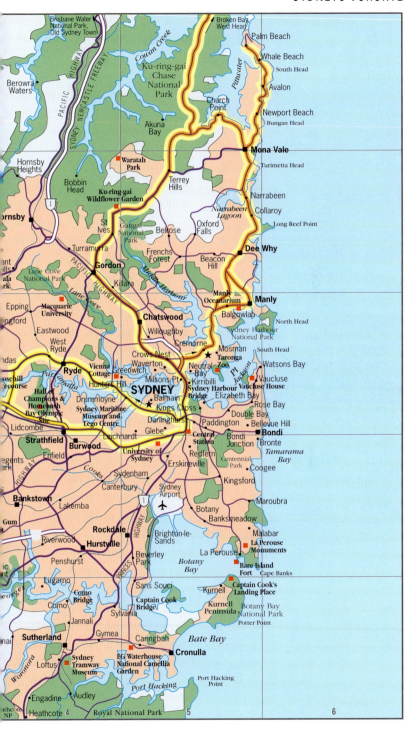

SYDNEY

Mit dem Auto — Blue Mountains

Die berühmten Three Sisters.

Siehe Karte auf Seiten 56–57.

Bei diesem Tagesausflug beeindrucken die Felsen, Schluchten und Wälder der Blue Mountains nachhaltig.

Die aus Sydney führende Route 40 bietet von der Gladesville-Brücke gute Sicht auf den oberen Hafen. Nahe Parramatta mündet sie in den Western Motorway. Hinter der breiten Küstenebene und Penrith steigt sie, parallel zur Eisenbahn und vorbei an Bergstädtchen, in die Berge auf. Autobahnschilder verweisen auf die unten beschriebenen Sehenswürdigkeiten.

Die **Wentworth Falls** sind die wohl eindrucksvollsten Wasserfälle der Region. Im hübschen kleinen Leura beginnt der **Cliff Drive**, der das 300 m tief gähnende Tal umfährt. Der **Echo Point** gilt zu Recht als berühmtester Aussichtspunkt des Gebirges. Nahe dem Besucherzentrum gewähren Aussichtsplattformen Panoramaschichten über Klippen, Eukalyptuswälder und die Sandsteinsäulen **Three Sisters**. Hier zweigen ausgeschilderte Wege ab. Oder Sie fahren weiter über den Cliff Drive bis zur Scenic Railway (Eisenbahn) oder Scenic Skyway (Seilbahn).

Rasten können Sie in Katoomba, »Hauptstadt« der Blauen Berge, und nordöstlich von Blackheath im Blue Mountains Heritage Centre. Bei **Govett's Leap Lookout** fesseln Blicke über den Canyon.

Zurück auf dem Western Motorway über Parramatta und Sydneys Olympischen Park (dem Hauptschauplatz der Olympischen Spiele im Jahr 2000).

Mit dem Auto — Palm Beach und West Head

Eine Rundfahrt von Sydney zu den bezaubernden nördlich gelegenen Stränden und Landzungen.

Siehe Karte auf Seiten 56–57.

Route 14 führt hinter der Harbour Bridge nordostwärts und auf der Spit Bridge über den Mittleren Hafen. Als Abstecher eignet sich Manly (vorzuziehen ist die Fähre ab Circular Quay). Unsere Tour führt weiter nach Norden, entlang der lockenden Strände und Badeorte Long Reef, Colloray, Narrabeen und Whale Beach.

Die Straße wird enger und windet sich auf und ab, an reizenden Wohn- und Ferienhäusern vorbei, auf **Palm Beach** zu. Im Westen ruhen still die Wasser des Meeresarms Pittwater, im Osten brechen sich Ozeanwellen. Am Nordzipfel der Landzunge von Palm Beach winkt der Leuchtturm. Fahren Sie zurück nach Mona Vale und auf die Pittwater südlich umgehende Straße. Biegen Sie rechts ab, und gelangen Sie durch die Bäume und Wildblumen des **Ku-ring-gai Chase National Park** nach **West Head**, wo sich ganz andere, doch ebenso faszinierende Blicke über Pittwater und die Broken Bay bieten.

Kehren Sie zurück über die Mona Vale Road (Route 33) und den Pacific Highway.

Vororte

Auch Sydneys historische Vororte der Innenstadt, die wir hier nur kurz vorstellen, halten Sehenswertes bereit.

Die Sydneysider blicken stolz auf das Rotlichtviertel von **Kings Cross**▶▶, in dem es natürlich nicht an Prostituierten, Striplokalen und Buchläden für Erwachsene mangelt, ebensowenig wie an Restaurants, Kneipen und Stadtteilgeschäften. Ein Streifzug über die Darlinghurst Road zwischen Kings Cross Station und den Fitzroy Gardens mit dem El-Alamein-Brunnen ist, ob bei Tag oder Nacht, unterhaltsam. Der benachbarte, eher vornehme Vorort Elisabeth Bay, verfügt über eine weitere Sehenswürdigkeit – das **Elisabeth Bay House**▶ von 1830.

Paddingtons▶▶ wechselvolle Laufbahn ließ seinen Beliebtheitsgrad stark schwanken. Das ursprünglich bürgerliche, spätere Arbeiterviertel hat heute edlen Anstrich. »Paddos« Charme machen die Terrassenhäuser mit feinem schmiedeeisernem Schmuck aus, die sich an die nördlich zum Hafen neigenden Hänge schmiegen. Zwischen den 60er und 90er Jahren des 19. Jahrhunderts erbaut, wurden die meisten von den Besitzern sorgsam restauriert. Dazu zählen die **Juniper Hall** (1824), das **Postamt** (1885) und die **Paddington Town Hall** (1891). Im zu Sydneys 100. Geburtstag angelegten **Centennial Park** empfangen Sie eine artenreiche Vogelwelt und vielerlei Aktivitäten.

In **Balmain**▶ wohnten einst Werftarbeiter. Seine hübschen Terrassenhäuser und luftig angeordneten Schindelhäuschen haben Mittelständler erobert, die dem Paddington-Vorbild nacheifern, aber knapper bei Kasse sind. Erlebnisreich ist ein Bummel durch die Geschäftsstraße.

Hunters Hill▶ thront, abgeschieden vom »gemeinen Volk«, auf einer lieblich bewaldeten Halbinsel. Das ruhige Viertel kennzeichnen noble Steinhäuser, oft französischen Stils und aus den 50er Jahren des 19. Jahrhunderts, aber auch bescheidenere Wohnstätten. Das **Vienna Cottage**, ein vom National Trust restaurierter Kaufmannslandsitz aus dem 19. Jahrhundert, ist Sitz eines lokalen Museums.

Sydney Jewish Museum
Nur einen kurzen Spaziergang von Kings Cross entfernt erlebt man etwas ganz anderes. Das Jüdische Museum von Sydney (Ecke Darlinghurst Street und Burton Street) zeichnet das Leben der Juden in Australien nach – von den Sträflingen der First Fleet bis hin zu den Einwanderern nach dem Zweiten Weltkrieg. Es dient als Mahnmal für die Millionen von Juden, die während des Holocaust umkamen.

Die östlichen Vororte
Sydneys östliche Vororte sind das Refugium der Reichen. Darauf verweisen in Double Bay deutlich die vielen Designeretiketten, diskreter das Fehlen von Preisschildern in den exklusiven Geschäften. Und in den ansprechenden Cafés versuchen sich die Käufer vom Shopping-Streß zu erholen.

Vornehme Zuflucht der Wohlhabenden: Hunters Hill.

SYDNEY

Ausflüge

Den Hawkesbury flußaufwärts

Das Gebiet um Richmond und Windsor nahe des gut schiffbaren Hawkesbury war schon wenige Jahre nach Ankunft der Ersten Flotte besiedelt. Der gewundene untere Flußlauf läßt sich geruhsam mit Ausflugs- oder Hausbooten erkunden; ausgefallener ist es, in Brooklyn das Postboot zu besteigen und den Zusteller zu begleiten, der die abgeschiedenen kleinen Orte am ruhigen Ufer mit Briefen, Paketen und vielem mehr beliefert.

Das Verschwinden von La Pérouse

Ehe er sich mit Captain Philip in der Botany Bay traf, lag Jean-François de Galaup, Graf von La Pérouse, mit den Briten in Fehde. Nach der Schlacht in der Quiberon Bay 1759 festgenommen, kämpfte er später im amerikanischen Unabhängigkeitskrieg. Seine Schiffe *Astrolabe* und *Boussole* landeten bei der langen Suche nach der Nordwestpassage schließlich in Australien. Nach Verlassen der Botany Bay galt La Pérouse als verschollen; 1826 entdeckte man vor den Neuen Hebriden die vermeintlichen Wracks seiner Schiffe.

Captain Cooks Landungsplatz, eine historische Stätte.

Diese beiden Seiten informieren in alphabetischer Folge über von Sydney aus leicht erreichbare Reiseziele.

Die breite **Botany Bay** ▶ (zwölf Kilometer südlich des Zentrums), in der Captain Cooks *Endeavour* am 28. April 1770 Anker warf, verdankt ihren Namen der Fülle heimischer Pflanzen, die der emsige Joseph Banks damals hier vorfand. Öl- und Industrieanlagen beherrschen heute das Bild; Cooks historischer Landung an der Kurnell-Halbinsel gedenken ein Monument, Besucherzentrum und Museum. Am Nordrand der Bucht, in La Perouse – so hieß der Leiter der kurz nach der Erste Flotten gelandeten französischen Expedition –, befindet sich in einem interessanten Museum Sydneys bedeutendste Aboriginal-Siedlung.

Die großartigen Küsten- und Flußlandschaften des **Brisbane Water National Park** ▶ (75 km nördlich) erinnern an den Nationalpark Ku-ring-gai Chase. Sein Fundament aus Sandstein spendet einer vielfältigen Flora und Fauna Leben, Eukalyptuswäldern ebenso wie Flecken von Regenwald. Bei Bulgandry gibt es Ritzzeichnungen der Aboriginals.

Bei einem Ausflug nach Parramatta (siehe Seite 61) kann man leicht auch **Homebush Bay** ▶▶ und den Olympischen Park von Sydney besuchen. Es wird hier noch gebaut, aber das Aquatic Centre und andere Einrichtungen sind schon zu besichtigen.

Der **Kuring-gai Chase National Park** ▶▶ (30 km nördlich von Sydney) konnte seine Unberührtheit bewahren, da er seit 1894 unter Schutz steht. Sein zerklüftetes Sandsteinplateau durchfurchen tiefe Wasserarme, die vom Hawkesbury River landeinwärts streben. Bei West Head bieten sich überwältigende Blicke über die Broken Bay und den weiten Pittwater-Meeresarm. Die hier einst lebenden Aborigines vom Stamm der Kuring-gai (Guringai) hinterließen viele Sandsteinritzungen. Im Besucherzentrum bei Bobbin Head klären Ausstellungen über die artenreiche heimische Tier- und Vogelwelt auf.

Eine kurze Bahnfahrt entführt aus der modernen Glitzermetropole nach **Old Sydney Town** ▶▶ (aussteigen in Gosford), eine Rekonstruktion des frühen, im Aufbau begriffenen Sydney und damaligen Alltagslebens. Zwischen Gebäuden, die die Atmosphäre der Zeit vor 1810 glaubhaft zurückrufen, spazieren originalgetreu kostümierte Menschen, tragen Duelle aus und führen die Strafen vor, die unerbittliche Richter und sadistische Folterknechte ersannen.

Am äußersten Ende der Warringah-Halbinsel, 40 km nördlich des Stadtzentrums, rollen im Osten des exklusiven Wohn- und Badeorts **Palm Beach** ▶▶ am Strand die Ozeanwellen und laden im Westen die glatten Wasser des Meeresarms **Pittwater** zum Bootfahren und Windsurfen ein. Ein Leuchtturm markiert die Barrenjoey-Landzunge; dort besticht der Blick über die Broken Bay und landeinwärts über das überflutete Mündungstal des Hawkesbury River.

Ausflüge

Ein Zimmer von 1835 im Experiment Farm Cottage, Parramatta.

Parramatta ▶▶, in fruchtbarer Umgebung wenige Monate später als Sydney gegründet, hätte ebenfalls Kolonie-Hauptstadt werden können. 24 km vom Zentrum entfernt, ist die Stadt heute Anziehungpunkt der westlichen Vororte. Trotz einschneidender Sanierungen verblieben viele historische Spuren, darunter einige der ältesten Bauten des Landes.

Im Parramatta Park erhebt sich hinter dem im Tudor-Stil erbauten Pförtnerhaus Australiens ehrwürdigstes öffentliches Gebäude, das mit Möbeln aus der Gründerzeit ausgestattete **Old Government House** aus dem Jahre 1799. Im frühen 19. Jahrhundert stark erweitert, diente es lange Jahre als offizielle Residenz des königlichen Statthalters. Zu der noch älteren **Elizabeth Farm** in der Alice Street legten 1793 die Pioniere John und Elizabeth Macarthur den Grundstein. Die Veranda dieses Farmhauses stand unzähligen Nachbildungen Modell, die im ganzen Land Wohnhäuser zieren. Wie die Elizabeth Farm hat man auch das **Experiment Farm Cottage** in der Ruse Street wieder im alten Stil eingerichtet. Das Grundstück um dieses Gebäude gehörte James Ruse, einem der wenigen landwirtschaftlich erfahrenen Sträflinge. Er brachte 1789 Australiens erste Weizenernte ein.

Der älteste Nationalpark Australiens, der **Royal National Park** ▶▶, wurde bereits 1879 eingerichtet. Im Januar 1994 wütete auch hier eine katastrophale Feuersbrunst. Auf dem zerklüfteten Sandsteinplateau wächst zwar noch relativ widerstandsfähige Heidevegetation, doch die großen Eukalyptus-Bestände werden Jahre benötigen, um wieder in alter Pracht zu gedeihen. An der Küste hat das Meer atemberaubende, von Sandbuchten durchsetzte Klippen ausgefressen.

Durch seine einzigartige Lage nahezu genau gegenüber dem Stadtzentrum lohnt der **Taronga Zoo** ▶▶ allein der Aussicht wegen einen Besuch, ein Genuß, den die Fahrt mit der Seilbahn erhöht (Fähre ab Circular Quay). Neben exotischen Tieren ist hier Australiens Fauna vollständig vertreten.

Die Straße nach Parramatta
Obwohl schon 1794 eine Straße Sydney mit Parramatta verband, transportierte man jahrelang Menschen und Güter vorzugsweise auf dem Flußweg. Heute ist die Parramatta Road teilweise Autobahn und weder schön noch besonders zweckmäßig. Doch vermittelt die Fahrt Einblick in das typisch australische *suburbia*. Trotz der ununterbrochenen Folge von Ampeln und schäbigen Einkaufszentren umweht die Straße eine sonderbare Romantik, der Hauch der Erinnerung an jene Tage, als nur sie den Weg in das unbekannte Landesinnere wies.

NEW SOUTH WALES

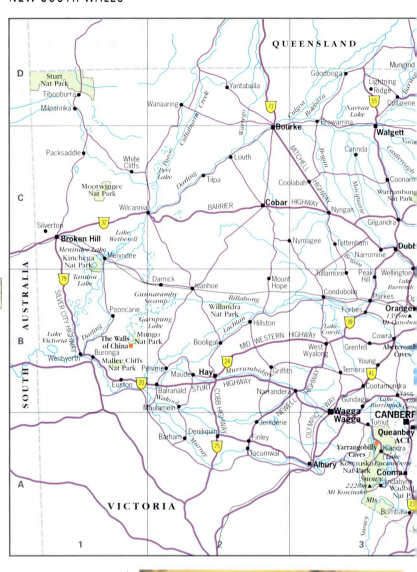

Sonnenuntergang am Black Mountain in Canberra, verdeckt vom Telstra Tower.

NEW SOUTH WALES

HIGHLIGHTS ◄◄◄◄◄◄

AUSTRALIAN WAR MEMORIAL, CANBERRA siehe Seite 68
BLUE MOUNTAINS NATIONAL PARK siehe Seite 72
BYRON BAY siehe Seite 78
COFFS HARBOUR siehe Seite 79
HUNTER VALLEY siehe Seite 81
KOSCIUSZKO NATIONAL PARK siehe Seite 74 und 83
MYALL LAKES NATIONAL PARK siehe Seite 85
NATIONAL GALLERY OF AUSTRALIA, CANBERRA siehe Seite 69
PARLIAMENT HOUSE, CANBERRA siehe Seite 70
SOUTHERN HIGHLANDS siehe Seite 87

New South Wales: Dieser Bundesstaat *war* Australien in der Frühzeit der europäischen Besiedlung. Heute noch verzeichnet er die höchste Bevölkerungsdichte mit Australiens größter Stadt, Sydney, als Hauptstadt. Touristen mit knappem Zeitbudget empfiehlt man zuweilen, sich auf New South Wales zu beschränken. In der Tat können Sie innerhalb seiner weiten Grenzen sämtliche Urlaubserwartungen befriedigen, gleich ob Sie städtische Unterhaltung oder unberührte Natur suchen.

Coastal Lowlands: Der »Premier State«, so New South Wales' stolzer Beiname, läßt sich in vier Regionen unterteilen, die viele typische Eigenschaften des Kontinents aufweisen. Die Bevölkerung ballt sich in den Coastal Lowlands, der fruchtbaren Küstenebene, die als unterschiedlich breiter,

NEW SOUTH WALES

Man bleibt an der Küste
Im Gebiet der Städte Sydney, Newcastle und Wollongong leben fast 4,5 Millionen Menschen, ein Großteil der insgesamt 6,2 Millionen Einwohner des Staates. Der Rest der Bevölkerung lebt zumeist in Küstenstädten – weit entfernt von dem oft unwirtlichen Landesinneren.

Was Namen verraten …
Zwischen 1768, als er nach Tahiti aufbrach, und 1779, als er an einem Strand von Hawaii unter Hieben und Stichen tot zusammenbrach, taufte Captain Cook vermutlich mehr Orte als je ein anderer. Einige Namen erinnern an Personen (Port Jackson), manche an Geschehnisse (Cape Tribulation, »Kap des Leidens«), andere umschreiben topographische Eigenheiten (der Mount Dromedary in Tasmania hat zwei Höcker). Bei der Namenssuche für Australiens Ostküste schien ihn die Inspiration verlassen zu haben – selbst wenn Teile an die Küste von Südwales erinnern mögen. Aber immerhin ist der Name New South Wales Geniestreichen der Phantasie wie South Australia noch eine Nasenlänge voraus.

etwa 1400 km langer Streifen von Victoria bis Queensland reicht. Neben Sydney entstanden hier Industriestädte wie **Newcastle** und **Wollongong**. Das Meer wird von einer bezaubernden Kette kleiner Häfen und Küstenorte wie Ulladulla (genau östlich von Canberra) gesäumt. Hier begann, als Captain Cooks Seekarten die Erste Flotte zur Botany Bay führten, die Geschichte des Weißen Australien. Hier schritt, nach unsicheren Anfängen, die Besiedlung voran, indem man Städte gründete und das dichte Buschland für die Landwirtschaft urbar machte.

Hier pochte der Puls der modernen Landesgeschichte am heftigsten. Der industrielle Kern ist Hochburg der Gewerkschaftsbewegung, die Australiens Regierung und Politik maßgeblich beeinflußte. Und hier wurde die australische Strandkultur geboren, als in den ersten Jahrzehnten dieses Jahrhunderts das Verlangen nach Sonne, Meer und körperlichem Wohlbefinden die viktorianischer Prüderie besiegte – nicht zuletzt diesem Wandel sind die unvergleichlichen Strände, Neusüdwales' touristische Hauptattraktion, zu verdanken.

Great Dividing Range: Die Küste begleitet im Inland über die gesamte Länge von NSW die Kulisse dieses von Hügeln, Gipfeln und Hochebenen gezeichneten Berglands. Bisweilen fällt die Great Dividing Range nahezu unmittelbar ins Meer ab, andernorts zieht sie sich an einen fernen Horizont, doch stets sichtbar, zurück. Sie bildete in den frühen Jahren der Kolonie eine unüberwindliche Schranke, bis 1813 die schimmernden **Blue Mountains** überquert wurden.

Das Hochland zeigt sich ebenso abwechslungsvoll wie die Küste: Die **Snowy Mountains** im Süden besitzen die höchsten Gipfel und die größten Schneefelder des Kontinents; das neblig-kühle, sattgrüne Hochplateau im Norden erinner-

NEW SOUTH WALES

te an das Mutterland, weshalb man es **New England** taufte. Mancherorts, so in den **Southern Highlands**, breiten sich zwischen Bergzügen Hochebenen aus, die man früh in reizvolles Farmland verwandelte. Hier finden sich, in Städten wie auf dem Lande, historische Gebäude sowie die aus NSW herausgeschnittene, 2500 km^2 bedeckende Enklave des Australian Capital Territory (ACT) mit Australiens Hauptstadt Canberra. Die meisten Flüsse Südostaustraliens entspringen im Hochland, wo ausreichend Regen und Schnee fällt. Einige, so der Hawkesbury und Hunter, eilen auf kurzem Weg östlich zum Pazifik; andere, weitaus längere Flüsse treiben als Teil des gewaltigen Murray-Darling-Systems gemächlich westwärts.

Western Slopes: Jenseits der Bergkämme und Hochebenen sinken die Western Slopes schrittweise zum Landesinneren ab. Besiedelt wurden sie gleich nach der ersten Überquerung der Blue Mountains. Zu den wichtigsten Städten zählen: Moree, Dubbo, Orange, Wellington, Bathurst und Wagga Wagga. Heute bestehen die Western Slopes vorwiegend aus wenig ansprechendem Agrarland, auf dem man Weizen anbaut und Wollschafe hält. Im Süden, in der Riverina, bewässern Murray und Murrumbidgee riesige Gebiete, in denen alle möglichen Feldfrüchte gedeihen.

Western Plains: Diese an South Australia und Queensland grenzende Region ist das Outback von NSW. Hier trifft man nur Schafe und kaum Menschen und jenen Ort **Bourke**, der seinen Namen für die Redewendung *back of Bourke* (»hinter Bourke«) hergeben mußte, ein Synonym für äußerste Entlegenheit. Die weltweit reichsten Silber-, Blei- und Zinkvorkommen brachten in menschenfeindlicher Landschaft die Stadt **Broken Hill** hervor, die viele Besucher anzieht.

Reize einer geplanten, modernen Stadt, die es sonst nirgendwo in Australien gibt: Canberra.

NEW SOUTH WALES

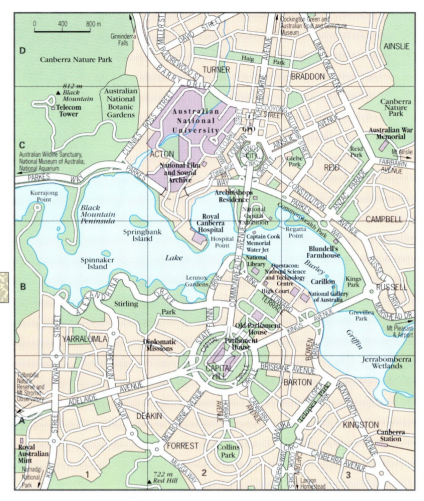

Canberra

Inmitten prächtiger Bergszenerie beherbergt Australiens Hauptstadt die Prestigebauten mit den Bundesbehörden, die sich in das Gesamtbild breiter Boulevards und anheimelnder Viertel fügen. Als einzige Großstadt Australiens liegt Canberra im Landesinneren und wurde von Anbeginn bis ins Detail geplant.

Nach 1901, dem Zusammenschluß der einzelnen Bundesstaaten kämpften Sydney und Melbourne erbittert um den Hauptstadtrang. Man durchschlug den Gordischen Knoten, indem man keine der beiden Städte auserkor, sondern in der neuen Verfassung vereinbarte, in New South Wales einen mindestens 160 km (100 Meilen) von Sydney entfernten Standort zu wählen. Nach langen Auseinandersetzungen ernannte man 1911 ein Gebiet von etwa 2500 km^2 südlich der Goulburn Plains zum Australian Capital Territory. An dem internationalen Wettbewerb für die Stadtplanung nahmen 130 Architekten teil. Der amerikanische Architekt Walter Burley Griffin siegte.

Heimat der ausländischen Botschaften.

CANBERRA

Ohne je in Canberra gewesen zu sein, zeichnete er seine Pläne im fernen Chicago, wußte Karten und Diagramme zu deuten und das Potential des Standortes zu erkennen und auszuschöpfen. Sein für die damalige Zeit typischer Entwurf kombiniert Prachtbauten in herausragender Position mit geschlossenen Wohnvierteln, in denen sich das Alltagsleben abspielt.

Canberra wuchs derart zögerlich, daß die angestrebte Zielmarke von 25 000 Einwohnern erst nach dem Zweiten Weltkrieg erreicht wurde. Heute ist die Stadt Heimat für über 300 000 Menschen. Ungefähr die Hälfte der arbeitenden Bevölkerung steht in Regierungsdiensten, eine nicht unbedingt solide Basis für ein ausgewogenes soziales Gleichgewicht. In seinen Kinder- und Jugendtagen galt Canberra als Ort der Verbannung, in dem gelangweilte Staatsbeamte den Fleischtöpfen Sydneys oder Melbournes nachtrauerten. Immer noch steht es bei vielen Australien in dem wenig schmeichelhaften Ruf eines privilegierten Asyls für schmarotzende Politiker und verwöhnte Bürokraten, obwohl sich Canberra in den letzten Jahren großartig entwickelt hat und jetzt wesentlich mehr Restaurants und Unterhaltungsmöglichkeiten bietet.

Canberra wurde nicht ganz zu Unrecht als Ansammlung von Vororten auf der Suche nach einer Stadt beschrieben. Seinen Mangel an Urbanität machen jedoch andere Annehmlichkeiten (keine Verkehrsstaus!), der leichte Zugang zur einladenden Natur und der Reiz seiner Weitläufigkeit mehr als wett. Canberra ist anders als andere Städte und allein deswegen einen Besuch wert. Hier betten sich glanzvolle moderne Bauten in ein landschaftliches Ambiente, das eigens für sie in den frühen Jahren der Gründung der Nation makellos gestaltet wurde.

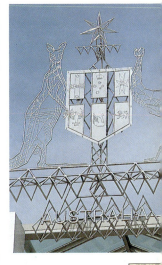

Das ungewöhnliche, 1988 entstandene Parlamentsgebäude ist mit Nationalsymbolen geschmückt.

Der 81 m hohe Fahnenmast des Parlamentsgebäudes auf dem Capital Hill.

NEW SOUTH WALES

Museum einer Hauptstadt
Australiens Nationalmuseum befindet sich noch in den Anfängen. Auf dem weitläufigen Museumsgelände in Yarralumla erläutert das Besucherzentrum seine ehrgeizigen Pläne. Einige Ausstellungen werden auch im Alten Parlament gezeigt.

▶▶ **Australian National Botanic Gardens** 66C1

In diesen attraktiven Gärten an den unteren Hängen des Black Mountain gedeiht eine schillernde Bandbreite von etwa 6000 heimische Pflanzenarten. Ein Wegenetz leitet durch die unterschiedlichen Landschaften. Bäume, Sträucher und Blumen werden auf Tafeln erklärt, und so ist dieser Ort bestens geeignet, Australiens einzigartige Flora kennenzulernen.

▶▶▶ **Australian War Memorial** 66C3
Limestone Avenue, Campbell

Flankiert von wuchtigen Steinsäulen, blickt die Kuppel des Kriegerdenkmals feierlich von den unteren Hängen des Mount Ainslie über die Anzac Parade zum Capital Hill am fernen Ufer des Lake Burley Griffin hinüber. Mit Ehrentafel und Ewiger Flamme auf dem weiten Hof wurde die Gedenkstätte 1941 eingeweiht.

Der Bau dient nicht nur als Denkmal, sondern auch als anspruchsvolles Museum, das die Sinnlosigkeit des Krieges zu erklären versucht. Das symbolträchtige Äußere birgt weitläufige Galerien mit Exponaten, die an die vielen Kämpfe erinnern, in die das Land – von den Kriegen gegen die Maori in den 1860er Jahren bis zum Vietnamkrieg – verwickelt war. Neben Kanonen und Flugzeugen wurden hervorragende Fotos, riesige Dioramen, Film- und Tonaufzeichnungen sowie Schriftdokumente gesammelt. Dieses Museum läßt sich nicht beiläufig oder schnell besuchen.

Ein »Aussi-Digger« (Soldat) setzt vor dem Australien War Memorial die Flagge.

▶▶ **Diplomatic Missions** 66B2

Eine der faszinierendsten Besichtigungen führt in den Vorort Yarralumla. Hier haben viele der etwa siebzig Länder, mit denen Australien diplomatische Beziehungen unterhält, ihre Botschaften errichtet. Frei von dem Zwang, sich einem historisch gewachsenen Stadtbild anzupassen, konnte nationaler Ausdruckswille sich auf die unterschiedlichste Weise verwirklichen: Amerika besetzt die größte Fläche, Griechenland ist an klassischen Säulen zu erkennen, Papua Neuguinea an einem giebelreichen Langhaus, Indonesien am balinesischen Tempelstil.

▶▶ **Lake Burley Griffin** 66B2

Burley Griffins Stadtplanung sah auch einen See vor. Doch erst 1964 nahm dieses Vorhaben Gestalt an. Die weiten Wasser bedecken eine Fläche von über sieben Quadratkilometern. Das abwechslungsvolle Ufer zieht sich 35 km hin. Die Szenerie beleben Inseln und speziell gestaltete Uferpartien, zu denen auch der kürzlich vollendete, preisgekrönte **Commonwealth Park** gehört. Über der glatten Wasseroberfläche schießt die 140 m hohe Fontäne des **Captain Cook Memorial Jet** empor.

Nahe dem Ufer gehört **Blundell's Farmhouse** zu Canberras wenigen alten Gebäuden. Über den Trauerweiden von Aspen Island ragen die reinweißen Betonsäulen des **National Carillon** auf. Diesen Glockenturm schenkte Großbritannien 1963 zu Canberras 50. Geburtstag. Seine 53 Glocken spielen australische sowie Melodien aus dem Mutterland. Der See bildet einen wirkungsvollen Hintergrund für die ihn säumenden Prunkbauten und lädt zu einer Bootsfahrt ein.

CANBERRA

▶ **National Aquarium and Australian
   Wildlife Sanctuary** 66C1
In reizvoller Lage erinnert das Aquarium den Besucher daran, daß Australien vieles dem Meer verdankt. Hier kann man die Unterwasserwelt mit ihren unzähligen Kreaturen bei einem spannenden Rundgang hautnah erleben.

▶▶ **National Capital Exhibition** 66C2
Regatta Point, Commonwealth Park
Dieser Ort, der sich der »besten Ansicht der Bundeshauptstadt« rühmt, erläutert die sorgfältige, auch von Auseinandersetzungen begleitete Planung und Entstehung Canberras. Die Ausstellung zeigt Modelle, Pläne, Fotografien und Videos.

▶ **National Film and Sound Archive** 66C2
McCoy Circuit, Acton
Australien stieg sehr früh in die Filmproduktion ein. Dieses neue Film- und Tonarchiv spiegelt mit einer fesselnden Auswahl den Beitrag des Landes zum Leinwandgeschehen sowie die Geschichte von Rundfunk und Fernsehen wider.

▶ **National Library of Australia** 66B2
Parkes Place
Der eher strenge neoklassizistische Bau beherbergt neben mehreren Millionen Büchern beispiellose Sammlungen – Bildwerke, Filme, Karten, Fotos und Zeitungen – zur Geschichte und Entstehung Australiens. Das Innere schmücken erlesene Wandteppiche und Buntglasarbeiten.

Die Botanischen Gärten sind für ihre hervorragende Sammlung an australischen Pflanzen bekannt.

Ansichten einer Hauptstadt
Verschiedene Aussichtspunkte im Canberra umringenden Hochland erlauben großartige Blicke auf die sorgsam geplante, herrlich gelegene Stadt. Panoramasichten eröffnen sich vom Telstra-Tower auf dem Gipfel des Black Mountain (812 m). Nicht weniger beeindruckende Aussichtsplätze sind der hinter dem Kriegerdenkmal aufragende Mount Ainslie (842 m) und der Red Hill, zwei Kilometer südlich des Parliament House.

NEW SOUTH WALES

Parliament House: eines von Canberras beliebtesten Touristenzielen.

Hauptstadt-Münzen
In der Royal Australian Mint, der Königlichen Australischen Münze, können Sie das Prägen der Landeswährung beobachten und an einer Münzpresse Ihr eigenes Privatgeld zaubern.

Hauptstadt-Justiz
In Australiens frühen Tagen war das Gefängnis zuweilen wichtigstes Gebäude einer Stadt. Seit die Justiz modernere Wege eingeschlagen hat, folgen die Australier in ihrer Prozeßleidenschaft den Amerikanern an zweiter Stelle. Letzte Berufungsinstanz ist der Oberste Gerichtshof, High Court, in dem die luftige Great Hall Besucher empfängt und eine Ausstellung das australische Rechtswesen erläutert.

Eine sportliche Hauptstadt
Sportfans sollten unbedingt einen Abstecher zum Australian Institute of Sport (AIS) im nördlich gelegenen Vorort Bruce machen. Das 1980 gegründete Institut verfügt über erstklassige Einrichtungen und ein interessantes Besucherzentrum mit verschiedenen Ausstellungen. Führungen werden von den Elite-Athleten der AIS durchgeführt.

▶▶▶ National Gallery of Australia 66B3
Parkes Place
Die Nationalgalerie ist in einem imposanten Gebäude mit aufgerauhter Betonfassade untergebracht, das 1982 seine Pforten öffnete. Seine Nachbarn an den Ufern des Lake Burley Griffin fallen nicht weniger ins Auge, so der durch eine Fußgängerüberführung verbundene, aus Glas und Beton gestaltete Kubus des High Court. Die ausgezeichnete Kollektion australischer Kunst reicht von Kunstwerken der Aborigines hin zu Gemälden, deren Farbe kaum getrocknet scheint. Die gut beleuchteten, abwechslungsreich gestalteten Räume zeigen unter anderem eine gelungene Sammlung europäischer und amerikanischer Kunst mit Schwerpunkt 20. Jahrhundert sowie Werke aus dem asiatischen und pazifischen Raum. Plastiken kommen im bestechend angelegten Skulpturengarten, auch Schauplatz für Freilichtveranstaltungen, zur Geltung.

▶▶▶ Parliament House 66B2
Capital Hill
Der spektakuläre Bau des Parlaments wurde rechtzeitig zur Zweihundertjahrfeier 1988 vollendet. Hier tagen Repräsentantenhaus und Senat und zieht es Besucher her, die das an Kunstwerken und nationaler Symbolik reiche Bauwerk bewundern. Um Raum für das Gebäude zu schaffen, trug man von der Kuppe des Capital Hill eine Million Kubikmeter Erde ab und verwandte sie dann zur Gestaltung des begrünten Daches. Dieses gestattet ausgezeichnete Blicke über die Stadt und wird von einem 81 m hohen Fahnenmast aus rostfreiem Stahl gekrönt, an dem die wohl größte Flagge der Welt flattert. Die geschmackvollen Innenräume zieren Werke australischer Künstler wie der farbenprächtige Wandteppich Arthur Boyds, der in der Great Hall, der Empfangshalle, prangt. Die 48 Marmorsäulen des Foyers versinnbildlichen Australiens Eukalyptusbäume, deren kühles Grün im Sitzungssaal des Repräsentantenhauses wiederkehrt – vielleicht um die oft erhitzten Gemüter zu besänftigen.

▶▶ Questacon 66B2
King Edward Terrace
In dem modernen Gebäude des jungen National Science and Technology Centre gibt es 170 Exponate zum Thema Naturwissenschaft und Technologie zu bewundern.

Unterwegs

Mit dem Flugzeug: Sydneys Flughafen, der Kingsford Smith Airport zwölf Kilometer südlich des Zentrums an der Botany Bay, ist Knoten in einem weitgeknüpften Netz internationaler und nationaler Fluglinien. Busse und Taxis pendeln zwischen Internationalem und Inlands-Terminal. Der häufig verkehrende Flughafenbus Airport Express erreicht in dreißig Minuten das Zentrum oder Kings Cross (Hauptbahnhof zwanzig Minuten). Flugzeuge bringen Sie ins Outback von NSW, in viele Küstenorte, nach Cooma (Snowy Mountains) und Canberra.

Mit dem Bus: Überlandbusse bedienen ein weites Netzwerk von Fernzielen. Sehr abgelegene Städte können mitunter Terminprobleme bereiten. Auf Hauptstrecken kann man zwischen verschiedenen Gesellschaften und Terminen wählen. Beliebt sind organisierte Bustouren, mit denen man von Sydney aus viele Orte besuchen kann. Fast alle größeren Städte unterhalten ein gut ausgebautes lokales Busnetz.

Mit der Bahn: NSW besitzt das ausgedehnteste Eisenbahnnetz aller australischen Bundesstaaten. Nicht mehr an die Bahn angeschlossene Städte verbinden oft »Countrylink-Busse« der State Rail Authority (Countrylink) mit einem Endbahnhof. Triebwagen-Schnellzüge (XPTs und XPLORERS) pendeln zwischen vielen größeren Städten (Canberra, Tamworth, der Nordküste, Hunter Valley, Dubbo). Luxuriöse Interstate-Züge verkehren nach Brisbane und Melbourne. Der *Indian Pacific* hält auf der Fahrt von und nach Western Australia in Broken Hill, das einmal wöchentlich auch per XPT mit Sydney verbindet. Die Region Greater Sydney wird durch die häufig verkehrenden Züge der City-Rail gut versorgt. Diese bringen Sie bis Newcastle und Dungog im Norden, zu den Blue Mountains im Westen, nach Goulburn und in die Southern Highlands sowie nach Nowra an der Südküste.

Mit dem Auto: In Sydney ist vom Autofahren abzuraten. Sie erreichen mit öffentlichen Verkehrsmitteln und Taxis nahezu jedes Ziel. In viele entlegene Orte des Bundesstaates hingegen gelangen Sie nur mit eigenem Fahrzeug.

Zeit sparen und fliegen
Es ist empfehlenswert, mit dem Flugzeug zu den entlegenen Teilen Australiens zu fliegen – außer Sie haben sehr viel Zeit und fahren gerne mit dem Auto. Die Hauptflugstrecken werden von Quantas, Ansett und deren Tochterunternehmen abgedeckt.

Weite Autoreisen
New South Wales durchzieht ein dichtes Geflecht von Highways. Sie besitzen zwar Namen, was das Planen der Reiseroute erleichtert, allerdings unterschiedliche Qualität. Der ermüdenden Küstenfahrt über den Pacific Highway nach Norden ziehen viele den New England Highway im Landesinneren vor.

Ein Allradantrieb-Auto, bei Geländefahrten unerläßlich.

NEW SOUTH WALES

Alte Häuser tragen viel zum Charme von Bathurst bei.

Der Weg nach Westen
Vom Großraum Sydney aus sind die Blue Mountains als dunkle Mauer erkennbar, die sich aus der Ebene steil etwa 600 m aufreckt. Diese Barriere versperrte den frühen Siedlern den Weg nach Westen. Einige flüchtige Sträflinge machten sich zu den Blauen Bergen und in die vermeintliche Freiheit auf, überzeugt, dahinter läge China. Blaxland, Lawson und Wentworth gelang es 1813 endlich, die Berge zu überwinden, indem sie sich mehr an die Kämme als an die Täler hielten. Auf Geheiß Gouverneurs Macquarie bauten Häftlinge binnen zwei Jahren eine Straße, deren Verlauf heute noch die moderne Straße und Eisenbahn folgen. Diese in der Geschichte der Kolonie bahnbrechende Leistung machte den Weg frei, um das unermeßliche Potential des noch unbekannten Landesinneren zu erkunden und auszuschöpfen.

▶▶ **Armidale** 63C4

Armidale im Nordosten des Bundesstaates, inoffizielle Hauptstadt der kühlen Hochebenen von New England, hat als einzige Stadt Australiens etwas vom Flair einer Universitätsstadt. Hier residiert, neben mehreren höheren Schulen und Privatschulen, in parkähnlichem Campus die University of New England. Zwei Kathedralen, ehrwürdige öffentliche Bauten sowie schmucke alte Häuser steigern die kultivierte Atmosphäre. Das moderne **New England Regional Art Museum** ▶ besitzt die beste Sammlung australischer Kunst des Bundesstaates. In einem Gebäude aus dem Jahre 1863 lädt ein gelungenes Volksmuseum ein.

Armidale eignet sich hervorragend zur Erkundung dieses Teiles von New England (dessen schottische Siedler vergeblich den Namen Neukaledonien zu verankern versuchten); von hier aus lassen sich eindrucksvolle Wasserfälle erreichen, darunter auch Australiens höchste Katarakte, die **Wollomombi Falls** ▶ im Oxley Wild Rivers National Park.

▶ **Batemans Bay** 63A4

Diesen Fischereihafen und beliebten Erholungsort an der Mündung des Clyde River erreichen Canberras Einwohner nach nur 150 km Fahrt über die Berge. Austern und Hummer munden hier köstlich – und im Tollgate Islands Nature Reserve gibt es sogar eine Pinguin Kolonie zu bestaunen.

▶▶ **Bathurst** 63B4

Hier endet der von Sydney auslaufende Great Western Highway. Von Australiens ältester Binnenstadt, 1815 von Gouverneur Macquarie gegründet, machten sich zahlreiche Expeditionen ins Landesinnere auf. Hier brach 1851 Australiens erster Goldrausch aus. Die Goldgräbertage werden im Freiluftmuseum, Bathurst Goldfields genannt, lebendig. Auch die Stadt selbst verdient eine Besichtigung. Die malerische Strecke um den Mount Panorama ist Teil von Australiens berühmtester Rennsportstrecke.

▶▶▶ **Blue Mountains National Park** 63B4

Senkrecht in tiefe Canyons abstürzende Klippen und unvergleichliche Eukalyptuswälder zeichnen hier einige der außergewöhnlichsten Landschaftsszenen Australiens. Die Großartigkeit der Natur erstaunt um so mehr angesichts der nahen gepflegten Wohn- und Alterssitze, die sich um die Hauptstraße und Bahnstrecke sammeln, auf denen man Sydney in neunzig Minuten erreicht.

Die Blue Mountains sind eigentlich gar keine Berge, sondern ein weites Sandsteinplateau, in das Flüsse wie Nepean und Cox tiefe Furchen gefressen haben. Blau hingegen sind die »Berge« tatsächlich; die Blätter der Eukalypten verströmen flüchtige Öle, die in der Luft als bläulicher Dunst schimmern. Seit Jahrhundertbeginn zogen die Blue Mountains erfahrene Wanderer, aber auch Touristen an. Heute bieten sie vielerlei Abwechslung, angefangen von der Antiquitätensuche in kultivierten Städtchen bis hin zum Erlebnis wilder Natur, wenn man sein Fahrzeug zu verlassen bereit ist. Die folgenden Hauptsehenswürdigkeiten lassen sich von Sydney aus in einem Tagesausflug besichtigen, doch sollte man besser mindestens zwei Tage einplanen.

Als Ausgangspunkt empfiehlt sich das ausgezeichnete **National Parks and Wildlife Service's Heritage Centre** ▶

ARMIDALE–BLUE MOUNTAINS

zwei Kilometer östlich des Great Western Highway bei Blackheath. Ganz in der Nähe bietet einer der eindrucksvollsten Aussichtspunkte des Nationalparks, **Govett's Leap** ▶▶, phantastische Ausblicke über das Grose Valley und die Bridal Veil Falls. Ein Panoramaweg führt über die Felshöhe zu weiteren Aussichtsplätzen; ein steiler Pfad steigt ab zum tief unten lockenden Wald blauer Eukalypten. Ebenso großartige Aussichten bietet der **Echo Point** ▶▶ unmittelbar südlich von **Katoomba**, »Hauptstadt« der Gemeinde namens City of the Blue Mountains. Hier drängen die Baumwipfel an die Glaswand des Besucherzentrums heran, während auf vorspringenden Plattformen die Blicke auf die berühmten Sandsteinsäulen der **Three Sisters** Schwindel erregen. Mehrere beliebte Wege ziehen sich am Grat entlang oder klettern zum Tal hinab. Gleich westlich kitzeln zwei touristische Transportmittel die Nerven: die über den Abgrund schwebende Seilbahn Skyway und die modernisierte Bergbahn Scenic Railway, die fast senkrecht zum Talgrund strebt.

Im Osten liegen die berühmten **Wentworth Falls** ▶▶, mit 270 m die höchsten Wasserfälle der Region. Im gleichnamigen Dorf steht Yester Grange, ein bezauberndes Haus von 1888, das Teezimmer und Antiquitäten beinhaltet. Ganz in der Nähe erinnert in **Faulconbridge** die **Norman Lindsay Gallery and Museum** ▶ an den gleichnamigen Künstler. Im Westen laden die Tropfsteinhöhlen der **Jenolan Caves** zu einem unvergeßlichen Besuch ein. Ihnen ist ein Gästehaus im spätviktorianischen Stil angeschlossen. Nahe Lithgow können Sie eine von Australiens größten Bahnbauleistungen, die **Zig Zag Railway** ▶ (siehe Kasten), bewundern.

Dramatische Sandsteinklippen und dicht bewaldete Täler um Katoomba.

Das große Zickzack
1866, beim Bau der Bahn nach Westen, rätselten die Ingenieure, wie sich die Strecke von der Höhe der Blue Mountains über die senkrechte Steilwand hinunter nach Lithgow führen ließ. Ihre Lösung: Sie verlegten die Linie in Form eines Z über die Felswand hinab mit Wendebahnhöfen an zwei Punkten. Diese wurde schließlich von der heutigen Hauptstrecke ersetzt, die zwar einen langen Umweg wählt, doch das Wenden überflüssig macht. Dafür bereitet die restaurierte Zickzackbahn Touristen ein unvergeßliches Erlebnis mit Dampflokomotiven, die fauchend mit ihren Waggons im Schlepptau den steilen Hang hinaufstampfen.

NEW SOUTH WALES *Nationalparks*

Wentworth Falls, Aussichtspunkt der Blue Mountains.

World Heritage Sites
Drei von der UNESCO in die Liste des Weltkulturerbes aufgenommene Sehenswürdigkeiten liegen in New South Wales. Am besten erreichbar ist der grüne Regenwald des Dorrigo National Park, etwas landeinwärts von Coffs Harbour gelegen. Die beiden anderen, Lord Howe Island und die Wilandra Lakes, liegen im äußersten Südwesten des Staates.

Mehr als Parks
Der NSW National Parks and Wildlife Service verwaltet außer Naturschutzgebieten auch Stätten von historischer Bedeutung. Zu diesen zählen der Mootwingee Historic Site mit seinen vielen geheimnisvollen Relikten der Ureinwohner und für die frühe europäische Besiedlung belangvolle Stätten, wie Captain Cooks Landungsplatz in der Botany Bay. Sydneys ältestes Gebäude, Cadman's Cottage, ist Informationszentrum des National Parks and Wildlife Service.

Durch seine lange Küste, Berge und weites Outback beeindruckt New South Wales mit allen typischen Landschaftsformen des Kontinents.

Im weiten Westen: Am Rande von Australiens Rotem Zentrum und über 1000 km von Sydney entfernt, stehen zwei urwüchsige Dürregebiete unter Naturschutz. Im **Sturt National Park** kann im Sommer das Thermometer tagelang bei 50° C verharren; Grasebenen wechseln mit Tonpfannen und Steinwüsten ab, aus denen felsige Tafelberge ragen. Den äußersten Westen durchziehen die roten Sanddünen der Strzelecki-Wüste. Den **Kinchega National Park** kennzeichnen weite rote Sandebenen und die eigenartigen, Untertassen ähnelnden Überlaufseen des Darling River. In den Parks leben Emus und Rote Riesenkänguruhs.

Im Osten: Das Land steigt allmählich über die westlichen Ausläufer der Great Dividing Range zu diesem Gebirgszug und Rückgrat des Bundesstaates auf. An der Grenze zu Victoria erstreckt sich um Australiens höchsten Berg, den **Mount Kosciuszko**, der gleichnamige Nationalpark, einer der größten der Welt. Gletscherseen, Heide, alpine Blumen und mit Schnee-Eukalypten bestandene Wälder machen ihn zu einem sommerlichen Wanderparadies. Und von Anfang Juni bis Ende Oktober tummeln sich hier die Wintersportler. Die bewaldeten Hochregionen, die vom nahen Newcastle durch New England zur Grenze nach Queensland vorstoßen, besitzen eine reiche Vegetation, darunter unberührte Regenwälder; hier bilden 16 Parks und Schutzgebiete eine von Australiens *World-Heritage*-Regionen, die **Australian East Coast Temperate and Subtropical Rainforest Parks**. Vulkane schufen atemberaubende Landschaftsformationen und weiter landeinwärts, im **Warrumbungle National Park**, eine bizarre Welt aus Felsnadeln und natürlichen Wolkenkratzern. Nicht weniger überwältigt **Bald Rock National Park**, eine inmitten von Buschland auf 200 m Höhe aufsteigende gewaltige Granitkuppel in der Nähe der Grenze zu Queensland.

Der Mount Kosciuszko ist ein Wanderparadies.

Sehenswürdigkeiten im Outback

Von Broken Hill aus können Sie Ausflüge zu vielen interessanten, im Outback gelegenen Orten machen. In einer Entfernung von 200 km liegen das Dorf White Cliffs mit seinen Opalminen und der Mootwingee National Park, die Menindee Lakes sowie Wilcannia, ein ruhiges Städtchen am Darling River.

Broken Hill Proprietary Company

Charles Rasps Entdeckung der unermeßlich reichen Mineralerzader von Broken Hill im Jahre 1883 führte zur Gründung der BHP, Australiens heute größtem Industriekonzern. Sie beschränkt sich längst nicht mehr auf den Abbau von Broken Hills Mineralienvorkommen, sondern ist auch in der Eisen-, Kohle, Gas-, Öl- und Stahlindustrie tätig. Viele messen an ihren Gewinnen das Wohlergehen der australischen Wirtschaft.

▶ **Bourke** 62C2

Diese entlegene Outback-Stadt ist von Sydney 800 km entfernt. Sie ist Zentrum eines weiten, semiariden Gebietes, in dem vorwiegend Schafe und Rinder gehalten werden. Mit Hilfe des Darling River ist auch Bewässerungslandbau möglich. Ein Lattenzaun schützte die 1835 gegründete Siedlung vor Angriffen der Aborigines. Viele Häuser entstammen der zweiten Hälfte des 19. Jahrhunderts. Seine Abgeschiedenheit macht Bourke zum Ausgangspunkt für Ausflüge ins Outback von NSW.

▶▶ **Broken Hill** 62C1

Eine sieben Kilometer lange Erzader mit dem weltweit reichsten Vorkommen an Silber, Blei und Zink ließ die »Silberstadt« entstehen. Doch ihre Zukunft ist durch die niedrigen Weltmarktpreise ungewiß. Vom 110 km entfernten Lake Menindee erhält Broken Hill das Wasser, das die Stadt staunenswert grün erscheinen läßt inmitten einer der rauhesten Landschaften der Welt: Im Winter ist es klirrend kalt, im Sommer unerträglich heiß, und der spärliche Niederschlag verdunstet im Nu. Im Jahr 1844 gab der Forscher Sturt, nahezu verdurstet, dem buckeligen Kamm seinen Namen. In den 1880er Jahren gründete Charles Rasp, gebürtiger Deutscher, zum Abbau der Bodenschätze die Broken Hill Proprietary Company. Der große Streik der Bergarbeiter 1919 wurde durch einen historisch bedeutsamen Kompromiß beendet: Den Unternehmern wurden ihre Profite belassen, den Arbeitern Bedingungen gewährt, die – wie die 35-Stunden-Woche – ihrer Zeit weit voraus waren. Ein Gewerkschaftsbündnis lenkte die Geschicke der Stadt, nicht immer eine Politik verfolgend, die heute als fortschrittlich gälte. Hier war die Landesregierung in Sydney stets fern – Broken Hill fühlt sich enger mit South Australia verbunden. In Port Pirie unterhält es seine Schmelzhütten, die Gewerkschaften haben in Adelaide ihre Erholungsstrände. Selbst Broken Hills Uhren ticken nach südaustralischer Zeit – eine halbe Stunde nach »Sydney-Zeit« – und auch die Telefonvorwahl ist nach südaustralischem Muster.

Fortsetzung auf Seite 78.

SPECIAL

Captain Cook

■ Der 1728 in Marston (Yorkshire) geborene Landarbeitersohn James Cook wurde zum größten Entdecker seiner Zeit. Der Arbeitgeber seines Vaters finanzierte seine Schulausbildung. An Bord eines Kohlenschiffs lernte Cook die Seemannskunst. 1755 trat er in die Royal Navy ein und vertiefte im Verlauf des Siebenjährigen Krieges seine Seefahrtskenntnisse. Seine Kartierung des St.-Lorenz-Stroms trug zu Wolfes Eroberung von Quebec bei. Doch die bewundernswerteste Leistung des damaligen Leutnants Cook besteht in der großen Forschungsreise, die ihn 1770 an Australiens bis dahin unbekannter Ostküste entlangführte. ■

Der Zeit voraus
Cook war seinen Zeitgenossen voraus, da er trotz seines eigenen kulturellen Hintergrundes die tiefe Lebensharmonie der Aborigines erahnte. Er schrieb: »In Wirklichkeit sind sie glücklicher als wir Europäer, ganz und gar unvertraut nicht nur mit den überflüssigen, sondern auch den notwendigen Annehmlichkeiten, denen man in Europa so sehr nachstrebt; sie sind glücklich, da sie ihren Zweck nicht kennen. Sie leben in einer Gelassenheit, die nicht von der Ungleichheit der Bedingungen aufgewühlt wird: Erde und Meer versorgen sie aus freien Stücken mit allem Lebensnotwendigen.«

Nachdem Cook vor der Küste Neufundlands eine Sonnenfinsternis dokumentiert hatte, wählte die Royal Society ihn zum Leiter der Expedition, die auf Tahiti den Durchgang der Venus vor der Sonne beobachten sollte. An Bord der *Endeavour* begleiteten Cook der Astronom Charles Green sowie zwei namhafte Botaniker, Daniel Solander und der 25 Jahre junge Joseph Banks.

Sichtung der Ostküste: Am 3. Juli 1769 war die Beobachtung des Durchgangs der Venus abgeschlossen, und Cook öffnete die versiegelten Anweisungen der Admiralität. Sie trugen ihm auf, die Existenz des legendären großen Südkontinentes nachzuweisen oder zu widerlegen sowie Neuseeland zu erkunden und in Besitz zu nehmen. Nach gründlicher Erforschung der neuseeländischen Küste beschloß Cook, entlang der vermuteten »Ostküste von Neuholland« heimzukehren. Diese geriet am 19. April 1770 in Sicht, als Leutnant Hicks Cape Everard (zunächst hieß es Cape Hicks) erblickte. Entlang der Küste nordwärts segelnd, fand Cook einen Ankerplatz. Die Be-

1770: Cook nimmt NSW für Großbritannien in Besitz...

SPECIAL — Captain Cook

satzung labte sich an frischem Fisch, und die Botaniker entzückten die der Wissenschaft bislang unbekannten mannigfaltigen Pflanzen, Vögel und anderen Tiere. In Anerkennung ihres Eifers taufte Cook den Ankerplatz von Stingray Harbour auf Botany Bay um.

Strandung am Barrier Reef: Bei der Weiterfahrt gen Norden bemerkte Cook einen natürlichen Hafen und nannte ihn Port Jackson. Erschlossen wurde der Ort, in dessen einzigartiger Lage sich Sydney entwickeln sollte, erst 18 Jahre später nach Ankunft der Ersten Flotte. Vorsichtig tastete sich Cook durch das »Labyrinth von Koralleninseln, Untiefen, Felsen und Leegestaden« des Barrier Reef. Doch selbst seine überragenden Seefahrtserfahrungen konnten nicht verhindern, daß die *Endeavour* auf ein Riff auflief.

Durch Abwurf von Ballast (eine Kanone steht heute in Canberras National Library) konnte man das Schiff wieder flottmachen. Dennoch mußte die reparaturbedürftige *Endeavour* einen Monat nahe dem heutigen Cooktown im Süden der Cape-York-Halbinsel am Strand liegen. Die Wissenschaftler konnten so erneut das Feld erkunden und schlossen erste Bekanntschaft mit Känguruhs und Schildkröten. Sobald das Schiff wieder seetüchtig war, segelte Cook nordwärts zur Kapspitze, wo er auf Possession Island die Flagge hißte und gesamt Ostaustralien, das er wenig geistreich New South Wales taufte, zu britischem Territorium erklärte.

Das Ende einer Karriere: Zum Kapitän befördert, segelte Cook 1772–75 als erster in den Gewässern des südlichen Polarkreises und setzte endgültig der Mär vom großen Südkontinent ein Ende. Auf der schwierigen Suche nach einer nördlichen Durchfahrt zwischen Atlantik und Pazifik landete er auf Hawaii. Während er in seiner bedächtigen Art in einem unbedeutenden Streit mit den Inselbewohnern vermittelte, feuerte einer seiner Männer unüberlegt einen Schuß ab; erzürnt stürzten sich die Eingeborenen auf Cook, der ihnen den Rücken zuwandte. Von Knüppeln und Dolchen getroffen, brach Cook tot zusammen.

Der Botaniker Banks
Australiens 73 *Banksia*-Arten erinnern an den jungen Wissenschaftler, der mit Cook segelte und als »Vater der australischen Botanik« bezeichnet wird. Auf der Hinreise bestimmte er 230 Planzenarten auf Madeira, 316 bei Rio, 104 auf Feuerland und 400 in Neuseeland. Später bekleidete Banks 32 Jahre lang das Amt des Präsidenten der Royal Society, ohne sein Interesse an Australien zu verlieren.

...durch einen symbolischen Akt.

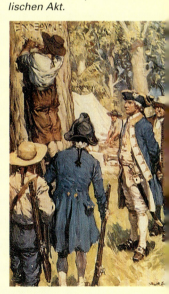

NEW SOUTH WALES

Fortsetzung von Seite 75.

Breite Baumgürtel schützen Broken Hill vor Sandstürmen. Die Stadt durchzieht ein Gitter von Straßen, deren Namen – Chloride, Mica oder Cobalt – an die Bergbautradition erinnern. Nahe dem alten Bahnhof in der Sulphide Street, heute Eisenbahn- und Mineralienmuseum, liegt das ausgezeichnete Touristeninformationszentrum. Das Gladstone Mining Museum lohnt einen Besuch. Aufregender aber ist die Besichtigung einer alten Mine wie der Delprat's Mine oder Day Dream Mine. Auch die Niederlassungen des **Royal Flying Doctor Service** und der **School of the Air** sind jedermann zugänglich. Die bizarre Eigenart von Stadt und Umgebung beflügelte Künstler und brachte Kunstgalerien hervor; die bekannteste führt Pro Hart.

▶▶ Byron Bay 63D5

Cape Byron, der östlichste Punkt des australischen Festlands, krönt ein massiger Leuchtturm. Die Byron Bay ist, mit zauberhaften Stränden und reizvollem Wald- und Berghinterland, seit den späten 60er Jahren Magnet für Verfechter alternativer Lebensweisen. Die Hauptattraktion ist das Byron Bay Whale Centre, das die »Wal-Geschichte« der Stadt dokumentiert. Abgeschiedene Buchten und weite Sandstreifen säumen beide Seiten der Landzunge. Das Surfen besitzt Tradition; der erste Lebensretterclub wurde schon 1907 gegründet.

▶ Cobar 62C2

Am Rande des Outback stößt der Barrier Highway auf seinem Weg westwärts nach Broken Hill auf diese Kupferbergbaustadt. Gegründet in den frühen 1870er Jahren als Bergarbeitercamp, erreichte Cobar rasch seine mit 10 000 Einwohnern höchste Bevölkerungszahl. Zeitzeugen sind heute das Great Western Hotel mit der langen Veranda und das Büro der Grubengesellschaft, das heute das ausgezeichnete Cobar Regional Museum beherbergt. Nach längerem wirtschaftlichen Niedergang blühte Cobar ab den 60er Jahren erneut auf.

Raten Sie mal, was hier gedeiht!

Filmstadt Silverton
Etwa 25 km westlich von Broken Hill liegt die Geisterstadt Silverton, deren Bevölkerung in die Nachbarstadt abzog, als der hiesige Bergbau in den späten 1880er Jahren unwirtschaftlich wurde. Mit ihren restaurierten Bauten, die die typische Atmosphäre des Outback verströmen, erwachte sie als Kulisse für Filme zu neuem Leben.

Unsere Banane ist die größte
Eine überdimensionale Frucht namens Big Banana beherrscht das Bild am Pacific Highway nördlich von Coffs Harbour. Statt aus Schale und Fruchtfleisch besteht sie aus Beton und begrüßt am Eingang einer Bananenplantage Besucher. Hier können Sie den Bananenanbau besichtigen, Bananen in allen erdenklichen Formen verspeisen, Souvenirs im Bananen-Outfit erwerben und alles über Bananen erfahren, was Sie schon immer wissen wollten, aber nie zu fragen wagten.

BROKEN HILL–FORBES

▶ Cockington Green, ACT   66D3

Cockington in Südwestengland, ein Bilderbuchdorf mit strohgedeckten Häuschen, Pub, Schmiede und anderem ländlichen Beiwerk, ist Namensgeber seiner Miniaturausgabe am Rande Canberras. In Verkleinerung sind hier selbst Stonehenge und andere Besonderheiten des Landes vertreten, das Australier einst »Heimat« nannten.

▶▶ Coffs Harbour   63C5

Der alte Holzfällerhafen, auf halbem Wege zwischen Sydney und Brisbane, ist berühmt für seine Strände und Bananenplantagen. Vom stadtnahen Park Beach nach Norden reihen sich feine, darunter auch zum Surfen geeignete Strände. Floßfahrten sind auf den nahen Flüssen möglich. Zu den Attraktionen zählt der Pet Porpoise Pool, in dem sich Delphine, Seehunde, Pinguine und Haie tummeln. Den Hafen schützt im Süden eine Landspitze, und auf Muttonbird Island (zu erreichen über einen alten Holzsteg) leben tatsächlich »Hammelvögel«. Landeinwärts laden im Stadtzentrum das Historical Museum, der Bicentennial Botanical Garden und Kunsthandwerksläden ein.

▶ Dubbo   62C3

An der Kreuzung von Newell und Mitchell Highway ist Dubbo blühendes Zentrum für den Mittleren Westen von NSW und wurde erstmals um 1840 besiedelt. Viehtreiber überqueren mit ihren Herden auf dem Weg nach Süden zu den Märkten von SA und Victoria nahe Dubbo den Macquarie River. Den Stadtkern zieren sehenswerte alte Gebäude. In der Bank aus dem Jahre 1876 ist heute ein Museum und ein altes Gefängnis einschließlich Galgen untergebracht. Die meisten Besucher zieht es in den **Western Plains Zoo** ▶. In dem landesweit größten Freigehege haben Tiere aus aller Welt eine Heimat gefunden.

▶ Eden   63A4

Dieser kleine Hafen und Ferienort ist die letzte größere Siedlung an der Küste von NSW vor der Grenze zu Victoria. An seine Ursprünge als Walfangstützpunkt erinnert das **Killer Whale Museum**. In der Twofold Bay verblieben Überreste von Boydtown, das der englische Unternehmer Benjamin Boyd Mitte des letzten Jahrhunderts gegründet hatte und, so seine utopischen Pläne, Sydney als Hauptstadt der Kolonie verdrängen sollte. In jüngerer Zeit kämpften in Eden Naturschützer gegen die Holzindustrie für den Erhalt der Wälder.

▶ Forbes   62B3

Die nach dem Goldrausch der 1860er Jahre nahezu verlassene Stadt westlich der Dividing Range überlebte als Zentrum einer fruchtbaren Agrarregion. Ihre breiten Straßen säumen einige schöne Bauten aus dem späten 19. Jahrhundert, darunter die beeindruckende Town Hall. Gleich vor den Toren der Stadt leben im **Lachlan Vintage Village** die Pioniertage wieder auf. Dort können Sie Gold auswaschen oder beim Schafscheren zuschauen. In Forbes kam 1865 der Bushranger Ben Hall ums Leben, ein Ereignis, an das Stadtmuseum im ehemaligen Varieté erinnert.

Wale und Holzspäne
1818 wurde in Eden die erste Walfangstation auf australischem Festland eingerichtet. Bis in die 30er Jahre war der Ort Stützpunkt der Walfänger. Edens Wirtschaft nahm in den späten 60er Jahren erneut Aufschwung, als die Harris-Daishowa-Holzmühle gebaut wurde, um die Wälder der Region für die japanische Papierindustrie in Holzspäne zu verwandeln. Das Projekt erregte den Zorn der ständig wachsenden australischen Umweltschutzbewegung, die darin den Export unersetzlichen Naturerbes erblickte. Über die entgegengesetzte Auffassung klärt das Besucherzentrum der Mühle auf.

Beliebter Zeitvertreib: Walbeobachtung in der Eden Twofold Bay.

NEW SOUTH WALES

Bewässerung dürrer Ödnis
Der Entdecker John Oxley war überzeugt, daß kein Weißer je in dem »dürren, unwirtlichen« Land würde siedeln wollen, das er 1817 vom Mount Binya aus erblickte. Doch zu Beginn dieses Jahrhunderts baute die Regierung von NSW, ermutigt durch private Bewässerungserfolge, den Burrinjuck-Damm und förderte die Besiedlung im Murrumbidgee-Bewässerungsgebiet. Als Siedler kamen arbeitslose Bergarbeiter aus Broken Hill, später heimgekehrte Soldaten und italienische Einwanderer mit landwirtschaftlicher Erfahrung. Trotz etlicher Enttäuschungen und technischer Widrigkeiten gedeihen hier heute zahlreiche Feldfrüchte. Zusammen mit anderen Bewässerungsanlagen brachte man so 6000 km² wüstenähnlicher Öde zum Blühen.

Sämtliche der etwa 50 Weingüter im Hunter Valley kann man besuchen; die meisten sind bei Cessnock und Pokolbin.

▶ **Glen Innes**   *63D4*

Diese hochgelegene Stadt ist Mittelpunkt eines fruchtbares Agrargebietes im nördlichen NSW, das nach zwei Pionieren einst »Land der Beardies« hieß. In der Region werden Saphire und andere Edelsteine kommerziell abgebaut. Mehrere gepflegte Bauten aus dem späten 19. Jahrhundert schmücken den Stadtkern. Das **Land of the Beardies History House Museum** im alten Hospital ist eines der landesweit interessantesten kleinen Museen.

▶ **Goulburn**   *63B4*

Australiens zweitälteste Inlandstadt ruht, etwa 200 km südwestlich von Sydney, beidseits des Hume Highway, inmitten wohlbestellten Agrarlands. Von einem wirtschaftlichen Schwerpunkt kündet am westlichen Eingang der Stadt unübersehbar eine von Australiens Riesenfiguren: das Big Merino, ein 15 m hohes Merinowollschaf. Goulburn ist eine »echte« Stadt mit zwei Kathedralen, langer Hauptstraße und beeindruckenden Gebäuden aus dem 19. Jahrhundert. Am Stadtrand wurde der Kutschergasthof Riversdale aus den späten 1830er Jahren originalgetreu restauriert und eingerichtet.

▶ **Grafton**   *63D5*

Dieses Zentrum der Clarence-River-Region war schon sehr früh begrünt. Bereits in den 1860er Jahren förderte der Stadtrat Baumpflanzungen, so daß sich Graftons Bürger heute an den vielen blühenden Bäumen, allen voran Jacarandas, erfreuen können, die die breiten Straßen säumen. Die zweistöckige Brücke ermöglicht erst seit 1932 einen Übergang über die Schleife des Clarence-Flusses. Nahebei liegen mehrere Nationalparks, so daß Grafton sich als Ausgangsort für Ausflüge anbietet.

▶ **Griffith**   *62B2*

Walter Burley Griffin, der für die Planung Canberras verantwortliche Architekt, entwarf diese Modellstadt als

GLEN INNES–HUNTER VALLEY

urbanes Zentrum der weiten Murrumbidgee-Bewässerungsregion. Das strahlenförmige Straßenraster und die dekorative Wassernutzung in den Parks lassen erkennen, daß die Stadt auf dem Reißbrett entstand.

▶ **Gundagai** *62B3*

Der Name dieser Siedlung am Hume Highway geht zurück auf ein Wort der Aborigines mit der Bedeutung »stromaufwärts«. Trotz Warnungen der Ureinwohner errichteten die ersten Siedler ihre Häuser in der Überschwemmungsebene des Murrumbidgee – und wurden eines besseren belehrt, als der Fluß 1852 bei einer der verheerendsten Überflutungen des Landes über die Ufer trat und ihre Häuser hinwegspülte. Den Murrumbidgee überspannt hier Australiens längster Holzviadukt.

▶▶ **Hunter Valley** *63C4*

Die Landschaft des breiten Tales des Hunter River, der bei Newcastle in das Meer mündet, prägen sowohl Bergbau wie Weinanbau. Kohlefelder, die seit eineinhalb Jahrhunderten ausgebeutet werden, ließen die Stadt Newcastle entstehen. Die Weingärten, schon in den 1830er Jahren angelegt, haben ihre wirtschaftlichen Krisen überwunden und stehen wieder in gesunder Blüte. Die Gegend ist, nicht zuletzt wegen ihres hervorragenden kulinarischen Angebots, beliebtes Ausflugsziel der Sydneysider.

Bewaldete Berge ziehen sich von der Brokenback Range hinunter in den Südwesten des Tales. Auf der durch Ablagerungen erloschener Vulkane fruchtbaren Erde gedeihen vorzügliche Traubenweine. Die Weingüter reichen von Familienbetrieben bis hin zu Konzernen. Australiens älteste Weinpresse ist im **Golden Grape Estate** zu besichtigen. Einen Besuch wert sind die Weinberge der Wyndham- und Rothbury-Güter, und McGuigan Hunter Village, wo Restaurants, Spielplätze, Geschäfte und Kutschenfahrten einladen. Weitere Winzereien liegen im Upper Hunter Valley, etwa 90 km entfernt.

Das Leben eines Hundes
Den in den Pioniertagen über rauhe Pisten reisenden Fuhrmännern leistete stets ein Hund Gesellschaft. Einer von diesen verrichtete offenbar sein Geschäft am Straßenrand, auf der Brotzeitschachtel seines Herrn hockend. Von dieser und anderen Geschichten erzählen die derben Balladen. Eine edlere Version dieser Begebenheit verfaßte der Dichter Jack Moses. Auch eine Skulptur vor den Toren Gundagais erinnert an sie. Sie stammt aus den Händen Frank Rusconis, der auch das erstaunliche Marmormodell einer Kathedrale im Touristeninformationszentrum angefertigt hat.

SPECIAL

Snowy Mountains

■ Diese Region der Great Dividing Range bildet das Dach Australiens. Sie besteht weitgehend aus einer Hochlandebene, aus dem bis über 2000 m hohe Gipfel ragen. Hier liegt, mit mehreren gut ausgestatteten Skiurlaubsorten, Australiens beliebtestes Wintersportgebiet. Doch auch im Sommer verzaubert das Bergland; wenn sich ein Teppich alpiner Wildblumen entrollt und herrliche Wege einige der schönsten Wandererlebnisse in Australien ermöglichen. ■

Wintersportler in den Snowy Mountains.

Das Snowy Mountains Scheme
Dieses zukunftweisende Projekt sollte den Verlauf der Flüsse ändern, um die dürren Agrarregionen im Westen zu bewässern und zugleich Energie zu erzeugen. Der größte der vielen Dämme staut am Lake Eucumbene mehr Wasser als Sydneys Hafen faßt. Es wurden Aquädukte von insgesamt 80 km, Tunnel von 150 km Länge und sieben Wasserkraftwerke gebaut, die einen wesentlichen Teil der in Südostaustralien verbrauchten Energie erzeugen. Einige der eindrucksvollen Einrichtungen (wie Murray No 1 am Alpine Way oder Tumut 2 nördlich von Cabramurra) sind Besuchern geöffnet.

Geschichte: Die Ureinwohner interessierten sich weniger für die Berge und ließen sich hier erst gegen Ende der letzten Eiszeit vor etwa 10 000 Jahren in kleinen Gruppen nieder. Dies ist eine der wenigen Landschaften Australiens, in der Gletscherseen und Moränen zu finden sind. Sie entstanden durch den Rückzug der Gletscher, die die meisten Landesteile nicht bedeckt hatten.

Die Berge lockten schon früh Viehzüchter an. Doch erst nachdem man Ende der 40er Jahre das Snowy Mountains Scheme, ein gewaltiges Staudammprojekt, in Angriff genommen hatte, wurde das Gebiet auch zugänglich und konnte hohe Besucherzahlen aufnehmen.

Das Städtchen **Cooma,** am Schnittpunkt des Monaro und Snowy Mountains Highway, ist beliebter Ausgangsort zur Erkundung der Berge. Von hier aus beaufsichtigte die Snowy Mountains Authority das regionale Wassernutzungsprojekt, das eines der weltweit größten des 20. Jahrhunderts darstellen sollte. Über die Berge sowie deren Umgestaltung durch jenes technische Meisterwerk informieren das Besucherinformationszentrum in der Stadt und das Snowy Informations Centre an der Straße nach Canberra.

Im Erholungsort **Jindabyne** mit dem gleichnamigen See finden Wintersportler auf dem Weg zu den weiter westlich gelegenen Schneefeldern eine Vielzahl von Unterkünften. Die Nationalparkverwaltung unterhält ein nützliches Besucherzentrum an der Kusciuszko Road. In

SPECIAL

Snowy Mountains

den Bergen liegt auf der südlichen Seite **Thredbo**, ein Dorf in alpinem Stil und die Super-Skiregion **Perisher Blue,** die die Skigebiete **Smiggin Holes, Mount Blue Cow, Guthega** und **Perisher Valley** umfaßt. Letzteres ist über eine unterirdische Bahn namens Ski Tube zu erreichen. Am Ende der nördlichen Straße wartet der Charlotte Pass mit einzigartigen Gipfelblicken. Hier beginnen mehrere lohnenswerte Wanderwege, darunter der Summit Walk, der auf den **Mount Kosciuszko** führt, mit 2228 m Australiens höchste Erhebung.

Jindabyne ist zugleich Ausgangspunkt des **Alpine Way,** der landschaftlich reizvollen Straße zum 1582 m hohen Paß bei Dead Horse Gap. Von hier steigt die (streckenweise unbefestigte) Straße hinab in das Tal des Murray River und erreicht schließlich Khancoban. Von dort wiederum führt bei guter Witterung eine Straße zum Wintersportzentrum **Mount Selwyn** an den Nordhängen der Gipfel und zu den Überresten der alten Goldgräbersiedlung Kiandra. Weiter nördlich sind vier der bisher 60 erkundeten Höhlen der **Yarrangobilly Caves** Besuchern zugänglich.

Das Ehrengrabmal von Cooma
Menschen aus sechzig Nationen strömten in die Snowy Mountains, um von 1949 bis 1972 an dem Wasserbauprojekt zu arbeiten. Oft lebten sie unter Bedingungen, die an die Zeltstädte der Goldrauschära erinnerten. Ihrer Mühen und Opfer gedenken die Flaggen, die in Coomas Centennial Park wehen, sowie ein Ehrenmal mit den Namen der 121 Männer, die bei der Arbeit an dem Projekt ums Leben kamen.

Das Wasserkraftwerk Murray No 1.

NEW SOUTH WALES

Ein Souvenir Ihrer Reise nach Kangaroo Valley.

Die Küste von Kiama
Die Strände von Kiama sind schön – und exzellent zum Surfen – aber etwas weiter südlich liegen Gerroa und Gerringong und dann die spektakuläre Erweiterung von Seven Mile Beach, der Teil eines Nationalparks ist.

Black is beautiful
Der seltene schwarze Opal kommt nicht nur in Lightning Range vor, doch nirgendwo auf der Welt in solchen Mengen. Er verbindet, so eine Beschreibung, »das Schimmern des Tautropfens mit der Farbe des Regenbogens vor einem Hintergrund tiefschwarzer Nacht«. Der Stein wird so hoch geschätzt, daß das Interesse an seinem Abbau gewiß nicht abnehmen wird. Den größten je gefundenen schwarzen Opal nannte man »Königin der Erde«.

Mootwingee Historic Site
Diese außergewöhnliche Sehenswürdigkeit, die im Nationalpark liegt, repräsentiert die größte Sammlung an Kunst und Kulturrelikten der Ureinwohner Australiens. Einige der 20 Felsenunterkünfte und 15 Felsmalereien können in Begleitung eines Rangers besichtigt werden.

▶ **Kangaroo Valley** 63B4
Diese reizende alte Siedlung ist in einem Hochlandtal gelegen, landeinwärts an der Straße von Nowra, 100 km südlich von Sydney. Hier kann man das **Pioneer Farm Museum**, die gelungene Rekonstruktion einer Milchviehfarm aus dem 19. Jahrhundert, besichtigen und zu längeren Wanderungen aufbrechen.

▶ **Kiama** 63B4
Berühmteste Sehenswürdigkeit dieses hübsch gelegenen kleinen Hafens und Ferienortes an der »Kiama-Küste« südlich von Wollongong ist das **Blowhole**, durch das die rauhe See sechzig Meter hohe Fontänen speit. Kiamas felsige Landspitzen und feine Strände ziehen seit langem Urlauber an. Im westlichen **Minnamurra Rain Forest Reserve** wuchert Regenwald. Dort wachsen Palmen, Farne, Feigenbäume und andere Pflanzen des Regenwaldes. Darüberhinaus die seltenen roten Zedern. Das Reservat kann auf zwei markierten und beschilderten Pfaden erkundet werden.

▶▶▶ **Kosciuszko National Park** 62A3
Siehe Seiten 74 und 83.

▶▶ **Lanyon Homestead, ACT** 66A3
Das sehenswerte Anwesen wurde 1859 am Ufer des Murrumbidgee nahe Canberra erbaut und um die Jahrhundertwende erweitert. Seine sorgfältig restaurierten Gebäude und Gärten stehen unter Obhut des National Trust. In einer Galerie vermitteln Werke Sydney Nolans einen Einblick in das Schaffen dieses typisch australischen Malers.

▶▶ **Lightning Ridge** 62D3
Das Städtchen liegt im fernen Nordwesten am Castlereagh Highway kurz vor dessen Grenzübergang von NSW nach Queensland. Es ist berühmt für seine schwarzen Opale, die seit 1902 und mittlerweile maschinell abgetragen werden. Hobbyschürfer sind willkommen, solange sie keine Besitzrechte verletzen. Sie können alte Minen besichtigen, dem Schleifen zusehen und sich in artesisch gespeisten Bädern entspannen.

KANGAROO VALLEY–NAMBUCCA HEADS

▶▶ **Mootwingee National Park** 62C1

Sandsteinketten durchziehen hinter Broken Hill, im äußersten Nordwesten von NSW, diesen abgelegenen, jedoch auf Schotterpisten erreichbaren Nationalpark. Sandebenen und Steinwüsten kontrastieren mit Teichen und Wasserläufen inmitten von Fluß-Eukalypten und anderer üppiger Vegetation. Hier lebten schon früh Aborigines, die einen reichen Schatz an Felszeichnungen und -ritzungen hinterließen.

▶▶ **Mount Warning National Park** 63D5

Von einem erloschenen Vulkan verblieb dieser 1157 m hohe Gipfel. Captain Cook wählte diesen Namen, um auf die Riffs vor Point Danger aufmerksam zu machen, bei denen seine *Endeavour* beinahe versunken wäre. Der Gipfelblick lohnt den Aufstieg, der vom Parkplatz und Besucherzentrum aus 750 m überwindet. Der steile, aber gute Pfad führt durch subtropischen, dann gemäßigten Regenwald bis zum offenen Buschland.

▶▶ **Myall Lakes National Park** 63 B4

Diese ruhigen Seen (60 km nördlich von Newcastle) sind durch Sanddünen vom Pazifik getrennt. Zur Anreise empfiehlt sich vom Städtchen Tea Gardens aus die Flußfahrt über den Myall. Die Seeufer sind kaum erschlossen, dafür ist das Küstenfischerdorf Seal Rocks am Ostende des Parks bei Besuchern beliebt, die die Einsamkeit suchen.

▶ **Nambucca Heads** 63C5

Hier, 50 km südlich von Coffs Harbour, wurden im vorigen Jahrhundert die Zedernwälder gerodet und erntet man heute subtropische Früchte. Der attraktive, vielbesuchte Ferienort besitzt herrliche Aussichtspunkte, allen voran jener bei Yarrahapini. Ausflüge lassen sich unternehmen in die zerklüfteten Bergketten und dichtbewaldeten Täler der Nationalparks New England und Dorrigo im Landesinneren.

Flora und Fauna der Myall Lakes

Die Myall Lakes bilden das größte natürliche Seengebiet von New South Wales. Sie werden gesäumt von herrlichen Wäldern, in denen auch regenwaldtypische Palmenarten zu finden sind. Hier laichen Garnelen, wimmelt es von Wasservögeln, Seeadlern und vielen anderen Tieren.

85

Freizeitspaß am Strand von Nambucca Heads.

NEW SOUTH WALES

In der Nähe von Newcastle lockt der Lake Macquarie, Australiens größter Salzwassersee.

Australisches Landleben
Am New England Highway liegt, weit weg von der Küste bei Port Macquarie und auf halber Höhe zwischen Sydney und Brisbane, Tamworth. Die beachtlich große Stadt gilt als Metropole der australischen Country Music. Beim jährlichen Festival im Januar ziehen Hunderte von Veranstaltungen Tausende von Fans an. In der Gallery of Stars prangen Wachsfiguren, beim Hands of Fame Corner Stone Handabdrücke der Stars. Längerlebige Sterne kann man im Norden der Stadt im Pyramid Planetarium mit seiner Miniaturwiedergabe des Sonnensystems beobachten.

▶ **Newcastle** 63B4

Das von den BHP-Stahlwerken beherrschte Newcastle ist die nach den Bundeshauptstädten größte Stadt Australiens. Die Geschicke der als Sträflingskolonie in einer Sträflingskolonie entstandenen Stadt lenkten später die unermeßlichen Kohlereserven des Hunter Valley.

Newcastle hat heute jedoch mehr zu bieten. Foreshore Park, Queen's Wharf und Customs House Plaza bilden einen geschmackvollen Rahmen für Feste. Das **Fort Scratchley** ▶ feuerte als eine der wenigen Festungen Australiens seine Kanonen im Krieg ab – 1942 auf ein japanisches U-Boot. Das alte Fort erlaubt Blicke über Stadt und Umgebung und beherbergt heute das **Maritime Museum** und **Military Museum**. Weitere Museen und Galerien sowie ehrwürdige Bauten aus dem 19. Jahrhundert finden sich im Zentrum. Das »Bogey Hole« am Stadtstrand zu Füßen des schönen King Edward Park wurde in den Sträflingstagen als Salzwasserbad angelegt. Südlich der Stadt bietet der größte Salzwassersee des Landes, der **Lake Macquarie** ▶, eine Vielfalt von Wassersportmöglichkeiten. Dort gibt es auch eine Koala-Kolonie und ein herrliches Naturreservat.

▶ **Nimbin** 63D5

In der einladenden Natur des Nordens von NSW hat sich Nimbin seit Beginn der 70er Jahre zur Hochburg alternativer Lebensweisen entwickelt. Heute ziehen seine Kunsthandwerksläden und Cafés auch neugierige Besucher an. Nimbin liegt auf dem Weg zum **Nightcap National Park** ▶, dessen 900 m aufragende Erhebungen einen Teil der Außenwände des riesigen erloschenen Vulkans formen, dessen Herz der Mount Warning darstellt. Der Park gehört mit seinen Regenwäldern und seiner artenreichen Tierwelt zur *World Heritage Area* von NSW, die die gemäßigten und subtropischen Regenwälder des Nordens schützt.

NEWCASTLE–TIDBINBILLA

▶ **Nowra**   63B4

An der Mündung des Shoalhaven River, knapp flußaufwärts, liegt dieser höchst beliebte Touristenort. Vor allem Nowras Strände, die sich an der Küste nach Norden und Süden erstrecken, ziehen Urlauber an. Der Hyams Beach in der Jervis Bay erhebt Anspruch auf den weißesten Sand der Welt.

▶ **Orange**   62B3

Lavaströme des erloschenen Mount Canobolas – einst höchste Erhebung zwischen Great Dividing Range und Indischem Ozean – verwandelten sich in Jahrmillionen in fruchtbaren Boden, auf dem heute in weitläufigen Obstgärten Äpfel, Birnen und Kirschen reifen – aber keine Orangen! Die ertragreiche Umgebung ließ die Stadt Orange erblühen. Parks und Bäume begrünen den geschäftigen, doch angenehmen Ort. Im **Ophir** wurde Australiens erstes Goldfeld ausgebeutet, als zwei Schürfer 1851 einen großen Fund tätigten. Auch Sie können, am reizvollen Ufer des Summer Hill Creek, nach Gold suchen.

▶ **Port Macquarie**   63C5

Die Abkehr dieser Stadt an der Mündung des Hastings River von der Handel- und Verkehrswirtschaft hin zum Tourismus zeitigte beachtlichen Erfolg. An ihre frühen Tage erinnert eine von Australiens ältesten Kirchen, die mit Logensitzen ausgestattete **St Thomas Church** aus dem Jahre 1824. Ihr Turm dient auch als Aussichtspunkt. Das **Hastings Distrikt Historical Museum** ▶ erläutert vorzüglich die Entwicklung von Stadt und Hinterland. Naturerlebnisse bieten das **Sea Acres Rainforest Centre** ▶, in dem ein langer Holzpfad durch den Regenwald leitet, sowie mehrere gute Strände südlich der Stadt.

▶▶ **Southern Highlands**   56A2

Das mit der Bahn und über den Hume Highway leicht erreichbare Gebiet ist einer der ländlichen Tummelplätze der Sydneysider. Schon um 1820 erschlossen, umgibt es sich mit einer reifen Atmosphäre. Üppige Landschaften lassen an Tasmanias denken, Freizeitangebote befriedigen die verschiedensten Bedürfnisse der städtischen Wochenendausflügler.

Historische Gebäude säumen die Hauptstraße der grünen Stadt Bowral. Interessanter noch ist ein Bummel durch das in den 1830er Jahren gegründete **Berrima**. Aus jener Zeit blieben viele Sandsteingebäude bewahrt, doch nur wenige der einst 13 Gasthäuser. Das Surveyor General Inn zählt zu den Schänken, die sich als älteste des Landes rühmen. Das beliebte **Bundanoon** dient als Tor zum Morton National Park, Ausgangspunkt für anspruchsvolle Bergwanderungen oder Spaziergänge hinauf nach Glow Worm Glen.

▶▶ **Tidbinbilla, ACT**   66A1

Zwei Glanzlichter erwarten den Besucher in Tidbinbilla, das 40 km südwestlich von Canberra liegt. Im **Canberra Deep Space Communications Complex** ▶, einer von den USA und Australien gemeinschaftlich betriebenen Raumfahrt-Bodenstation, fesseln Multimedia-Darstellungen und Modellraumfahrzeuge. Auf den Boden zurück bringen Sie Buschwanderungen durch das weitläufige **Tidbinbilla Nature Reserve** ▶, Heimat einer vielfältigen Fauna.

Morton National Park
Flüsse haben tiefe Schluchten in dieses sandsteinerne Hochplateau gefressen, das zu den sehenswertesten Regionen der Southern Highlands zählt. Wasserfälle stürzen von hohen Klippen, so die Fitzroy Falls, bei denen ein Besucherzentrum informiert. Malerische Highways (einer führt über Kangaroo Valley) verbinden den Park mit der Küste, so daß sich von Sydney aus Rundfahrten unternehmen lassen.

Der zerklüftete Morton National Park ist ein beliebtes Ausflugsziel.

SPECIAL

Tödliche Tierwelt

■ Die Zahl der in Australien lebenden Tiere, die Ihnen Schaden zufügen können, ist beachtlich hoch. Doch bedenken Sie, daß Sie weitaus wahrscheinlicher einem einheimischen Autofahrer oder Hitzschlag zum Opfer fallen könnten als einem der im folgenden vorgestellten Lebewesen ■

Gefahren im und am Meer: Von den 85 Arten von **Haien** vor Australiens Küsten greifen nur wenige, und dies selten, Menschen an. Die Todesrate verzeichnet im Jahresdurchschnitt ein Opfer. Das Risiko ist am höchsten im Sommer bei Wassertemperaturen von über 22°C. Dann sollte man besser nur an einem der vielen durch Netze geschützten Strände schwimmen. Gefährlicher sind die **Salzwasserkrokodile** (siehe Seite 183). In Gewässern, die von diesen Tieren heimgesucht werden, sollten Sie keinesfalls schwimmen (und vom Ufer Abstand halten). Zudem steigt durch den Artenschutz ihr Bestand.

Zu den gefährlichen **Quallen** zählt der *box jellyfish*, eine Würfelquallenart. Diese nahezu unsichtbaren Nesselquallen kommen in Flußmündungen vor und verbreiten sich von Oktober bis Mai in den Küstengewässern von Queensland und NT. Ihre Nesselkapseln sondern ein Gift ab, das tödlich wirken kann. Verzichten Sie zur Gefahrenzeit auf das Baden im Meer! Unangenehm giftige Gesellen sind auch einige Korallenarten, ebenso die Dornenkronen-Seesterne des Barrier Reef. Doch seien Sie vor allem vor dem **Steinfisch** auf der Hut, der als Stein getarnt in Korallenriffen lauert. Tragen Sie bei Riffwanderungen Schuhe, und halten Sie sich von Felsteichen fern. Seeschlangen werden zur gleichen Zeit aktiv wie der *box jellyfish*.

Gefahren an Land: An Land leben etwa 170 Arten von – vorwiegend giftigen – **Schlangen**. Ranger und Buschbewohner messen den Grad ihrer Giftigkeit daran, wie viele Mäuse ein Biß zu töten vermag. Diese Zahl kann in die Hunderttausende gehen – und einem Menschen den Garaus bereiten. Allerdings weichen die gefürchtetsten Schlangen – wie die Taipan, die Tigerschlange, Todesotter und Braune Schlange *(brown snake)* – Menschen nach Möglichkeit aus.

Spinnen und Insekten
Spinnen können furchterregende Größen erreichen und ihre Bisse unangenehme Folgen zeigen. Meiden Sie vor allem die Rotrücken-Spinne oder Schwarze Witwe, eine kleine schwarze Spinne mit roten Punkten auf dem Rücken, und die größere Trichternetzspinne. Trichternetzspinnen sind, anders als die meisten ihrer Gattungsgenossen, angriffslustig – und zudem auch Sydneysider. Andere Insekten wie Fliegen, Moskitos, Wespen, Ameisen und selbst Skorpione, sind meist eher lästig als gefährlich.

Gehen Sie der todbringenden Taipan aus dem Weg.

WAUCHOPE–WOLLONGONG

▶ **Wauchope** 63C5

Wauchope in den Wäldern des Bezirks Hastings River ist ein traditionelles Zentrum der Holzwirtschaft. **Timbertown**▶▶, eine mit Läden, Wohnhäusern, Kirche und Sägemühle rekonstruierte Holzfällersiedlung des späten 19. Jahrhunderts, veranschaulicht mit Vorführungen alle Arbeitsvorgänge, die mit dem Fällen und Verarbeiten von Holz einhergehen. Und in einem Karren oder mit der Dampfeisenbahn kann man das Gebiet erkunden.
Aus **Kempsey**, 25 km nördlich von Wauchope, stammt der berühmte Akubra-Hut. Akubras werden aus Hasenfellen gemacht. Eine gute Verwendung für die Häute, dieser für die Landwirtschaft und die Umwelt importierten Plage.

▶ **West Wyalong** 62B3

In rauher Gegend, an der Kreuzung von Mid-Western und Newell Highway, war West Wyalong zur Jahrhundertwende das geschäftigste Goldfeld von NSW. Heute Zentrum eines weitläufigen Weizenanbaugebietes, wird hier auch Eukalyptusöl gewonnen und exportiert. Besucher wird vermutlich vor allem das Modell einer Goldmine im District Museum interessieren.

▶ **White Cliffs** 62C1

Über 1000 km nordwestlich von Sydney erlaubt diese alte Opalgräbersiedlung Einblick in das Leben im australischen Outback. Hier lebt eine kleine, höchst eigenwillige Gemeinde von Opalgräbern, einige davon in unterirdischen Behausungen, die die sonst erforderlichen Klimaanlagen erübrigen. Sie finden hier den einzigen opalisierten Plesiosaurier, und haben Gelegenheit, Opale in den verschiedenen Verarbeitungsstadien zu bewundern.

▶ **Wollongong** 63B4

New South Wales' drittgrößte Stadt lebt von der Schwerindustrie. Touristische Glanzlichter im herkömmlichen Sinne bietet sie wenige. Doch auch hier sind wie überall in Australien natürliche Schönheiten nicht fern. Die zerklüftete Illawarra-Küste beeindruckt mit reizvollen Stränden, und die **Illawara State Recreation Area**▶ erlaubt einzigartige Aussichten.

Die berühmten australischen Akubra-Hüte werden in Kempsey hergestellt.

Wagga Wagga oder Wogga Wogga?
Wagga (etwa 240 km südlich von West Wyalong) ist eher bekannt wegen seines Namens (ausgesprochen »Wogga«) als seiner touristischen Reize. Durch ihre Lage am Murrumbidgee River und der Bahnlinie Sydney–Melbourne geriet die recht große Stadt zu einem blühenden Zentrum der Riverina-Region.

VICTORIA

Die Dandenong Ranges bieten üppige heimische Flora.

VICTORIA

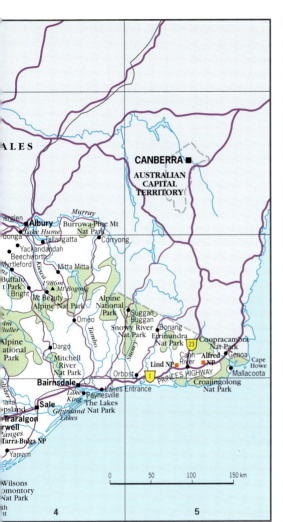

HIGHLIGHTS ◄◄◄◄◄◄

BALLARAT siehe Seite 109
THE DANDENONG RANGES siehe Seite 114
GRAMPIANS (GARIWERD) NATIONAL PARK siehe Seite 116
HEALESVILLE siehe Seite 117
MORNINGTON PENINSULA siehe Seite 118
NATIONAL GALLERY OF VICTORIA, MELBOURNE siehe Seite 100
PHILLIP ISLAND siehe Seite 118
PORT CAMPBELL NATIONAL PARK siehe Seite 119
ROYAL BOTANIC GARDENS, MELBOURNE siehe Seite 103
VICTORIAN ARTS CENTRE, MELBOURNE siehe Seite 104

Victoria: Der »Gartenstaat« ist der kleinste von Australiens Festlandstaaten. Trotzdem ist er vergleichsweise dicht besiedelt und hochindustrialisiert. Hier lebt etwa ein Viertel der Landesbevölkerung auf 3% der Landfläche, von der zudem ein Großteil landwirtschaftlich genutzt wird. Von den viereinhalb Millionen Viktorianern wohnen knapp über drei Millionen im Stadtbereich Melbourne, das mit mehr als 6000 km² zu den flächengrößten Städten der Welt gehört.

Jenseits von Melbourne leben die Viktorianer in Siedlungen, die häufig beträchtlicher Charme und historische Bedeutung begleitet. Es gibt entlang der 1200 km langen Küstenlinie idyllische kleine Häfen wie auch beliebte Ferienparadiese; weiterhin zahlreiche Orte, wie etwa das hübsche Yackandandah, die während des Goldrausches Mitte des 19. Jahrhunderts gegründet wurden; zudem alte Flußhäfen entlang des Murray und Zentren der Landwirtschaft, die ihr stilles Leben betriebsam fortsetzen.

VICTORIA

Altes viktorianisches Gebäude in Melbourne.

»Buckleys Chance«
Einer der Mitglieder von Leutnant Collins' Mannschaft, die 1803 vergeblich versuchte, bei Sorrento auf der Mornington-Halbinsel eine Siedlung zu errichten, war der englische Sträfling William Buckley. Er nutzte die Chance zur Flucht und entkam rund um die Port Phillip Bay ins Barwon-Gebiet, wo er bei den Aborigines lebte. Jahrzehnte später (1835) wunderte sich die Gruppe um John Batman über einen »wilden weißen Mann« in ihrem Lager, der kaum mehr Englisch sprach. Buckley wurde begnadigt, erhielt eine Regierungsrente und einen Platz im australischen Wörterbuch: *Buckley's chance* bedeutet, keinerlei Chance zu besitzen.

Das Landschaftsbild weist vielfältige Formen auf: eindrucksvolle Küstenlandschaften, hohe Berge und weitläufige Hochlandwälder, reiches Bauernland und wüstenähnliche Gebiete. Viktoria wird häufig als Miniatur-Australien bezeichnet, wenn auch der *outback* jenseits seiner Grenze liegt. Die sanften Hügel von Gippsland ernähren Milchvieh, Schafe grasen auf den weiten Weiden der westlichen Ebenen und – dank großangelegter Bewässerungsmaßnahmen um die Jahrhundertwende – wachsen entlang der Flüsse Goulburn und Murray Früchte in paradiesischer Fülle.

Für den Reisenden machen diese Sehenswürdigkeiten nahe der Landeshauptstadt (nur wenige Orte sind mehr als eine bequeme halbe Tagesreise entfernt) den Aufenthalt besonders lohnend.

Rückblick: Victoria entstand im Zuge der zweiten, wenn nicht gar dritten europäischen Kolonisierungsphase des »neuen« Kontinents. Seine Küste war 1770 durch Kapitän Cook von Bord der *Endeavour* entdeckt worden. 1803 versuchte Leutnant David Collins, in Port Phillip Bay eine Siedlung zu gründen, gab aber auf und wandte sich Tasmanien zu. Jahrzehntelang landeten nur Wal- und Robbenfänger an der Küste. Schließlich, im Jahre 1835, segelte ein gewisser John Batman von Tasmanien aus in die Bai und unterzeichnete einen Vertrag zweifelhafter Rechtsgültigkeit mit den ansässigen Aborigines, der ihm 600 000 Morgen Land zuschrieb. Trotz der offiziellen Versuche aus Sydney, die Siedlung in der Bai zu verhindern, ließen Batman und seine Gefolgsleute nicht locker. Sein Ausspruch »Dies wird der Ort für ein Dorf sein« gilt als Gründung von Melbourne.

VICTORIA

Die neuen Siedler wehrten die Sträflingsversendung ab, schickten jedes Gefangenenschiff weiter nach Sydney und machten eine Eingabe um Loslösung von New South Wales. Diese wurde ihnen 1851 gewährt. Die Kolonie erhielt den Namen der Königin. Nur wenige Wochen danach wurde nahe Ballarat und in Clunes Gold entdeckt; andere Funde folgten. Der Goldrausch brach aus, während dessen Melbourne und Victoria sich vollkommen veränderten. Aus den Zeltsiedlungen der Glücksritter entstanden hübsche neue Städte. Melbourne erstrahlte im Abglanz des Goldes mit prächtigen neuen Gebäuden.

Trotz regelmäßiger Rückschläge blieb Victoria das finanzielle und industrielle Rückgrat der Nation, verstärkt durch massenhafte Einwanderungen von Großbritannien während der 20er Jahre und nach dem Zweiten Weltkrieg von Europa und anderswo. Melbourne ist heute vielleicht die weltoffenste der großen australischen Städte, während im übrigen Victoria eher eine freundlich nostalgische Atmosphäre herrscht.

Outdoor-Leben: Trotz (oder wegen?) ihres unvorhersehbaren Wetters genießen die Viktorianer das Leben im Freien. Bei jeder Gelegenheit entzünden sie den Barbecue-Grill oder tummeln sich am Strand. Auf dem Rennkalender ist der Melbourne Cup, der am ersten Dienstag im November stattfindet, *das* Ereignis, bei dem das ganze Land zum Stillstand zu kommen scheint. Der ruppige Australian Football ist hier Nationalsport. Die Nähe schöner Landschaft bringt im Sommer die *bushwalker* auf Trab, während sich im Winter die Straßen zu den Skipisten füllen.

Skifahren in Victoria
Das Skifahren wurde in den 30er Jahren durch den Bau eines Liftes ins Hochplateau unterhalb des Mount Buffalo möglich. Heute können Tagesausflügler von Melbourne aus sogar Mount Donna Buang und Mount Baw Baw erreichen. Mount Buller, höher in den Bergen gelegen, gilt als Australiens beliebtestes Wintersportgebiet. Am höchsten liegt die Piste von Mount Hotham mit ihrer preisgekrönten umweltfreundlichen Anlage bei Dinner Plain. Falls Creek mit seinem beschützten Talkessel im Alpine National Park bietet alle Schwierigkeitsgrade für Skifahrer.

Immer noch ein wenig in der Vergangenheit: der Morning Star Creek.

VICTORIA

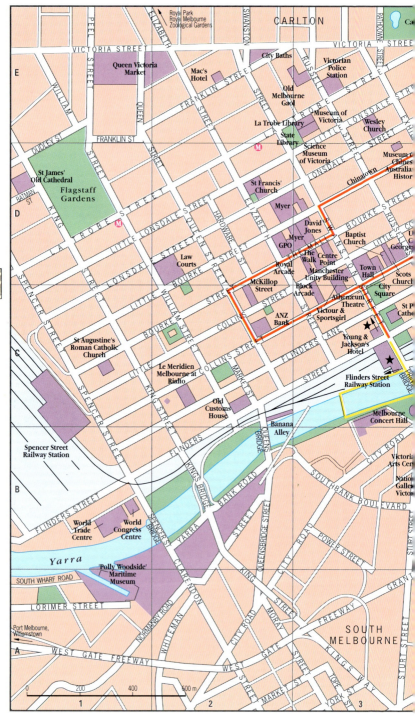

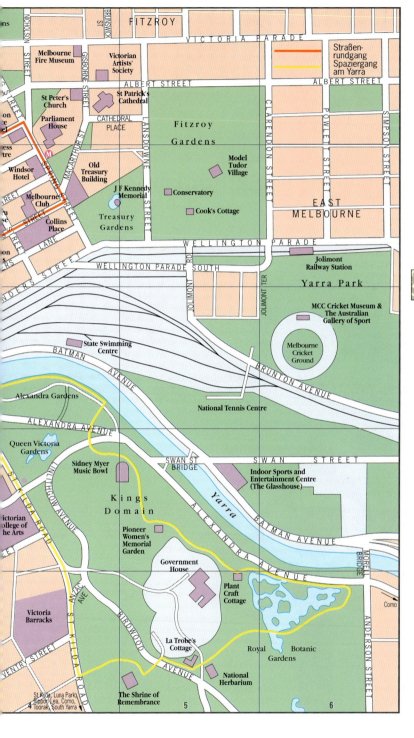

VICTORIA

Queen Victoria Market.

Moomba
Die Begabung der Melbourner für ungeniertes Verhalten manifestiert sich jeden März beim Karneval *Moomba*. Dieses Wort der Aborigines bedeutet etwa: »Laßt uns zusammenkommen und Spaß haben.« Ein zehn Tage langes Fest gipfelt in einem multikulturellen Umzug.

Batmans »Schnäppchen«
Im Austausch für 600 000 Morgen Land (!) der Aborigines lieferte John Batman folgende Waren: 30 Beile, 40 Decken, 100 Messer, 50 Scheren, 30 Spiegel, 200 Taschentücher, 6 Hemden, 100 Pfund Mehl. Die Absprache, daß der gleiche Warenkorb jährlich geliefert werden sollte, wurde schnellstens dem Vergessen preisgegeben.

Außerhalb des Parlamentsgebäudes (1856).

Melbourne

Australiens zweitgrößte Metropole breitet sich um die Landspitze von Port Phillip Bay an der Mündung des schlammigen Yarra-Flußes aus. Vor kaum einer Generation noch wurde Melbourne gleichgesetzt mit langweiliger Gesetztheit seltsamer britischer Art. Aber seit den 60er Jahren haben sich Melbourne und seine Bewohner gewandelt. Ein Teil des Stadtzentrums wurde mit glitzernden Bürotürmen neugestaltet, wobei die verbliebenen Schätze der Architektur des 19. Jahrhunderts einen höchst dekorativen Kontrast bilden. Eine massenweise, überwiegend südeuropäische Einwanderung hat die soziale Szene belebt. In Ergänzung der zahllosen Galerien, Museen, Theater und Kinos bietet die Stadt ein aufregendes Nachtleben, das nicht nur aus Bars und Diskos besteht, sondern auch aus Kabarett, Komödie, Jazz, Rock und einem Casino. Und gegen Sydneys Veto: Melbourne ist die gastronomische Hauptstadt des Landes mit seiner Bandbreite von »Mod-Oz« bis vietnamesischer Küche. Auch die Einkaufsmöglichkeiten sind hervorragend.

Rückblick: Nachdem der illegale Vertrag (1835) des John Batman von den Behörden in Sydney als *fait accompli* anerkannt worden war, entwickelte sich »sein Dorf« oberhalb des Yarra zum Keim einer Stadt, die als übliches Gitternetz von einem Armeelandvermesser entworfen wurde. Schon nach wenigen Jahren hatten sich die Wohlhabenden auf Besitztümern südöstlich des Flusses im Gutsherrenstil eingerichtet. Goldrausch und Landspekulation ließen Melbourne in der zweiten Hälfte des 19. Jahrhunderts boomen, was zu einem prahlerischen »amerikanischen« Lebensstil im Gegensatz zum seriösen »Britentum« Sydneys führte. In den 1890er Jahren beendete ein Wirtschaftszusammenbruch die Ära des *Marvellous Melbourne*. Die Stadt versank in eine lange Phase der Bedrückung – bis sie ihre jüngste Renaissance erlebte.

Heutige Attraktionen: Melbourne ist die grüne Stadt der Bäume und Parks, aber auch bekannt für seine herausragende Architektur des 19. Jahrhunderts. Der beste Anblick bietet sich vom Südufer des Yarra – ohne Zweifel eines der schönsten Panoramen Australiens.

Vororte

Die inneren Vororte besitzen vielseitig ausgeprägte Eigenheiten, die eine Entdeckungsreise lohnend machen.

Knapp nördlich des Zentrums liegt Carlton mit der Universität von Melbourne und zahlreichen Beispielen der Terrassenhäuser, die so typisch für das Melbourne des späten 19. Jahrhunderts waren. Das herausragendste Kennzeichen des Vororts ist das riesige Royal Exhibition Building von 1870, das künftig das Museum of Victoria (siehe Seite 100) beherbergen wird.

Das einst »rauhe Klima« von **Fitzroy** hat sich zum Flair der Boheme gewandelt. Die ursprünglichen Einwohner werden durch Studenten und Trendsetter ergänzt. In der Brunswick Street finden Sie eine faszinierende Mischung aus billigen Restaurants und alternativen Buchläden.

Ost-Melbourne bildet eine reizvolle Enklave sorgfältig restaurierter Häuser mit Terrassen in Spaziernähe (über Fitzroy Gardens) der City.

Der Vorort **St Kilda** wurde um 1880 zu Melbournes Strand und ist heute ein buntes Viertel. Die Acland und Fitzroy Street ist als kulinarische Meile kaum zu überbieten. Der Strand, der sich bis zum Hafen von Melbourne erstreckt, ist trotz der fragwürdigen Wasserqualität immer noch beliebt. Der *fun palace* des Lunaparks besteht seit 1912. An Sonntagen findet in St Kilda ein großer Kunsthandwerksmarkt statt.

Süd-Melbourne beherbergt eines der ansehnlichsten Wohngebiete der inneren Vororte: In St Vincent's Square wurden von 1860 an hübsche Häuser in verschiedenen Stilrichtungen um zentrale Gärten herum gruppiert.

Als einer der reichsten inneren Vororte, am östlichen Yarra gelegen, steht **Toorak** für einen gewissen Zeitgeist. Gleich in der Nähe befindet sich **South Yarra**, der Ort des berühmten Como House.

Westlich des Yarra bietet **Williamstown** einen schönen Blick über das Wasser auf das Zentrum. Es lohnt ein Spaziergang am Strand. Eisenbahnfreunde werden das Railway Museum genießen. Auf dem Weg nach Williamstown befindet sich in Spotswood (auf der westlichen Seite der Westgate-Brücke) das jüngst eröffnete Technologiemuseum Scienceworks, eine Außenstelle des Museum of Victoria.

Melbourne ist die einzige australische Stadt mit einem weitgespannten Straßenbahnnetz.

Melbournes Straßenbahnen
Die grüngelbe Straßenbahn, eines der Merkmale der Stadt, erschließt einen großen Teil des Stadtgebietes. Die alten Straßenbahnen zählen bereits zum Nationalerbe, während eine neue Linie mit Büropendlern und Arbeitern zwischen City und Port Melbourne hin und her braust. Touristen können kostenlos den City Circle Tram Service nutzen und sogar in einem alten Waggon dinieren; das Colonial Tramcar Restaurant wurde besonders weich gefedert, damit der Yarra-Valley-Rotwein im Glas bleibt, und hat von außen undurchsichtige Glasfenster, damit nichts die Gäste bei ihrer Fahrt behelligt.

VICTORIA

Collins Street
Seitdem sich hier (ab 1840) Geschäftsleute niederließen, gilt die Straße als feinste Adresse der Stadt – wobei das obere, östliche Ende, das baumgesäumt bei den Parks und Regierungsgebäuden liegt, einen besseren Ruf genoß als das Westende nahe den Eisenbahngleisen der Spencer Street Station. Nicht alle Gebäude der *Marvellous-Melbourne*-Zeit mußten Hochhäusern wie dem zwillingstürmigen Collins Place (Nr. 45) oder den schroffen Betonwänden des Nauru House (Nr. 80) weichen. Auch der Melbourne Club, der feinste seiner Art, steht noch (Nr. 36), ebenso wie eine Reihe ehrwürdiger Bank- und Bürogebäude, Kirchen und Theater.

▶▶ **ANZ (Australia and New Zealand) Bank** 94C2
386 Collins Street
Dieses Gebäude der ehemaligen English, Scottish and Australian Bank stellt eines der erlesensten Beispiele des neugotischen Stils im Lande dar. Es ist »venezianischer« als der Dogenpalast; das prächtige blaue Innendekor wird durch die üppige Verwendung von Blattgold hervorgehoben. Das ANZ Banking Museum zeigt Wechselausstellungen zur Geschichte des australischen Bankwesens.

▶ **Chinatown** 94D3
Melbournes Chinatown mit seinem Zentrum in der Little Bourke Street besteht seit den 1850er Jahren, als Chinesen an der Goldsuche teilnahmen. Nach Versiegen der Goldadern und Rückkehr der Digger in die Stadt vergrößerte es sich im späten 19. Jahrhundert. Heute blüht das Zentrum der chinesischen Gemeinde und ist mit landestypischen, billigen und ausgezeichneten Restaurants sowie Lebensmittelgeschäften bestens ausgestattet.

Eine interessante Bereicherung des Ortes bietet das **Museum of Chinese Australian History** ▶▶ in einem ehemaligen Lagerhaus am Cohen Place, neben der Little Bourke Street. Es erinnert an den beträchtlichen chinesischen Beitrag zur australischen Geschichte. Zu den besonderen Exponaten zählt die lebensgroße Nachbildung eines Generals aus dem 2. Jahrhundert v. Chr. und *Dai Lung*, der hundertfüßige, hundert Meter lange Drache, der zur Chinesischen Neujahrsparade zum Leben erwacht. Täglich beginnen am Museum faszinierende Führungen nach Chinatown.

▶▶ **Como** 95A6
Como Avenue, South Yarra
Dieses 1847 erbaute, herausragende weiße Herrenhaus, auf einer Erhebung inmitten eines üppig gestalteten Gartens, gibt ein eindrucksvolles Beispiel für den anmutigen

Tor zur betriebsamen Chinatown.

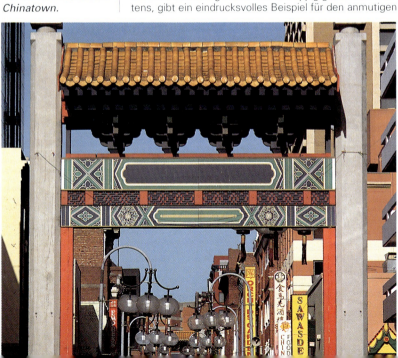

MELBOURNE

Baustil in Melbournes Zeit vor dem Boom. Hinter der prächtigen Fassade verbirgt sich eine Flucht möblierter Zimmer, die das komfortable und soziale Klima jener Tage wiederbeleben. Seitlich befinden sich Nebengebäude, in denen auch noch die ursprüngliche Wäscherei zu sehen ist. Die schlichte Eleganz dieses Gebäudes war für die Neureichen der nächsten Generation beim Villenbau im benachbarten Vorort Toorak nicht interessant genug – sie wollten mehr Prunk und kombinierten verschiedene Stile. Die meisten dieser pompösen Residenzen mußten Apartmentblocks weichen, Como House gelangte glücklicherweise 1959 in die Obhut des National Trust.

▶▶ **Fitzroy Gardens** 95E5

Unmittelbar östlich des Zentrums (und deshalb ein Lieblingsort für den Mittagsimbiß und Verabredungen) liegen die ausgedehnten Rasenflächen und ehrwürdigen Bäume dieses Gartens aus dem 19. Jahrhundert, die mit den Spitzen der St Patrick's Cathedral im Hintergrund harmonisieren. Zum südlichen Ende des Parks hin liegt **Cooks' Cottage** ▶▶. Das bescheidene Steingebäude aus der Mitte des 18. Jahrhunderts mit den charakteristischen Yorkshire-Dachziegeln gehörte den Eltern des großen Navigators. Es wurde 1934 abgetragen und zum hundertsten Jahrestag der Gründung von Melbourne hierher versetzt. Seine Räume laden ebenso zum Besuch ein wie ein anderes Verweisstück der anglo-australischen Bindungen: das Miniatur-Tudor-Dorf, ein Geschenk des Londoner Stadtteils Lambeth als Dank für die Lebensmittelpakete während des Zweiten Weltkriegs.

▶▶ **Kings Domain** 95B5

Vom Zentrum aus zieht sich ein schöner Streifen Parklandschaft den Yarra entlang durch die Victoria und Alexandra Garden zur Kings Domain (und darüber hinaus zum Botanischen Garten, siehe S. 101). Vom Alexandra-Garten bietet sich ein hübscher Blick auf das Stadtzentrum. Die Queen Victoria Gardens schmückt eine kunstvolle Blumenuhr. Funktionell nüchtern wirkt dagegen die **Sidney Myer Music Bowl**, deren hochragender Baldachin alle Arten von Freiluft-Musikveranstaltungen schützt. Den höheren Bereich der Domain krönt der weiße Turm des Government House, der die Bäume überragt und als bekanntes Orientierungszeichen dient. Im Widerspruch zu dieser Pracht steht das erste Regierungsgebäude **La Trobe's Cottage**, eine in England vorgefertigte zweistöckige Hütte, die 1839 in Jolimont errichtet und 1963 hierher verlegt wurde.

▶ **Melbourne Cricket Ground** 95C6

Jolimont Terrace, Jolimont

In Jolimont, südöstlich des Zentrums, liegen Sportanlagen aller Art, viele davon für die Olympiade 1956 errichtet. Zentraler Schauplatz der Spiele war der große MCG – der Melbourne Cricket Ground. Dieses Stadion faßt weit über hunderttausend Besucher und wird gleichberechtigt mit dem Kricket vom Australian Football genutzt. Hier findet sich auch das MCC Cricket Museum, die Australian Gallery of Sport und das Olympische Museum.

Government House
Der Regierungsarchitekt William Wardell baute das Gebäude in den 1870er Jahren nach den damaligen Vorstellungen und dem Vorbild von Königin Victorias Osborne House auf der Isle of Wight. Doch soll die Monarchin verstimmt darüber gewesen sein, daß der Ballsaal in Melbourne doppelt so groß wie der im Buckingham-Palast ausfiel.

Eines der größten Stadien überhaupt, der Melbourne Cricket Ground in Jolimont, besitzt eine faszinierende Atmosphäre.

VICTORIA

Die sorgfältig restaurierte Polly Woodside im Maritime Museum.

Hohn und Spott aus Sydney
Die Rivalität zwischen Sydney und Melbourne besteht lange und vermutlich ewig, wenngleich heute die Auseinandersetzung zwischen den Sydneysidern und Melburnians eher neckend als verbittert stattfindet. John Bracks Gemälde *Collins Street, 5 o'clock* von 1955, das grimmige Pendler auf Melbournes Hauptstraße zeigt, ist steter Quell innerer Erbauung für die Sydneysider, weil es so schön ihre Sicht der Melbourner als lebensunlustig bestätigt.

Die National Gallery ist auch Ort internationaler Wanderausstellungen.

▶▶ Melbourne Zoo 94E2
Elliott Avenue, Parkville
Dieser weitläufige Zoo mit seinem fortschrittlichen Konzept der Begegnung zwischen Mensch und Tier liegt nur 4 km vom Stadtzentrum entfernt im Royal Park, dem größten freien Raum der Stadt. Die meisten alten Käfige wurden demontiert, und die Besucher bewegen sich nun zwischen großzügigen Anlagen, die das natürliche Umfeld der Tiere nachbilden. Die gesamte Fauna Australiens wird gezeigt, von der Vogelwelt in der riesigen Voliere bis zu den Seebären in ihrem Becken und den Schnabeltieren in ihrer Höhle.

▶▶ Museum of Victoria 94E3
Melbournes erstes Museum ist bis zum Jahr 2000 geschlossen. Nur die naturwissenschaftliche und technische Abteilung können in Scienceworks (siehe Seite 97) besichtigt werden. Das Museum wird dann im neuen Gebäude im Royal Exhibition Building in Carlton wiedereröffnet. Doch der Stolz des Ortes wird wohl immer Phar Lap sein, das berühmte Rennpferd der 30er Jahre, das angeblich in Kalifornien vergiftet wurde.

▶▶▶ National Gallery of Victoria 95B4
180 St Kilda Road
Das düster-blaue Gebäude steht in völligem Kontrast zu den anderen Gebäuden des Victorian Arts Centre. Die 1968 vollendete Galerie beherbergt einige der besten Kunstwerke in Australien. Vermutlich ist die Sammlung australischer Kunst die umfassendste ihrer Art. Sie reicht von John Glovers reizvollen Darstellungen des kolonialen Tasmania zu den Erzählbildern des späten 19. Jahrhunderts und den Arbeiten von Sydney Nolan und Jeffrey Smart. Hinzu kommt eine Auswahl europäischer alter Meister, amerikanischer und Aboriginal-Kunst. In den Höfen werden moderne Skulpturen gezeigt.

MELBOURNE

▶▶ **Old Melbourne Gaol** 94E3
Russel Street
Unter den zahllosen Gefängnissen des Landes, Merkmale australischer Städte, zählt dieses abweisende Chalkanthit-Gebäude zu den unbedingt sehenswerten. Man fröstelt angesichts der erkennbaren Härte der Gerechtigkeits- und Strafvorstellung im 19. Jahrhundert. Kelly, der bekannteste *bushranger*, wurde 1880 hingerichtet. Seine Totenmaske wirkt nahezu friedvoll, wobei seine selbstgebastelte »Rüstung« am ehesten seinen rebellischen Geist dokumentiert.

▶ **Parliament House** 95E4
Spring Street
Dieser 1856 begonnene neoklassizistische Regierungspalast wurde in solch ehrgeizigem Maßstab geplant, daß er nie vollendet wurde. Die Landesregierung mußte 1901 den grandiosen Bau für des neu geschaffene Bundesparlament räumen, das in Melbourne tagte, bis es im Jahr 1927 nach Canberra verlegt wurde. Während der sitzungsfreien Zeit werden Führungen durch das prachtvolle Innere angeboten. Der Gesetzgebungskammersaal wurde vom besten Kenner viktorianischer Architektur, John Betjeman, als »schönster korinthischer Raum der Welt« bezeichnet.

▶ **Polly Woodside Maritime Museum** 94A1
South Wharf Road, Süd-Melbourne
Die 1885 in Belfast erbaute Segelbarke *Polly Woodside* beendete ihr Arbeitsleben als verkommener Kohledampfer im Hafen von Melbourne. Makellos restauriert und in einem alten Dock von Süd-Melbourne vertäut, bildet sie nun den stolzen Mittelpunkt des Schiffahrtsmuseums, das mit seinen zahlreichen Exponaten das Segelzeitalter wiederbelebt.

▶▶ **Queen Victoria Market** 94E1
Victoria Street
Melbournes einzig verbliebener Markt des 19. Jahrhunderts ist ein aufregender Ort zum Einkaufen und zum Bummeln. Hier wird seit 1859 gehandelt. Heute bieten über tausend Stände in lebendiger multikultureller Atmosphäre alles Erdenkliche zu erschwinglichen Preisen an.

▶▶ **Rialto Towers Observation Deck** 94E1
525 Collins Street
Der Blick vom Aussichtsbereich im 55. Stock des höchsten Gebäudes von Melbourne ist einfach überwältigend. Man sieht das gesamte Stadtgebiet, Port Phillip Bay und auch die am Stadtrand liegenden Regionen.

▶▶ **Rippon Lea** 95A4
192 Hotham Street, Elsternwick
1868 begann der in London geborene Frederick Thomas Sargood dieses mehrfarbige Ziegelhaus zu bauen, die vielleicht prächtigste spätviktorianische Residenz, die in den Vororten Melbournes überlebt hat. Nach seiner Vollendung 1887 wies das üppig ausgestattete Innere 33 Räume auf. Hinzu kommt ein weitläufiger und beliebter Garten.

Fortsetzung Seite 103.

Idylle an der Elm Street
Das obere Ende der Collins Street verdankte in frühen Tagen einen Teil seines Rufes der Tatsache, daß dort Straßenbäume wuchsen. Alte Fotografien von Melbourne zeigen die junge Stadt nach der Rodung des Waldes als nahezu baumlos. Dies änderte sich mit der Zeit. Melbourne genießt heute den Segen der nun ausgewachsenen zahllosen Bäume, die gegen Ende des 19. Jahrhunderts gepflanzt worden waren. Weil die Stadtväter den vielfältigen einheimischen Baumbestand verachteten und Pflanzen setzten, die an die »Heimat« erinnerten, zieren heute mächtige Eichen, Ulmen und Pappeln Straßen und Parks. Nachdem das Baumsterben die Ulmen nahezu aus der europäischen Landschaft eliminiert hat, gehört Melbourne zu den wenigen Orten, an denen diese schönen Bäume noch in aller Pracht zu sehen sind.

Der Botanische Garten: Ein Beispiel englischer Landschaftsgestaltung im 19. Jahrhundert.

SPECIAL

Architektur

■ Das frühe europäische Australien wies in seiner Architektur keine herausragenden Merkmale auf. Kein Architekt war mit der *First Fleet* gesegelt und die allerersten Bauten entstanden aus primitiven Materialien wie Borke und lehmverputztem Flechtwerk. Einige vorgefertigte Bauelemente wurden aus England herbeigeschifft und – manchmal wie ein Puzzle – zusammengesetzt. ■

Das erste solide Gebäude in Sydney war das Government House, ein zweistöckiges Ziegelhaus, das die Aborigines verwirrte, weil sie Menschen über ihren Köpfen herumlaufen sahen. Bescheidenheit und klare Proportionen prägten einfache, aber nützliche Gebäude wie die 1793 errichtete Elizabeth Farm in Parramatta. Die Veranda, später ein wesentliches Detail australischer Bauweise, war der Kolonialarchitektur in Indien entlehnt. Aber eine Architektur von zivilisatorischer Eigenart entstand erst unter Gouverneur Macquarie und seinem Architekten, dem ehemaligen Schmied Francis Greenway. Mit Gebäuden wie **Hyde Park Barracks** und **St James' Church** gewann Sydney erstmals städtisches Flair.

Architekturmerkmal Terrasse: Ebenso wie Melbourne lebten viele Architekten von den Goldfunden. Die Stadt selber ist eines der weltweit bedeutsamsten Baudenkmäler des 19. Jahrhunderts mit ihren stolzen Gebäuden in nachempfundenen Stilrichtungen: Gotik für Kirchen, Klassik für öffentliche Gebäude, Romanik und venezianische Bauweise für Büros und Banken. In jener Zeit erreichte die Terrassenhausarchitektur ihre Blüte. Ihre Eleganz und gußeiserne Dekoration machten die inneren Vororte von Sydney und Melbourne zu höchst lebenswerten Orten.

Aussie-Stil: Das Haus mit Terrasse wurde nach der Jahrhundertwende von der einzeln liegenden Villa abgelöst, die etwa ein Jahrzehnt lang im »Federation«-Stil gebaut wurde, mit vielfältigen Formen und Details wie Terrakotta-Kängurus auf dem Dachfirst. Im 20. Jahrhundert weisen die Vororte keine besonderen Merkmale mehr auf. Der kalifornische Bungalowstil zwischen den Weltkriegen wich Wohnhäusern mit Ziegelverkleidung und bizarren neoklassizistischen Palästen. Gleichermaßen scheint sich bei der Modernisierung der Stadtzentren kein spezifisch australischer Stil mehr herauszubilden.

Spezifisch australisch
Das tropische Queensland-Haus wird als der originellste Beitrag Australiens zu seiner eigenen Architektur bezeichnet. Zwecks besserer Lüftung vom Boden abgesetzt, freizügig von Veranden umgeben und von Wellblech bedeckt, ist es hübsch und dauerhaft – aber keineswegs lärmisoliert.

Rechts: Restauriertes viktorianisches Gebäude in Melbournes Zentrum.

MELBOURNE

Einer der Bewohner des hochgelobten Zoos von Melbourne.

Fortsetzung von Seite 101.

▶▶▶ Royal Botanic Gardens 95A6

Als Juwel der Parklandschaft Melbournes gehört dieser Botanische Garten, der sich vom Zentrum aus dem Yarra anschließt, zu den weltweit schönsten seiner Art.

Das Gelände wurde 1845 von La Trobe ausgewählt und von seinen Direktoren, die alle einen eigenen Beitrag zur Entwicklung des Gartens leisteten, mit einer unglaublichen Pflanzenvielfalt bestückt. Während Ferdinand von Mueller (1852–73) eine strenge Anlage bevorzugte, gestaltete sein Nachfolger William Guilfoyle den Garten in englisch-romantischem Stil um – mit geschwungenen Wegen, natürlich anmutenden Seen und ausgedehnten Rasenflächen.

Pflanzen aus allen Teilen der Welt gedeihen hier in Melbournes mildem Klima, darunter mehr als 6000 Baumarten aus kalten bis subtropischen Regionen. Englische Ulmen und Eichen stehen neben Grasbäumen und Fluß-Eukalypten. Der *Australian Lawn* wird von Eukalyptusbäumen aus dem gesamten Land gesäumt. Die *Australian Border* mit ihrem reizvollen Steingarten bietet ebenfalls einheimische Flora. Weiterhin gibt es den *Oak Lawn*, den *Rose Garden*, einen Kaktus-, Sukkulenten- und Zwiebelpflanzengarten. Etliche Gebäude bieten empfindlichen Pflanzen Platz, darunter der klassische *Temple of the Winds* sowie aus den 30er Jahren das Besucherzentrum und das Herbarium (mit moderner Erweiterung). Um wenigstens einen Teil dieses Gartenreichtums zu erfassen, sollten Sie an einer kostenlosen Führung teilnehmen (täglich 10 Uhr und 11 Uhr außer Montag und Samstag).

▶ St Patrick's Cathedral 95E4

Cathedral Place, East Melbourne

Weniger bedrängt von modernen Gebäuden als die anglikanische Kathedrale, ragt der 103 m hohe Hauptturm dieser römisch-katholischen Kirche in die Stadtsilhouette. Die Kathedrale wurde von William Wardell entworfen, dem offiziellen Landesarchitekten, der auch das fabelhafte ANZ-Bankgebäude in venezianischem Stil baute.

Separation Tree
Diesen Namen erhielt einer der Flußeukalypten im Botanischen Garten, weil unter seinem Dach 1851 die große öffentliche Zeremonie stattfand, die die Unabhängigkeit Victorias von New South Wales besiegelte.

Im Inneren von St Patrick
Der prachtvolle, hochstrebende Innenraum von St Patrick erhält sein Licht durch leuchtende Buntglasfenster. Die lange als »irisches Bollwerk« gesehene Kirche zeigt im Hof eine Statue des »Befreier« genannten irischen Patrioten aus dem 19. Jahrhundert, Daniel O'Donnell.

Wache vor dem Shrine of Remembrance.

▶ St Paul's Cathedral 94C3
Ecke Swanston und Flinders Street
Wenn auch von modernen Bauten überragt, ist diese ansehnliche neogotische Kirche weiterhin geradezu beherrschend präsent. Sie steht dort, wo 1836 die erste offizielle religiöse Zeremonie stattfand, und wurde 1880–91 nach Entwürfen des britischen Architekten Butterfield errichtet, der auch für das Diözesangebäude und das Domkapitel verantwortlich zeichnete.

▶▶ Shrine of Remembrance 95A5
Nahe St Kilda Road
Dieser riesige Totentempel schließt beeindruckend einen langen Blickkorridor vom Stadtzentrum ab. Der nach dem Parthenon gestaltete Schrein ruht massiv auf einer Erhebung in Kings Domain. Er wurde 1934 vollendet und erinnert an die 114 000 Viktorianer, die am Ersten Weltkrieg teilnahmen, und von denen 19 000 fielen. Der Erinnerungsstein in der Zentralkammer wird jeden 11. November um 11 Uhr durch eine Luke bestrahlt. In der tiefgelegten Krypta befinden sich Regimentsfahnen, und ganz oben bietet eine Galerie erbauliche Ausblicke auf Stadt und Umland. Das gepflegte Umfeld des Schreins dient dem Gedenken der Gefallenen anderer Kriege.

▶▶▶ Victorian Arts Centre 94B3
100 St. Kilda Road
Das moderne Kunstzentrum bildet kein Kulturghetto, sondern vibriert im Stadtleben. Es besteht aus auffällig gestalteten Gebäuden am Südufer des Yarra.

Nahe der Nationalgalerie liegt das **Theater**, das von einem beeindruckenden 115 m hohen Turm überragt wird. Die drei Theater selbst liegen unterirdisch. Das State Theatre ist Heim des Australian Ballet; die Melbourne Theatre Company spielt im Playhouse; hinzu kommt die überaus variable Studiobühne. Die beckenförmige **Concert Hall** schillert im Inneren in den mineralischen Farben der gesamten Geologie des Kontinents. Das Zentrum ist auch Heimstatt zweier Restaurants, des Arts Centre Shops, eines Sonntagsmarktes und des **Performing Arts Museum** und (in Kings Domain) der **Sidney Myer Music Bowl**.

Kunstführung
Das Victorian Arts Centre ist innen wie außen von zahlreichen Kunstwerken, darunter vielen Auftragsarbeiten, geschmückt. Diese können am besten im Verlauf der Führungen erkundet werden.

Melba's Melbourne Memorial
Die 1861 im Vorort Richmond geborene weltberühmte Sopranistin Helen Mitchell veränderte ihren Namen zu Ehren ihrer Heimatstadt in Nellie Melba. Wie so viele australische Künstler der Vergangenheit erwarb sie ihren Ruf im Ausland; sie war dem Londoner Covent Garden drei Jahrzehnte lang verbunden. Das Performing Arts Museum zeigt zahlreiche Melba-Memorabilia.

MELBOURNE

Zu Fuß

Die Straßen von Melbourne

Siehe Karte Seiten 94–95

Vom traditionellen Treffpunkt der Melbourner – »unter der Uhr« des Bahnhofes Flinders Street – zum beeindruckenden Parliament House führt der Weg drei Kilometer durch dichte Lebens- und Geschäftsatmosphäre.

Der Bahnhof öffnet sich zur Stadtmitte hin. Die vom Verkehr befreite Swanston Walk bietet ein ruhiges Umfeld für die neogotische **St Paul's Cathedral**. Der moderne City Square mit seinen aufwendigen Wasserelementen bildet die Kreuzung mit der Collins Street, die hier von der **Townhall** bestimmt wird. Die wirtschaftliche Dynamik verlieh dieser prestigeträchtigen Straße viele Gesichter – von der viktorianischen Gotik zum amerikanischen Stil der 30er Jahre. In der Queen Street schrumpft das Safe Deposit Building (Nr. 88-92) angesichts des **ANZ Tower** zum Zwerg. Straßenbahnen und Kauflustige zwängen sich durch Bourke Street Mall, von der die Royal Arcade abzweigt, die älteste Einkaufsgalerie der Stadt. Bunte Bögen überspannen den Zugang zur Chinatown.

Das City-Straßennetz endet, wo die Little Bourke Street zur Spring Street wird – überschattet von der Kolonnade des **Parliament House** und dem Windsor Hotel von 1883. Ganz in der Nähe liegt das **Old Treasury Building** von 1857. Es beherbergt eine Ausstellung über Melbournes soziale und architektonische Geschichte.

Von hier kommen Sie über den Ostteil der Collins Street wieder zur Flinders Street Station.

Zu Fuß

Entlang dem Yarra

Siehe Karte Seiten 94–95

Fünf Kilometer erstreckt sich dieser Weg den Yarra-Fluß entlang zu den Grünflächen des Botanischen und Domain-Gartens.

Unterhalb der Princes Bridge wird der Yarra von einer neuen Fußgängerbrücke überspannt. Wenn Sie sich gegen die Versuchung durch zahlreiche Flußufercafés behaupten, werden Sie durch einen der schönsten Blicke von der Southbank Promenade auf die City-Skyline belohnt.

Kreuzen Sie die Alexandra Avenue, und genießen Sie dann die Ruhe in **Kings Domain** mit seinen Anlaufpunkten wie Sidney Myer Music Bowl und dem Pioneer Women's Memorial Garden. Das Seecafé im **Royal Botanic Gardens** lädt zur Rast ein. Hinter dem Herbarium und Besucherzentrum liegt der **Shrine of Remembrance**, von dessen Galerie sich ein schöner Blick zur Stadtmitte bietet.

Zu Fuß oder mit der Straßenbahn entlang der St Kilda Road kehren Sie zur Flinders Street Station zurück.

Das grüne Ufer des Yarra.

VICTORIA

Nationalparks

Die Vögel von Wyperfeld
In einem Großteil des Parks tummeln sich große Vogelschwärme: weiße und rosafarbene Kakadus, (Galahs) und Papageien. Die merkwürdigste Verhaltensweise legt das *mallee-fowl* (Thermometerhuhn) an den Tag, das unterirdische Brutnester mit ausgefeilter Temperaturregulierung baut.

Gipfel und Strände
Obwohl Victoria nicht über als Weltkulturerbe eingestufte Regionen verfügt, gibt es in diesem kleinen Staat doch eine außergewöhnliche Vielfalt an Nationalparks und Wildgebieten. Neben den alpinen Regionen, die vor allem bei Skifahrern sehr geschätzt werden, ist die Halbinsel Wilsons Promontory (siehe Seite 121) wahrscheinlich der beliebteste Nationalpark.

Von hochalpinen Gipfeln zu gewelltem Tiefland, von üppigen Regenwäldern zu Wüstengestrüpp, von den ausgedehnten Überschwemmungsgebieten des Murray im Norden zu bizarren südlichen Küstenabschnitten – Victorias Landschaft ist genauso abwechslungsreich wie sein Klima. Vergleichsweise reichlicher Regen im Großteil des Staates trägt zur Dichte der Wälder wie auch zur Fruchtbarkeit des Weide- und Ackerlandes bei. Im Gegensatz dazu ist der äußerste Nordwesten extrem trocken.

Viktorianische Alpen: Das geologische Rückgrat des Staates bildet der südliche Teil der Great Dividing Range. Majestätische Alpengipfel ragen bis 2000 m empor, während Ausläufer und Mittelgebirge nach Süden und Westen verlaufen und ein hügeliges Hinterland für die Metropole Melbourne schaffen. Viele der hochgelegenen und schönen Teile der Victorian Alps wurden als Nationalparks geschützt. Dazu zählt der **Mount Buffalo** (1721 m), dessen kennzeichnende Buckelform erstmals 1824 von Hume und Hovell gesichtet wurde. Unterhalb des Gipfels erstreckt sich ein weites Plateau, umrahmt von Felsbrüchen, die steil in die Ebene abfallen. Ein Skiparadies im Winter, erfreut das Plateau im Frühling mit seiner zarten Wildblumendecke.

Im Hochland verändert sich die Vegetation mit der Höhe. Die dichten Wälder lichten sich beim Anstieg auf die Berghänge; der »Pfefferminzbaum« weicht dem Königs-Eukalyptus und dieser schließlich dem Schnee-Eukalyptus. In den frühen Tagen der weißen Besiedelung trieben Viehhüter ihre Tiere hoch hinauf auf Sommerweiden, wo sie steinerne Schutzhütten errichteten. Viele Hütten blieben erhalten, aber das Weiden wurde wegen Erosionsgefahr verboten. Inzwischen schloß man verschiedene eigenständige Nationalparks zum atemberaubenden **Alpine National Park** zusammen, dem größten von Victoria mit einer Fläche von 646 000 Hektar.

Point Nepean, Mornington Peninsula – der Eingang zur Port Phillip Bay.

Nationalparks

Die Basaltsäulen des passend benannten Organ Pipes National Park.

Südöstliches Victoria: Entlang der Grenze zu New South Wales erstreckt sich ein Teil der natürlichsten Landstriche des Staates mit einigen Nationalparks. Zum **Errinundra National Park** zählt ein großer Streifen gemäßigten Waldes. Die **Lind** und **Alfred National Parks** schließen Regenwaldinseln ein. Die grandiosen Schluchten im Verlauf des **Snowy River** bieten aufregende Wildwasser-Kanustrecken. Dieser Park ist auch die Heimat des bürstenschwänzigen Felsenwallaby. Von Sydenham Inlet zur NSW-Grenze erstreckt sich eines der schönsten Küstenschutzgebiete, der **Croajingolong National Park** mit wilden Klippen, Landspitzen, einsamen Stränden und ruhigen Buchten. Im Gegensatz dazu stehen **The Lakes** im Westen, wo sich hinter dem scheinbar endlosen Ninety Mile Beach Lagunen und Wasserwege ausbreiten.

In Tagestouren von Melbourne aus können erreicht werden: **Point Nepean** auf der Spitze der Mornington-Halbinsel; die **Brisbane Ranges**; die Wälder und Farnlichtungen des **Kinglake National Park** im Nordosten; und die Basaltsäulen des **Organ Pipes National Park** im Nordwesten. Der **Grampians (Gariwerd) National Park** ist einer von Victorias Höhepunkten und hat mit seiner überwältigenden Bergkulisse, wichtigen Plätzen der Ureinwohner und einer reichen Tierwelt, einen längeren Aufenthalt verdient.

Victorias südwestliche Küstenstrecke: Die schönsten Bereiche dieser Landschaft liegen in zwei gegensätzlichen Naturparks. Zwischen Lorne und Cape Otway sind die Bergzüge der **Otways** noch mit Regenwald bedeckt und steigen steil vom Meer empor; weiter westlich arbeiten die Brecher unermüdlich an den Kliffs des **Port Campbell National Park** und modellieren so eine spektakuläre Küstenlandschaft. Landeinwärts hat Vulkantätigkeit fruchtbares Land geschaffen, durchsetzt von Kraterseen und abgetragenen Vulkankegeln – wie etwa **Mount Eccles**.

Weit entfernt von der Küste und dem bewaldeten Hochland liegt **Wyperfeld National Park**, ein Netz von meist trockenen Seen und Lagunen. Der *Mallee*-Bewuchs (siehe rechts) erstreckt sich hier bis zum Horizont.

Der Kampf gegen den *mallee*
Ein Großteil des nordwestlichen Victoria war einst von *mallee* bedeckt – »ein blaues, ruhiges Meer, bis zum Horizont reichend«. Das Aboriginal-Wort *mallee* benennt das Buschwerk, das sich aus etwa 20 niedrigwüchsigen Eukalyptus-Arten zusammensetzt. Der *mallee* brennt wie Zunder, erholt sich aber schnell von den Wurzeln her und macht so seine Beseitigung für die Bauern schwierig. Sein Untergang kam mit einem besonderen Rodungsverfahren: Ein schwerer Walzenpflug wurde von Ochsen durch das Wurzelwerk gezogen, gefolgt von einem »Stampfreiß«-Pflug. Nach Jahren war dann der *mallee* besiegt, außer in Gebieten wie Wyperfeld, das bis in die 60er Jahre von Rodung bedroht war.

VICTORIA *Unterwegs*

Die ideale Reiseart außerhalb der Landeshauptstadt.

Mit dem Flugzeug: Melbournes Tullamarine Airport liegt 22 km nordwestlich des Zentrums und ist mit zahlreichen Überseeflughäfen ebenso verbunden wie mit allen großen Städten Australiens. In- und Auslandsflüge werden im gleichen Terminal abgefertigt. Regelmäßiger Busverkehr verbindet den Flughafen mit der Spencer Street Station der Innenstadt, von wo ein Pendelbus die Passagiere auf die zentralen Hotels verteilt.

Mit dem Bus: Expreßreisebusse fahren alle größeren Ziele Australiens an. Wegen der (relativ!) geringen Ausdehnung Victorias bieten öffentliche Verkehrsmittel hier meist eine annehmbare Lösung. Viele Orte sind als Tagestour von Melbourne aus zu erreichen. Es besteht eine hervorragende Auswahl an organisierten Busreisen, und es lohnt, sich vorher nach der passenden umzusehen.

Mit dem Auto
Die 300 km lange Ocean Road ist wahrscheinlich Australiens berühmteste Straße. Sie beginnt südlich von Geolong, führt an Stränden, wunderschönen Häfen sowie Dörfern vorbei und endet an der südlichen Grenze Australiens. Auch die stark erodierte Küstenlinie um die Stadt Port Campbell liegt an dieser Straße.

Mit der Bahn: Abgesehen vom weiten Streckennetz der Met (siehe unten) kann eine beträchtliche Anzahl von Orten in Victoria mit **V-Line Trains** (manchmal durch Busse der gleichen Bezeichnung aufgestockt) erreicht werden. Es gibt auch kontinentale Verkehrsverbindungen nach Adelaide, Sydney und Perth (Umsteigen in Adelaide oder Port Pirie).

Groß-Melbournes Verkehrsverbund heißt: **the Met**. Elektrische Vorortzüge werden durch Stadtbusse und eines der weltweit weitläufigsten Straßenbahnnetze ergänzt. Die Preise der Verbundfahrscheine richten sich nach Zonen; es gibt auch lohnende Angebote für Tages- und Wochenfahrscheine. Hauptbahnhof ist Flinders Street Station; die meisten Züge fahren die U-Bahnschleife um das Zentrum ab, mit den praktischen Haltestellen Flagstaff, Museum, Parliament und Spencer Street.

Unvorhersehbares Wetter
Victorias Klima ist sehr wechselnd. In einem Augenblick macht sich die Wüste mit sengend trockenen Winden bemerkbar, im nächsten bricht kaltfeuchte Luft vom Ozean herein. Ein Melbourner Spruch lautet: Wenn Sie unser Wetter nicht mögen, brauchen Sie nur einen Moment zu warten, bis es sich ändert!

Mit dem Auto: Die Überlandstraßen sind allgemein in gutem Zustand. Das grandiose Autobahnkonzept für Melbourne wurde zwar nur teilweise umgesetzt, dennoch wirkt der Verkehr flüssiger als in Sydney. Wenn Sie die abgelegeneren Nationalparks besichtigen wollen, sollten Sie ein Fahrzeug mieten.

APOLLO BAY–BALLARAT

▶▶ Apollo Bay 90A2

Der kleine Fischerort etwa 120 km westlich von Port Phillip Bay bietet Traumstrände und dient als Ausgangspunkt für die Erkundung des wunderbaren Waldgebietes der Otway Ranges. Bei Cape Otway brechen die Berge zum Meer ab und bilden die »furchterregende Küste«, die der Entdecker Matthew Flinders beschrieben hat. Ein Leuchtturm krönt die hundert Meter hochragenden Klippen.

▶ Ararat 90B2

Die Stadt (200 km westlich von Melbourne) verdankt ihr Dasein dem Goldrausch von 1857, als binnen drei Wochen 85 kg Schwemmgold gefunden wurden. Damals war Ararats Bevölkerung doppelt so groß wie heute. Dafür beträgt das Verhältnis Schaf zu Mensch jetzt 150:1. Nördlich liegt die weltbekannte **Great Western Winery**, wo der Sekt in Goldgräbergewölben gelagert wird.

▶ Avoca 90B2

Avoca, am Pyrenees Highway zwischen Ararat und Castlemaine gelegen, war einst Goldgräberstadt und ist heute Zentrum eines landwirtschaftlichen Gebietes. Von den 60er Jahren an wurden an den Nordhängen der Bergausläufer Weingärten angelegt. Der Justizkomplex mit Pulvermagazin, Polizeibehörde und Chalkanthit-Gefängnis stammt aus früheren Zeiten.

▶▶▶ Ballarat 90B2

Kaum größer als während des Goldrausches, hat Ballarat viel von dem Stadtbild des 19. Jahrhunderts und der Atmosphäre jener ungestümen Zeit bewahrt.
1851 wurde erstmals Gold gefunden, und innerhalb weniger Monate schürften Tausende von besessenen Glücksrittern gegen Schlamm, Kälte und bittere Enttäuschung an. Die Oberflächenlager waren bald erschöpft, weshalb den einzelnen Goldsuchern bald Gesellschaften mit den Finanz- und Maschinenmitteln für Tiefgrabung folgten. Ballarat ist, wie Melbourne, auf Gold gegründet. Die Erträge scheinen nicht vertrunken oder verspielt, sondern in Ziegel und Mörtel umgewandelt worden zu sein, was Ballarat seine stattliche Anzahl von ansehnlichen Häusern des 19. Jahrhunderts beschert hat. Banken, Kirchen, eine Synagoge, Klubs, eine Mineralienbörse, das prächtige Rathaus und eine Kunstgalerie zeigen, wie das primitive Goldgräberdasein sich schnell in bürgerliche Wohlanständigkeit verwandelte.

Ballarats Botanik
Am Rande des idyllischen Lake Wendouree gelegen, zeugt der Botanische Garten von Ballarat mit seinen weißen Marmorstatuen zwischen hübschen Pavillons und Beetpflanzen von erlesenem Geschmack. Auf Säulenplatten unter Bäumen ruhen die Büsten früherer Premierminister – manche, wie Gough Whitlam und Malcolm Fraser, wohl in unfreiwilliger Nähe und unheiliger Eintracht zu- und miteinander.

Ballarat, Stadt des Goldrausches.

VICTORIA

Eureka!
1854 schlugen die Wogen in der Goldsiedlung Ballarat hoch. Zu den harten Arbeits- und Lebensbedingungen und dem Eindringen großer Schürfgesellschaften kamen hohe Lizenzgebühren, die den *diggers* von der brutalen und verhaßten Spezialpolizei abgepreßt wurden. Schließlich begann unter irischer Führung die einzige Revolte von Weißen in der australischen Geschichte. Lizenzen wurden in einem Freudenfeuer verbrannt. Die Aufständischen versammelten sich hinter dem Eureka-Zaun unter dem Banner mit dem Kreuz des Südens. Aber in wütender Überreaktion wurden sie von Regierungssoldaten niedergeworfen; dreißig ließen ihr Leben. Australiens »Bürgerkrieg« hatte 15 Minuten gedauert. Er wird im Sovereign Hill in einer Ton-und-Licht-Schau beeindruckend nachvollzogen.

Eine Statue Von Königin Victoria residiert über einer Gartenanlage in Bendigo.

Zuchterfolge in Ballarat
Der Ballarat Wildlife Park beherbergt in seiner gartenähnlichen Anlage eine bestaunenswerte Auswahl vorwiegend australischer Tiere. Er zählt zu den wenigen Orten, an denen die Nachzucht der Tasmanischen Teufel gelingt. Sie können beobachten, wie diese Rowdys der Tierwelt mit weißen Mäusen gefüttert werden.

Sovereign Hill ▶▶▶ zeigt eine gelungene Rückschau auf das Leben und Arbeiten in den Goldfeldern Mitte des 19. Jahrhunderts. Es bietet seinen zahlreichen Besuchern die Möglichkeit, Gold zu waschen, in der Postkutsche von Cobb & Co. zu fahren, die besondere Atmosphäre der chinesischen Siedlung zu schnuppern oder gar die Nacht in den Räumlichkeiten der Sovereign Hill Lodge, im Stil der 50er Jahre des letzten Jahrhunderts, zu verbringen. Zum Gelände gehören das Minenmuseum mit 600 m langem Bergbaustollen und das Goldmuseum mit seinen Exponaten zur Geschichte des Edelmetalls.

▶▶ **Beechworth** *91B4*
Diese blendend erhaltene Goldgräberstadt in den Ausläufern der Australischen Alpen, 270 km nordöstlich von Melbourne, besitzt eine Reihe hübscher alter Gebäude, viele davon aus honigfarbenem Stein gebaut. Neben dem Postamt mit seinem imposanten Turm, den übriggebliebenen Hotels aus der Goldrauschzeit (das Wagenhaus eines der Hotels dient heute als Kutschenmuseum) lohnt das Burke Museum einen Besuch. Es wurde nach dem unglücklichen Entdecker benannt und ist mit Andenken vollgepackt – darunter Stücke von Ned Kelly, der eine Nacht in der Zelle unter der Stadthalle verbrachte.

▶▶ **Bellarine-Halbinsel** *90A3*
Die breite Halbinsel ragt östlich in die Port Phillip Bay. Sie ist mit ihren Surfstränden und beliebten Erholungsorten wie Ocean Grove und Barwon Heads zur »Sommerfrische« der Bewohner von Geelong geworden.

BALLARAT–COAL CREEK

▶▶ **Bendigo** *90B2*

Bendigo entwickelte sich wie Ballarat als Goldgräberstadt, die ab 1851 zu einer der größten Binnenstädte Australiens heranwuchs. Es hat viele der hübschen Gebäude des späten 19. Jahrhunderts in bestem Zustand bewahrt, die dank der Goldfunde aus dem Boden schossen. Dazu gehören das weitläufige Shamrock Hotel, etliche Kirchen und eine Reihe öffentlicher Gebäude. An die Pionierarbeiten für diese architektonische Pracht wird in der erhaltenen **Central Deborah Goldmine** mit ihren eindrucksvollen Stollen erinnert. Das **Joss House** am Emu Point ist den chinesischen Goldgräbern gewidmet. Den besten Zugang zu dieser faszinierenden Stadt bietet die *Talking Tram*, die entlang einer 8 km langen Strecke alle Sehenswürdigkeiten erläutert.

▶ **Brisbane Ranges National Park** *90A2*

Bei diesem ausgedehnten Schiefer- und Sandsteinmassiv hat die Erosion an verschiedenen Stellen tiefe Einschnitte, wie etwa Anakie Gorge (ein beliebter Ausgangspunkt für Wanderungen), geschaffen. Nahe der Geisterstadt Steiglitz, heute ein *historic park*, wurde einst Gold geschürft.

▶ **Camperdown** *90A2*

Diese Stadtgemeinde liegt auf der weitläufigen Ebene aus Lava und Asche, die sich von der südaustralischen Grenze bis Port Phillip Bay erstreckt und seit langem eine ertragreiche Weidelandwirtschaft ermöglicht. Der Quell dieser Fruchtbarkeit, die nun erloschenen Vulkankrater, verteilen sich über das gesamte Gebiet. Mount Leura und Mount Sugarloaf liegen südöstlich der Stadt, während sich westlich zwei der Kraterseen befinden: Lake Bullen Merri (Süßwasser) und Lake Gnotuk (Salzwasser).

▶▶ **Castlemaine** *90B2*

Nachdem ein Schäfer im Specimen Gully Gold entdeckt hatte, strömten 25 000 *diggers* hierher. Aber wegen des Mangels an Goldadern verlor Castlemaine bald wieder seine Bedeutung. Heute ist es eine hübsche Stadt, beliebt bei allen, die südlich von Melbourne Zuflucht vor der Hektik suchen. Aus der Fülle alter Gebäude ragt die neoklassische Markthalle hervor, Nachbildung eines griechischen Tempels, die heute das heimatliche Museum beherbergt. Weiterhin erwähnenswert: die Kunstgalerie, die botanischen Anlagen und die Buda-Residenz von 1857.

Die Castlemaine and Maldon Railway bietet eine besonders für Kinder aufregende Dampfzugfahrt. Ihr Lokschuppen liegt in Maldon, auf dem Highway 122 genau 18 km westlich (siehe auch S. 117).

▶▶ **Coal Creek Historical Village, Korumburra** *90A3*

Die Eisenbahnen Victorias wurden einst mit Korumburra-Kohle befeuert. Als in den späten 50er Jahren die letzte Grube geschlossen wurde, sollte immerhin die Coal Creek Mine am Rande der Stadt (etwa 100 km südöstlich von Melbourne) weiterhin an die Kohle- und Dampfzeit erinnern. Neben der Grube bietet die beliebte 40-ha-Anlage einen Bahnhof, Handwerker in Ausübung ihrer Arbeit, alte Geschäfte und Siedlerhütten.

Gippslands Superwurm
Von den etwa hundert australischen Wurmarten ist der *Megascolides australis* mit 3,7 m Länge und 2,5 cm Dicke der größte. Dieses ungewöhnliche Geschöpf besitzt sein eigenes Museum (am Bass Highway nahe der Abzweigung nach Phillip Island) – selbstverständlich in Wurmform gestaltet.

Die frühere Goldgräberstadt Castlemaine liegt etwa 40 km nördlich von Daylesford.

SPECIAL *Murray*

■ Einen Großteil seines 2600 km langen Verlaufes bildet der mächtige Murray die Grenze zwischen Victoria und New South Wales. Der längste Fluß Australiens entspringt der Great Dividing Range nahe dem Mount Kosciuszko, fließt durch Wälder von Fluß-Eukalypten und bewässert das Land um Mildura, bevor er sich in der Encounter Bay ins Meer ergießt. ■

Barmah Forest
Oberhalb von Echuca erstreckt sich über 300 km² auf dem Schwemmgebiet des Murray dieser prächtige Wald aus *red gums (Fluß-Eukalypten)*, die bis zu 500 Jahre alt sind. Die technische Entwicklung des Landes wurde weitgehend auf diesem äußerst dauerhaftem Holz gegründet, das für Eisenbahnschwellen, Brücken, Bergstollen, Zäune etc. benutzt wurde. Wenn der Fluß in der Regenzeit über die Ufer tritt, erfüllen mehr als 200 Wandervogelarten den Wald mit ihrer Musik.

Eine Reise in die Vergangenheit an Bord eines Raddampfers ...

Jahrtausende nährte das reiche Tierleben des Murray und seiner Zuflüsse die an den Ufern siedelnden Aborigines. Er wurde 1824 von Hume und Hovell entdeckt und gründlicher von Charles Sturt während seiner Expedition 1829-30 erkundet. Mit dem Einzug der ersten Siedler, gegen die sich die Aborigines vergeblich zu wehren versuchten, gewann der Fluß als Transportweg große Bedeutung.

1853 fand ein kühner Wettstreit zwischen den Schiffen *Mary Ann* und der *Lady Augusta* statt. Man wollte feststellen, welches Dampfboot als erstes flußaufwärts Swan Hill erreichen würde. Der Eigentümer des siegreichen Dampfbootes gewann das Preisgeld von 4000 £ und gründete die Murray River Navigation Co., deren Heckschaufeldampfer bis zum Bau der Eisenbahn den Flußverkehr beherrschten.

Größtes Hindernis der Beschiffung war der ungeregelte Wasserfluß. Etliche Monate im Jahr lag der Wasserstand für jegliche Befahrung zu niedrig. Einige verbliebene stolze Boote transportieren heute Ladungen nostalgischer Touristen statt der Wollballen, die im 19. Jahrhundert die Laderäume füllten.

Sehenswürdigkeiten: Stromaufwärts der Zwillingsstädte Albury (NSW) und Wodonga (Victoria) dehnt sich der **Lake Hume** aus, der die Größe von Sydneys Hafen gleich mehrfach übertrifft. Ursprünglich zur Flußregulierung angelegt, erfreut er heute die Wassersportler. Flußabwärts befinden sich die Weingüter um **Rutherglen**. Durch den Lake Mulwala wurde Yarrawonga ein gefragtes Binnensee-Erholungsgebiet. Um **Cobram** finden Sie zahlreiche feine Sandstrände.

Echuca war einst Australiens lebhaftester Inlandshafen mit einem mehr als einen Kilometer langen Kai aus *redgum*-Holz. Die Bevölkerung ist stolz auf dieses Erbe und pflegt es auch zur Freude der Besucher. Die vollkommen restaurierte Hafenanlage bietet zahlreiche Attraktionen, darunter einen Lagerschuppen mit realistischen Diorama-Darstellungen. Das Bridge Hotel steckt voller Antiquitäten. Das Zollhaus dient als Informationszentrum.

Murray

... Stops einlegen in Echuca, Swan Hill, Mildura und an anderen Orten entlang des Murray

Kaum anderswo sind so viele Dampfboote an einem Ort zu bewundern.

Nordwestlich der Kerang-Seen liegt **Swan Hill**, ein weiterer Flußhafen, so benannt von dem Entdecker Thomas Mitchell, den die Schwäne einer nahen Lagune nachts wachhielten. Wichtigste Sehenswürdigkeit der Stadt ist das **Swan Hill Pioneer Settlement,** eine historische Flußsiedlung aus Originalgebäuden und genauen Nachbauten, belebt durch traditionelle Handwerksvorführungen. In der Pioniersiedlung wird zusätzlich zu den Tagesattraktionen eine eindrucksvolle Multimedia-Show geboten. Der Atem der Vergangenheit weht auch durch die Anwesen **Tyntynder Homestead** im Norden und östlich davon **Murray Downs**, das zur Verteidigung gegen Aboriginal-Angriffe ausgebaut war.

Farbwechsel: Das im Herzen des Bewässerungsgebietes liegende **Mildura** war ursprünglich nach amerikanischem Muster angelegt – die Straßen trugen statt Namen Nummern. In der Sprache der Kulkyne-Aborigines bedeutete Mildura »trockene rote Erde«. Aber seit 1885 die nordamerikanischen Gebrüder Chaffey ihre ausgeklügelte Bewässerungstechnik einsetzten (siehe rechts), verwandelte sich Rot in Grün. Avokados, Melonen, Orangen und Weintrauben (letztgenannte sowohl für den Verzehr wie die Kelterei bestimmt) gedeihen hier ebenso wie zahlreiche zum Trocknen angebaute Früchte. Einige Unternehmen verraten Ihnen gerne ihre Produktionsgeheimnisse, darunter der Orange World and Sultana Sam Vineyard.

Alternativ dazu bietet sich von hier aus auch eine Raddampferfahrt auf dem Fluß an.

Die Gebrüder Chaffey
Die Kanadier George und William Chaffey waren Pioniere der künstlichen Bewässerung in Kalifornien, bevor sie ihre Kenntnisse am Murray erprobten. Hier erlebten sie Erfolg wie Versagen. Ab den 1880er Jahren strömten Tausende von Siedlern in die Wasserbaugebiete um Mildura. Doch gab es Überschwemmungen, Auslaugungs- und Versalzungsprobleme sowie den Wirtschaftszusammenbruch Ende des Jahrhunderts. 1896 buchte George entnervt seine Heimreise, während William half, nach dem Eisenbahnbau 1903 eine solide Basis für die Erschließung des Gebietes zu errichten. Die von George entworfenen Wasserpumpen arbeiteten bis in die 50er Jahre.

VICTORIA

Die schönen Rhododendron Gardens in den Dandenong Ranges von Olinda.

Ein gefiederter Schürzenjäger
Die Wälder und Täler der Dandenong Ranges bieten dem Leierschwanz *(Menura novaehollandiae)* Lebensraum, einem wunderbaren Singvogel und Nachahmer anderer Vogelstimmen. Das farblose Männchen geht im Winter auf die Balz. Es besteigt einen der zahlreichen, von ihm aufgeworfenen Erdhügel in seinem Revier und durchläuft eine erstaunliche Verwandlung: Es spreizt seine leierförmigen Schwanzfedern so, daß der Körper in einem Gewölk aus Federn verschwindet, während gleichzeitig eine Liedfolge daraus hervordringt. Je besser er seine Show inszeniert, desto größer ist die Chance, daß ihm ein Weibchen folgt.

▶ **Colac** 90A2

In Colac wird die reiche landwirtschaftliche Produktion der umgebenden Basaltebene zum Markt getragen. Dieses südwestliche Gebiet schließt eine Platte aus nahezu 60 Seen ein. Das in tiefen Kratern gesammelte Wasser ist süß, während die flacheren Seen Salzwasser enthalten, da die Verdunstung stärker als die Wiederauffüllung ist. Der salzige Lake Corangamite ist Victorias größter See.

▶▶ **Dandenong Ranges** 90A3

Mit diesen schönen Wäldern am Ostrand von Groß-Melbourne besitzt die Stadt ein erholsames Kurzausflugsziel. Die höchste Erhebung ist mit 633 m der **Mount Dandenong** ▶▶ mit einem faszinierenden Blick über die weitläufige Stadt im Westen und die Hügel im Osten.

Wegen ihrer Nähe zur Stadt sind die Dandenongs seit langem schon Wohngebiet mit hübschen Gemeinden und zahlreichen Residenzen, von denen einige in Hotels und Restaurants umgewandelt wurden. Zu den üppigen Grünanlagen zählen die **Rhododendron Gardens von Olinda**, deren »exotisches« Buschwerk mit der einheimischen Vegetation – turmhohe, mächtige Königs-Eukalypten, Baumfarne und wuchernde Schlingpflanzen – kontrastiert. In Belgrave liegt der Heimatbahnhof von »**Puffing Billy**« ▶▶, einer betagten, schmalspurigen Dampflokomotive, die Zugladungen voller Touristen auf 13 km malerischer Strecke durch die Wälder zieht.

▶▶ **Daylesford** 90B2

Zwischen Daylesford (100 km nordwestlich von Melbourne) und Hepburn Springs befindet sich die Hälfte von Australiens Mineralwasserquellen. Die Heilwasser wurden Mitte des 19. Jahrhunderts bei der Goldsuche entdeckt. Um die Jahrhundertwende hatte sich die Fundstelle schon zu einem Badeort europäischen Stils entwickelt, vielleicht auch, weil viele der dortigen Siedler ursprünglich aus dem Tessin stammten. In der Hepburn-Kuranlage ist

COLAC–GIPPSLAND

das alte Kurhaus noch intakt. Man kann Heilwasser trinken, sich behandeln lassen und Spaziergänge unternehmen. Das ausgezeichnete **Daylesford Historical Society Museum** wurde in der alten Bergbauschule untergebracht. Großzügige Gartenanlagen dienen ebenfalls der Entspannung. Im Norden liegt der erloschene Krater des Mount Franklin mit seinem schönen Gipfelausblick.

▶ **Dunolly** 90B2

Im Gebiet um Dunolly (200 km nordwestlich von Melbourne) wurden mehr *nuggets* als in jedem anderen Goldfeld Australiens gefunden – darunter der *Welcome Stranger* mit 71 kg. Dessen Nachbildung und die anderer Riesengoldklumpen können in dem kleinen städtischen Goldfields Museum besichtigt werden.

▶ **Geelong** 90A2

Der Industriehafen prägt Victorias zweitgrößte Stadt, die sich einst sogar als Rivalin von Melbourne sah. Der Wettstreit ist längst entschieden, doch noch immer ist der Hafen wichtige Exportschleuse für das agrarische Hinterland. Trotz Modernisierung hat die Grandeur des 19. Jahrhunderts in zahlreichen Bauwerken überlebt. Pompöse öffentliche Gebäude schmücken das Stadtzentrum. Der Wohlstand der Kaufmannsschicht von Geelong spiegelt sich in eleganten Anwesen wie dem Barwon Grange oberhalb des Barwon River wider. Die Corio Villa über der Eastern Beach wurde in Schottland vorgefertigt und hier zusammengesetzt. Eines der alten Woll-Lager wurde aufwendig restauriert, um das **National Wool Museum** ▶▶ aufzunehmen. Hier erfahren Sie, wie Australien »auf Schafsrücken zum Wohlstand ritt«.

▶▶ **Gippsland** 91A4

Mitte des vergangenen Jahrhunderts vom polnischen Entdecker Strzelecki nach dem Gouverneur von NSW benannt, bezeichnet Gippsland die südöstliche Region Victorias zwischem dem Hochland der Great Dividing Range und dem Küstenabschnitt der Bass Strait. Der Regenwald, der einst das Gebiet bedeckte, wurde größtenteils gerodet, um Land für die Milchwirtschaft und den Obstanbau zu gewinnen. So verbleiben dem Bundesstaat im wesentlichen einige Waldgebiete in den Nationalparks und Staatswäldern des äußersten Ostens entlang der NSW-Grenze. Am Fall Gippsland gelang es den Umweltschützern immerhin deutlich zu machen, daß das reiche Naturerbe Australiens nicht unerschöpflich ist. Das La Trobe Valley inmitten von Gippsland besitzt den weltgrößten Vorrat an Braunkohle, die hier auch in Kraftwerken verheizt wird und etwa 90 Prozent des viktorianischen Energiebedarfs deckt. Öl und Gas werden in großen Mengen aus Bohrstellen der Bass Strait gewonnen.

Das Ausmaß des modernen Tagebergbaus kann bei Ausflügen, die vom **Morwell Visitor Centre** ▶ aus starten, gesehen werden. Traditionellere Tätigkeiten zeigt das **Gippsland Heritage Centre** ▶ von Moe. Die Gebäude dort stammen aus vielen Teilen der Region. Das Inland zählt zu den schönsten Landesteilen Victorias und erstreckt sich von den Ausläufern der alpinen Great Dividing Range zu den Gippsland Lakes (siehe rechts) landeinwärts der Ninety Mile Beach.

Gippsland Lakes
Sie werden gelegentlich »als die schönste Küstenlagune der Welt« bezeichnet. Mit seinem mediterranen Klima bietet dieses Gebiet ungeahnte Möglichkeiten für Segler und Angler – oder einfach nur zur reinen Entspannung. Sowohl Strand wie Seen sind als Nationalparks geschützt.

Fruchtbares Weideland sorgt für Gippsland-Käsesorten.

VICTORIA

Die australischen Ureinwohner halten ein ökologisches und geistiges Gleichgewicht aufrecht, inmitten einer sich wandelnden Umgebung.

Koori
Seit der 200-Jahr-Feier 1988 versuchen die australischen Ureinwohner die lateinischstämmige Bezeichnung *Aborigine* durch ein Wort der eigenen Sprachen zu ersetzen. In Südostaustralien ist nun das Wort *koori* (»unsere Leute«) verbreitet.
Die Grampians bieten eine Freiluftgalerie der Koori-Kunst an den Felsen Billimina, Larngibunja und Ngamadjidj sowie am Flat Rock.

▶ **Goulburn Valley** 90B3

Der Goulburn River fließt in nordwestlicher Richtung zum künstlichen Lake Eildon. Von den Ausläufern der Victorian Alps zieht er sich bis zu seiner Mündung in den Murray durch fruchtbares Obst- und Weingebiet. Mit gut 500 km Uferlänge ist Lake Eildon bei Wassersportlern sehr beliebt. Es gibt hier auch gute Wandermöglichkeiten. Am See liegen der Eildon State Park und der Fraser Nationalpark - bewaldet und mit reicher Tierwelt. Rushworth (westlich des Flusses) ist eine weitere hübsche Goldgräberstadt der Zeit um 1850.

▶▶ **Grampians (Gariwerd) National Park** 90B1

Die Aborigines, die hier Spuren ihrer Felsmalerei hinterließen, nannten die Grampians *Gariwerd*. Das Gebiet besteht als größter Nationalpark Viktorias aus Sandsteinhöhenzügen, die sich westlich absenken, östlich aber in Klippen und Felswänden abbrechen. Es bietet Fauna und schmückt sich im Sommer mit einem Wildblumengewand.

Der Park bietet ein ausgebautes Wegenetz sowie reizvolle Ausflugsstraßen für Autofahrer. Es gibt zahllose spektakuläre Aussichtspunkte. Der **Boroka Lookout**▶▶ öffnet den Blick auf das Touristenziel Halls Gap, wo sich ein Besucherzentrum und das **Brambuk Living Cultural Centre**▶, das Geschichte und Kultur der lokalen Aborigines beleben soll, befinden. Im Westen liegen zwei der schönsten Blickziele: die Felsenformation **Balconies** und die Kaskade der **Mackenzie Falls**.

▶ **Hamilton** 90A1

Als Mittelpunkt der weitläufigen reichen Landwirtschaftsebene des binnenländischen westlichen Victoria bezeichnet sich Hamilton gerne als »Wollhauptstadt der Welt«. Seine besondere Sehenswürdigkeit ist die **City of Hamilton Art Gallery** mit ihrer großen, vielfältigen und internationalen Sammlung angewandter Künste und der

Diese riesigen Überhangfelsen heißen Balconies.

GOULBURN VALLEY–MARYSVILLE

Kollektion von Aquarellen und Radierungen des britischen Landschaftsmalers Paul Sandby.

▶▶ **Healesville** 90B3
Diese hübsche Stadt, eingenistet in der grünen Hügellandschaft des Yarra-Tales, bietet Möglichkeiten für Picknick und Wanderungen, lockt aber vor allem mit dem **Healesville Sanctuary**▶▶. Der Wildpark von Weltrang zeigt in einer Folge von geschickt geschaffenen Lebensräumen und Durchgangskäfigen die faszinierende Fauna des australischen Kontinents. Im neuen Aboriginees-Kulturzentrum, **Galeena Beek**▶, werden Kunstwerke und Tänze gezeigt und Wanderungen angeboten.

▶▶ **Lorne** 90A2
Vor dem Norden durch die malerischen, steilen Waldhänge der Otways geschützt und dem geschwungenen Strand von Loutit Bay zugewandt, genießt dieser liebenswürdige kleine Ort seit mehr als einem Jahrhundert einen hohen Ruf als Erholungsort am Meer. Zudem bieten sich auch erquickende Spaziergänge im Waldpark an.

▶▶ **Maldon** 90B2
Unter den vielen alten Goldgräberstädten Zentralvictorias ragt Maldon als die laut dem National Trust »besterhaltene Stadt Australiens aus der Goldrauschzeit« hervor. Und gewiß ist der kleine Ort voller Liebreiz, geprägt von seinen hübschen Bauernkaten, die zumeist mit bunten Gärten umgeben sind.

▶ **Marysville** 90B3
Das in den Ausläufern der Victorian Alps gelegene Marysville wird seit langem von den Melbournern für Wochenendausflüge geschätzt. Im Sommer bietet sich herrliches *bushwalking* zu den Steavenson Falls an, die zu den höchsten Wasserfällen Australiens zählen, oder zum Cumberland Valley, wo die höchsten Bäume des Staates wachsen. Im Winter bestehen gute Skilanglaufmöglichkeiten, insbesondere auf den Schneefeldern von Lake Mountain.

Maldons breite Hauptstraße fällt gemächlich ins Tal ab. Man kann die für Australien typische ländliche Architektur bewundern.

Schnabeltier
Selbst das ansonsten versteckte Schnabeltier kann in Healesville in seinem alltäglichen Leben beobachtet werden. Der Schutzpark zeichnet sich dadurch aus, daß ihm als erstem die Nachzucht dieses scheuen Tieres in Gefangenschaft gelang.

VICTORIA

Pinguin-Parade

Die niedlichen Zwergpinguine, die entlang der südaustralischen Küste vorkommen, sind mit etwa 30 cm Höhe die kleinsten ihrer Art. Sie verbringen die Tage mit Nahrungssuche und ausgelassenen Spielen im Meer und sammeln sich abends in Gruppen, um zu ihren Bauen im Rücken des Strandes zurückzuwatscheln. Auf Phillip Island vollziehen sie diesen Tageslauf in offenkundig vollkommenem Desinteresse an den blitzlichtenden zahllosen Touristen, die sich in den Sichtständen drängen, um eines der beliebtesten Naturspektakel Australiens zu beobachten.

Die zwölf Apostel bei Port Campbell, an der Great Ocean Road.

▶▶ **Mornington Peninsula** 90A3

Melbournes beliebtestes Ausflugs- und Urlaubsziel umschlingt die Port Phillip Bay in einem großen Halbrund geschützter Strände. Die Halbinsel endet in Point Nepean, das die gefährlichen Strömungen des engen Zugangs zur Bai – *The Rip* genannt – überblickt.

Ein Teil der Halbinsel weist australischen Vorortcharakter auf. Die Wohnsiedlungen drängen sich entlang der Hauptstraße. In der Urlaubszeit ist der Uferbereich von Zelten übersät. Nahe der Landspitze haben das gehobene Sorrent und das exklusive Portsea noch etwas vom Flair früherer Tage bewahrt, als die Raddampfer Urlauber über die Bucht von Melbourne herbeischifften. Der einst als Marinebasis unzugängliche Point Nepean ist heute Teil des Mornington Peninsula Nationalpark und wird vom Besucherzentrum aus im Pendelverkehr erreicht. Das Meer an den *front beaches* (der Bucht zugewandt) ist ruhig, während es an den *back beaches* mit Blick auf die Bass Strait stürmisch ist – kein Ort für ungeübte Schwimmer.

Die Bedeutung der Halbinsel für Victorias Geschichte zeigt sich an den Gräbern der »frühen Siedler« in **Sorrento** und im **McCrae Homestead** ▶ von 1844, dem Heim der ersten dauerhaften Siedlerfamilie. Der beste Überblick bietet sich vom 305 m hohen **Arthur's Seat** ▶, der zu Fuß, mit dem Auto oder mit dem Sessellift erreicht werden kann.

▶▶ **Phillip Island** 90A3

Etliche Inseln ragen aus der von der Mornington-Halbinsel westlich begrenzten und dem Tidenhub ausgesetzten Flußmündung Westernport Bay hervor. French Island und

MORNINGTON PENINSULA–STRZELECKI RANGES

Little Churchill Island bieten vielfältige Fauna, aber die berühmteste der Inseln ist Phillip Island, deren **Fairy Penguin Parade** Hunderttausende Zuschauer anlockt.

Die 128 km von Melbourne entfernte und über eine Brücke zu erreichende Phillip Island wird von einer beeindruckend abwechslungsreichen Küste mit zerklüfteten Klippen, Felsen und langen Surfstränden umsäumt. Tausende von Robben sind vor den Basaltklippen von Point Grant zu sehen. In einigen Wildparks leben Koalas, die in den 1870er Jahren auf die Insel gebracht wurden. Im Erholungsgebiet Cowes werden Bootsausflüge zu den Robben und French Island angeboten; eine Fähre führt nach Stony Point auf der Mornington-Halbinsel.

▶▶▶ Port Campbell National Park 90A2

Vor der Great Ocean Road, die westlich von Geelong verläuft, liegt dieser Park mit seinen 30 km atemberaubender Küstenlandschaft: eine Folge hoher Klippen, Landspitzen und bizarrer aus dem Meer ragender Felsen. Verkrustungen von Kalkstein, Sand, Schlamm und Muscheln, unter Wasser gebildet und vor 25 Millionen Jahren emporgehoben, werden nun von den Brechern der Tasmansee getilgt. Unterschiedlich schnell frißt sich das Meer vor, wobei es Steineelemente isoliert, denen assoziierende Namen verliehen werden wie *Die zwölf Apostel* (bei Port Campbell). In einer dramatischen Demonstration des Erosionsfortschritts brach 1990 der Bogen der »London Bridge« mitsamt der wagemutigen Spaziergänger darauf in die Brandung. Die schnell Geretteten hatten mehr Glück als die Passagiere und Seeleute, die während der Tage der Segelschiffahrt an dieser »Wrackküste« untergingen (siehe S. 242–43).

▶▶ Port Fairy 90A1

Dieser reizvolle kleine Fischerhafen und Erholungsort an der Mündung des Moyne River zählt zu den ältesten Siedlungen in Victoria und war bereits zu Beginn des 19. Jahrhunderts Heimat für Robben- und Walfänger. 50 Gebäude gelten als historisch wertvoll, darunter Mott's Cottage und das Holzhaus eines Walfängers aus den 30er Jahren jenes Jahrhunderts.

▶ Portland 90A1

1834 gegründet, ist dieser geschäftige Tiefseehafenort die älteste dauerhafte Siedlung in Victoria. Südwestlich liegen die eindrucksvolle Meereslandschaft von Cape Nelson sowie der Steinwald und die Gischtblaslöcher von Cape Bridgewater.

▶▶ Queenscliff 90A3

Queenscliff, getrennt durch das trügerische Wasser von The Rip von Point Nepean auf der Mornington Peninsula, ist ein prachtvoll altmodischer Ort mit Hafen, einem Fort von 1882, Grandhotels und dem Black Lighthouse, das in Schottland vorgefertigt und 1863 hierher verschifft wurde.

▶▶ Strzelecki Ranges 91A3

Den aussichtsreichsten Zugang zu diesen Höhenzügen bietet die Grand Ridge Road von Nyora, südöstlich von Melbourne, nach Carrajung (etwa 130 km), die durch hübsche Ortschaften und idyllisches Hochland führt.

Queenscliff auf der Bellarine Peninsula: ein beliebter Zufluchtsort für Melbourner.

Zungenbrecher
Der Pole und selbsternannte »Graf« Paul Edmund de Strzelecki, dessen Name für Angelsachsen unaussprechlich ist, benannte das Gebiet des südöstlichen Victoria *Gippsland*. Dieser Name setzte sich durch, trotz der Tatsache, daß Angus McMillan als erster einen Weg durch den nahezu undurchdringlichen Regenwald der Region gebahnt und dafür den Namen *New South Caledonia* vorgeschlagen hatte. Strzeleckis eigene Expedition in Gippsland wurde nur durch die Führerkenntnis des Aboriginal Tarra, nach dem der Tarra Bulga National Park benannt wurde, vor einem Fiasko bewahrt.

SPECIAL

Eukalyptus

■ Kein Baum wird so mit Australien gleichgesetzt wie der Eukalyptus (engl. *gum tree*). Die mehr als 500 Eukalyptusarten verteilen sich auf nahezu alle Landesregionen. Etwa drei Viertel aller australischen Bäume gehören zu den Eukalypten. Viele Arten tragen hübsche Namen zu ihrer besseren Unterscheidung wie Pfefferminz-, Eisenrinden-, Melissen- oder Fieberbaum. ■

Eukalyptusblätter
Alle Eukalyptusblätter enthalten ein Duftöl, das für Medizin und Geruchsessenzen verwandt wird. Ihr unverdauliches Aussehen schreckt den Koala keineswegs ab, der sich jedoch nur von wenigen Eukalyptusarten ernährt.

Wachstumsriese
Der irreführend auch Bergesche genannte KönigsEukalyptus (*Eucalyptus regnans*) ist die höchste Blütenpflanze der Erde. Er erreicht in den Wäldern Tasmanias und Victorias an die 100 m Höhe.

Der river-red-gum-*Wald von Yarrawonga.*

Die frühen Siedler schätzten die Eukalypten mit der sich ablösenden graugrünen und wirr hängenden Borke nicht, auch weil die stumpfgrauen Blätter sich weigerten, zu einer festgelegten Jahreszeit abzufallen. Viele Farmer und Viehzüchter pflanzten auf ihrem Besitz heimatliche Bäume, so daß Ulmen, Eichen, Weiden und Pappeln noch heute manche ländliche Gegend schmücken. Auch die Stadtbevölkerung bevorzugte für ihre Grünanlagen die europäischen Bäume.

Wälder und Holzschlag: Aber die Eukalypten besitzen ihren eigenen Reiz. Sie schließen sich zu großen Wäldern zusammen oder vermischen sich mit anderen Baumarten, Büschen oder Gräsern zu parkähnlichen Landschaften vieler Teile des Binnenlandes. Über die Jahrtausende haben die Eukalypten gelernt, die häufigen Buschfeuer zu überleben, indem sie Knospen in ihrer Borke schützend verbergen. Viele Arten, z.B. der Jarrah-Baum, bilden hochwertiges Holz und wurden deshalb bis vor kurzem rücksichtslos geschlagen. Andere werden – eigentlich entwürdigend – für ausländische Papiermühlen gefällt.

Artenvielfalt: Es gibt zahlreiche Eukalyptusarten – vom tasmanischen *blue gum*, der die Eisenbahnschwellen lieferte, über den *river red gum* oder auch Flußeukalyptus der semiariden Gebiete, den Geisterbaum der Wüsten bis zum extrem widerstandsfähigen Schnee-Eukalyptus der Berge.

WALHALLA–WILSONS PROMONTORY

▶ **Walhalla** 91A4

Das in den tiefen Waldtälern nördlich von Moe versteckte Walhalla erblühte im späten 19. Jahrhundert, als hier mehr Gold gefunden wurde als an jedem anderen Ort Victorias. Als aber die Eisenbahn 1910 hier über eine Folge aufwendiger Tunnels und Bockbrücken anlangte, versiegte das Gold. Ein Bummel über die krumme Hauptstraße bringt etwas von der früheren Atmosphäre zurück. Die Long Tunnel Extended Mine kann besichtigt werden. Eine weitere Attraktion ist eine Fahrt auf der Walhalla Goldfields-Bahn.

▶ **Wangaratta** 90B3

Der Hume Highway knüpft die Hauptverbindung von Melbourne nach Sydney. Etwa 240 km von Melbourne liegt das blühende Wangaratta, ein Dienstleistungszentrum für die landwirtschaftliche Umgebung. Der Körper des berüchtigten Strauchdiebes Mad Dan Morgan liegt hier beerdigt – ohne den Kopf, der in Melbourne daraufhin untersucht werden sollte, ob Morgan *mad* oder schlicht *bad* gewesen sei. Das **Airworld Museum** ▶▶ mit seiner glanzvollen Sammlung von Flugzeug-Oldtimern ist die andere städtische Sehenswürdigkeit.

▶ **Warrnambool** 90A1

Zur größten Stadt an Victorias Südwestküste gehören herrliche Strände. Zu dem vor 150 Jahren von Walfängern gegründeten Ort zieht es im Winter immer noch Wale zum Kalben (siehe rechts). **Flagstaff Hill Maritime Museum** ▶▶ ist eine nachgebaute Hafensiedlung mit alten Schiffen und anderen Sehenswürdigkeiten.

▶▶ **Wilsons Promontory National Park** 91A4

Als südlichster Punkt der australischen Landmasse ragt diese Granithalbinsel in die Bass Strait. Sie ist ein beliebter Nationalpark. Viele der Landzungen, Strände und dichten Wälder sind nur zu Fuß erreichbar. Trotz der Beliebtheit des Ortes finden Sie jedes gewünschte Maß an Zurückgezogenheit (bis auf die mögliche Gesellschaft von Känguruhs). Bei der einzigen Siedlung Tidal River endet die Straße, es beginnt ein hervorragendes Netzwerk von Wanderwegen.

Spielende Wale vor Warrnambool.

'The Prom'
Wilsons Promontory, der 1798 von dem Forscher George Bass entdeckt und nach einem Freund von Bass' Kollegen Matthew Flinders benannt wurde, zieht alle Naturliebhaber an. Im Sommer kann man hier sehr gut tauchen und schnorcheln. Außerdem gibt es wunderbare Wanderwege und die reiche Flora ist für Botaniker sehr interessant.

Die Wale von Warrnambool
Zwischen Mai und August sammeln sich Wale vor Logan's Beach, um ihre Jungen zu gebären. Von einer Plattform können Sie diese wunderbaren Geschöpfe, die einst bis zur nahen Ausrottung gejagt wurden, beim Tauchen und Spielen beobachten und ihre Wasserdampffontänen und die schweren Leiber aus den Wogen hochschießen sehen.

VICTORIA

Mit dem Auto — Dandenong Ranges

Die weniger als eine Stunde von der Stadtmitte entfernten *Blue Dandenongs* zählen zu den beliebten Erholungsorten und Sommerfrischen der Melbourner.

Die Canterbury Road führt nach Montrose am Nordende der Dandenong Tourist Road. Wer über Zeit verfügt, kann 30 km weiter zum **Healesville Sanctuary** fahren, einer der besten Möglichkeiten, auf überschaubarem Raum die australische Tierwelt zu erkunden.

Von der Tourist Road sind der **Mount Dandenong**, mit 633 m höchste Erhebung des Bergzuges, und die Skulpturen des **William Ricketts Sanctuary** zu erreichen. Die Strecke zum Dorf Kallista führt an den Nicholas Memorial Gardens und am **Sherbrooke Forest Park** vorbei, wo Sie die Baumfarne und mächtigen Königs-Eukalypten sehen können, für die das Gebiet gerühmt wird. Belgrave ist der Heimatbahnhof von »Puffing Billy«, einem restaurierten Dampfzug auf Schmalspurgleisen.

Mit dem Auto — Mornington Peninsula

Die 100 km lange Fahrt zum Point Nepean National Park auf der äußersten Landspitze der Mornington-Halbinsel führt durch Wohn- und Erholungsgebiete, die die Vorzüge der Strände von Port Phillip Bay genießen.

In Frankston endet die Pendlereisenbahnlinie von Melbourne. Hinter **Dromana** mit seiner hilfreichen Touristeninformation ist die Küste mit Ferienhäusern und Campingplätzen belegt. **Arthur's Seat** erhebt sich 305 m über die Stadt und bietet einen Blick über Bucht und Ozean. Auf seinem Nordhang liegt die kleine **McCrae Homestead** aus dem Jahre 1844 und erinnert an die Pionierzeit. In dem vom National Trust geschützten historischen Anwesen sind die Originalmöbel zu sehen. Es gibt Führungen durch das Anwesen.

Sorrento, das wenig mit seinem italienischen Namensvetter gemein hat, besitzt einen eigenen Charme, während das piekfeine **Portsea** um seine Exklusivität bemüht ist. Am Außensaum der Halbinsel liegen die »back beaches« der Ozeanbrandung der Bass Strait zugewandt. Der lange als Militärgelände gesperrte **Point Nepean** kann jetzt mit einem Ausflugbus vom National Park Orientation Centre aus erkundet werden.

Peninsula Freeway und South Eastern Arterial beschleunigen die Rückfahrt nach Melbourne.

Rechts: Die Port Phillip Bay beginnt an der Landspitze der Halbinsel.

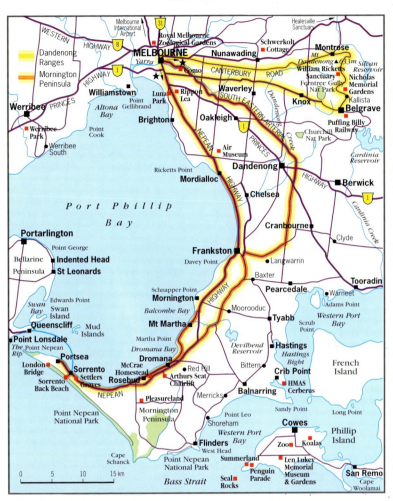

SOUTH AUSTRALIA

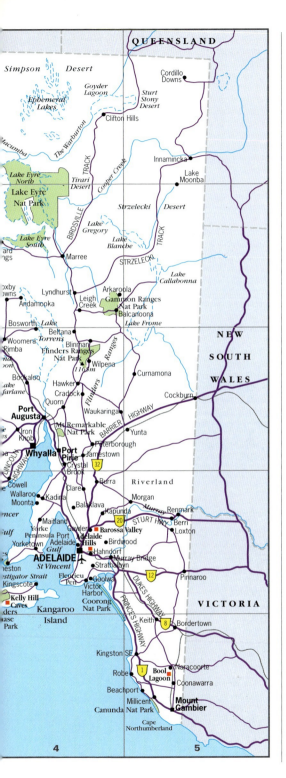

SOUTH AUSTRALIA

HIGHLIGHTS ◀◀◀◀

ADELAIDE HILLS siehe Seite 135
ART GALLERY OF SOUTH AUSTRALIA, ADELAIDE
siehe Seite 130
BAROSSA VALLEY siehe Seiten 135, 141 und 144
COOBER PEDY siehe Seite 136
FLEURIEU PENINSULA
siehe Seiten 136 und 145
FLINDERS RANGES
siehe Seite 137
KANGAROO ISLAND
siehe Seiten 138 und 139
PORT ADELAIDE siehe Seite 131
SOUTH AUSTRALIAN MUSEUM, ADELAIDE
siehe Seite 131
TANDANYA NATIONAL ABORIGINAL CULTURAL INSTITUTE, ADELAIDE
siehe Seite 131

SOUTH AUSTRALIA

Anspruch auf Ruhm
South Australia, Australiens trockenster Bundesstaat, bedeckt ein Achtel des Kontinents, wird jedoch von weniger als 15 Millionen Menschen bewohnt. Außerdem kann sich South Australia rühmen, der einzige Staat zu sein, der ohne die Hilfe von Sträflingsarbeit aufgebaut wurde, worauf man hier besonders stolz ist.

Vom Aussterben der Spießer
Wowser hieß ursprünglich jemand, der sich nicht zu amüsieren verstand. Ihre vermeintliche Frömmigkeit und offenkundige Abneigung gegen lange Haare trug Adelaides wohlanständigen Bürger diesen Schimpfnamen ein. Heute werden Sie in Südaustralien kaum mehr Exemplare dieser »Spießer« antreffen, am wenigsten in Adelaide. Die Stadt der Kirchen ist ebensosehr eine Stadt der Restaurants, die sich an den Erzeugnissen der südaustralischen Weingüter labt. Und hier in Südaustralien wurde, bei Maslins südlich von Adelaide, der erste Nacktbadestrand des Landes eröffnet.

South Australia: Nahezu alle Einwohner von Australiens drittgrößtem Bundesstaat leben entlang den fruchtbaren Küsten der Golfregionen und südöstlichen Ebenen, drei Viertel von ihnen im Großraum Adelaide. Nördlich dieser sanften Küstenregion mit ihrem beinahe mediterranen Klima erstrecken sich trockenes Outback und Wüste von geradezu unermeßlicher Weite. Hier findet man zuweilen Spuren gescheiterter europäischer Siedler, und hier wurden erstmalig große Gebiete den Aborigines zurückgegeben. Dies ist ein Land heftiger Gegensätze, mit einer Hauptstadt, die als eleganteste und kultivierteste aller australischen Städte gilt.

Die Anfänge: South Australia war keine Häftlingskolonie, sondern eine von freien (meist südenglischen, aber auch vielen deutschen) Einwanderern besiedelte »Provinz« unter Schirmherrschaft der Londoner South Australia Company. Die ersten Siedler landeten 1836 mit der *Buffalo*. Als Gründervater gilt der unorthodoxe Oberst William Light, dessen zukunftweisende Stadtplanung Adelaide heute noch prägt. Die Entwicklung der Kolonie verlief nicht geradlinig. Wenige Jahre nach ihrer Gründung konnten sie nur die Kupferfunde bei Kapunda und Burra vor dem wirtschaftlichen Zusammenbruch bewahren. Versuche, die Landwirtschaftszone nach Norden auszudehnen, schlugen fehl durch lange Dürrejahre, doch die Kornfelder der Halbinsel gediehen.

Viele Jahre war Adelaide nur mehr Zentrum einer großräumigen Agrar- und Bergbauregion. Seine Geschicke lenkten auf ihren guten Ruf bedachte Kaufleute, von anderen Australiern *wowsers*, »Spießer«, genannt. Die strenge Moral britischer Nonkonformisten und deutscher Lutheraner prägte entscheidend das Leben in Südaustralien – nicht zu Unrecht galt Adelaide als Kirchenstadt.

SOUTH AUSTRALIA

Die Weltwirtschaftskrise legte die Verwundbarkeit einer fast nur ländlich ausgerichteten Wirtschaft bloß. Nach dem Zweiten Weltkrieg leiteten Werften in Whyalla und Fahrzeugbau in Adelaides Satellitenstadt Elizabeth die Industrialisierung dieses Bundesstaates ein. In den 70er Jahren begannen jedoch auch diese Industriezweige zu kränkeln. Bis heute ist Südaustralien, wie viele Landesteile, wirtschaftlich und finanziell nicht frei von Sorgen.

Angesichts des facettenreichen Landschaftsbildes verwundert es nicht, daß auch hier der Tourismus zunehmende Bedeutung gewinnt. Nach Adelaide laden alle zwei Jahre das Arts Festival sowie das elegante Stadtbild und der hohe Lebensstandard ein. Neue Anziehungskraft geht vom Womadelaide Festival aus, einem in zweijährigem Rhythmus stattfindenden Musikfestival. Leider reisen Luxuskreuzer nicht mehr von Port Adelaide aus durch die beiden großen Meeresarme, den Spencer Gulf und Gulf St Vincent, die das Meer weit in Südaustraliens Herz tragen. Doch die langgezogene Küste bietet alle Arten von Wasser- und Strandvergnügungen in sauberen Städten wie Robe, südlich des einzigartigen Coorong National Park. Das abwechslungsvolle Landschaftsbild der Küste reicht von einsamen, zerklüfteten Landzungen bis hin zu entzückenden kleinen Fischerhäfen und Ferienorten. Wer Abgeschiedenheit sucht, findet sie auf den vorgelagerten Inseln, auf deren größter, Kangaroo Island, sich eine faszinierende Tierwelt beobachten läßt.

Viele der großen Australienreisen beginnen in Südaustralien. Tarcoola liegt am Schnittpunkt zweier Züge, die weit über die Landesgrenzen hinaus bekannt sind: Hier halten der *Ghan* auf seinem Weg nordwärts nach Alice Springs im »Roten Zentrum« und der *Indian Pacific,* der westwärts über die Nullarbor-Ebene den Kontinent durchquert.

Die lutheranische Kirche von Bethany (Barossa Valley).

Draufgänger Don
Der progressive, dynamische Don Dunstan, 1967–68 und 1970–79 Premierminister von S.A., stellte entscheidende Weichen, die Südaustralien über die Schwelle zum späten 20. Jahrhundert trugen. Unter seiner Führung erließ Südaustralien Gesetze gegen rassische und sexuelle Diskriminierung. Douglas Nicholls, ein geadelter Aboriginal, stieg zum Gouverneur auf, während ein Polizeichef, der Geheimakten über potentiell subversive Elemente ebenso wie Parlamentsmitglieder geführt hatte und den Namen seines Auftraggebers hartnäckig verschwieg, abtreten mußte. Heute ist der Ex-Premierminister Eigentümer eines beliebten Restaurants, Don's Table, in Norwood, einem Vorort von Adelaide.

Einige Höhlen der Naracoorte Caves sind zugänglich.

SOUTH AUSTRALIA

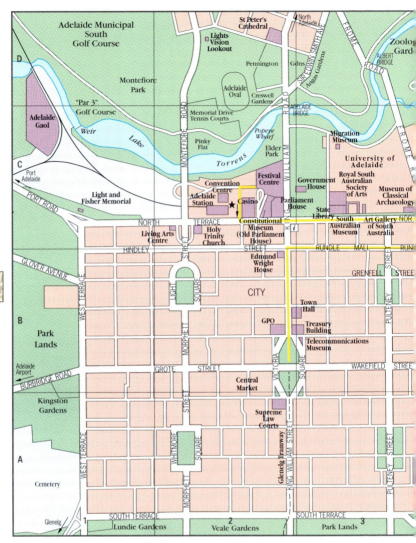

Light tat recht

»Ich erwarte nicht, daß sich die Überlegungen, die mich bewegten, Adelaide genau hier anzulegen, heute gänzlich verstehen oder beurteilen lassen. Indes haben mir meine Feinde, die ihre Stichhaltigkeit pedantisch prüfen, einen wertvollen Dienst erwiesen, indem sie die Verantwortung allein mir auferlegten. Ich bin bereit, diese zu tragen; und ich überlasse es der Nachwelt und nicht ihnen zu entscheiden, ob ich Lob oder Tadel verdiene.«

Adelaide

Australiens fünftgrößte Stadt verweist stolz auf ihr alle zwei Jahr stattfindendes Festival of Arts, ihre Restaurants und ihr gehobenes kulturelles Niveau. Viele frühe Siedler waren vor religiöser Verfolgung in ihren Heimatländern hierher geflohen. Weder Sträflinge noch irische Hitzköpfe, gingen sie Arbeit wie Freizeit gewissenhaft nach in einer wohlgeplanten Umgebung würdevoller Eleganz.

Diese bewundernswerte Planung, die die Stadt bis heute prägt, ersann 1836 Oberst Wiliam Light, Generallandvermesser von South Australia. Nachdem er einen geeigneten Standort an den Ufern des kleinen Flusses Torrens gefunden hatte, entwarf er den rechteckigen, eine Quadratmeile bedeckenden Grundriß, in dem sich die Straßen rechtwinklig kreuzen und die sich in der Mitte treffenden

ADELAIDE

Einkaufsparadies

Adelaide wird immer mehr zum Einkaufsparadies. In den Central Markets kann man hervorragend Nahrungsmittel einkaufen, während das Lion Arts Centre, Jam Factory Craft und das Design Centre schöne zeitgenössische Kunst und Kunstgewerbe verkaufen. North Adelaide ist der Platz für Antiquitäten und hochwertige Bekleidung.

Welch ein Gauner!

Obwohl die Briten im 19. Jh. viele Städte auf dem Reißbrett entwarfen, durchliefen die meisten australischen Städte eine chaotische Entwicklung. Einem Offizier der Armee, unehelicher Sprößling des englischen Gründers von Penang (Malaysia) und einer Eurasierin, fiel es zu, die ehrgeizigen Pläne für Adelaide zu schmieden und zu verwirklichen. William Light hatte als Nachrichtenoffizier unter dem Herzog von Wellington gedient und erhielt den Oberstrang während seiner Abordnung zu den spanischen Truppen. Wie besessen arbeitete er an dem Auftrag, Adelaide sowie weite Teile der neuen Provinz zu vermessen und zu gestalten. Seine Ehefrau, (ebenfalls uneheliche) Tochter des Herzogs von Richmond, ließ er in England zurück. Überarbeitet starb er 1839. Man verweigerte ihm das Sterbesakrament, hatte er doch mit einer anderen Dame in offener Sünde gelebt.

Hauptstraßen durch ihre Breite beeindrucken. Plätze sorgten für Auflockerung. Ein grüner Gürtel sollte dauerhaft die Stadt säumen und bot sich als Kulisse für öffentliche Gebäude wie das Government House an. Am anderen Ufer des Flusses entstand der geschmackvolle Vorort North Adelaide. Trotz damaliger Widerstände, trotz des modernen Baubooms der 70er und 80er Jahren und trotz Autoverkehr blieben all diese Elemente unverändert und machen Adelaide zur angenehmsten Stadt des Landes.

Es klingt für eine Metropole utopisch, in einer viktorianischen Villa mit Blick auf Parklandschaft zu leben, sich zu Fuß oder mit Rad zur Arbeit zu begeben, abends das Theater zu besuchen und anschließend nach Hause zu spazieren. In Adelaide ist dies möglich. Doch lebt die Mehrheit seiner Bürger in den Vororten entlang der Küste zwischen herrlichen Golfständen und den Adelaide Hills im Osten.

SOUTH AUSTRALIA

Segeln ist ein beliebtes Freizeitvergnügen in Port Adelaide, der Hafenstadt von Adelaide.

▶▶ Adelaide Botanic Gardens — 129C4
North Terrace

Der 1855 eröffnete Botanische Garten bedeckt ein Gelände von zwanzig Hektar, gestaltet mit Bäumen, Sträuchern, Rasen und Seen. Darauf erheben sich historische Bauten wie das Museum of Economic Botany, das 1868 errichtete Simpson Shade House mit seiner riesigen Seerose und das wundervolle Palm House, das in den 1870er Jahren aus Deutschland hierher fand und 1996 vollständig restauriert wurde. Blickfang bildet das **Bicentennial Conservatory**. Die ausgefallene Kuppel im High-Tech-Stil schwingt sich schützend über eine üppige, für die Regenwälder Nordaustraliens und seiner Nachbarländer typische Pflanzenwelt.

▶▶▶ Art Gallery of South Australia — 128C3
North Terrace

Hinter dem klassizistischen Portikus dieses stilvollen Gebäudes verbirgt sich eine der bedeutendsten Sammlungen australischer, europäischer und asiatischer Kunst. Manche heimischen Künstler versuchten das Flair Australiens einzufangen, so Tom Roberts mit dem fliehenden Schaf seines Werkes *Ausbruch* (1891) oder Charles Conder, dessen *Ferien in Mentone* (1888) einen Strandflirt subtil in Bild setzt. Die Aborigines-Abteilung ist besonders zu empfehlen, ebenso die Galerie mit der Rodin-Sammlung.

▶ Glenelg — 128A1

Herrliche Sandstrände ziehen sich hier, einst Adelaides populärstes Seebad, nach Norden und Süden. Nostalgische Straßenbahnen aus den 20er Jahren verbinden den heute noch charmanten Vorort mit dem Victoria Square im Stadtzentrum (30-minütige Tour). Hier landeten 1836 Gouverneur Hindmarsh und die ersten Siedler.

▶▶ Migration Museum — 128C3
82 Kintore Avenue

In den restaurierten Räumen des städtischen Armenasyls vollzieht dieses fortschrittliche Museum die Geschichte der Einwanderer nach, die Südaustralien gründeten. Das Museum erzählt Geschichten von Mut und Hoffnung, von Enttäuschung und Schwierigkeiten und ist ein geeigneter Ort, um sich mit der Entwicklung Australiens vertraut zu machen.

Festsaison

Die Anlage des Festival Centre hat, so sagt man in Adelaide, weniger gekostet als die Teppiche der Oper von Sydney. Das Forum, darunter zwei große Theater und zwei Freilichtbühnen, lädt ganzjährig mit Veranstaltungen ein. Die Kunstlandschaft der Plaza, gestaltet vom deutschen Bildhauer Otto Hajek, hat man als Australiens größtes Freilichtkunstwerk beschrieben.
Während der warmen Tage und milden Nächte im Februar/März lockt alle zwei Jahre Adelaides dreiwöchiges Kunstfestival. Sein abwechslungsvolles Programm – Opern, Konzerte, Ausstellungen, Ballett-, Theater-, Literatur- und Kinderveranstaltungen – findet auf Schauplätzen statt, die sich in der überschaubaren Stadt zu Fuß erreichen lassen.

ADELAIDE

▶ North Adelaide 128D3

Stilvolle Gebäude zieren Adelaides nobelsten und ältesten Vorort. Geschäfte, Restaurants und Boutiquen säumen die Melbourne Street, während O'Connel Street berühmt ist für seine exzellenten Open–Air-Restaurants. Von der St Peter's Cathedral ertönen die schwersten Glocken des Landes. Der Light's Vision Lookout, eine Statue des Gründers von Adelaide, überblickt die Stadt.

▶▶ Port Adelaide 128C1

Adelaides Hafenviertel, etwa zehn Kilometer nordwestlich des landumschlossenen Stadtzentrums, bestimmt kaum mehr der Schiffverkehr. Statt dessen pflegt es nun seine faszinierende Vergangenheit. Nirgendwo in Südaustralien finden sich so viele erlesene Gebäude des 19. Jahrhunderts. Am Kai überragt der leuchtendrote Leuchtturm (1869) die langen Lagerhallen und eingedockten historischen Schiffe.

Etwas landeinwärts, an der Lipson Street, lohnen erstklassige Museen die Anfahrt mit Bus oder Bahn aus dem Zentrum. Ein altes Zollager beherbergt den Hauptbau des spannenden **South Australian Maritime Museum**, während das **Port Dock Station Museum**, das 26 Lokomotiven und Dampflokfahrten anbietet, zum größten Eisenbahnmuseum des Landes aufstieg.

▶▶▶ South Australian Museum 128C3
North Terrace

Hier empfangen Sie geologische und zoologische Ausstellungen. Vor allem aber ist es berühmt für seine glänzende, phantasievoll und verständlich präsentierte Sammlung zu Kunst und Kultur der Aborigines. Wer der Vergangenheit der Ureinwohner nachspüren will, findet in gesamt Australien kein besser geeignetes Museum.

▶▶ Tandanya National Aboriginal Cultural Institute 129B4
253 Grenfell Street

In Adelaides East End widmet sich diese aufregende Einrichtung mit Tanz- und Theatervorstellungen, Diskussionen, Feiern und Ausstellungen der Kultur der Aborigines. Künstler und Handwerker führen ihr Können vor und bieten ihre Arbeiten auch zum Verkauf an.

Weitere Glanzlichter Adelaides

Elegantestes Gebäude an der North Terrace ist das Ayers House (19. Jh.) mit seinen geschwungenen Erkern. Sir Henry Ayers, siebenmal Premierminister Südaustraliens, hielt hier Hof. Den Boden des Ballsaals, Nabel des gesellschaftlichen Lebens der Stadt, pflegte man mit Milch, um eine glatte und feste Oberfläche zu schaffen.
Nicht zu verwechseln mit dem Parliament House (immer noch ohne Kuppel) ist das benachbarte Old Parliament House an der North Terrace. Der Bau im Tudorstil war einst Sitz von Südaustraliens erstem Parlament.

Ngurunderis Traumpfad

Das South Australian Museum erzählt ausführlich von der Geschichte des Ngurunderi, einer mythischen Traumfigur des Ngarrindjeri-Stammes. Er verfolgte seine bösen Frauen über den Murray River bis Kangaroo Island, eine Reise, die viele landschaftliche Merkmale dieses Gebietes erklärt. Der riesige Kabeljau Ponde schuf mit seinen Schwanzschlägen die Windungen des Murray. Long Island nahe Murray Bridge entstand durch einen mißglückten Speerwurf Ngurunderis. Bei Middleton tötete er einen Seehund, dessen Todesseufzer noch heute zwischen den Felsen ertönen. Als seine Frauen über den Damm, der damals Kangaroo Island mit dem Festland verband, westwärts flohen, ließ Ngurunderi den Damm überfluten und seine Frauen ertränken. Diese verwandelten sich in die felsigen Pages Islands, während Ngurunderi als Stern in der Milchstraße weiterlebt.

Das elegante Ayers House ist Besuchern geöffnet.

SOUTH AUSTRALIA

Das Tandanya National Aboriginal Cultural Institute im East End.

Zu Fuß

Grünflächen und historische Bauten

Siehe Karte Seite 128.

Dieser abwechslungsreiche Spaziergang führt entlang Adelaides grüner Lunge und dem großen Boulevard, der North Terrace. Danach der Hauptgeschäftszeile folgend, endet er auf dem Victoria Square im Herzen der Stadt.

Ein Fußweg leitet vom umstrittenen **Festival Centre**, das die Parklandschaft am Torrens-Fluß überblickt, zur North Terrace. Spazieren Sie über ihre begrünte Nordseite an historischen Bauten und Denkmälern vorbei ostwärts. Der postmoderne Vorhof des Hyatt Hotel kontrastiert mit dem imponierenden Bahnhofsgebäude, in dem heute ein Spielcasino untergebracht ist. Das **Old Parliament House** wirkt bescheiden neben seinem Nachfolger, einem, obwohl erst 1939 vollendeten, vergangenheitsorientiert gestalteten Bauwerk. Vom **Government House**, gebettet in einen Garten, gelangen Sie zur State Library (1884), dem **South Australian Museum** (1885) und der **Art Gallery of South Australia** (eröffnet 1881). Die Südseite des Terrace-Boulevards säumt eine Folge stilvoller Bauten, deren Schlußlichter die Kolonialvilla **Ayers House** und das Botanic Hotel mit verschwenderischem Dekor und auf verschiedenen Ebenen angeordneten Veranden bilden.

Beim Abstecher in die **Botanic Gardens** sollten Sie das elegante alte Palmenhaus und kühne Bicentennial Conservatory nicht versäumen. Die Rundle Street beherbergt die Gebäude des East End Market. Südlich davon lohnt das nahe **Tandanya National Aboriginal Cultural Institute** in der Grenfell Street unbedingt einen Besuch. Fußgängerzone und Haupteinkaufsviertel der Stadt ist die Rundle Mall. Sie führt in die sie kreuzende King William Street, Adelaides zentrale Nord-Süd-Achse. General Post Office und Town Hall erheben sich an der Nordseite des Victoria Square, wo eine historische Straßenbahn, die letzte der Stadt, ihre Passagiere aufnimmt und zur Küste nach **Glenelg** bringt.

Nationalparks

Staubtrockener Norden: Nur zwei Ketten, die den Namen Berge verdienen, lockern die unendliche Binnenebene auf. Im Nordwesten verlaufen, parallel zu den nahen Bergzügen im »Roten Zentrum« des Northern Territory, die Musgrave Ranges, Teil der weiten Stammesgebiete der Pitjantjatjara-Aborigines. In den erdgeschichtlich sehr alten Flinders Ranges, die sich über etwa 500 km zwischen der Spitze des Spencer Gulf und dem Lake Eyre hinziehen, hat die Natur mit dem 80 km² großen **Wilpena Pound** ein großartiges natürliches Amphitheater geschaffen. Nördlich davon ufern die Sanddünen der **Simpson Desert** ins endlose Nichts. Die seltenen Regenfälle verwandeln ihren kargen Spinifexbewuchs jäh in einen Wildblumenteppich. Hier leben seltene Tiere wie die Beutelspringmaus und der Beutelmaulwurf. Die abweisende Ebene der Sturt Stony Desert bedeckt windgeschliffenes Geröll *(gibber)*, während weiter südlich tiefe Schluchten den **Mount Remarkable** zerschneiden.

Faunavielfalt des Südens: Zum Meer hin setzt sich mittelmeerähnliches Klima durch mit heißen Sommern und vergleichsweise kühlen, feuchten Wintern. Siedler haben in eineinhalb Jahrhunderten weite Teile des Südens in fruchtbares Agrarland verwandelt. Die reiche Tierwelt konnte überleben, vor allem zwischen Coffin Bay und den Lincoln Nationalparks am Zipfel der Eyre-Halbinsel im Westen bis hin zum **Coorong National Park** im äußersten Südosten. Dazwischen befinden sich die Dünen und Klippen des **Innes National Park** an der Spitze der Yorke-Halbinsel und die schillernde Fauna und Flora von **Kangaroo Island**. Von der Mündung des Murray an begleitet die seichte Coorong-Lagune im Schutz einzigartiger Sanddünen den rund 100 km langen Strand nach Osten. Sie gewährt einer vielfältigen Vogelwelt Lebensraum und Besuchern Gelegenheit, Pelikane zu beobachten.

Australiens größter Salzsee
Der riesige Lake Eyre liegt größtenteils unter dem Meeresspiegel. Füllt er sich mit Wasser – was seit seiner Entdeckung nur dreimal geschah –, dann wimmelt es hier von Vögeln. Der Blick auf die Karte läßt vermuten, daß ihn 1000 km lange Flüsse speisen. Doch in der Regel versiegen ihre Wasser, lange bevor sie den See erreichen. In dieser flachen, konturlosen Salzpfanne erzielte Donald Campbell 1964 einen Geschwindigkeits-Weltrekord.

133

Die Remarkable Rocks auf Kangaroo Island sind berühmt für ihre etwas seltsam anmutenden verwitterten Granitgebilde.

SOUTH AUSTRALIA

Unterwegs

The Ghan
Eine der berühmtesten Eisenbahnverbindungen Australiens verläuft von Adelaide nach Alice Springs im Norden. Die Strecke ist nach den afghanischen Kamelkarawanen benannt, die im späten 19. Jahrhundert von der Eisenbahnlinie abgelöst wurden (siehe auch Seite 189).

Mit dem Auto
Die Straßen in den dichtbesiedelten Küstengebieten sind in gutem Zustand, und die großen Bundesstraßen sind befestigt. Im Outback besitzen die Straßen unterschiedliche Qualität; erkundigen Sie sich vor dem Aufbruch und treffen Sie angemessene Vorsorge (siehe S.143).

Mit dem Schiff
Sie können eine Autofähre von Cape Jervis nach Kangaroo Island nehmen, oder eine Passagierfähre von hier oder von Glenelg, einem Vorort von Adelaide.

Ein Bus der »O-Bahn« von Adelaide, der längsten Schienenbuslinie der Welt.

Mit dem Flugzeug: Adelaides Flughafen, 6 km vom Zentrum entfernt, verbinden nationale wie internationale Fluglinien mit vielen überseeischen und allen wichtigen Zielen in Australien. Größe und Geographie des Bundesstaates legen nahe, ihn mit dem Flugzeug zu erkunden. Häufig, zumindest täglich, verkehren Flüge zwischen Adelaide und Kangaroo Island oder Reisezielen der Eyre-Halbinsel wie Port Lincoln und Ceduna. Weitere Flüge bedienen Coober Pedy und Oodnadatta, Broken Hill in NSW sowie Birdsville in Queensland, wenngleich die meisten auf dem Straßenweg in das Outback reisen.

Mit dem Bus: Adelaides umfassendes, auf Einheitstarifen basierendes öffentliches Verkehrsnetz setzt vornehmlich Busse, aber auch Vorortzüge ein. Eine kostenlose Buslinie pendelt in kurzen Abständen zwischen Hauptbahnhof und Victoria Square, wo die Straßenbahn nach Glenelg abfährt. Das Transadelaide-Büro in der King William Street ist bei der Planung von Ausflügen im Großraum Adelaide behilflich. Die Glenelg Tram (ein »Oldtimer« aus dem Jahre 1929) und ihre Kopie, die Adelaide Explorer Tram, eignen sich hervorragend für eine erste Besichtigung der Sehenswürdigkeiten von Adelaide. Überlandbusse bieten Expreßverbindungen zu allen größeren Städten an. Selbst abgelegene Orte im Outback können mit, wenngleich seltener verkehrenden, Bussen zu erreichen sein. Wem es die Zeit erlaubt, den bringt der preiswerte **Wayward Bus** von Adelaide in drei Tagen nach Melbourne und acht Tagen nach Alice Springs, und zwar auf einer abwechslungsreichen Route.

Mit der Bahn: Fernzüge verlassen den modernen Keswick-Bahnhof (im Südwesteck von Adelaides Stadtzentrum) Richtung Perth, Alice Springs, Melbourne, Broken Hill und Sydney. Auch Port Pirie und Mount Gambier sind an die Bahn angeschlossen. Knotenpunkt von Adelaides (recht teurem) Vorortnetz ist der Hauptbahnhof an der North Terrace. Von dort aus lassen sich Ausflugsziele wie Port Adelaide und Belair in den Adelaide Hills erreichen.

ADELAIDE HILLS–BURRA

Besucher und knuddeliger »Insasse« im Cleland Conservation Park.

▶▶ Adelaide Hills 125B4

Den in der Küstenebene wuchernden Großraum Adelaide begrenzen im Westen die Strände des Gulf St Vincent, im Osten die Schluchten und steilen Hänge der Adelaide Hills. Abwechslungsvolle Berglandschaft, einige der ältesten Siedlungen Südaustraliens, Gemüsegärtnereien, Obsthaine, viele Weingüter sowie reizvolle Straßen und Wanderwege durch naturbelassenes Buschland machen sie zu einem verlockenden Ausflugsziel. Seit dem »Schwarzen Sonntag« des 2. Januar 1955, als ein Buschfeuer tagelang wütete, sind die Waldbestände geschrumpft. Am größten Schaukelpferd der Welt ist die **Toy Factory** auszumachen. Und die Gehege des **Cleland Conservation Park** an den Hängen des Mount Lofty, 20 km südöstlich von Adelaide, sind ebenso zu empfehlen wie das National Motor Museum in Birdwood (siehe unten) und das Warrawong Wildlife Sanctuary im Dorf Mylor.

▶▶ Arkaroola 125D4

Die einstige Schaffarm Arkaroola ist Ausflugsziel im Outback und Naturreservat. Von hier aus kann man die nördlichen Ausläufer der eindrucksvollen Flinders Ranges erkunden. Dort glitzern die zerfurchten, aus Mineralen wie Quarzit, Fluorit und Hämatit bestehenden Kämme des **Gammon Ranges National Park** ▶▶ mit heißen Quellen, einem großen Salzsee, reger Fauna und Geschichte.

▶▶ Birdwood 125B4

Hier winkt, nach gemächlicher, 50 km langer Fahrt durch die Adelaide Hills, das National Motor Museum mit Australiens größter Sammlung von Oldtimern, untergebracht in der steinernen Birdwood Mill (1852).

▶▶ Burra 125B4

Um 1840 rissen Kupferfunde in Kapunda und Burra Südaustraliens sieche Wirtschaft aus dem Koma. Britische Bergleute strömten nach Burra, 155 km nördlich von Adelaide. Binnen zehn Jahren legten sie die 13 km lange, 6 km breite Monster Mine an. An einem 11 km langen Pfad sind ein Maschinenhaus im Cornwall-Stil, das Wohnhaus eines Obersteigers und ein Gefängnis zu besichtigen. In den im Flußbett ausgegrabenen Wohnhöhlen hausten einst an die 2000 Minenarbeiter.

Australiens Deutschland

Mit der Ersten Flotte, die in Sydneys Hafen anlegte, trafen auch Deutsche ein, denen viele Landsleute nachfolgten. Ganze Gemeinden von Lutheranern flohen in den 30er und 40er Jahren des 19. Jahrhunderts aus der Mark Brandenburg und Schlesien vor der preußischen Kuratel nach Südaustralien. Sie siedelten zunächst in Klemzig, heute in den Fängen von Adelaides *suburbia*, Hahndorf und Lobethal in den Adelaide Hills sowie im Barossa Valley, das sie Neuschlesien nannten.

Made in Australia

Australien war schon früh eine Nation der Autofahrer; Anfang der 60er Jahre zählte man ein Auto pro Familie. 1931 kaufte General Motors Edward Holdens Karosserieunternehmen auf, das zunächst britische und amerikanische Fahrzeuge montiert hatte. 1948 rollte der erste Holden und damit das erste »australische« Auto vom Fließband, 1962 der millionste. Inzwischen haben die billigen und zuverlässigen japanischen Autos auch den australischen Markt erobert und den Holden zurückgedrängt. Allerdings feiert er seit einigen Jahren ein bescheidenes Comeback.

SOUTH AUSTRALIA

Das Leben der ersten Opalschürfer wird in der Old Timer's Opalmine von Coober Pedy gezeigt.

▶▶ **Coober Pedy** 124D3

Am Stuart Highway, etwa 900 km nordwestlich von Adelaide, verblüfft den Reisenden eine Mondlandschaft. Jahrzehntelanges Opalschürfen hat ihre merkwürdigen Hügel und Löcher hinterlassen. Coober Pedy geht zurück auf kupa piti, was in der Sprache der Aborigines soviel wie »Erdhöhle des weißen Mannes« bedeutet. Seit den ersten Opalfunden 1915 graben hier Schatzsucher aus allen Teilen der Welt nach dem großen Glück. In unterirdischen, durchaus komfortablen Höhlenwohnungen entrinnen sie der unerträglichen Hitze mit Temperaturen von über 40° C. Mit Läden, Restaurants, Hotels, gar zwei Kirchen entstand so eine Untergrundstadt. Mehrere Minen, in denen noch geschürft wird, sind Besuchern zugänglich.

▶ **Eyre Peninsula** 124B3

Zwischen den Wogen der Great Australian Bight, der Großen Australischen Bucht, im Westen und den geborgenen Wassern des Spencer Gulf im Osten dehnt sich diese Halbinsel als riesiges Dreieck aus. Die menschenleeren Gawler Ranges begrenzen es im Norden, den Südzipfel markiert der Tiefwasserhafen Port Lincoln. Auf den sandigen Böden gedeiht Weizen und weiden Schafe, während in den tieferen Schichten Eisenerze lagern, die in den Hochöfen und Walzwerken Whyallas, Südaustraliens zweitgrößter Stadt, zu Stahl verarbeitet werden. Der Eyre Highway schwingt sich in weitem Bogen vom Verkehrsknotenpunkt Port Augusta an der Spitze des Golfes nach Ceduna im Westen und weiter nach Western Australia. Im Süden begleiten den Flinders und Lincoln Highway Fischerdörfer, wilde Meeresszenerien und unversehrte Strände. Die Klippen und Sanddünen des **Lincoln National Park** ▶ beherbergen eine artenreiche Tierwelt. Seelöwen und große weiße Haie lassen sich bei dem ihm vorgelagerten **Dangerous Reef** ▶ , etwa 20 km entfernt, blicken.

▶▶ **Fleurieu Peninsula** 125B4

Die Halbinsel vor Adelaides Haustür bietet mit ihrer welligen Landschaft, ihren lieblichen Weingütern und der herrlichen Küste mit wilden Felsen und einladenden Stränden ein ausgezeichnetes Ferienziel. Eine halbstündige Fahrt nach Süden führt in das Weinanbaugebiet von **McLaren Vale** ▶▶ , dessen Kern inmitten malerischer Hügel das gleichnamige Dorf bildet. Weiter südlich, um Willunga, stehen im Juli die Mandelbäume in voller Blüte. Von Sandstränden gesäumt, darunter Australiens ältester Nacktbadestrand Maslins, zieht sich die Küste südwestlich den Golf entlang. Bei Cape Jervis nimmt sie felsige Gestalt an; von hier legt die Fähre zum Strand Backstairs Passage auf Kangaroo Island ab.

Nicht weniger reizt die Landschaft auf der anderen Seite des Kaps. Im **Deep Creek Conservation Park** ▶ fällt das Land steil in den Ozean ab. Den beliebten Ferienort **Victor Harbor** (siehe S. 142) bewacht ein massiger Felsklotz namens Rosetta Head. Von hier tuckert der nostalgische Cockle Train, vorbei an Port Eliots Stränden, an denen sich die Wellen brechen, zum liebenswerten Städtchen Goolwa nahe der Murray-Mündung (siehe S. 139). Über Legende, Geschichte und gegenwärtige Probleme dieses Flusses klärt das Interpretive Centre beim Signal Point auf (siehe S. 138).

Das Aussie-Winken

Wer im Fernsehen ein australisches Cricketspiel verfolgt, wird bemerken, daß die Zuschauer unablässig beiläufig unsichtbaren Freunden zuwinken. Jedoch: Sie winken nicht Freunden zu, sondern die hartnäckigen Fliegen davon. Bereits 1629 hielt der holländische Kapitän Pelsaert fest: »Es setzten sich solche Fliegenscharen in Augen und Mund fest, daß man sie nicht verscheuchen konnte.« Diese frühe Beobachtung könnte die Theorie widerlegen, die diese Plage auf die Rinderdungberge im Outback zurückführt. Australier wehren sich daheim mit Tür- und Fenstergittern, im Freien mit Mückenschutzmittel und nonchalantem Winken, da hektisches Fuchteln die Fliegen eher zu ermutigen scheint. Und niemand (außer einigen leichtgläubigen Touristen) trägt einen Ned-Kelly-Hut mit baumelnden Korken, um die Plagegeister fernzuhalten.

COOBER PEDY–FLINDERS RANGES

▶▶▶ Flinders Ranges   125C4

Nordöstlich von Port Augusta zeichnen die Grate und Schluchten dieser Bergkette ein zerklüftetes Landschaftsbild. Einige Felsen zählen zu den ältesten unserer Erde. Diese Bergwelt beeindruckt durch die lebhaften Farben des Mineralgesteins, ihre atemberaubenden Formationen, faszinierende Flora und Fauna sowie das scharfe Sonnenlicht, das jeder Einzelheit unwirkliche Intensität verleiht. Eines der Tore zur meistbesuchten Region der Flinders Ranges ist das Städtchen Quorn, einst wichtige Bahnkreuzung, heute Kleinstadt (1500 Einwohner); hier bricht der **Pichi Richi Steam Railway** ▶, Teil der alten Ghan-Linie, auf. Die Straße nach Hawker nördlich von Quorn führt nahe der Ruinen der verlassene **Kanyaka Homestead** und an den **Yourambulla Caves** mit Felsmalereien der Aborigines vorbei.

In Hawker biegt die Straße zum **Wilpena Pound** ▶▶▶ ab, einem Naturwunder Australiens. Diese mächtige Felsfestung besteht aus einem zwanzig Kilometer langen, acht Kilometer breiten Oval, das tausend Meter hohe Wälle von der Außenwelt abschirmen. Sie fallen jäh in den Kessel ab, in dessen flacher Parklandschaft Zucker-Eukalypten und im Frühjahr Wildblumen wuchern. Wie jede Festung hat auch diese nur einen Zugang, die Schlucht des Wilpena Creek, meist ein Rinnsal, zuweilen ein Sturzbach. Nahebei zweigen vom Touristenzentrum mehrere ausgewiesene Pfade unterschiedlichen Schwierigkeitsgrades ab. Wer 20 km zu wandern sowie 500 m steil aufzuklettern vermag, sollte den Marsch um den Pound und auf seinen höchsten Punkt, St Mary's Peak, nicht scheuen. Eine überwältigende, bis über die weißglitzernde Salzkruste des Lake Torrens schweifende Panoramasicht macht die Anstrengung vergessen.

Nördlich von Wilpena leiten Pisten in den Kern des Flinders Ranges National Park, der, obzwar weniger grandios, ebensosehr einen Ausflug lohnt. Er hütet viele Vögel, zwei Känguruh-Arten sowie das seltene gelbfüßige Felsenkänguruh.

Reptilienwälle

Die Aborigines erblicken in den Wällen des Wilpena Pond Versteinerungen tierischer Vorfahren, die an der Schöpfung dieses wie anderer landschaftlicher Merkmale ihrer Stammesgebiete teilhatten. Zwei Riesenschlangen lauerten hier den Teilnehmern des erstmals stattfindenden feierlichen Initiationsritus der Beschneidung eines Knaben auf. Alle wurden verschlungen, nur der wilde Truthahn Wala, der Eisvogel Yulu und der Knabe konnten entfliehen und gründeten neue Stämme. Als die Schlangen ihr Leben aushauchten, umwanden sie den Pound, um ihn für alle Zeiten abzuriegeln.

Trockene und schroffe Landschaft: typische Szene in den Flinders Ranges.

SOUTH AUSTRALIA

Nehmen Sie sich Zeit für eine Fahrt auf dem breiten Murray...

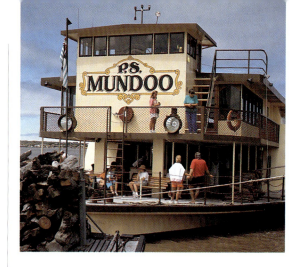

Sir Hans Heysen
Der junge Hans kam 1884 im Alter von sieben Jahren nach South Australia. Er ist einer der beliebtesten Maler der australischen Landschaft, deren Eigenheiten er eingehend studierte, vor allem die Bäume und ihre Lichtreflexionen. Seine Werke zieren so manche australische Kunstausstellung; einige von ihnen kann man in Hahndorf (wo er 60 Jahre lang lebte - sein Haus und sein Atelier können besucht werden) in der Galerie der Akademie besichtigen. Man ehrte Sir Hans, indem man den Fernwanderweg von der Fleurieu Peninsula zu den Flinders Ranges sowie Teile dieser Bergkette selbst nach ihm benannte.

▶ **Goolwa** 125B4

Diese kleine Hafenstadt ist Endstation zweier Ausflüge: mit dem antiken Cockle Train die Küste entlang, und flußaufwärts mit dem Raddampfer *Mundoo*. Das **Signal Point Interpretive Centre** ▶ bietet umfangreiches Anschauungsmaterial zum Thema »Murray River - gestern und heute«.

▶ **Hahndorf** 125B4

Die zweitälteste deutsche Siedlung South Australias (1839) liegt an einem idyllischen Fleck in den Adelaide Hills. Sie ist von dem South Eastern Freeway aus schnell zu erreichen und praktiziert teutonische Tradition in Reinstform: Würstel, Schützenfest und Kellnerinnen im Dirndl. Weitere Attraktionen sind die Kunstwerke der Hahndorf Academy, ein antikes Uhrenmuseum und eine Erdbeerfarm. Noch heute sieht man, wie ordentlich die ersten Siedler ihre Häuser entlang der Hauptstraße aufreihten.

▶▶▶ **Kangaroo Island** 125B4

Australiens drittgrößte Insel ist durch eine tiefe Meerenge, die »Backstairs Passage«, von der Fleurieu Peninsula getrennt und ein Naturparadies mit wilder Küstenlandschaft und reicher Fauna. Sie erhielt ihren Namen von dem gefürchteten Matthew Flinders; als sein Schiff *Investigator* 1802 hier anlegte, erlegte die Crew einige Graukänguruhs, die auch heute noch sehr zahlreich sind.

Die meisten Besucher kommen mit der Fähre vom Festland am kleinen Hafen Penneshaw auf der Dudley Peninsula am Ostende der Insel an. In Christmas Cove, westlich des Hafens, sieht man oft Zwergpinguine. Kingscote in der Nepean Bay hat sich mit seinem ältesten Gebäude, dem Hope Cottage aus dem Jahr 1858, Spuren seiner Vergangenheit bewahrt. Eine befestigte Hauptstraße führt am Flughafen vorbei ins Innere der Insel, deren wichtigste Sehenswürdigkeiten an der Südküste liegen.

Seal Bay ▶▶ beherbergt die größte Seelöwenkolonie des Landes, die sich von den Besucherscharen offenbar nicht stören läßt. Im Inneren der Insel stößt man auf die atemberaubende unterirdische Welt der **Kelly Hill Caves**; die Höhlen wurden von Kelly Hill, einem Pferd, entdeckt, das für immer in den unerforschten Tiefen verschwand (sein Reiter wurde gerettet). Ein anderer Meeressäuger, der neuseelän-

Australische Seehunde
Zwei der drei australischen Seehundarten leben bei Kangaroo Island: der neuseeländische Seebär und der australische Seelöwe. Ersterer wurde im 19. Jahrhundert fast ausgerottet; mittlerweile ist er geschützt, und seine Zahl steigt. Im Vergleich dazu waren die Seelöwen nicht so begehrt, vor allem weil ihr Fell weniger wärmt als das des Seebären.

GOOLWA–MURRAY RIVER

dische Seelöwe, frequentiert die Gewässer des Cape du Couedic im Südwesten. Am Kap selbst erhebt sich **Admirals Arch**, vom Meer ausgehöhlte Kalksteinklippen, die eine majestätische Brücke bilden; im Osten schließen sich die so treffend bezeichneten **Remarkable Rocks** (Bemerkenswerter Felsen) an ▶▶: Auf einem ebenen Kap thronen von der Erosion seltsam geformte Granitblöcke, so als ob sie dem Genius eines abstrakten Bildhauers zu verdanken wären.

Der **Flinders Chase National Park** ▶ zeigt die ursprüngliche Vegetation der Insel: ein Gestrüpp aus Eukalyptus und Büschen. Am Rocky River lauern Känguruhs, Wallabys und Emus schon auf Ihre Sandwiches. In den Bäumen sieht man Koalas, und der geduldige Beobachter wird hie und da sogar ein Schnabeltier ausmachen. Blickfang der nordwestlichen Spitze der Insel ist der Leuchtturm am Cape Borda. Gen Osten erstreckt sich eine spektakuläre Küste, die man über eine Schotterstraße erreichen kann; die Klippen sind bis zu 200 m hoch und laufen stellenweise in Sandstrände aus.

▶ **Mount Gambier**   125A5

Die wichtigste Stadt im Südosten South Australias hat eine turbulente, vulkanische Vergangenheit, die erst vor kurzem zur Ruhe kam und Bergkegel sowie Krater hinterließ; sogar im Stadtkern stößt man auf ein mit Wasser gefülltes Loch. Der Blue Lake am Stadtrand verändert je nach Jahreszeit auf geheimnisvolle Weise seine Farbe.

▶ **Murray River**   125B5

Nahe Renmark schlängelt sich der Murray träge nach South Australia hinein. Von hier bis zu seiner Mündung ins Meer am Lake Alexandrina ist der Fluß das Mekka all derer, die im Urlaub süßes Nichtstun am Wasser suchen. Sehr beliebt sind Hausboote, die man in Renmark und anderen Orten mieten kann.

Den Murray entlang
Bewässerungsanlagen haben diese Gegend in ein riesiges Obst- und Weinbaugebiet verwandelt, das Orangen, Äpfel, Birnen und etwa 40 Prozent der Traubenernte des Bundesstaates liefert. Das Loxton Historical Village erweckt die rauhe Zeit der Siedler zu neuem Leben. Die Epoche des Flußhandels ist Vergangenheit; dennoch strahlen viele Orte am Fluß eine markante Atmosphäre aus. Auch im Old Tailem Bend Pioneer Village wird die alte Zeit beschworen, und der Raddampfer *Marion*, der bei Mannum vor Anker liegt, ist heute ein schwimmendes Museum.

139

...es ist so herrlich entspannend. Genießen Sie die spektakuläre Landschaftskulisse.

SPECIAL — *Weinanbau*

■ Zwar kamen schon mit der ersten Flotte Weinsetzlinge nach Australien, aber anscheinend verliefen die ersten Versuche, einen australischen Wein zu produzieren, erfolglos. Die Geduld zahlte sich aus, und heute haben australische Weine im In- und Ausland einen hervorragenden Ruf. ■

Goldenes Naß in eisgekühlten Dosen
Obwohl immer mehr Leute Wein trinken, gehören die Australier nach wie vor zu den leidenschaftlichsten Biertrinkern der Welt. Vor einem Jahrhundert waren die meisten Biere, wie die britischen Sorten Ale und Stout, eher obergärig, wurden jedoch zusehends vom untergärigen Lagerbier verdrängt. Das paßte besser zum Klima und wurde zunächst von Deutschen in Melbourne und von den Gebrüdern Foster gebraut, die ursprünglich aus New York kamen, und dem wohl bekanntesten Bier des Landes ihren Namen gaben.

Eine Kellerei bei Nuriootpa im Barossa Valley.

Die ersten Siedler bevorzugten den Rum; später stand im Gegensatz zu den Weinen, die von den Ausländern als grobschlächtige Imitation und Etikettenschwindel abgetan wurden, das ausgezeichnete Bier des Landes hoch im Kurs.

Seit den 60er Jahren hat sich das jedoch geändert, was auf den wachsenden Wohlstand, besseres Know-how und nicht zuletzt auf die Trinkgewohnheiten der Einwanderer aus der jüngeren Vergangenheit zurückzuführen ist. Ein Besuch bei einem gut sortierten Weinhändler eröffnet eine ganze Welt von Eigenbau-Weinen, die es zu entdecken gilt. Wie andere große Weinländer braucht Australien eigentlich keinen Wein einzuführen.

New South Wales: Dieser Bundesstaat verfügt – im berühmten Hunter Valley, etwas nördlich von Sydney – über die altehrwürdigsten Weinberge. Seit über 150 Jahren wird hier Wein produziert. Unter den 50 bis 60 Kellereien befinden sich einige von Australiens besten. Hier wird Wert auf höchste Qualität gelegt; im Südwesten, im bewässerten Tal des Murrumbidgee River, produziert man dagegen für Destillation und Vergärung so viel Wein wie möglich.

Victoria: Hier gab es früher soviele Weinberge wie in New South Wales und South Australia zusammen, doch die mei-

Weinanbau

sten wurden im letzten Jahrhundert von Rebläusen vernichtet und nie wieder nachgepflanzt. Wein aus Victoria liegt indes im Trend; es gibt zahlreiche »Boutiqueweine«, und mit die besten stammen aus dem **Yarra Valley** bei Melbourne. Das Great Western Plateau ist berühmt für seinen Schaumwein.

Western Australia: Auch dieser Bundesstaat hat alte Weinberge, die die ersten Siedler entlang des Swan Valley pflanzten. Die vielleicht interessantesten Weine seit Anfang der 80er Jahre kommen aus dem Gebiet um den **Margaret River**.

Tasmania: Da Tasmania näher am Südpol liegt, profitiert es von dem Trend, Weinsorten anzubauen, die in kühlem Klima lange Reifezeiten haben; überdies werden immer mehr Qualitätsweine angebaut (vorwiegend um Hobart und Launceston).

South Australia: Hier liegt die Hochburg des australischen Weinbaus, die ungefähr zwei Drittel der Gesamtproduktion des Landes liefert. Die meisten Weinberge der Adelaide Plains sind verschwunden, und die riesigen Mengen von Trauben entlang des Murray braucht man für Spirituosen; andere Gebiete produzieren jedoch überaus renommierte Weine. **Coonawarra**, weit im Südosten, baut auf fruchtbarem vulkanischen Boden ausgezeichnete Rotweine an, während **Adelaide Hills** das erfolgreichste der jüngeren, kühleren Anbaugebiete ist. Die Boutiqueweine aus dem hügeligen **McLaren Vale** sind »in« und die Jahrgänge aus dem Clare Valley sind hervorragend, doch die vielleicht beste Weingegend ist das **Barossa Valley**, nördlich von Adelaide. Guter Boden, Sonne im Sommer und Regen im Winter garantieren guten Wein, der in einer lieblichen Landschaft angebaut wird.

Weinproben: Australische Weinhändler heißen Besucher in ihren Kellereien willkommen. Weinproben sind ein beliebter Zeitvertreib, auch wenn die Wahl schwer fällt. Starten Sie Ihre Suche bei einem bekannteren Produzenten.

Ein Rum-Korps
Anfangs schien ganz New South Wales in bengalischem Rum zu schwimmen. Hartgeld war Mangelware, weshalb in der Not der Rum in vielerlei Hinsicht als Zahlungsmittel einsprang. Der Verkauf wurde von den Offizieren des New South Wales Korps überwacht, damals vielleicht das britische Regiment mit dem niedrigsten Ansehen überhaupt. Da sie in militärischer Hinsicht unterfordert waren, verbrachten diese Gentlemen ihre Zeit damit, sich mit allen Mitteln zu bereichern und zeigten sich nur dann kriegerisch, als Gouverneur Bligh ihr Rummonopol zu bedrohen schien. Ihr Marsch auf die Gouverneursresidenz am 26. Januar 1808 und die Gefangennahme des Gouverneurs wurde despektierlich »Rum-Rebellion« genannt.

Petrel Cove in Victor Harbor.

Seltsame Begegnung
In der frühen Kolonialzeit befürchteten die Briten nicht ganz zu Unrecht, die Franzosen könnten sich für Australien und Ozeanien interessieren. Anfang des 19. Jahrhunderts erkundete eine Expedition unter Nicolas Baudin die Südküste und Tasmania und hinterließ hie und da einen gallischen Namen wie Tasmaniens Freycinet Peninsula. Am 8. April 1802 beobachtete Matthew Flinders während seiner Umsegelung des Kontinents, wie Baudins Schiff, die *Geographe*, die Küste South Australias westwärts entlangsegelte. Da er von ihren friedlichen Absichten überzeugt war, ging Flinders an Bord des französischen Schiffes. Man verewigte diese Begegnung zweier großer Seefahrer im Namen des Gewässers, an dem sie stattfand – Encounter Bay (Bucht der Begegnung).

▶ **Naracoorte** 125A5
Diese Stadt im Südosten feiert den Wohlstand, den sie mit Schafzucht erlangt hat, im Sheep's Back Wool Museum. Die meisten Besucher kommen, um die Schönheit der Naracoorte Caves ▶ zu bestaunen. Nur wenige der etwa 60 bekannten Höhlen sind begehbar; es gibt Führungen im Blanche Cave und Alexandra Cave. 1969 fand man im Victoria Cave die Knochen unbekannter Beuteltiere, sowie von Riesenkänguruhs und Wombats. Im Süden liegt Bool Lagoon, ein Naßgebiet, das Tausende von Wasservögel anzieht.

▶ **Strathalbyn** 125B4
Die ehrwürdigen öffentlichen Gebäude und hübschen Parks am Ufer des Angas River geben Strathalbyn an der Landenge der Fleurieu Peninsula ein gewisses schottisches Flair. Der National Trust hat die Vergangenheit der Stadt in ein sauberes Bündel geschnürt und präsentiert sie in der Polizeistation von 1858 und im Gerichtsgebäude von 1867.

▶ **Victor Harbor** 125B4
Die Lage von Victor Harbor an der Encounter Bay ist einfach grandios! Schutz vor dem Meer bieten Rosetta Head (»the Bluff«) und Granite Island, deren höchsten Punkt man über einen Damm, vormals per Pferdebahn, heute per Sessellift, erreichen kann. Die auf der Insel heimischen Zwergpinguine erscheinen gewöhnlich am Abend auf der Bildfläche.

▶ **Yorke Peninsula** 125B4
Diese stiefelförmige Halbinsel ist etwa 240 km lang, erstreckt sich gen Süden und wird im Westen vom Spencer Gulf, im Osten vom Gulf St Vincent eingerahmt. Die Bewohner South Australias kommen hierher, um einen ruhigen Urlaub mit Angeln, Bootfahren und Wassersport zu verbringen. Weil es früher kaum gute Straßen gab, findet man an der Küste nur wenige kleine Häfen und Ankerplätze, dafür aber gewiß attraktive Orte. Am Ende der Halbinsel wird die Küste etwas zerklüfteter und bietet dennoch ruhige Strände zum Schwimmen, Surfen und Tauchen.

SPECIAL

Tracks

■ Das 600 000 km² große, merkwürdig lokkende Hinterland (Outback) von South Australia birgt mit die unwirtlichsten Orte der Erde. Riesige Entfernungen, Wassermangel und die extremen Temperaturen sind nahezu unerträglich. Menschen leben nur vereinzelt auf Rinderzuchtfarmen, so groß wie europäische Kleinstaaten, und in »Städten«, kaum größer als ein Weiler. Doch vom Outback geht eine eigene Faszination aus; seine trockene Schönheit verwandelt sich urplötzlich, wenn es regnet, Salzseen sich mit Wasser füllen und Blumenteppiche das Land überziehen. ■

Wenige Straßen durchschneiden die Weiten von South Australias Outback, verbinden abgeschiedene Farmen und Siedlungen. Einige sind befestigt, andere werden zu Recht als *tracks* (Staubpisten) bezeichnet und fordern eher die abenteuerlustigen Gemüter heraus.

Der Oodnadatta Track: Dieser Track ist Teil der Strecke von Adelaide nach Norden in Richtung Alice Springs und eine Alternative zum Stuart Highway. Er beginnt bei Marree am Südende des Lake Eyre und folgt zunächst der Route des Forschungsreisenden John McDouall Stuart, später der von Overland Telegraph und der ursprünglichen Ghan-Bahnlinie. Vor Fertigstellung der Linie bis Alice war Oodnadatta Endstation; ab hier wurden Waren auf Kamelen weitertransportiert. Der alte Bahnhof (heute ein Museum) steht noch.

Der Strzelecki Track: Der nach dem polnischen Forscher Graf Paul Strzelecki benannte Track führt von Lyndhurst nach Nordosten zur Grenze von Queensland und folgt dem Pfad, auf dem der berüchtigte Captain Starlight gestohlenes Vieh zu den Märkten im Süden hinuntertrieb. Er berührt die Flinders Ranges im Norden, durchzieht die unendlichen Hügel der Strzelecki Desert und endet bei Innamincka, wo die glücklosen Burke und Wills den Tod fanden.

Der Birdsville Track: Dieser Track wurde ursprünglich auch beim Viehtrieb benutzt und von Viehzüchtern ausfindig gemacht, die vermutlich gesetzestreuer waren als Captain Starlight, aber genauso zäh. Wie der Oodnadatta Track beginnt er in Marree, endet jedoch nach 520 km in Birdsville (Queensland).

Oben: William Creek am Oodnadatta Track.

Sehenswürdigkeiten am Birdsville Track
Entlang dem Track stößt man auf heiße Quellen, verlassene Heimstätten, neun Meter hohe Sandhügel und in der Sturt Stony Desert auf endlose Felder windgeschliffener Kiesel. Der alte Grenzposten von Birdsville mit seinem berühmten Pub wird jedes Jahr beim großen Pferderennen zu neuem Leben erweckt, ein Ereignis, das bis zu 50 000 leere Bierdosen zurückläßt!

SOUTH AUSTRALIA

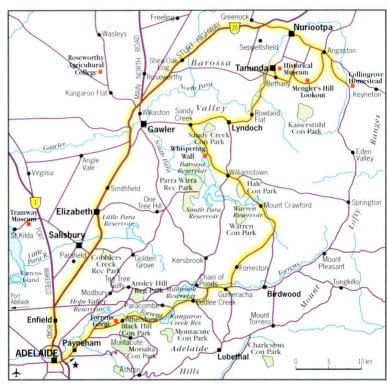

Mit dem Auto

Barossa Valley

Man erreicht das weltberühmte Weinbaugebiet Barossa Valley über Umwege auf einer wunderschönen Route durch die abwechslungsreiche Landschaft der nördlichen Adelaide Hills.

Adelaides Payneham Road und später Gorge Road führen zu dem felsigen Engpaß, dem auch der River Torrens folgt, und schließlich in das Obstbaugebiet um **Gumeracha**. Unter den vielen Stauseen, die den Regen dieses Hochlandes auffangen sollen, ist das **Barossa Reservoir** ein beliebter Rastplatz, weil seine »flüsternde Mauer« eigentümliche Klangeffekte liefert. Die Stadt Lyndoch ist das Tor zum Barossa Valley, während **Tanunda** mit seinem historischen Museum das kulturelle Zentrum der vormals wichtigsten, deutsch besiedelten Region Australiens ist. Überall erblickt man einladende Weinberge. **Bethany**, 1842 gegründet, liegt am Fuße des Mengler's Hill Lookout, der ein schönes Panorama auf diese Bilderbuchlandschaft öffnet. Der Umweg über **Collingrove Homestead** in Angaston rentiert sich; heute wird es vom National Trust verwaltet, früher war es Mittelpunkt der unermeßlich großen Ländereien der Pionierfamilie Angas.

Der Rückweg nach Adelaide führt über **Nuriootpa**, das Wirtschaftszentrum Barossas, **Gawler**, das blühende Agrarzentrum, und die Satellitenstadt **Elizabeth**, wo nach dem Krieg viele britische Einwanderer ihre Heimat fanden.

SOUTH AUSTRALIA

MCLAREN VALE UND FLEURIEU PENINSULA

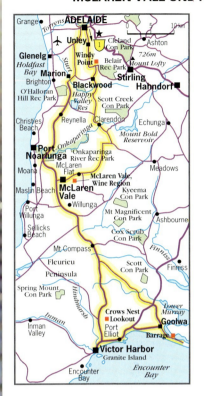

Banksien ziehen Vögel an.

Mit dem Auto

McLaren Vale und Fleurin Peninsula

Diese Rundfahrt führt durch die attraktive Weinbaugegend des McLaren Vale und das hügelige Farmland der Fleurieu Peninsula zur Mündung des Murray River und der spektakulären Szenerie von Victor Harbor.

Von Adelaide aus kommt man über die Unley Road schnell in die umliegende Hügellandschaft und hinauf auf den **Windy Point Lookout**; von dort aus genießt man den grandiosen Blick auf die in der Küstenebene verstreute Stadt und ihre Vororte. Im Hochland wohnen bevorzugt die wohlhabenderen Pendler, doch schon bald weichen die Vororte dem Ackerland, den Wäldern, den Weinbergen und den einladenden Kellereien um McLaren Flat und McLaren Vale.

Auf einer gut ausgebauten Schnellstraße durchquert man rasch die **Fleurieu Peninsula** zur kleinen Küstenstadt Goolwa. Hier erzählt Ihnen das großartige **Signal Point Interpretive Centre** alles, was Sie über den Murray, Australiens längsten Fluß, wissen wollen, der durch ein von Vögeln umschwärmtes Wehr in den Ostteil der Stadt fließt.

Nach kurzer Fahrt am Ufer von Encounter Bay erreicht man **Victor Harbor**, das über einen Damm mit Granite Island verbunden ist. Für den Blick auf Stadt und Meer lohnt sich der Aufstieg zum 100 m hohen **Bluff** im Westen der Stadt.

Über die Direktverbindung kehrt man nach insgesamt 200 km nach Adelaide zurück.

WESTERN AUSTRALIA

Der Swan River von Perth wurde nach den schwarzen Schwänen benannt, die hier leben.

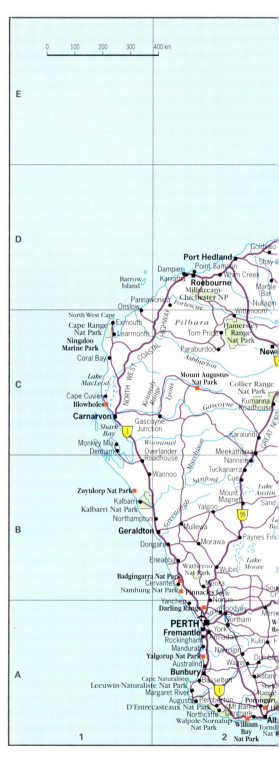

WESTERN AUSTRALIA

HIGHLIGHTS

KINGS PARK, PERTH siehe Seite 152
WESTERN AUSTRALIAN MUSEUM siehe Seite 153
ALBANY siehe Seite 159
FREMANTLE siehe Seite 163
KALGOORLIE–BOULDER siehe Seite 165
MAGARET RIVER siehe Seite 168
PEMBERTON siehe Seite 171
THE PINNACLES (NAMBUNG NATIONAL PARK) siehe Seite 172
THE KIMBERLEY siehe Seite 173
SHARK BAY MARINE PARK (& MONKEY MIA) siehe Seiten 168 und 174

WESTERN AUSTRALIA

Unberührte Karri-Wälder im Warren National Park südwestlich von Pemberton.

Auf dem Dach des Staates
Die Stirling Range, die höchste Gebirgskette Südwestaustraliens, ist im Frühjahr (September/Oktober) mit Wildblumen übersät. Es gibt zahlreiche Wanderwege, doch vergessen Sie Ihre Regenjacke nicht, weil schwere Regenfälle die Regel sind.

Der tropische Norden
Teile des Kimberley werden vom Monsunregen erreicht. Flüsse, von denen wegen der Trockenheit nur Tümpel übriggeblieben sind, füllen sich schnell und überschwemmen die Ebenen. Ganz im Norden gibt es Lebensräume, die biologisch so wertvoll sind, daß sie durch ihren Nationalpark-Status quasi geschlossen und für die Öffentlichkeit nicht zugänglich sind.

Western Australia: Fans dieses größten australischen Bundesstaates weisen gerne darauf hin, wie viele Staaten Europas in diese 2,5 Millionen km² große Fläche hineinpassen. Western Australia ist einfach riesig. Es ist auch menschenleer, da es meistens die Gesichter einer Wüste zeigt: Seine weiten, monotonen Landschaften erstrecken sich von den Wüstenstränden im äußersten Nordwesten am Indischen Ozean zu den Klippen der Nullarbor Plain, an denen der Southern Ocean nagt. Ein weiteres Kriterium ist die Isolation. Perth hat den Ruf, die abgeschiedenste Stadt der Erde zu sein; Adelaide, ihr nächster Nachbar, ist 2700 km, Sydney gar 4200 km entfernt. Trotzdem liegen im Westen einige der großen Urlaubsziele Australiens.

Das freundliche und sonnige **Perth** ist nach Sydney die zweitliebste Stadt eines jeden Australiers; bis vor kurzem zogen Australier nur dorthin, weil sie zu einem erschwinglichen Preis gut leben wollten. Selbstverständlich gehört es zu den wichtigsten australischen Städten, nicht zuletzt wegen sener atemberaubenden Lage am herrlichen Swan River, gleich landeinwärts vom Hafen von **Fremantle**, eine der charaktervollsten historischen Städte des Landes.

Der Großraum von Perth dominiert die Küstenebene westlich der **Darling Range**, Western Australias bescheidenem Gegenstück zur Great Dividing Range. Er ist aufgrund des mediterranen Klimas, der oft spektakulär zerklüfteten Küste, der ausgedehnten Wälder und dem Löwenanteil an fruchtbarem Ackerland die am dichtesten besiedelte Region des Bundesstaats. Landeinwärts erstreckt sich der Weizengürtel – dessen Erträge von der jeweiligen Regenmenge bestimmt werden –, der allmählich in Buschland und schließlich in Wüste übergeht. Entlang dem Wüstenrand liegen Goldgräberstädte, die zum Teil verlassen, zum Teil (z. B. **Kalgoorlie-Boulder**) noch sehr lebendig sind.

Im restlichen Staatsgebiet findet man selten einen Menschen. Die meisten Städte sind klein und liegen weit voneinander entfernt an der endlos erscheinenden Küste. **Broome**, das alte Perlenzentrum, erlebt seinen zweiten Frühling als Touristenstadt, während **Port Hedland** gewinnbringend mit dem Eisenerz aus seinem Hinterland Pilbara Handel treibt. Dort entstehen rasch eigenartige neue Fertighaus-Siedlungen, die den Bergleuten klimatisierten Schutz vor den unmenschlichen Temperaturen bieten.

Doch wer Western Australia besucht, will wohl vor allem die gewaltige, unberührte Landschaft sehen. Da die Schnellstraßen in den Norden und Nordwesten des Bundesstaates nun befestigt sind, trauen sich Besucher, auch Gegenden zu erkunden, die man früher für zu abgelegen hielt. Noch mehr als die schroffen Weiten der **Hamersley Range** in der Pilbara zieht das ferne, tropische **Kimberley** mit seinen verschwenderischen Naturschönheiten Touristen an, immer öfter als Zwischenstopp auf dem Weg ins nahegelegene Northern Territory.

Geschichte: Holländische Seefahrer, unterwegs nach Ostindien, gaben Anfang des 17. Jahrhunderts dem westlichen Rand des unbekannten Kontinents den unglaubwürdigen Namen »New Holland«. Sie segelten nach Osten über den Indischen Ozean, dann entlang der australischen Küste nach Java. Manchmal hatten sie es jedoch zu eilig; das bezeugen die ersten europäischen Spuren in Western Australia, die Namen berühmter Schiffe wie der *Zeewijk* und der *Batavia*,

WESTERN AUSTRALIA

deren Wracks sich auf den Riffen und Sandbänken der tückischen Küste häufen.

Der erste Eindruck der Briten war auch nicht überwältigend: William Dampiers Berichte aus den Jahren 1688/89 über den Nordwesten waren ausgesprochen entmutigend. Durch eine (eingebildete) französische Bedrohung um 1820 sahen sich die Briten gezwungen, den Westen des Kontinents ihrem Empire anzugliedern; 1826 legte man den Grundstein zum Hafen von Albany; 1829 gründeten James Stirling und seine Gruppe freier Siedler eine Kolonie am Swan River, wo heute Perth steht. Die Kolonie entwickelte sich zögerlich und konnte nur durch den Einsatz von Sträflingsarbeit (ab 1850) und später durch die Öffnung der Goldgruben im Osten (nach 1880) gerettet werden. Jene sind auch heute noch die Lebensgrundlage von Kalgoorlie-Boulder.

Anfang des 20. Jahrhunderts konnte Western Australias Loyalität mit der Föderation nur durch das Versprechen gesichert werden, eine Eisenbahnverbindung mit dem Rest des Landes herzustellen. Noch in den 30er Jahren offenbarte ein Volksentscheid, daß sich die Mehrheit der Bevölkerung lieber abspalten würde. Durch Einwanderungswellen nach dem Krieg und scheinbar unbegrenzte Rohstoffe scheint heute der Westen trotz finanzieller Mißwirtschaft seitens Politikern und skrupellosen Unternehmern gesichert zu sein.

Ein Land für sich
Trotz moderner Verkehrs- und Kommunikationsmöglichkeiten ist Western Australia sehr eigen. Alles, was östlich der Grenze zu South Australia liegt – sei es Adelaide, Melbourne oder Sydney – wird inoffiziell oft den „Eastern States" zugeordnet. Die Westaustralier verbringen ihren Urlaub auch lieber auf Bali als auf dem Great Barrier Reef.

Stirling Range National Park nahe Albany im Südwesten.

WESTERN AUSTRALIA

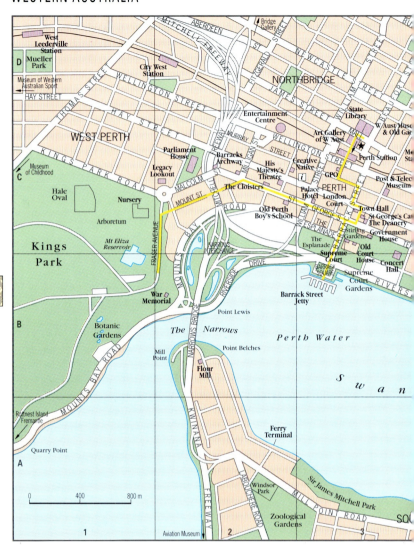

Perth

Vorstädte

Wenn Sie mit der Fähre nach South Perth übersetzen (siehe Kasten gegenüber) fahren Sie durch so viele feudale Vorstädte, daß Sie vielleicht am liebsten alles verkaufen und ohne Wenn und Aber hierher ziehen würden. Die Millionäre des »Goldenen Westens« wohnen hier, wo der Weg zum Jachthafen oder -club und zum eigenen Schiff kurz ist.

Wie Sydney ist Perth eine geistreiche Verschmelzung von großartigen Bauwerken und herrlicher Landschaft. Vom **Kings Park** aus sieht man eine der schönsten Skylines der Welt – links schimmern die Bürotürme des Zentrums im Sonnenschein, rechts liegt das herrliche Blau des Perth Water mit seinen blitzblanken Jachten.

Die Stadt bietet ihren Bewohnern die meisten Zutaten eines guten Lebens: ein Klima wie in Kalifornien, jedoch ohne Smog; attraktive Häuser in jeder Preisklasse und in hübschen, oft feudalen Vororten; überdies viele Spielwiesen in freier Natur, angefangen beim Swan River und Meeresstränden, die ihresgleichen suchen, bis hin zu üppigen Parklandschaften, die beinahe bis in den Stadtkern drängen.

PERTH

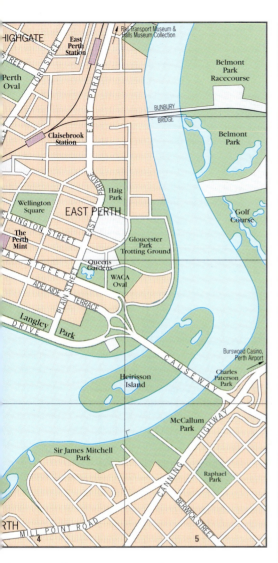

Kings Park, ein großes Areal von Wäldern und Grünflächen im Zentrum von Perth ist ideal, um sich zu entspannen.

Eine reiche Stadt: Früher galt Perth als langweilige Stadt. Ob das stimmte oder nicht – heute hat sich das grundlegend geändert. Die **Concert Hall** und das **Entertainment Centre**, herausragende Marksteine des kulturellen Lebens, bilden einen Kontrast zum historischen und aufwendig restaurierten **His Majesty's Theatre**, der Heimat von Oper und Tanz in Western Australia. Dazu gesellt sich der weiße Turm des **Burswood Casino**, des größten in der südlichen Hemisphäre. Neue Bauten mit hohem kulturellen Wert (Kunstgalerie und Staatsbibliothek) gruppierte man zu einem urbanen Brennpunkt. Der Stadtkern ist sehr kompakt. Ein Netz aus futuristischen Fußgängerwegen vereint Straßen, Tunnels und Gebäude und verbindet Haltestellen, Einkaufspassagen, Fußgängerzonen und Plätze miteinander. Wirkliche Sehenswürdigkeiten sind rar, doch auf einem Spaziergang entdeckt man die unzähligen Vorzüge dieser Stadt.

Die Stadt am Fluß
Das eigentliche Perth ist eine Synthese aus Stadt und Fluß, und Sie sollten dies nicht nur vom Kings Park aus genießen, sondern auch direkt am Fluß. Zumindest sollten Sie mit der Fähre nach South Perth (und zurück!) fahren. Noch besser, Sie setzen nach Rottnest Island oder Fremantle über. Auf der Fahrt wird sich Ihr Auge an diesem unvergeßlichen Bild satt sehen wollen – jene dicht gedrängten Türme der Stadt, die sich über die funktionale, doch elegante Narrows Bridge erheben.

Aus der Perspektive des Kings Park Areals: Perth, eine überaus attraktive Stadt.

▶▶ Art Gallery of Western Australia   150C3
Perth Cultural Centre, James Street, Northbridge
Die Galerie ist in einem großzügigen, modernen Gebäude untergebracht; sie präsentiert ausgezeichnete Sammlungen mit vorwiegend australischen Werken sowie Kunst der Aborigines. Traditionelles und zeitgenössisches Kunsthandwerk, Keramiken, Textilien, Schmuck, Schnitz- und Glaskunst sind ebenfalls zu besichtigen; das Museum macht seinen Einfluß auch in der künstlerischen Verschönerung des Platzes geltend, der den Stadtkern mit Northbridge verbindet. Kostenlose Führungen werden regelmäßig angeboten.

Ausflüge auf dem Wasser
Fähren verbinden die Mole am Barrack Square in Perth mit South Perth, Fremantle und Rottnest Island. Überdies werden Flußfahrten zu den Landschaften der frühen Kolonialzeit an den Armen des Swan River angeboten. Auch Kreuzfahrtschiffe legen gelegentlich noch in Fremantle an.

▶ Aviation Museum   150A2
Bull Creek
Australiens größte Sammlung mit historischen Flugzeugen und Erinnerungen an die Luftfahrtgeschichte liegt in der Vorstadt Bull Creek. Aggressive Eleganz erfolgreicher Kriegsmaschinen wie der *Avro Lancaster* und der *Supermarine Spitfire* steht im Gegensatz zum alltäglichen Design der berühmten *Dakota* aus den Dreißigern, die heute noch fliegt. Das Museum zeigt auch 23 Flugzeugmotoren, Modelle, Photographien und Erinnerungsstücke.

▶▶ Kings Park   150C1
Wenige Städte der Welt haben einen derart verschwenderischen Gürtel naturbelassener Landschaft, der bis ins Zentrum reicht. Seit der Gründung 1829 wollte man dieses Gebiet, bekannt als Mount Eliza, unbebaut lassen. Ungefähr zwei Drittel des Parks bestehen aus Buschwerk, das im Frühjahr mit Wildblumen prangt und das man zu Fuß wie auch auf einer Panoramastraße erschließt. Fraser Avenue mit seinen Denkmälern eröffnet dem Besucher ein herrliches Panorama von Perths Lage am Swan River, während die **Botanic Gardens** die Blumenpracht Western Australias in üppig bepflanzten Gärten eingefangen haben.

Sonne, Sand und Surfen
Die Strände in den Vororten von Perth sind die besten Australiens. Der weiße Sand und das klare, blaue Wasser des Indischen Ozeans der Strände von Cottesloe, Scarborough, Swanbourne und vielen anderen sind schöner als der Strand von Bondi, Sydneys beliebtestem Sandstreifen.

▶ Perth Zoo   150A2
20 Labouchere Road, South Perth
Ein sehr guter Anlaß, um mit der Fähre nach South Perth

PERTH

zu fahren: Der Zoo bietet eine hervorragende Schau exotischer als auch spezifisch australischer Tiere wie Emus, Koalas und Känguruhs, die in einem Wildpark zu sehen sind. Er ist berühmt für Forschungs- und Aufzuchtprogramme für gefährdete Arten: in einem eigenen Gehege begegnet man dem Numbat, einem vom Aussterben bedrohten Beuteltier. Der stetig wachsende Zoo birgt auch Neuerungen in sich wie die Harmony Farm (eine Präsentation umweltfreundlicher Technologien für den Umgang mit der Natur), das Conservation Discovery Centre, einem nachts geöffneten Gehege und eine vollständige Reproduktion einer afrikanischen Savannenlandschaft.

▶▶▶ Western Australian Museum 150C3
Frances Street, Northbridge

Dieser faszinierende Museumskomplex umfaßt Gebäude unterschiedlichen Alters und Stils; seine Vielfalt gibt dem attraktiven Ambiente von Perths Kulturzentrum eine besondere Note. Ein halber Tag hier ist kein Ersatz für eine einmonatige Entdeckungsreise zu den Naturschönheiten und den Menschen Western Australias, aber man kommt schon ganz schön weit!

Das Herz des Komplexes ist das moderne Gebäude an der Francis Street mit der **Marine Gallery**, in deren Mittelpunkt ein gewaltiges, 24 m langes Skelett eines Blauwals steht, und der **Aboriginal Gallery**, einer umfassenden und einfühlsamen Dokumentation der Kunst, Religion und Kultur der ersten Australier. Im alten Gebäude an der Beaufort Street findet man traditionelle Ausstellungsinhalte wie Säugetiere und Fossilien, während die Geschichte der weißen Siedler im Westen im **Old Gaol**, Perths ursprünglichem Gefängniskomplex Mitte des 19. Jahrhunderts, wieder lebendig wird.

Nicht alles, das glänzt...
In Perth gibt es mehrere Läden, in denen Edel- und Halbedelsteine verkauft werden. Die Auswahl reicht von Perlen aus Broome und Opalen aus Coober Pedy bis zu den rosa Diamanten aus den staatseigenen Argyle Minen.

Vorortattraktionen
Auch außerhalb des Stadtzentrums von Perth gibt es viel zu sehen. Im südlichen Vorort Canning Vale kann man die berühmte Brauerei Swan Brewery besichtigen, an der nördlichen Küste gibt es das Aquarium Underwater World und bei Sorrento Hillary's Boat Harbour zu sehen. Der historische Hafen von Fremantle liegt stromabwärts und auch eine Fahrt zu den Swan Valley Weinkellereien lohnt sich.

153

Der an den Tudor-Stil angelehnte London Court (1937) zwischen Hay Street Mall und St George's Terrace.

WESTERN AUSTRALIA

Zu Fuß

Das Stadtzentrum von Perth

Siehe Karte Seite 150.

Dieser Rundgang von ungefähr vier Kilometer Länge lebt von den Kontrasten zwischen alt und neu, die Perth zu einer erfrischenden Stadt machen.

Ein paar Schritte nördlich der City Station liegt das **Cultural Center**, das kulturelle Herz der Stadt. Im Mittelpunkt der Fußgängerzone südlich des Bahnhofs steht das ansehnliche **General Post Office** aus Sandstein (1925). Der Turm der **Town Hall** überragt die Kreuzung von Hay Street Mall und Barrack Street; dahinter befinden sich **St George's Cathedral** und die **Deanery** (Dekanei) im Landhausstil (1859) an der **St George's Terrace**.

Government House wurde Mitte des 19. Jahrhunderts erbaut und mit prächtigen Gärten umgeben. Am Hang hinunter zur Swan River Promenade liegen die **Stirling Gardens**, die 1829 als botanischer Garten angelegt wurden, sowie die **Supreme Court Gardens**. Neben dem Supreme Court (Oberster Gerichtshof) steht das älteste Gebäude der Stadt, das **Old Court House** (1837).

Die dem Tudor-Stil angelehnte Passage **London Court** verbindet St George's Terrace mit Hay Street Mall. Obwohl St George's Terrace Nr. 139 wie eine gotische Kirche aussieht, handelt es sich um die unter dem Schutz des National Trust stehende **Old Perth Boy School**. Weiter westlich, neben einem Port-Jackson-Feigenbaum, sind **The Cloisters**, die 1858 als erste höhere Schule von Perth gegründet, jedoch inzwischen zu Büroräumen umgebaut wurden.

Hier können Sie Ihren Rundgang beenden, aber auch fortsetzen und zu Fuß oder mit dem kostenlosen Stadtbus, dem City Area Transit (CAT), am **Barracks Archway** vorbei die Aussichtspunkte im **Kings Park** besuchen.

Mit dem Auto

Der Südwesten

Dieser Tagesausflug ab Perth folgt der Küste südlich von Fremantle zur Südwestspitze South Australias in eine Gegend, die reich an Blumen, Wäldern und Weinbergen ist.

Hinter dem Ferienort **Mandurah** streift die alte Küstenstraße die Seen, Sümpfe und Waldungen des **Yalgorup National Park. Bunbury** verfügt über großartige Strände; die Schnellstraße nach Busselton an der Geographe Bay zieren einige wenige, doch stattliche Bestände von Tuart-Bäumen, die nach der unkontrollierten Abholzung der Kolonialzeit übriggeblieben sind.

Der Küstenstreifen des **Leeuwin-Naturaliste National Park** zwischen Cape Naturaliste im Norden und Augusta im Süden ist etwa 120 km lang. Ein kalksteinbedeckter Kamm

aus Granit formt das Rückgrat dieser Gegend; die Erosion hat Hunderte von Höhlen ausgeschwemmt, von denen man einige besichtigen kann.

PERTH

An die zwei Dutzend Weinberge drängen sich um die kleine Stadt Margaret River. Im Süden liegen die herrlichen Karri-Wälder des **Boranup Forest**, die man von der Forststraße und dem **Boranup Lookout** aus am besten sieht. In Prevelly Park an der Mündung des Margaret River hat man einen schönen Blick auf die Küste.

Wenn es die Zeit erlaubt, kann man die Tour nach **Augusta** und **Cape Leeuwin** fortsetzen. Die Rückfahrt nach Perth geht rascher über den South Western Highway ab Bunbury.

Mit dem Auto

Mundaring Weir

Dieser kurze Ausflug führt in die dicht bewaldete Darling Range.

Der Great Eastern Highway läßt bald die Stadt hinter sich und schlängelt sich zur Darling Range hinauf. Der **John Forrest National Park** ist ein beliebtes Naherholungsgebiet mit Flüssen und Wasserfällen; Staumauer und -see von **Mundaring Weir** liegen in attraktivem Buschland. Rückweg über Lesmurdie Falls und Kalamunda.

WESTERN AUSTRALIA *Nationalparks*

Die Pinnacles liegen 245 km nördlich von Perth mitten im Nambung National Park.

Die endlosen Weiten Western Australias weisen viele eintönige Landstriche auf, die nicht allzu interessant scheinen. Aber man findet auch etliche Landschaften, die die Bezeichnung »Nationalpark« oder »Sehenswürdigkeit« verdienen.

Der Südwesten: Im Einzugsbereich der Westwindtrift gelegen, genießt der in den Indischen Ozean vorragende Land-sporn relativ viel Regen, der das Wachstum vor allem der Karri-Wälder begünstigt. Obwohl der immense Holzbedarf im 19. Jahrhundert ihre Zahl dezimierte, überlebten große Bestände in zahlreichen Nationalparks. Dazu zählen im Südwesten die Stirling und die Porongurup Range, der Boranup Forest am Margaret River und der am Nornalup Meeresarm gelegene **Walpole-Nornalup National Park**, wo sich tiefe Flüsse durch Dünen zum Meer hinschlängeln.

Die Klippen und die Felsenküste des **Leeuwin-Naturaliste National Park** stehen exemplarisch für die wilde, zerklüftete Südwestküste. Folgt man der Küste nach Norden, wechseln sich Ferienorte mit Lagunen und Seen mit reicher Fauna ab, wie z.B. im **Yalgorup National Park**. Die Schichtstufen der Darling Range, die wegen ihrer Jarrah-Wälder und Buschgebiete Wochenendausflügler aus Perth anziehen, bilden das schroffe Hinterland zur Küstenebene. Der Jarrah (eine Eukalyptusart) ist ein charakteristischer Baum des Südwestens, den man in der Vergangenheit oft fällte, um daraus z.B. Eisenbahnschwellen zu machen. Zugang zu diesem 300 km langen Gebirgszug bekommt man an vielen Punkten, angefangen beim **John Forrest National Park** östlich von Perth, oder bei **Lane Pool** am Murray River, bis zu **Marrinup** und Pinjarra.

Wer in Perth wohnt, genießt das Vorrecht des freien Zugangs zu intakter Natur. Nur 35 km nordöstlich der Stadt liegt der **Walyunga National Park**, wo sich der Swan und der Avon River in einer wilden Landschaft durch die Darling Range gefressen haben. Genauso nah liegt der **Yanchep National Park** im Norden Perths, wo Honigbeutler, Känguruhs und Nasenbeutler leben; überdies gibt es dort einen

Grasbäume
Diese höchst seltsamen Pflanzen kannte man früher unter dem geschmacklosen und heute abgeschafften Namen »Blackboys«, weil sie angeblich wie ein Aboriginal aussehen, der einen Speer hält. Harz fließt aus dem gedrungenen Stamm, darüber ein Büschel aus grasähnlichen Blättern und eine spektakuläre, lanzenförmige Blüte (der »Speer«). Grasbäume brauchen für ihr Wachstum die Einwirkung von Feuer und werden bis zu 5 m hoch.

Nationalparks

Fjord und Kalksteinhöhlen zu erkunden. Nur selten sieht man etwas so Faszinierendes wie **The Pinnacles**, die zahllosen Kalksteinsäulen im Nambung National Park.

Der Nordwesten bietet gegensätzliche Naturlandschaften. Das atemberaubendste Szenario findet man an der Küste. Zwischen den Meeresarmen und Halbinseln des unter dem Schutz von World Heritage stehenden **Shark Bay Marine Park** liegt die einzigartige, 60 km lange Shell Beach, eine strahlendweiße, 10 m tiefe Schicht aus zusammengepreßten Muscheln. Das North West Cape verfügt über zwei interessante Parks: Im Osten liegen das ausgetrocknete Plateau und die felsigen Schluchten des **Cape Range National Park**; gen Westen fällt dieser über fossile Schichten und Sanddünen zu Australiens »anderem« Barrier Reef ab, dem **Ningaloo Marine Park**, einem 260 km langen Korallenriff, das eine seichte Lagune schützt. Im Hinterland der Tidebecken und Mangrovensümpfe, an der Küste, liegt die **Pilbara**, ein von Flußtälern durchschnittenes Hochland, dessen Höhepunkt die gefärbten, 100 m tiefen Schluchten des **Karijini (Hamersley Range) National Park** bilden.

Zwischen der Pilbara und dem Kimberley beansprucht die Great Sandy Desert einen Teil der Küste. Wo sie weit im Landesinneren in die Little Sandy Desert übergeht, liegen die Salzseen des **Rudall River National Park**, der nur für erfahrene Outdoor-Spezialisten zugänglich ist (weitere Informationen beim Western Australia Tourist Office).

Kimberley: Jenseits der Wüste gehören die **Geikie Gorge,** die **Windjana Gorge,** der zweitgrößte Meteoritenkrater der Welt in **Wolfe Creek** und die eigentümlichen Felsformationen der **Bungle Bungles** zu den dramatischsten Landschaftsformen. Ist Wasser vorhanden, reicht die Flora von spärlichem Gras bis zu überschwenglicher Pflanzenpracht.

Ein Opossum – Teil der reichen Fauna des Staates.

Ein seltener Vogel
1894 lieferten sich in Windjana Gorge schwerbewaffnete Polizisten ein Feuergefecht mit Aborigines unter der Führung von Jundumurra, den seine Feinde »Pigeon« (Taube) nannten. Pigeon, ein geschickter Reiter und Fährtensucher, wurde gezwungen, für die Polizei und gegen seine eigenen Leute zu arbeiten. Schließlich erhob er sich gegen seine Herren, erschoß einen Polizisten, befreite Gefangene und führte jahrelang eine Art Guerillakrieg. Am 1. April 1897 wurde er am Tunnel Creek gestellt und getötet.

Die zerbrechlichen Sandsteinformen der Bungle Bungles sieht man am besten zwischen April und Oktober.

WESTERN AUSTRALIA *Unterwegs*

Die zerklüftete Wildnis des Kalbarri National Park kann man vom Hubschrauber aus bewundern.

Mit dem Flugzeug: Allein die Größe Western Australias ist Grund genug, häufig zu fliegen, nicht nur zwischen den Großstädten, sondern auch für Halbtages- oder Tagesreisen zu entlegenen Sehenswürdigkeiten. Von Perth aus gibt es Direktverbindungen in alle Welt und täglich Flüge zu allen Landeshauptstädten und zu etlichen anderen australischen Städten.

Mit dem Bus: Expreß-Buslinien verbinden Perth mit dem Rest des Bundesstaats und anderen australischen Städten (wer die Zeit hat!). Der Großraum von Perth hat ein gut ausgebautes Busnetz; einige fahren an der futuristischen Endstation bei den Narrows ab. Die Hauptstadt bietet im Zentrum überdies ein kostenloses Extra: Busse des City Area Transit (CAT) zirkulieren täglich in regelmäßigen Abständen – ein angenehmer Service, sobald man sich im Streckennetz zurechtgefunden hat.

Mit der Bahn: Perth hat eine S-Bahn, die die City Station mit Guildford, Armadale und – für den Besucher recht praktisch – Fremantle verbindet. Die Preise sind recht billig. In Western Australia gibt es heute fast nur noch Güterzüge, auch wenn der *Australind* von Perth nach Bunbury im Süden und der *Prospector* nach Kalgoorlie im Westen fährt. Einer der großen Züge der Welt, der *Indian Pacific*, fährt zweimal in der Woche von der Perth Terminal Station via Adelaide nach Sydney. Diese West-Ost-Verbindung durch die Nullarbor Plain ist ein Erlebnis, das man ein Leben lang nicht vergißt: die Reise nach Adelaide dauert 38 Stunden, nach Sydney sind es 2 Tage und 3 Nächte.

Mit dem Auto: Der **North West Coastal Highway** und der **Great Northern Highway**, die beiden Alternativrouten von Perth in Richtung Norden nach Port Hedland, sind wie die Anschlußverbindung ins Kimberley und ins Northern Territory zwar befestigt, aber es ist und bleibt eine lange Strecke! Das Straßennetz um Perth und im Großteil des Südwestens ist gut ausgebaut, doch viele Orte kann man nur über unbefestigte, mehr oder weniger gut befahrbare Straßen erreichen. Einige Routen, wie die **Gibb River Road** durch das Kimberley, kann man nur mit Allradantrieb bewältigen.

Der Eyre Highway
Der Gedanke, auf dem 2700 km langen Eyre Highway von Perth nach Adelaide zu fahren, ist weniger abschreckend als man meint. Viele Australier lassen sich von solchen Entfernungen nicht einschüchtern; sie bereiten sich gut auf die Fahrt vor, gleiten gleichmäßig dahin und fügen sich der langen Strecke mit Selbstdisziplin. In den Ferien ist es ratsam, Übernachtungen in Motels an der Strecke im voraus zu buchen. Ihr Wagen sollte absolut straßentauglich sein, weil es unterwegs nur wenige Werkstätten gibt. Zwei Gefahren darf man nicht unterschätzen: Es ist problematisch, Trucks *(road trains)* zu überholen, besonders wenn sie recht flott im Konvoi fahren; und in Richtung Westen fährt man längere Zeit gegen die Sonne, was sehr unangenehm ist. Alternativ dazu kann man nach Westen den Autoreisezug nehmen (rechtzeitig buchen!) und mit dem Wagen wieder in den Osten zurückfahren.

ALBANY–AUGUSTA

▶▶ Albany 146A2

Albany, erste europäische Siedlung in Western Australia, wurde 1826 von Major Edmund Lockyer am King George Sound gegründet, um den Franzosen zuvorzukommen. Zunächst ein wichtiger Stützpunkt für Walfänger, lieferte es später den Schiffen der Indien-Sydney Linie Kohlennachschub; heute ist es ein Urlaubsort. Zu den Gebäuden aus dem 19. Jahrhundert gehören **Old Gaol** (1851), wo Sträflinge angeheuert wurden; das **Patrick Taylor Cottage** ▶ (1832), wohl das älteste Haus der Stadt und jetzt ein volkstümliches Museum; das **Old Post Office** ▶, heute das Inter-Colonial Communications Museum; und das hervorragende **Albany Residency Museum** ▶. In der Nähe liegt die **Amity Replica**, ein Nachbau von Major Lockyers Brigg in Originalgröße.

Die Stadt liegt zwischen Mount Clarence und Mount Melville, die einen großartigen Blick auf Küste und Hinterland bieten. Zum Landesinneren hin folgen zunächst die Granitkuppeln und Karri-Wälder des Porongurup National Park und schließlich die hohe Stirling Range. Gen Osten und Westen erstreckt sich eine der schönsten Küsten Australiens; die zerklüftete Halbinsel des **Torndirrup National Park** ▶▶ mit spektakulären Attraktionen wie den **Blowholes** ▶, **The Gap** ▶ und **Natural Bridge** ▶ schützt den King George Sound im Süden. Die alte Walfängerstation an der Frenchman Bay ist heute **Whaleworld** ▶, angeblich das größte Walfangmuseum der Welt.

▶ Armadale 146A2

Armadale, 30 km südlich von Perth, ist bekannt wegen **Pioneer World** ▶▶, ein nachgebautes Dorf aus dem 19. Jahrhundert. Dort arbeiten altgediente Erzsucher und Schmiede in authentisch eingerichteten alten Gebäuden.

▶ Augusta 146A2

Der hübsche Ferienort an der Mündung des Blackwood River kann mit eigenartigen Felsformationen und einem unterirdischen Fluß in **Jewel Cave** ▶ aufwarten.

Berittene Soldaten

Australiens berittenes Wüstenkorps zeichnete sich während des Ersten Weltkriegs im Nahen Osten aus. Viele Soldaten schifften sich im Hafen von Albany ein; man gedachte ihrer und ihrer Rösser mit einer eindringlichen Statue am Mount Clarence. Sie ist ein Abguß der Plastik, die 1932 am Ufer des Suezkanals aufgestellt wurde und während der Suezkrise des Jahres 1956 ein trauriges Ende fand. Das Original des Pferdekopfs wurde gerettet und steht, ein wenig mitgenommen, im Residency Museum.

Die Löwin

Auf der Landkarte von Australien findet man etliche holländische Namen. Der berühmteste ist vielleicht »Cape Leeuwin«, das »Ende« von Südwestaustralien, das ein Leuchtturm markiert. Der Name ist ein Andenken an das holländische Schiff *Leeuwin* (Löwin), das hier 1622 vorbeikam und diesen Ort zum ersten Mal auf einer Landkarte verzeichnete; auch ein Nationalpark und eine berühmte Kellerei erinnern an »die Löwin«.

In der Pioneer World von Arnadale.

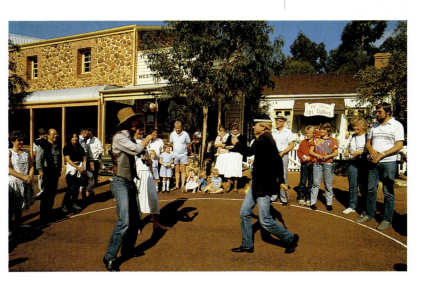

WESTERN AUSTRALIA

▶▶ **Broome** 147D3

Dieses südwestliche Tor ins Kimberley schmückt sich mit seiner Vergangenheit, als Taucher aus ganz Asien der Taucherkrankheit und großer Konkurrenz trotzten, um kostbare Perlmuscheln vom Meeresboden zu holen (siehe Seite 161). Obwohl heute noch einige Logger unterwegs sind, werden in der Nähe Perlen gezüchtet.

Einen authentischen Blick in die Vergangenheit bekommt man in Broomes **Historical Society Museum** ▶, dessen restaurierter japanischer Teil ist besonders eindrucksvoll ist. Die Stadt blickt auf das Watt und die Mangroven des Vogelparadieses Roebuck Bay hinab. Der Tidenhub bei Broome erreicht beeindruckende 10 m, und bei niederem Wasserstand gibt das Meer am Gantheaume Point im Süden Dinosaurierfußspuren frei. Von hier aus erstrecken sich die weißen Strände des Cable Beach 20 km nach Norden.

▶ **Bunbury** 146A2

Mit seinen 25 000 Einwohnern ist Bunbury eine der größten Städte von Western Australia und Zentrum im Südwesten. Der Boulter's Heights Aussichtspunkt bietet einen Rundblick über die Stadt und ihre Umgebung. Bunbury ist Hafenstadt und Urlaubsort zugleich mit guten Angelmöglichkeiten, schönen Stränden am Ocean Drive und seit kurzem auch einer Gruppe freundlicher und zutraulicher Delphine, die meistens morgens am Koombana Beach zu sehen sind.

▶▶ **Bungle Bungle (Purnululu) National Park** 147E4

Die Erosion verwandelte den weichen Sandstein dieses Teils von East Kimberley in Gesteinsformationen, die an Kuppeln, Türme und Bienenkörbe erinnern. Man kann das zum Nationalpark, der erst 1983 eingerichtet wurde, erklärte Gebiet nur mit einem Allradfahrzeug befahren; Unterkünfte gibt es nicht. Von Januar bis März ist der Park geschlossen, um das Gelände in der nassen Jahreszeit nicht zu sehr zu belasten. Die meisten Besucher besichtigen den Park vom Flugzeug oder Hubschrauber aus; der Blick von oben offenbart die Schönheit und die Farben der Natur. Hier findet man auch Beispiele der Kunst der Eingeborenenstämme, sowie etliche Grabstätten.

Stunde Null in Broome
Nicht nur Darwin litt im Zweiten Weltkrieg unter japanischen Luftangriffen; am 3. März 1942 attackierten japanische Tiefflieger in aller Ruhe eine Stunde lang Flugboote der Alliierten, die am Mangrove Point vor Anker lagen. Bei niederem Wasserstand kann man in der Bucht noch die Überreste einiger Maschinen sehen.

Eine Himmelstreppe
Broomes außergewöhnlicher Tidenhub hat noch einen weiteren Effekt, eine optische Täuschung, die man die »Goldene Leiter zum Mond« nennt: Zu bestimmten Zeiten sieht man, wie bei Ebbe die Strahlen des Mondes vom trockenen Meeresgrund reflektiert werden.

Bunbury, Seehafen und Zentrum des Südwestens.

SPECIAL — *Perlen*

■ Austern wachsen in den 3000 km langen tropischen Gewässern von Cape York im Norden von Queensland bis zur Shark Bay im westlichen Western Australia; in großer Zahl findet man sie zwischen Derby und Cossack im Nordwesten. Die Perlen waren immer schon kostbar, doch das für Schmuck und vor allem für einfache Knöpfe verwendete Perlmutt ist der eigentliche Grundpfeiler der Industrie. ■

Kommerzielle Nutzung: Um 1860 fing alles an, als Aborigines von Perlensuchern gezwungen wurden, am Meeresgrund nach den Muscheln zu tauchen, wobei sie oft ums Leben kamen. Wenn sie nicht ertranken, fielen sie Haien zum Opfer, und viele Boote wurden von Wirbelstürmen zum Kentern gebracht. Da der Handel mit Perlen zunahm und später auch Taucheranzüge erfunden wurden, kamen in jenem Jahrhundert Chinesen, Filipinos, Malaien, Kupanger aus Timor und, als Perlenexperten schlechthin, die Japaner ins Land. In den 20er Jahren war Broome eines der Perlenzentren der Welt und hatte ungefähr 3000 Einwohner, von denen 600 britische und 1200 japanische Vorfahren hatten. Ein typisches Perlenboot besaß z.B. einen europäischen Kapitän, zwei japanische Taucher, einen japanischen Maschinisten und eine Crew aus Timor. Die verschiedenen Rassen lebten eng und nicht ohne Reibereien in Broome zusammen, und es kam gelegentlich zu Gewalttätigkeiten. Während des berühmten Shinju Matsuri Pearl Festivals im August erinnert sich Broome an jene Zeiten.

Die heutige Perlenindustrie: In den 30er Jahren waren die Muschelbänke abgeerntet; Perlmutt wurde in der Knopfherstellung durch Plastik ersetzt. Heute steuern noch einige Logger die 6 km weit draußen liegenden Austernbänke an, doch der Großteil von Broomes Perlenproduktion sind Zuchtperlen aus abgeschirmten »Farmen«. Die Geschichte der Perlenfischerei wird in Broomes **Historical Society Museum** erläutert, und vor dem **Maritime Museum** in Fremantle ist ein alter Perlenlogger zu sehen. Ein Kuriosum im Zusammenhang mit diesem Metier ist die katholische Mission in Beagle Bay, 130 km nördlich von Broome, deren Altar in Perlmutt-Schmuck erstrahlt.

Der Jahreslauf eines Perlenzüchters
Der Winter (Dezember bis März) ist die regenreichste Zeit, weshalb es nicht viel zu tun gibt; von April bis August werden die jungen Austern bestückt, damit sie Perlen hervorbringen; für den Rest des Jahres werden die großen Austern entfernt und ihre Schalen als Perlmutt gesammelt.

Bis vor kurzem lebte Broome noch ausschließlich von Perlen.

WESTERN AUSTRALIA

Der Fels im Westen
Mount Augustus, 450 km tief im Hinterland von Carnarvon, ist vielleicht nicht so einmalig schön wie Ayers Rock, dafür aber viel gewaltiger. Er ist der größte Monoklinall der Welt und entstand, wie die Aborigines sagen, als ein Mann namens Burringurrah in der Traumzeit von einem feindlichen Speer durchbohrt wurde. Von einem Aussichtspunkt südöstlich des Bergs kann man noch immer seine Umrisse und den Speerstumpf in seinem Bein erkennen.

Wasser für die Goldsucher
In Western Australia Gold zu schürfen war weniger schwierig, als in dieser staubtrockenen Gegend Wasser zu finden. Der in Irland geborene Ingenieur Charles Yelverton O'Connor löste das Problem. Nachdem er schon den Hafen von Fremantle und einen Großteil des Eisenbahnnetzes des Bundesstaates gebaut hatte, konstruierte dieser Genius ein Wunderwerk seiner Zeit, das »Goldfields and Agricultural Water Supply Scheme«: O'Connors gewaltige Wasserleitung begann am großartigen Mundaring Weir Stausee in der Nähe von Perth und pumpte genügend Wasser 550 km nach Westen, um den Durst der Bergleute zu löschen und mit dem Rest auch noch die Farmen des Weizengürtels zu bewässern. Doch den Angriffen der Großgrundbesitzer und dem Spott der Kritiker hielt O'Connors Nervenkostüm nicht stand – ein Jahr vor Vollendung seines Projekts beging er Selbstmord.

Die Ned-Kelly-Statue in Coolgardie.

▶ **Busselton** *146A2*

Busselton ist ein netter Familienurlaubsort mit schönen Stränden, der im Westen von der Geographe Bay beschirmt wird. Fischer legen noch immer an der hölzernen Pier an, die vor dem Wüten des Zyklons Alby im Jahre 1978 die längste Australiens war (2 km).

Nähert man sich der Stadt von Norden, fährt man durch einen herrlichen Tuart-Wald, wie es ihn nur in Western Australia gibt. Gleich neben dem Highway liegt **Wonnerup House** ▶, ein niedriges und für Besucher geöffnetes Herrenhaus im Kolonialstil der 1830er.

▶ **Carnarvon** *146C1*

Carnarvon liegt nur 150 km südlich des südlichen Wendekreises und hat deshalb tropisches Flair: Palmen säumen die Strandpromenade, Hibiskus und Bougainvillea blühen an der eleganten Hauptstraße. Es ist berühmt für seine Fischindustrie (Besichtigung der Garnelen- und Muschelfabrik möglich) und Mittelpunkt des Bezirks Gascoyne, eines fruchtbaren Obst- und Gemüseanbaugebiets.

Aus dem **Bibbawarra Bore**▶, 16 km nördlich der Stadt, strömt ein ständiger Schwall 65°C heißen Wassers. Auch **The Blowholes**▶, 70 km nördlich, demonstrieren die Kraft des Wassers mit 20 m hohen Fontänen.

▶ **Coolgardie** *147B3*

Als Goldgräberstadt 560 km östlich von Perth und 39 km von Kalgoorlie-Boulder war Coolgardie das Zentrum von Australiens fanatischstem Goldrausch; um 1890 wohnten dort bis zu 15 000 Menschen, um die sich zwei Börsen, drei Brauereien und mehrere Dutzend Hotels kümmerten. Heute ist die Bevölkerung auf ein Zehntel geschrumpft, doch die Symbole des früheren Glanzes blieben.

Die alten Regierungsgebäude, die wie ein ungemein großer Endbahnhof aussehen, beherbergen heute die **Goldfields Exhibition** ▶ mit zahlreichen Exponaten, darunter ein Modell der Stadt in ihrer Glanzzeit. Gegenüber befindet sich das seltsame **Open Air Museum,** wo Schrottmaschinen und Statuen australischer Helden wie surrealistische Plastiken der erbarmungslosen Sonne entgegenragen. Noch mehr ausrangierte Maschinen, Fahrzeuge und eine Lokomotive sind im **Railway Station Museum** untergebracht.

▶ **Darling Range** *146A2*

Der durchwegs bewaldete Gebirgszug erstreckt sich weit nördlich und südlich von Perth. Er erreicht eine Höhe von 300 m und bildet den Abschluß der Küstenebene. Unweit der Stadt liegen mehrere beliebte Erholungsgebiete, wie z. B. die Buschlandschaften und Flüsse von John Forrest National Park oder Mundaring Weir. Der dortige Stausee wurde zwi-

BUSSELTON–FREMANTLE

schen 1898 und 1902 errichtet, um die abgelegenen Goldminen im Osten mit Wasser zu versorgen; seine attraktive Lage lädt zu einem Picknick ein. Das **O'Connor Museum** ▶ am Stausee trägt den Namen des Ingenieurs, der diesen Bau leitete, und erzählt die Geschichte des Riesenprojekts (siehe auch Kasten gegenüber).

▶ **Denmark** 146A2

Die zerklüftete Küste im Kontrast zum ruhigen Denmark River und dem geordneten Agrarland machen die kleine Stadt Denmark im äußersten Südwesten zu einem beliebten Urlaubsziel. Wilson Inlet ist eine der größten geschützten Wasserflächen an der Südküste und lädt ein zum Angeln, Bootfahren und anderen Wassersportfreuden. Der **William Bay National Park** ▶ im Westen bietet Sanddünen und unberührte Strände, dazu Heideland und Karri-Wälder.

▶ **Derby** 147E3

Am Ufer des King Sound, nördlich der Mündung des Fitzroy River gelegen, und West Kimberley zum Greifen nah, bezeichnet sich Derby selbst gern als »Tor zu den Schluchten«; und Windjana Gorge liegt tatsächlich nur 140 km weit im Osten. 8 km vor der Stadt steht ein berühmter Flaschenbaum, der im Laufe seines tausendjährigen Lebens angeblich auch einmal ein Gefängnis war.

▶ **Esperance** 147A3

Aufstieg und Fall dieser Hafenstadt im Süden verlief parallel zum Auf und Ab des Goldrauschs in den Minen im Norden. Doch nicht zuletzt wegen seiner vorzüglichen Strände und den Inseln des Recherche Archipelago ist Esperance heute ein interessantes Touristenziel. Eine Rundfahrt zeigt einen Teil der großartigen Küste und führt zum **Pink Lake** ▶, einem ungewöhnlichen Salzsee, der tatsächlich rosa ist. Eine der schönsten Küstenlandschaften liegt etwa 50 km östlich; hier liegt der **Cape Le Grand National Park** ▶, mit seinen atemberaubenden Buchten, dem tiefblauen Wasser und dem weißem Sand, eingerahmt von felsigen Landspitzen.

▶▶▶ **Fremantle** 146A2

Die alte Hafenstadt gehört heute zwar zum Großraum von Perth, ist jedoch immer noch Western Australias wichtigster Seehafen. Fremantle wurde 1829 gegründet und verdankt einen Teil seines Erscheinungsbilds inhaftierten Handwerkern, die um 1890 eingeschifft wurden, um den zögernden Aufschwung der Kolonie im Bauboom des Goldrauschs anzukurbeln. Fremantle blühte, als der berühmte Ingenieur O'Connor den Hafen so ausbaute, daß man ihn nicht mehr wiedererkannte (siehe Kasten gegenüber).

Der Stadtkern ist kompakt, sein (nach australischem Standard!) historisches Stadtbild erschließt sich am besten zu Fuß. Einen Überblick gewinnt man u.a. vom Dach des Port Authority Building oder des **Round House** ▶, dem Gefängnis aus dem Jahr 1831. Vor dem **Western Australian Maritime Museum** ▶▶ im alten Commissariat Store liegt ein Perlenlogger; innen werden Exponate zur Geschichte der Seefahrt gezeigt. Ein neugotisches Gebäude am anderen Ende der Stadt beherbergt das **Fremantle Museum** ▶. Es gibt viele sehenswerte Plätze, darunter die **Fremantle Markets**, wo man auch mal ein Schnäppchen machen kann.

Die Stadt und der Hafen Fremantle liegen 19 km südwestlich von Perth, wo der Swan River in den Indischen Ozean mündet.

Wie Fremantle zu seinem Namen kam
Fremantle wurde nach dem britischen Fregattenkapitän benannt, der als erster den Westen für sein Land beanspruchen sollte. Kapitän Charles Howe Fremantle pflanzte hier am 2. Mai 1829 den Union Jack auf, einen Monat bevor die ersten Siedler die Swan River Kolonie gründeten. Er war Optimist und glaubte, die Kolonie würde trotz ihres »sandigen und unbarmherzigen Erscheinungsbilds mit der Zeit ein wichtiger Ort werden«.

WESTERN AUSTRALIA

▶▶ Geikie Gorge National Park 147D4

Die kleine Siedlung **Fitzroy Crossing** ist am Kreuzungspunkt des Northern Highway mit dem 550 km langen Fluß Fitzroy entstanden. In der Trockenzeit bleiben von ihm nur ein paar Tümpel übrig, doch in der Regenzeit schwillt sein Wasserstand um gewaltige 16 m an und überflutet große Gebiete. Die Folgen dieses Niveauunterschieds kann man (in der Trokkenzeit!) auf einer Bootfahrt im nahegelegenem Geikie Gorge bestaunen: Die jährliche Flut hinterläßt enorme Auswaschungen an den 30–50 m hohen, senkrechten Felsen. Die Schlucht mit ihrem dichten Schilf- und Waldgürtel, Heimat zahlreicher Vogelarten, schnitt der Fluß durch den Kalkstein und ist nun Lebensraum vieler Wasserlebewesen.

▶ Geraldton 146B2

Diese blühende Hafenstadt nördlich von Perth verweist auf ihren beachtenswerten Export aus dem lokalen Hummerfang, und ist besonders im Winter wegen seiner vielen Sonnentage ein beliebtes Besuchsziel. 60 km vor der Küste liegt der Archipel der Houtman Abrolhos Inseln (portugiesisch für »Halten Sie die Augen offen!«), eine berüchtigte Todesfalle für Schiffe, die den Indischen Ozean ostwärts kreuzen. Überbleibsel berühmter Wracks sind Grundstock des Maritime Display Building, eines Teils des **Geraldton Museum** ▶; die anderen Abteilungen wurden im Old Railway Building untergebracht.

▶ Halls Creek 147D4

Auf halbem Weg durchs Kimberley liegt am Northern Highway eine scheinbar archetypische Stadt des Outback und Zentrum einer Gegend, in der nur wenige Farmer und Mineralsucher leben – Halls Creek. In der Nähe liegt Old Halls Creek, dessen Überreste Bilder vom Goldrausch um 1880 heraufbeschwören. Zwischen beiden Siedlungen hebt sich eine Ader aus weißem Quarz skurril von der Umgebung ab und wurde deshalb »Chinesische Mauer« getauft. 130 km südlich liegt der 800 m breite und 50 m tiefe Meteoritenkrater **Wolfe Creek**.

Einwanderer wider Willen
Die ersten bekannten europäischen Siedler Australiens gingen – unfreiwillig – an der Küste von Kalbarri an Land. Wouter Loos und Jan Pelgrom gehörten zu den Meuterern auf der *Batavia*. Erst stellte Kapitän Pelsaert sie unter Arrest, dann wurden sie Ende 1629 an der Mündung des Wittecarra Creek ausgesetzt, wo heute ein Steinhügel an sie erinnert. Ihr weiteres Schicksal ist unbekannt; Abel Tasman suchte sie 1644, fand jedoch keine Spur von ihnen.

Die bröckelnden Klippen um Kalbarri.

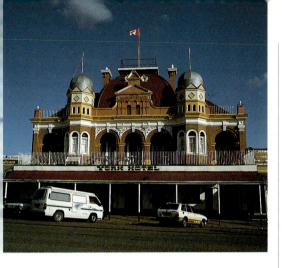

Autos statt Pferde vor den Hotels in Kalgoorlie.

▶ **Kalbarri** 146B1

Die bis zu 80 km langen und 170 m tiefen Schluchten des Kalbarri National Park ▶▶ bilden einen tiefen Einschnitt in den roten »Tumblagooda«-Sandstein. Zahlreiche leicht begehbare Aussichtspunkte wie Hawk's Head Lookout bieten einen Ausblick auf die Landschaft inmitten sandiger Ebenen. Auch die Küste bietet mit hohen roten Klippen einen dramatischen Anblick.

▶▶▶ **Kalgoorlie-Boulder** 147B3

Die klassischen Städte des Goldrauschs, Kalgoorlie und Boulder, wurden 1989 zusammengelegt. Das erste Gold fand man im nahe gelegenen Coolgardie; dann, am 10. Juni 1893, machten Patrick (Paddy) Hannan und seine zwei Freunde den größten Fund überhaupt (bekannt als »Hannans Lohn«), und binnen eines Jahres bevölkerten Zehntausende Goldsucher die »Golden Mile«. In weniger als einem Jahrzehnt verwandelten sich die heruntergekommenen Siedlungen in scheinbar stattliche Gemeinden.

Vor dem Rathaus aus dem Jahr 1908 steht die Statue des leicht verwirrt wirkenden Hannan an der nach ihm benannten Straße, die eher ein breiter Boulevard ist, auf dem eine Karawane wenden konnte. An beiden Seiten der Straße Erinnerungen an die Glanzzeit der Stadt: Geschäfte mit Markisen, bombastische öffentliche Bauwerke wie die Regierungsgebäude mit ihren Kolonnaden und selbstbewußt-angeberische Hotels wie das **Exchange** (1894), das **Palace** (1897), das **Old Australia** (1896) und das **York** (1900).

▶▶▶ **Kimberley** 147E4

Siehe Seite 173.

▶ **Kununurra** 147E4

Diese Stadt aus den Sechzigern im östlichen Kimberley war Zentrum des Ord River Irrigation Scheme (siehe Kasten). Das einzige Relikt aus der Vergangenheit, die **Argyle Downs Homestead** (heute ein Pioniermuseum), wurde gerettet, als man das Land, auf dem sie stand, flutete. Im **Mirima National Park** ▶ außerhalb der Stadt hat die Erosion in 300 Millionen Jahren spektakuläre Muster in den roten Sandstein eingraviert.

Gesetzlosigkeit

Kalgoorlie war immer schon ein besonderes Fleckchen, und noch heute brüstet es sich damit, die australische Kleinstadt mit den höchsten Verbrechensziffern zu sein. 1926 wurden Polizeibeamte, die Golddieben auf den Fersen waren, von diesen brutal erschlagen, und zehn Jahre später tobten zwei Tage lang Krawalle gegen Einwanderer, bevor ein Zug voll Polizisten aus Perth eintraf. Viele der heutigen Missetaten scheinen jedoch eher die Folge von übermäßigem Alkoholgenuß und Zügellosigkeit am Wochenende zu sein.

Aus dem Gleichgewicht

Weil die Regierung nicht länger mitansehen wollte, wie in der Regenzeit das Wasser des Ord River im Kimberley sinnlos ins Meer floß, während das Land den Rest des Jahres über trocken war, investierte sie ins »Ord River Irrigation Scheme«: Die Dämme wurden 1972 fertig, hielten die Fluten zurück und verteilten sie auf die riesigen bewässerten Ackerbauflächen. Doch die ganze Wüste brachte man nicht zum Blühen. Raupen fraßen die Baumwollernte, andere Feldfrüchte baute man mit mäßigem Erfolg an, während es sich DDT-resistente Insekten auf dem Lake Argyle, dem 725 km² großen Herz des Projekts, offensichtlich gutgehen lassen.

SPECIAL *Mineralien*

■ »Ein Steinbruch für die ganze Welt«, so sah der begeisterte Henry Bolte, von 1955-72 Premier von Victoria, die Zukunft des Landes. Der Wohlstand aller australischen Bundesstaaten basiert gestern wie heute wesentlich auf den überreichen Mineralvorkommen, die im uralten Gestein verborgen sind. ■

Im Park Sovereign Hill in Victoria können die Besucher selbst Gold waschen.

Aderlaß an der Natur

Nach langen Vermutungen bestätigte es sich in den 50er Jahren beinahe zufällig, daß Pilbara über unglaublich reiche Eisenerzvorkommen verfügt. Lang Hancock mußte aufgrund des schlechten Wetters tief über eine der vielen Schluchten der Gegend hinwegfliegen und bemerkte, daß deren Wände metallisch glänzten. Untersuchungen zeigten, daß man auf die größte Eisenerzlagerstätte der Welt gestoßen war. Der Abbau von Eisenerz hat die Topographie ganzer Landstriche verändert, so z.B. durch die Mount Whaleback Mine bei Newman, der größten Tagebau-Grube der Welt.

Boden-»Schätze«: Western Australia fing erst zu leben an, als man Ende des 19. Jahrhunderts in den Eastern Goldfields unerhörte Mengen Gold fand; der Bundesstaat verfügt(e) auch über Antimon, Wismut, Asbest, Kohle, Zinn, Kupfer, Eisen und Nickel sowie über Raritäten wie Wolfram, Tantalit und Beryll. Die Suche nach Bodenschätzen gehört viel eher der Gegenwart als der Vergangenheit an; der Berg mit den größten Erzvorkommen der Welt wurde in den 50er Jahren zufällig im Pilbara entdeckt (siehe Kasten), während die unglaublich ergiebige Argyle-Diamantenmine bei Kununurra, weltweit größter Produzent erlesener Steine in den Farben Weiß, Champagner und Rosa, erst in den 80er Jahren in Betrieb genommen wurde.

Der erste Ansturm: Noch heute lockt und fasziniert Gold am meisten. Jeder Goldrausch ist ein einzigartiges Phänomen, eine eigentümliche Kombination aus Gier, Entschlossenheit und Ausdauer, die an Heldentum grenzt. Halls Creek im Kimberley, wo Charlie Hall sich 1885 ein 800 g schweres Nugget selbst zu Weihnachten schenkte, war Ziel des ersten Ansturms in Western Australia. Die Lebensbedingungen in dieser Gegend waren vielleicht so schlimm wie nirgendwo sonst; so fuhr Russian Jack, ein treuer »Kumpel«, einen kranken Freund in einer Schubkarre 320 km weit zum nächsten Arzt.

Halls Creek hielt nicht, was es versprach; die Goldsucher verließen das Kimberley und hofften in den Eastern Goldfields auf größere Beute. 1892 ritt Arthur Bayley mit gut 15 kg Gold nach Southern Cross, die er und sein Partner Bill Ford im 200 km weiter östlich gelegenen Fly Flat gefunden hatten; die Bars leerten sich, als man die Neuigkeiten hörte, und schon war der größte Goldrausch in der Geschichte der Kolonie eingeläutet. Fly Flat wurde in Coolgardie umbe-

SPECIAL   *Mineralien*

hannt; in den folgenden sechs Monaten durchwanderten oder -ritten Tausende die Wüste und wohnten in Zelten; der Nachschub kam per Rollwagen oder Karawane. Ein Jahr später machte man in Boulder den größten Fund. Der Goldrausch ließ Western Australias Einwohnerzahl stark ansteigen und trieb die Entwicklung der Kolonie gewaltig voran. Man mußte sich noch eine Zeitlang mit den entsetzlichen Bedingungen abfinden: Fliegenplagen, Typhus und Wasserpreise, die bisweilen die von Champagner erreichten. Vor Vollendung von O'Connors 550 km langer Wasserleitung aus Perth im Jahre 1903 (siehe Kasten Seite 162) wurden die Wasserhändler oft reicher als die Goldsucher selbst.

Die Zeit der Gesellschaften: In wenigen Jahren hatten Goldsucher fast überall in den Eastern Goldfields mit Oberflächengrabungen (»Schürfungen«) ihre Spuren hinterlassen und das meiste angeschwemmte Gold gewonnen. Nun mußte man tiefer graben. Dazu brauchte man Maschinen und Kapital. Gesellschaften übernahmen, was diese Individualisten begonnen hatten. Von der Aussichtsterrasse oberhalb der **Super Pit** (»Supergrube«) von Kalgoorlie, die mehrere Kilometer lang und bis zu 500 m tief sein wird, sieht man, wie heute Gold gewonnen wird und welche ungewöhnlichen Landschaftsformen dabei entstehen.

Paddys Geschichten
Ein moderner Paddy Hannan erzählt in Hannan's North Mine in Boulder, einer originalgetreuen Nachbildung einer Mine in ihrer Glanzzeit, die Geschichte der Eastern Goldfields. Hier können Sie im engen Förderkorb in die Tiefe fahren und sich von einem altgedienten Bergarbeiter die Mysterien, das Elend und die Plackerei in einer Mine vor Augen führen lassen. Über Tage fährt Sie eine Bahn durch die Anlage.
Weitere Minenmuseen in Kalgoorlie-Boulder sind die School of Mines Mineral Museum sowie das Museum of the Goldfields.

Pilbara: Riesige Lastwagen transportieren das Erz.

WESTERN AUSTRALIA

Stets beliebt: die Strände um Mandurah.

Schienen durch den Wald
Anfang des Jahrhunderts hallte in manchen Jarrah-Wäldern im Hinterland von Mandurah das Zischen und Pfeifen der Schmalspureisenbahnen wider, die Holz zu den Sägemühlen brachten. Eine dieser forstwirtschaftlichen Bahnen, die Hotham Valley Tourist Railway zwischen Pinjarra und Dwellingup, wird von Enthusiasten gehegt und gepflegt, und Dampfeisenbahnen holen Passagiere vom modernen Zug »Australind« in Perth ab. Die Begeisterung ging so weit, daß man 1986 eine zusätzliche Linie eröffnete: Die Etmilyn Forest Tramway führt tief ins Innere der stimmungsvollen Jarrah-Wälder.

▶ **Mandurah** 146A2

Weniger als eine Autostunde südlich von Perth liegt Mandurah, mit Recht ein beliebtes Naherholungsziel. Die Menschenmengen verteilen sich auf große geschützte Wasserflächen entlang des Murray und Serpentine River und des Peel Inlet, 40 km Strand und zahllose schattige Plätze für ein Picknick, wodurch die Beschaulichkeit der Stadt wenigstens zum Teil erhalten bleibt.

▶▶ **Margaret River** 146A2

Die Stadt Margaret River ist das Herz des gleichnamigen Bezirks mit seinem kontrastreichen Nebeneinander von gestylter Landschaft mit renommierten Weinkellereien, tosender Brandung an einer zerklüfteten Küste und unterirdischen Kalksteinhöhlen. In der Stadt findet man reichlich Kunstgewerbe; Musik wird, zwar nur einmal im Jahr, dafür aber um so hochklassiger, in der Leeuwin Winery dargeboten.

Prevelly Park ▶ ist eine der geschützten Stellen entlang der Küste, die größtenteils zum Leeuwin-Naturaliste National Park gehört. Geschätzt als ausgezeichneter Fleck zum Surfen, wird hier jeden November die Margaret River Classic Surf Competition abgehalten. Von den Hunderten von Höhlen sind nur wenige begehbar, darunter **Mammoth Cave** (Mammuthöhle, ein Hinweis auf ihre Größe) ▶ und **Lake Cave** ▶. Dichte Bestände von Karri-Bäumen, die an eine Säulenhalle erinnern, sind im **Boranup Forest** ▶ zu sehen.

▶▶ **Monkey Mia** 146C1

Einige der zahlreichen Delphine in Shark Bay tummeln sich zwischen Menschen und lassen sich mit Fisch füttern. Im Wasser von Monkey Mia Beach zu stehen und sich von einem Delphin beschnuppern zu lassen – dieser Verlockung kann niemand widerstehen, doch erkundigen Sie sich vorher im Dolphin Information Centre (siehe auch Seite 174).

▶ **New Norcia** 146B2

Schon 1846 kamen Benediktiner nach Western Australia und hinterließen im Busch, 130 km nördlich von Perth, wo sie für die Aborigines eine Mission bauten, die Spuren des mediterranen Katholizismus'. Neben Abteikirche und Kloster gibt es ein Museum und eine schöne Kunstsammlung mit Gemälden und klösterlichem Interieur.

SPECIAL

Wildblumen

■ Die »eigenartigen« Pflanzen Australiens, wie die herrliche Vielfalt an Eukalypten, die Akazien und Banksien, faszinieren den Besucher aus der nördlichen Hemisphäre. Die australische Vegetation ist immer präsent, sie inspiriert und erinnert stets daran, daß man wirklich woanders ist. ■

Die ersten Siedler bewältigten die Abgeschiedenheit dieses Landes, indem sie sein Gesicht so veränderten, daß es sie an ihre Heimat erinnerte. Man pflanzte Eichen, Ulmen, Weiden und Pappeln und machte ganze Landstriche, besonders in Tasmania, zu Kopien des englischen Flachlands; hie und da sah man noch einen Eindringling – einen Eukalyptusbaum.

Große Vielfalt: Die Wildblumenpracht im Frühjahr, besonders in Western Australia, ist ein Genuß. Nicht nur vom Rest der Welt, sondern auch vom Rest des Landes abgeschnitten, entstand eine ungewöhnlich mannigfaltige Flora. Hier kennt man an die 8000 Arten plus 2000, die noch nicht erfaßt sind; drei Viertel von ihnen gibt es nur hier, wenngleich etliche auch mit Pflanzen in anderen Teilen Australiens verwandt sind. Zu Western Australias verbreitetsten Pflanzen gehört der Kangaroo Paw mit seinen seltsam geformten, roten und grünen Blüten sowie gewisse Banksia-Sorten wie zum Beispiel scharlachrote und eichelförmige Arten.

Frühlingserwachen: Im Frühjahr verzieren Wildblumen das Land von Norden nach Süden. Im **Kalbarri National Park**, 600 km nördlich von Perth, blühen die ersten schon im Juli. Das spektakulärste Schauspiel bieten die Heidelandschaften im Südwesten, deren Reichtum an Pflanzenarten an den Regenwald erinnert. In **Stirling** und der **Porongurup Range** hält der Frühling viel später Einzug als im Norden (hier lohnt der November einen Besuch). Wer in Perth bleibt, findet im **Kings Park** mit seinem Buschland und dem ausschließlich australischen Bäumen, Sträuchern und Wildblumen gewidmeten Teil einen ausgezeichneten Ersatz.

Unten: Blühende Hängeorchidee.

Ganz unten: Wildblumen an der Küste Western Australias.

WESTERN AUSTRALIA

Harold Heights
Die nach dem ehemaligen Premierminister Harold E. Holt benannte amerikanisch-australische Nachrichtenstation ist wegen ihrer hohen Türme immer darüber informiert, was entlang der Meere vorgeht. Ein Turm ist mit seinen 388 m sogar höher als das Empire State Building. Amerikanischen Akzent hört man in den Straßen von Exmouth, das 1964 gegründet wurde, um den Stützpunkt zu beliefern. Doch die Besucher kommen hauptsächlich wegen der guten Fischgründe. North West Cape ist der Ort in Australien, der dem vielfältigen Meeresleben am Kontinentalschelf am nächsten liegt.

Mehr als 500 Fischarten leben am Ningaloo-Riff, dem weniger bekannten Rivalen des Greater Barrier Reef.

▶▶ **Ningaloo Marine Park und Exmouth Area** 146C1

Ein langer Umweg führt vom North West Coastal Highway zum entlegenen **North West Cape**, dessen Rückgrat die zerklüftete Cape Range bildet. Dieser Nationalpark besteht aus einem hohen Kalksteinplateau mit teilweise wasserführenden Schluchten. Richtung Westen erstrecken sich einsame Dünen und Strände, die ein 260 km langes und 16 km breites Barriereriff vor den Wellen des Meeres schützt. Mit seinen 220 Korallenarten und dem größten Fisch der Welt, dem Walhai, sowie mehr als 500 tropischen Fischarten ist das Riff des Ningaloo Marine Park eines der Naturwunder Australiens. Besucher kommen zum Campen, Tauchen und Schwimmen, und von Coral Bay und **Exmouth** fahren Glasbodenboote zum Riff. Am besten beginnen Sie mit der Erkundung des Cape Range National Parks am Milyering-Besucherzentrum.

▶ **Northam** 146A2

Die Agrarstadt im reizvollen Avon Valley ist ein wichtiger Knotenpunkt des Straßen- und Eisenbahnnetzes sowie ein Depot des Goldfields-Wasserprojekts. Die Eisenbahn aus dem hundert Kilometer entfernten Perth endete früher hier, also war Northam der Ort, von dem die Goldsucher ihren Weg in die 450 km weiter östlich gelegenen Goldfields antraten. Der alte Bahnhof ist heute ein Museum voller Erinnerungen an diese Tage.

▶ **Northcliffe** 146A2

Dieser kleine Ort in den großartigen *karri*-Wäldern des äußersten Südwesten begann als eine Stadt des glücklosen Group Settlement Scheme, eines Siedlungsprojekts der 20er Jahre, dessen Hoffnungen und Mißerfolge das hervorragende **Pioneer Museum** ▶ dokumentiert. Northcliffe ist ein idealer Ausgangspunkt für die Besichtigung der *karris*, einige der größten Exemplare gedeihen im nahegelegenen Forest Park. Die 27 km lange Straße nach Windy Harbour, dem einzigen leicht zugänglichen Strand zwischen Augusta und Walpole, beginnt in Northcliffe.

Ein Wald aus karris, der größten, bis zu 80 m hohen Eukalyptusart.

Der Gloucester-Baum

Es stellte sich als schwierig heraus, Feuerwachtürme zu erbauen, die über die Kronen der riesigen *karris* hinausragten. Also ging man dazu über, eine Leiter an einem passenden Baum anzubringen und eine Aussichtskabine auf seine Spitze zu setzen. Heutzutage halten Flugzeuge nach Bränden Ausschau, aber die 153 Sprossen des Gloucester Tree in der Nähe von Pemberton können weiterhin von wagemutigen Touristen bestiegen werden. Er ist der größte Baum der Welt, der zur Feuerüberwachung diente, aber mit seinen rund 60 m bei weitem nicht der höchste *karri*.

▶ **Nullarbor Plain**   147B4

Die für ihre Trostlosigkeit bekannte Nullarbor Plain ist mit 250 000 km² die größte Ebene der Welt und erstreckt sich Richtung Osten endlos weit nach South Australia. Wenige Pflanzen und noch weniger Tiere sind in dieser unwirtlichen Gegend beheimatet, der Name Nullarbor – was »kein Baum« bedeutet – paßt daher ganz gut.

1840 bis 1841 überlebte der Forscher Edward John Eyre seine Reise über die Ebene von Ost nach West, indem er immer in Küstennähe blieb, wo er gelegentlich brackiges Wasser unter Sanddünen fand. Der nach ihm benannte Highway verläuft ebenfalls in südlicher Richtung. Die transkontinentale Eisenbahn biegt bei den Goldfeldern ins Landesinnere ab. Die Fahrt über den durchwegs asphaltierten Highway ist nicht ganz so eintönig – er führt kaum richtig durch die Nullarbor Plain. Die 145 km lange Strecke zwischen Balladonia Roadhouse und Caiguna ist kerzengerade.

▶▶ **Pemberton**   146A2

In Pemberton, in der südwestlichsten Ecke des Staates, erlebt man am eindrucksvollsten den Zauber des großartigen *karri*-Waldes. Man bewundert ihn entweder auf Schusters Rappen, vom Auto oder einer nachgebauten Straßenbahn der Pemberton Tramway aus. Durch einen Baum kann man hindurchgehen, den **Gloucester Tree** ▶ (siehe Kasten) sogar besteigen. Besichtigen Sie die restaurierte Sägegrube aus dem Jahre 1865, nehmen Sie an einer Führung durch das supermoderne Sägewerk teil, oder informieren Sie sich im **Manjimup Regional Timber Park** ▶ über die Geschichte dieser Gegend. Die Schönheit des Waldes wird von glasklaren Flüssen und Wasserfällen sowie einer Unzahl von Wildblumen im Frühling noch betont.

Gleise durch die Wüste

Die Passagiere der transkontinentalen Eisenbahn mit ihren vielen Edelstahlwaggons erleben die Nullarbor Plain auf eine ganz bestimmte Art. Dies ist eine der wenigen Bahnreisen auf der Welt, bei der die Landschaft, auf die man morgens blickt, dieselbe ist wie die, vor der man abends den Vorhang zugezogen hat. Großartig klingende Bahnhöfe stellen sich oft nur als schlichte Wegweiser heraus, die in die Wildnis gesetzt wurden. Die 478 km lange »Long Straight« (lange gerade Strecke) zwischen Ooldea und Watson stellt die Geduld selbst des disziplinierten Führers der großen Diesellok auf die Probe.

WESTERN AUSTRALIA

Porongurup National Park: Hohe Gipfel im Hinterland von Albany.

Der Karri-Wald
Eine der größten Eukalyptusarten ist der *karri (Eucalyptus diversicolor)*, der bis zu 85 m hoch und bis zu 1000 Jahre alt wird. In einem Karri-Wald fühlt man sich durch die hochaufragenden Stämme in die Atmosphäre einer gotischen Kirche versetzt. Die schönsten Karri-Wälder findet man im Süden, Richtung Landesinnere zwischen Augusta und Albany. Ein Großteil der Wälder wurde nach den beiden Weltkriegen gerodet, um den heimgekehrten Soldaten Landbesitz zur Verfügung stellen zu können. Doch die meisten dieser Siedlungen waren zum Scheitern verurteilt, da der tiefe Lehmboden zwar für die Bäume, aber nicht für den Getreideanbau geeignet ist.

▶ **Pilbara** 147C2

Bis in die 60er Jahre waren ein paar Rinderzüchter die einzigen Bewohner dieses Ödlands im Nordwesten. Nach der zufälligen Entdeckung des größten Eisenerzlagers der Welt (siehe Seite 166) in den 50er Jahren entstanden Minenstädte wie Tom Price und Newman sowie Tiefseehäfen wie Dampier und Port Hedland. 2000 m lange Züge transportieren das Eisenerz von den riesigen Gruben über Hunderte von Kilometern ans Meer. Ein Großteil des exportierten Rohmaterials findet später in Form von japanischen Autos seinen Weg zurück nach Australien.

Die Touristen kommen wegen der Wintersonne und der erstaunlichen Landschaft des **Karijini (Hamersley Range) National Parks** ▶▶. In die bunten Felsen dieses uralten Plateaus haben Flüsse tiefe Schluchten gegraben, deren Becken mit eiskaltem Wasser eine vielfältige Vegetation umgibt. Für seinen üppigen Pflanzenreichtum ist auch der **Millstream-Chichester National Park** ▶ berühmt, wo in einem Rest von Regenwald Palmen und einheimische Früchte gedeihen.

▶▶ **The Pinnacles (Nambung National Park)** 146B2

Die Tausende von Kalkfelsen, die auf der sandigen Ebene südlich der Küstenstadt Cervantes, 250 km von Perth, verstreut liegen, wurden von holländischen Seeleuten für die Überbleibsel einer alten Stadt gehalten. Die unterschiedlich großen Monolithe könnten jedoch sehr wohl die versteinerten Wurzeln von urzeitlichen Bäumen und Büschen sein. Was auch immer ihr Ursprung sein mag, sie bieten in der öden Wüstenlandschaft einen wahrlich bizarren Anblick. Die Gegend von Cervantes bietet auch schöne Strände und Gelegenheiten zu Wassersport.

▶ **Porongurup National Park** 146A2

Durch Erosion entstanden aus dem Granitgestein dieser Hügelkette im Hinterland von Albany Kuppen und eigenartige Formationen wie der Balancing Rock. Vom Castle Rock (570 m) hat man eine herrliche Aussicht über den *karri*-Wald und das dahinterliegende Land. Im Frühling schmücken Wildblumen den Waldboden.

SPECIAL — *Kimberley*

■ Dieses entlegene, rauhe und öde Land im hohen Norden Westaustraliens wurde 1879 von Alexander Forrest erforscht, der davon ausging, daß wenigstens ein Teil dieses Gebiets als Weideland dienen könne. Das Vieh riesengroßer Farmen gibt sich immer noch mit der kargen Vegetation zufrieden, bei Argyle werden Diamanten abgebaut, aber inzwischen hat sich auch der Tourismus zur Einnahmequelle entwickelt. ■

East Kimberley: Die moderne Stadt Kununurra ist das Tor nach East Kimberley, einer Region uralter vulkanischer Felsen und Sandsteinberge. In der Regenzeit lassen tropische Regenfälle die Flüsse ansteigen und vielfältiges Pflanzen- und Tierleben entstehen. Das Ord-River-Bewässerungssystem versuchte, im Sommer mit Flußwasser große Gebiete zu bewässern, doch mit begrenztem Erfolg. **Wyndham**, der nördlichste Hafen des Staates und Hafenstadt seit dem Ende des 19. Jahrhunderts, exportiert Vieh und auch sonst alles, was das Ord-River-Projekt produziert. Dem entschlossenen Besucher gelingt es vielleicht, Naturwunder wie die **Mitchell Falls** zu sehen oder (mit einer Genehmigung) über die Kalumburu Road ins entlegene Aboriginal-Reservat an der Mündung des King Edward River zu gelangen. Manche Gebiete, wie der Drysdale River National Park, dürfen nicht besucht werden.

West Kimberley: Über Broome und Derby gelangt man in den Westen mit seinen atemberaubenden Schluchten, die tief in den Kalkstein eines uralten Barriereriffs eingeschnitten sind, das sich schon vor langer Zeit über den Meeresspiegel erhob. Vom Fluß durch die **Windjana Gorge**, entstanden aus Teilen eines 350 Millionen Jahre alten Kalksteinreliefs, bleiben in der Trockenzeit nur ein paar Becken übrig, während der mächtige Fitzroy River das ganze Jahr über durch die wesentlich längere **Geikie Gorge** fließt.

Anreise
Die meisten Leute reisen von Derby über den Highway nach Kununurra. Auf diese Weise haben Sie sowohl Zugang zum Wolfe Creek Crater National Park als auch zu den Bungle Bungles – obwohl beide Natursehenswürdigkeiten am besten aus der Luft zu sehen sind. Die kürzere Strecke ist die Gibb River Road, die zwar etwas holpriger ist, aber dafür von üppiger Vegetation umgebene Bachläufe, Schluchten und Wasserlöcher bietet.

Die Diamantenmine bei Argyle in East Kimberley fördert hochwertiges Material zu Tage.

WESTERN AUSTRALIA

Rattennest
Rottnest Island, die Rattennestinsel, wurde 1696 von dem Holländer Willem de Vlamingh so genannt, der die Tiere, von denen es hier nur so wimmelte, für große Nagetiere hielt. In Wirklichkeit handelte es sich bei den »Ratten« um *quokkas*, Beuteltiere in der Größe von Hasen, die fast ausschließlich hier auf »Rotto« leben.

Marine-Wunderland
Der Status als UNESCO-Kulturerbe wurde dem Shark Bay Marine Park wegen seiner außergewöhnlichen Naturschönheit und Bedeutung zuteil. Die Monkey-Mia-Delphine sind die bekannteste Attraktion der Gegend, doch leben bei Hamelin Pools auch Stromatouts, die zu den ältesten Lebewesen der Welt gehören und die letzte noch lebende Herde von Seekühen.

Hunderte von Delphinen tummeln sich im warmen Wasser der Shark Bay.

▶ **Rottnest Island** 155E2
Die 20 km vor der Küste bei Fremantle gelegene Insel, per Schiff oder Flugzeug von Perth aus erreichbar, ist elf Kilometer lang und fünf Kilometer breit. Die Bewohner von Perth lieben dieses Wochenendparadies ohne Autos. Fahrräder sind das Hauptfortbewegungsmittel für die Erkundung der wunderbaren Buchten und weißen Strände an der zerklüfteten Küste. Das klare Wasser eignet sich bestens zum Tauchen und Schnorcheln.

▶▶ **Shark Bay Marine Park** 146C1
Der Abenteurer William Dampier gab dieser von Halbinseln und Inseln in mehrere Meeresarme unterteilten »Haibucht« mit 1500 km Küstenlänge, die heute zum World Heritage zählt, 1699 ihren Namen. Mit ihren roten Sanddünen, hohen Kalksteinklippen und schönen Stränden ist sie ideal zum Schwimmen, Fischen und zu anderen Wassersportarten. Der 60 km lange Shell Beach besteht aus einer zehn Meter tiefen Schicht aus Muscheln. Durch den Druck vorgefestigt, werden heute Blöcke herausgeschnitten und zum Bauen verwendet. Der kleine Ferienort Denham ist der westlichste Australiens, auf der gegenüberliegenden Seite der Halbinsel Peron tummeln sich die berühmten Delphine von Monkey Mia (siehe Seite 168).

▶ **Southern Cross** 146B2
Im Gerichtsgebäude aus dem Jahre 1891 dieser Stadt, die drei Jahre zuvor von Goldsuchern gegründet wurde, sind Zeugnisse aus den alten Tagen zu besichtigen.

▶ **Stirling Range National Park** 146A2
Ein landschaftlich schöner Highway führt durch diesen 65 km langen Gebirgszug, dessen Gipfel sich abrupt 1000 m über die Umgebung erheben. Die höchsten Berge Südwestaustraliens, in denen es sogar gelegentlich schneit, sind ein botanisches Reservat von außergewöhnlicher Schönheit. Hier gedeihen nicht weniger als 1000 Wildblumenarten.

ROTTNEST ISLAND – YORK

Wave Rock: ein uraltes geologisches Wunderwerk.

▶▶ Wave Rock 146A2

Eine der wichtigsten Sehenswürdigkeiten Australiens bleibt dieser zu Stein gewordene Traum eines jeden Surfers. Die Ähnlichkeit der mehr als 100 m langen und 15 m hohen Felsform mit einer wirklichen Welle wird durch seine bunten vertikalen Streifen betont, das Ergebnis einer Reaktion von natürlichen Chemikalien im Granit.

Sehenswert sind in der Nähe von Hyden (340 km landeinwärts von Perth) weitere Felsformationen namens Humps und Hippo's Yawn. In der Mulka's Cave gibt es Felszeichnungen der Aborigines zu bewundern.

▶ Yanchep 146A2

Tagesausflüge von Perth führen häufig an die Küste im Norden der Stadt mit ihren schönen Stränden, Sanddünen und einer Reihe von Seen gleich im Landesinneren. Um den Ferienort Yanchep erstreckt sich der **Yanchep National Park** ▶ mit bunten Kalksteinhöhlen, einem See, Eukalyptuswäldern und unzähligen Wildblumen im Frühling.

▶ York 146A2

Northam, Toodyay und York sind drei beliebte Ausflugsziele im malerischen Avon Valley, 100 km nordöstlich von Perth. Die historische Binnenstadt York wurde 1831 gegründet, und viele ihrer reizenden alten Sandsteingebäude haben die Zeit bis heute überlebt, und sogar das Erdbeben 1968 ausgehalten. Das **Residency Museum** ▶ beschwört die alten Tage herauf, ebenso die **Balladong Farm** ▶, ein lebendiges Landwirtschaftsmuseum. Im **York Motor Museum** ▶▶ sind mehr als 200 Motorräder, Oldtimer und sogar von Pferden gezogene Wagen der Öffentlichkeit zugänglich gemacht.

Fluß der schwarzen Schwäne
Der Avon ist ein Nebenfluß des Swan River, der seinen Namen den hier lebenden schwarzen Schwänen verdankt. Beide Flüsse bildeten einen Korridor, in dem früh Siedlungen entstanden. Die alte Stadt Guildford weist heute noch viele ehrwürdige Gebäude und historische Häuser, wie das 1885 erbaute Woodbridge, auf.
Das Swan Valley ist auch für seinen Wein berühmt. Eine Fahrt zu den Weinkellern erfreut sich nicht nur wegen des Traubensaftes, sondern auch wegen der traumhaften Lage der Weinberge großer Beliebtheit.

Hotelschild in der ehrenwerten Kleinstadt York.

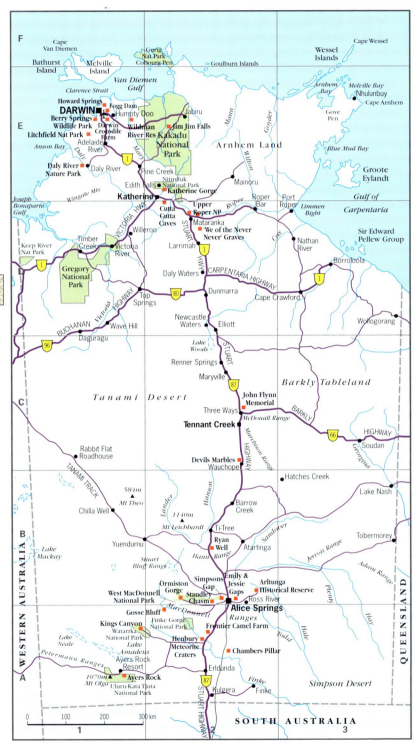

NORTHERN TERRITORY

Der Geisterbaum mit seinem weißen Stamm.

Northern Territory: Der Stuart Highway bildet das Rückgrat des drittgrößten Staates Australiens, der sich vom Wüstenherz des Landes, dem Red Centre (dem »Roten Zentrum«), bis an die Küste und zu den Inseln des tropischen Nordens, dem Top End, erstreckt. Die Viehzucht ist nach wie vor von großer Bedeutung, wurde jedoch vom Bergbau (Bauxit-, Mangan- sowie Uranabbau) und dem Tourismus auf den dritten Platz verwiesen. Hauptanziehungspunkte sind die mysteriösen Formen der Wüste, darunter **Ayers Rock**, Darwin, der Reichtum der Natur des Nordens und vor allem die unvergleichliche Wildnis des **Kakadu National Park**.

Erste Besiedelung: Der Holländer Jan Carstenzoon an Bord der *Arnhem* war wahrscheinlich der erste Europäer, der die Küste des Northern Territory 1623 sichtete. Doch erst in den 20er Jahren des 19. Jahrhunderts machten die Briten den Franzosen und Holländern das abgelegene nördliche Ende des Kontinents streitig. Die ersten Siedlungsversuche scheiterten: Port Essington (1824) auf der Halbinsel Cobourg verfügte über kein Süßwasser, Fort Dundas (1824–29) auf Melville Island konnte den Aborigines nicht standhalten, und Raffles Bay (1827), ebenfalls auf der Halbinsel Cobourg, wurde nach nur zwei Jahren einfach wieder verlassen. Victoria, an einem Meeresarm in der Nähe von Port Essington, entstand 1838 und hielt trotz Wirbelstürmen und Erdbeben bis 1849 die Stellung. Der wunderbare Naturhafen Port Darwin erhielt seinen Namen 1839 vom Kapitän der *Beagle*, J. C. Wickham, der auf diese Weise Charles Darwin ehrte, den Teilnehmer an einer früheren Schiffsreise. Doch erst drei Jahrzehnte später, 1869, wurde der Standort der heutigen Hauptstadt des Territoriums vermessen, und man begann mit dem Bau. Es war eine gute Wahl getroffen worden, und Darwin überlebte und florierte trotz Wirbelstürmen und japanischer Luftangriffe.

HIGHLIGHTS

MUSEUM AND ART GALLERY OF THE NORTHERN TERRITORY, DARWIN *siehe Seite 182*
ALICE SPRINGS *siehe Seiten 184 und 185*
AYERS ROCK (ULURU UND THE OLGAS (KATA TJUTA) *siehe Seiten 187, 190 und 191*
DEVILS MARBLES *siehe Seite 192*
FINKE GORGE NATIONAL PARK *siehe Seite 192*
KAKADU NATIONAL PARK *siehe Seite 193*
KINGS CANYON *siehe Seite 197*
LITCHFIELD NATIONAL PARK *siehe Seite 197*
NITMILUK NATIONAL PARK (KATHERINE GORGE) *siehe Seite 197*
MACDONNELL RANGES *siehe Seiten 198 und 199*

NORTHERN TERRITORY

Die Eroberung des Landesinneren: Die unendlichen und unwirtlichen Weiten des Landesinneren wurden erstmals 1862 im sechsten Anlauf durchquert, als der trotz fünf Mißerfolgen immer noch unbeirrte John McDouall Stuart sich schließlich von Süden nach Norden durchschlug. Auf der von ihm zurückgelegten Strecke verläuft heute der nach ihm benannte Highway. Noch bevor die Straße gebaut wurde, hatte man über die Wildnis zwischen Port Augusta an der südaustralischen Küste und Darwin den berühmten Overland Telegraph in weniger als zwei Jahren fertiggestellt. 1872 schloß man die Leitungen an das von Java kommende Unterwasserkabel an, so waren die australischen Kolonien mit der ganzen Welt verbunden. Die Relaissender in Alice Springs, Tennant Creek und anderen Orten entlang der 2900 km langen Strecke entwickelten sich zu Haltestellen für Reisende, die um die isolierten Außenposten entstanden. Die Telegraphenstation in Alice Springs steht noch, obwohl die Stadt selbst ein Stück weiter nach Süden verlegt wurde.

Aufbruch ins 20. Jahrhundert: 1911 fiel das Northern Territory in den Verwaltungsbereich des australischen Bundes. Obwohl es sich seit 1978 selbst regiert, ist es noch nicht vollkommen souverän. Einiges (die Aboriginal-Angelegenheiten und der Uranabbau) unterliegen immer noch der Regierung in Canberra. Jahrelang war das Northern Territory ein rückständiges Gebiet, nur wenige Fahrer meisterten die ungeteerten Straßen, Besucher kamen selten. Mit einer Reihe heftiger Luftangriffe fügten die Japaner im Zweiten Weltkrieg nicht nur Darwin, sondern auch der australischen Psyche schweren Schaden zu. Regierung und Armee wurden sich rasch der Verletzlichkeit des Landes durch den leeren und abgeschiedenen Norden bewußt und teerten schnell die Straße von der Bahnendstation in Alice Springs bis zur Küste. Außerdem wurden Depots, Stützpunkte und Flugplätze gebaut, deren Überreste heute noch neben dem Highway zu sehen sind. Seither nimmt das Northern Territory am Schicksal der Nation lebendig teil.

»Straßenzüge«
51 Tage benötigte das Auto, das als erstes die Wüste von Adelaide nach Darwin durchquerte. Damit war die Zeit der von Pferden, Kamelen und Rindern gezogenen Fahrzeuge abgelaufen. In den 30er Jahren bildete ein klobiger Diesellastwagen mit Anhänger den sogenannten Government Road Train (»Straßenzug«), der isolierte Gemeinden anfuhr. Nach dem Zweiten Weltkrieg zog Kurt Johannsen mit einem alten Panzertransporter acht Viehanhänger gen Norden. Heute ist die Zahl der Anhänger auf drei beschränkt, doch selbst solche »kleinen« *road trains* sorgen für gehörigen Respekt, wenn sie die Highways des Northern Territory und Westaustraliens entlangdröhnen.

Eine der vom Katherine River geschaffenen Schluchten.

Nationalparks

Wer den Stuart Highway vom Red Centre bis zum Top End entlangfährt, erlebt einen der eindrucksvollsten Kontraste, den die Natur in Australien zu bieten hat.

Das Red Centre: In Urzeiten formten geologische Prozesse die roten Felsen in der Mitte des australischen Kontinents und schufen eine fast abstrakte Welt aus Kratern und Steinen, zerklüfteten Graten und einsamen Monolithen, die sich gegen den Hintergrund der Sand- und Kieswüste abhoben. Die in diese ehrfurchterregende Landschaft eingezwängten Flußbetten führen nur nach seltenen Regenfällen Wasser. Die Ahnen dieser Wasserläufe formten Schluchten und Canyons, die in dieser unwirtlichen Gegend Nischen für ein überraschend reiches und vielfältiges Tier- und Pflanzenleben sind. In den zerklüfteten **MacDonnell Ranges** westlich und östlich von Alice Springs gedeihen in mancher Felsspalte Farne, Palmen und andere Exoten. Einige Pflanzen stammen von der Strandflora jenes Meeres ab, das einst einen Großteil Zentralaustraliens bedeckte. Einsame Wasserlöcher spenden Mensch und Tier Leben.

Die Wüste hautnah zu erfahren ist nicht schwierig – wenn Sie das wirklich wollen! Parks Australia North und die Parks and Wildlife Commission des Northern Territory verbessern die Einrichtungen in Nationalparks und schützen gleichzeitig die ihnen anvertraute Landschaft. Ihre Verwaltung des Ayers Rock ist modellhaft.

Der »grünere« Norden: Am nördlichen Rand des Zentrums zeigen ständig Wasser führende Flüsse, daß hier mehr Niederschläge fallen (bis zu 1600 mm/Jahr) als im Süden (etwa 120 mm). Viele Flüsse entspringen auf dem Hochplateau des Arnhem Land. Der Katherine River schuf eine Reihe besonders eindrucksvoller Schluchten, und im **Kakadu National Park** wimmelt es von Tieren. Das Top End weist einige der entlegendsten Plätze Australiens auf: Die Halbinsel Cobourg zum Beispiel oder Darwins Hinterland, wo es viele Naturgebiete zu erforschen gibt.

Darwins Hoheitsgewässer
Am Doctors Gully am Ende der Esplanade versammeln sich bei Flut Tausende von Fischen – und kaum weniger Touristen im Aquascene. Die einen, um zu füttern, die anderen, um gefüttert zu werden.

Im Indo Pacific Marine des lebendigen Darwin Wharf Precinct können Sie Fische beobachten und ein nachgebildetes Korallenriff besichtigen sowie die Australian Pearling Exhibition, eine Perlenausstellung, besichtigen.

179

Regenwald und Flüsse
Machen Sie von Darwin einen Tagesausflug nach Berry Springs, das sowohl einen Naturpark mit natürlichen Schwimmbecken als auch den wunderbaren Territory Wildlife Park zu bieten hat. Dieses 400 Hektar umfassende Buschgebiet möchte Besuchern die Tiervielfalt des Northern Territory näherbringen.

Der Daly River Nature Park ist ein beliebter Flecken, um *barramundis* zu fischen und Boot zu fahren. Nach Schwimmen ist einem angesichts der vielen *salties* (Salzwasserkrokodile) weniger zumute.

Erkunden Sie im entlegenen Gregory National Park die spektakuläre Schlucht, oder unternehmen Sie eine Bootsreise auf dem Victoria River.

NORTHERN TERRITORY

Darwin

Die Hauptstadt des Northern Territory schmiegt sich an die Port Darwin vorgelagerte Halbinsel, einem Naturhafen, zweimal so groß wie Sydneys Hafen. Nicht weniger als viermal wäre Darwin fast von der Landkarte verschwunden. Wirbelstürme machten den Ort 1897, 1937 und 1974 beinahe dem Erdboden gleich. Dazwischen versuchten die Flieger des kaiserlichen Japan es der Natur gleichzutun und griffen Darwin sechzigmal aus der Luft an. Doch die Unverwüstlichkeit der Stadt ist schon fast sprichwörtlich, nach jedem Desaster kehrte die evakuierte Bevölkerung zurück, um Darwin wiederaufzubauen.

Stadtbesichtigung
Zur besseren Orientierung empfiehlt sich eine Fahrt mit dem Tour Tub, einem Minibus, in den Sie ein- und aussteigen können, wo und wann immer Sie möchten.

DARWIN

1974 zerstörte der Zyklon Tracy fast alle alten Gebäude, unter anderem auch elegante Pfahlbauten. Beim Bau der neuen Häuser achtete man weniger auf ihre Schönheit als darauf, daß sie wirbelsturmfest waren.

Vielfältige Gemeinde: Heute wird Darwin als die Eingangstür Australiens bezeichnet, doch lange Zeit sah es mehr wie der Hinterhof des Landes aus. Nach ihrer Gründung im Jahre 1869 wurde die Stadt zum Ziel der Perlenfischer, Büffeljäger, Goldsucher, Viehzüchter und anderer Abenteurer. Ihre Bevölkerung ist eine bunte Mischung: hier leben zwischen 49 und 61 verschiedene ethnische Gruppen (je nachdem, wer die Zählung vornimmt). Viele asiatischen Länder wie auch alle australischen Städte sind vertreten. Singapur ist nicht weiter entfernt als Sydney, und Jakarta ist sogar näher.

Die meisten Reisenden passieren Darwin auf der Durchreise. Sie sollten sich jedoch des verführerischen Charmes der Stadt bewußt sein, der weniger von einer äußeren Schönheit ausgeht, sondern vielmehr von seiner ungezwungenen, typisch tropischen Lebensart.

Sehenswürdigkeiten: Das kleine, zu Fuß leicht erkundbare Stadtzentrum weist mehrere alte Gebäude auf, die bis heute überlebt haben oder wiederaufgebaut wurden. Einige davon blicken auf die Parklandschaft der westwärts gerichteten Esplanade, so das **Government House** aus dem Jahre 1883 und das **Old Admiralty House,** ein Pfahlbau aus den 20er Jahren. Seeabwärts gelangen Sie zum größtenteils wiederaufgebauten **Victoria Hotel,** dem **Chinesischen Tempel** oder Joss House und – im Hof des Behördenzentrums – zum **»Baum der Erkenntnis«,** einem der unverwüstlichsten Wahrzeichen Darwins. Diese zerbrechlich wirkenden Strukturen stehen in scharfem Kontrast zum neu errichteten und teuren Northern Territory Parliament House. Weitere Sehenwürdigkeiten liegen außerhalb, viele davon erheben sich über die herrliche Fannie Bay im Norden. Erwähnenswert ist das Grand MGM Casino, in der Nähe des Mindil Beach. Hier findet zwischen Mai und Oktober ein berühmter Markt statt.

Das tropisches Flair verströmende Government House, Darwins ältestes Gebäude (1883).

Schiffe des Biers
Die tropische Hitze ist für die Bewohner Darwins eine hervorragende Ausrede, um mehr Bier trinken zu können als alle anderen Australier, die ja auch keine Abstinenzler sind. Leere Bierdosen »zierten« einst die Straßen und Highways, doch nun fand man eine gute Lösung für eine sinnvolle Verwendung: Auf der Beercan Regatta, die jedes Jahr im August am Mindil Beach stattfindet, gibt es bizarre Kunstwerke aus Bierdosen zu sehen. Das Ereignis ist einer der glanzvollen Höhepunkte im Veranstaltungskalender Darwins und zieht Tausende von Besuchern an. Der Bierkonsum während des Festes stellt das Rohmaterial für die Ausstellung des nächsten Jahres sicher.

NORTHERN TERRITORY

Sweetheart *in der Museum and Art Gallery.*

Eine schnelle Lady
Kein Wirbelsturm hat in Darwin je so gewütet wie Tracy am ersten Weihnachtsfeiertag des Jahres 1974. Innerhalb von vier Stunden waren zwei Drittel der Stadt zerstört und der Rest stark beschädigt. 66 Menschen kamen ums Leben. Niemand weiß, wie schnell Tracy wirklich war: Der Windstärkenanzeiger am Flughafen brach bei 217 Stundenkilometern ab. Die Höchstgeschwindigkeit wurde auf 300 Stundenkilometer geschätzt. Das Unglück hatte aber auch eine gute Seite: Das Darwin vor dem Wirbelsturm war kein Schaustück der modernen Städteplanung. Beim Wiederaufbau hielt man sich an einen ordentlicheren Grundriß und schuf die Satellitenstadt Palmerston 20 km südöstlich der Stadt.

▶ **Botanischer Garten Darwin** 180C2
Gardens Road
Unter Darwins Klima wachsen Pflanzen sehr schnell, deshalb war der Schaden, den Tracy 1974 anrichtete, rasch wieder behoben. Man ergriff die Gelegenheit, um den Botanischen Garten um Orchideen, Feigenbäume, Farne und eine breite Palette von Palmen zu erweitern. Der Garten ist wissenschaftliche Institution und Park zugleich.

▶ **East Point Military Museum** 180D2
East Point Road, Fannie Bay
Betonbunker und Waffen liegen auf East Point verstreut. Die hier einst installierten Kanonen, die einen Angreifer in die Flucht schlagen sollten, der nie kam, kaufte ironischerweise ein japanischer Schrotthändler auf.

▶ **Fannie Bay Gaol Museum** 180D2
East Point Road, Fannie Bay
Darwin ist sein Gefängnis sehr wichtig, das 1883 erbaut und bis 1979 benutzt wurde.

▶▶▶ **Museum and Art Gallery of the Northern Territory** 180C2
Conecker Street, Bullocky Point
Dieser moderne Museumskomplex an der Fannie Bay verdeutlicht die einzigartige geographische Lage des Territoriums und seiner Hauptstadt. Neben einer hervorragenden Kollektion traditioneller und zeitgenössischer Kunst der Aborigines gibt es viele Objekte aus Südostasien und dem südwestlichen Pazifikgebiet, außerdem eine Ausstellung über die Stadt vor, während und nach dem Wirbelsturm Tracy. Originale Schiffe sind im Maritime Museum mit seinen Kriegskanus, Einbäume, Auslegerboote, ein *lipa-lipa, proas* und der letzte Perlenlogger Darwins, die *Vivienne* zu sehen. Der Ehrenplatz im Museum gebührt, trotz einer interessanten Ausstellung über den Wirbelsturm Tracy, *Sweetheart*, früher eines der gefährlichsten Krokodile, heute ausgestopft und völlig harmlos.

SPECIAL

Krokodile

■ Die Faszination der Krokodile hat zweifellos etwas damit zu tun, daß man sich selbst als das potentielle Opfer eines großen und aggressiven Reptils betrachtet. Die Krokodile im Northern Territory, in Western Australia und Queensland rückten nicht nur wegen des Films *Crocodile Dundee* so stark ins Bewußtsein der Öffentlichkeit, sondern auch, weil sie sich stark vermehren (aufgrund der effektiven Schutzmaßnahmen), ihr Lebensraum für Touristen immer zugänglicher ist und die Medien jeden Angriff eines Krokodils ausschlachten. ■

In Australien gibt es zwei Krokodilarten. Für Menschen ungefährlich sind die relativ kleinen Süßwasserkrokodile, die im Norden Australiens in Flüssen und *billabongs* (Wasserlöchern) zwischen dem Carpentaria-Golf und Broome leben. Doppelt so groß (oft sechs Meter lang) und mit einer breiteren Schnauze ist dem Salzwasserkrokodil das brackige Wasser von Gezeitenflüssen am liebsten. Doch es begibt sich auch weit ins Landesinnere oder auf den Ozean hinaus. Es kommt von Indien bis zum westlichen Pazifik vor, in Australien von der mittleren Küste Queenslands um Rockhampton bis zum Gebiet um Broome.

Die *salties* jagen Fische und Tiere jeglicher Größe und bei Gelegenheit auch Menschen. Viele seiner Opfer überrascht das Krokodil am Rande eines Gewässers. Es schwimmt ungesehen unter Wasser heran und benützt dann seinen starken Schwanzmuskel, um sich wie eine Rakete aus der Tiefe herauszukatapultieren. Die Beute wird dann unter Wasser gezogen und ertränkt. Krokodile können eine Stunde unter Wasser bleiben. Männliche Tiere herrschen über ein Revier, das sie gegenüber anderen verteidigen. Viel Zeit verbringen die Reptile damit, wie ein Holzstamm im seichten Wasser zu liegen, um Kräfte für die anstrengende Essensbeschaffung zu sammeln.

Augen auf! Darwins Swimmingpools müssen geprüft werden, bevor Sie für die Öffentlichkeit geöffnet werden. Schwimmen oder Paddeln in von Krokodilen bevölkerten Gebieten kann fatal sein. Denken Sie auch daran, daß Krokodile Amphibien sind und auch an Land eine hohe Geschwindigkeit vorlegen können. Schwimmen Sie nicht, wo Schilder dies verbieten, und holen Sie sich bei Einheimischen Rat, wenn Sie sich nicht sicher sind. Wer diese einschüchternden Kreaturen gerne aus der Nähe sehen möchte, nimmt am besten an einer Tour in Booten mit Stahlboden teil. Boote dieser Art befahren das Yellow Water im Kakadu National Park und den Adelaide River, der näher bei Darwin liegt.

Darwin Crocodile Farm
Diese Farm 40 km südlich von Darwin ist das Zuhause von Tausenden von Krokodilen, die hier ihrer attraktiven Haut wegen gezüchtet werden.

Achtung!
Krokodile fürchten weder Mensch noch Tier, gehen Sie also kein Risiko ein. Nur weil Sie sie nicht sehen können, bedeutet das noch lange nicht, daß keine da sind.

NORTHERN TERRITORY

Albert Namatjira
Der 1902 in der Mission Hermannsburg geborene Angehörige der Aranda wurde zu einem Aquarellmaler in der europäischen Tradition, der vor allem die eindrucksvolle Landschaft seiner Heimat, der MacDonnell Ranges, malte. Der anerkannte Künstler wurde der Queen vorgestellt, und 1957 erhielt er das (damals) außerordentliche Privileg der vollen Staatsbürgerschaft. Doch Namatjira wurde durch die Spannungen zwischen der Gesellschaft der Aborigines und der Weißen sowie durch Alkohol zerstört. Nachdem er ins Gefängnis gekommen war, weil er einem Bekannten Alkohol verschafft hatte, verlor er seinen Mut, und er starb bereits 1959. Seine wundervollen Gemälde sind in vielen australischen Galerien zu sehen.

▶▶▶ Alice Springs *176B2*

Genau in der Mitte des Kontinents gelegen hat sich Alice Springs von einem staubigen Außenposten in einen Ort verwandelt, der auf dem Urlaubsprogramm der meisten Touristen steht. Die mit allen modernen Einrichtungen ausgestattete Stadt ist ein hervorragender Stützpunkt, um die Naturwunder des Red Centre zu erkunden.

Die Geschichte von Alice Springs beginnt 1871 als geeigneter Standort für eine Relaisstation des Overland Telegraph zwischen Adelaide und Darwin. Vor der Ankunft der Eisenbahn, des berühmten »Ghan«, von Adelaide im Jahre 1929 entwickelte sich die Stadt nur langsam. Im Zweiten Weltkrieg wurde die Endstation der Bahnstrecke zu einem wichtigen strategischen Punkt, besonders, nachdem der Stuart Highway, der von hier weiter nach Darwin führte, eine erste Bitumenschicht erhalten hatte. Doch erst mit dem Beginn des Massentourismus in den 70er Jahren entstanden komfortable Hotels, feine Restaurants und ein geschmackvoll in die Landschaft eingefügtes Einkaufszentrum. Für die alteingesessenen Bewohner der Gegend kam das alles sehr überraschend. Für sie war es noch gar nicht so lange her gewesen, daß sie abends auf einen Drink in die Stadt geritten waren und ihr Pferd am Geländer in der Hauptstraße festgebunden hatten.

Den besten Gesamteindruck von Alice Springs' Lage in der Wüste erhalten Sie, wenn Sie auf den **Anzac Hill** ▶ mit seinem Obelisken steigen (oder fahren). Das Stadtzentrum erstreckt sich im Westen des Flußbetts des Todd River. Obwohl er nur selten Wasser führt, wurde die Henley-on-Todd-Regatta zu einem wichtigen Ereignis des Jahres, doch sind es weniger Ruder als vielmehr Beine, die bodenlosen Fahrzeuge bewegen. Den Rest des Jahres dient das trockene Flußbett als Rast- und Ruhestätte für viele Aborigines von Alice Springs. Im Süden ziehen sich die MacDonnell Ranges hin, die durch das Heavitree Gap unterbrochen sind, durch das eine Straße und Bahnstrecke führen. Dahinter liegt der Flughafen und der amerikanisch-australische Pine-Gap-Nachrichtenstützpunkt.

Alice Springs verfügt über Gedenkstätten ...

ALICE SPRINGS

... und Erinnerungen an den Royal Flying Doctor Service.

Wenn die Touristen auch eher wegen ihrer Lage kommen als wegen Alice Springs selbst, gibt es doch in der Stadt und ihrer Umgebung einiges zu sehen. Ein paar alte Gebäude erinnern an die Anfänge: Das **Stuart Town Gaol** stammt aus dem Jahre 1907! Das **Adelaide House** wurde von 1920 bis 1926 als Krankenhaus erbaut. Es ist heute ein interessantes Museum, das Erinnerungsstücke an die frühen Tage des Royal Flying Doctor Service ausstellt. In den 20er Jahren war die Verwaltung des Northern Territory einmal kurz zwischen Alice Springs und Darwin aufgeteilt. Die **Residency**▶, heute ein kleines, aber gutes Museum über die örtliche Geschichte, geht auf diese Zeit zurück. Das bedeutendste Museum der Stadt stellt das **Museum of Central Australia**▶ im oberen Stockwerk des Einkaufszentrums dar.

Verkehr und Nachrichtenwesen waren für Alice Springs schon immer wichtig. Die einfachen Steingebäude der **Old Telegraph Station**▶▶, die dem Ort einst zu seiner Existenzberechtigung verhalf, stehen immer noch nördlich der Stadt. Sowohl die **School of the Air** als auch der **Royal Flying Doctor Service** haben Stützpunkte in Alice Springs, die für die Öffentlichkeit zugänglich sind. Im Westen erinnert das **Museum of Technology, Transport and Communications** an die Erfolge und Desaster der ersten Flüge sowie die Geschichte des Automobils. Abseits des Stuart Highway, hinter dem Heavitree Gap, befindet sich die **Transport Heritage Precinct,** die die **Ghan Preservation Society** beinhaltet, die sich der Wiederherstellung der originalen Schmalspurbahnlinie widmet. Während der Pionierzeit war man im unwirtlichen Landesinneren für den Gütertransport auf Kamele angewiesen. Auf der **Frontier Camel Farm** können Sie auf diesen großen Wüstenschiffen reiten und sich über sie und ihre afghanische Herkunft informieren.

In Alice Springs fallen sofort die vielen Aborigines ins Auge. Mit dem Verkauf ihrer Souvenirs wird viel Geld gemacht, doch wahrscheinlich werden Sie sich kein Bild von Albert Namatjira (siehe Kasten S. 184) leisten können. Eine besonders ergreifende Geschichte über die Beziehung zwischen Aborigines und Europäern erzählt das **Strehlow Research Centre**, das die Kultur der Aranda und das Leben eines deutschen Missionarssohns unter ihnen dokumentiert.

Einladung zum Frettchen-Rennen.

Unterwegs

Mit dem Flugzeug oder Ballon: Darwins internationaler Flughafen wurde 1991 um ein nagelneues Terminal erweitert. Von hier bestehen Flugverbindungen zu vielen ausländischen Städten und Direktverbindungen nach Japan, Singapur, Indonesien und Malaysia sowie zu allen australischen Großstädten. Alice Springs verfügt ebenfalls über einen modernen Flughafen, von dem mehrere Flughäfen im Inland angeflogen werden. Der Connellan Airport in der Nähe des Ayers Rock bietet keine so große Auswahl an Verbindungen. Kleine Maschinen bringen Sie an fast alle Orte im Northern Territory.

Am atemberaubendsten sieht die Wüste aus der Luft aus. Unternehmen Sie von Alice Springs aus eine Fahrt mit dem Heißluftballon!

Mit dem Bus: Fernreisebusse verbinden Darwin, Alice Springs, Ayers Rock und andere Orte im Northern Territory mit den australischen Großstädten. Reiseveranstalter bieten viele Ausflüge an, vor allem auch ins Red Centre. Manche Tagesausflüge, wie zum Beispiel Darwin–Kakadu–Darwin, sind zögerlichen Reisenden nicht zu empfehlen. Zu empfehlen ist eine Reise mit einer Übernachtung. Nur Darwin hat ein städtisches Busnetz aufzuweisen.

Mit der Bahn: Auf der wieder in Betrieb genommenen Linie nördlich von Tarcoola in South Australia verkehrt, auf der einzigen Eisenbahnstrecke im Northern Territory, der wiederbelebte **Ghan** (siehe Seite 189), ein Luxuszug, der Adelaide mit Alice Springs verbindet. Busse und Flugzeuge bringen Sie von verschiedenen Städten zum Bahnhof am Mount Isa, der Endhaltestelle des »Inlander« aus Townsville.

Mit dem Auto: Von Darwin verläuft der **Stuart Highway** Richtung Süden durch Alice Springs nach Port Augusta und Adelaide (3067 km). Bei Three Ways verläßt der **Barkly Highway** den Stuart Highway, führt zum Mount Isa und weiter nach Townsville (2556 km). Bei Katherine zweigt der **Victoria Highway** Richtung Kimberley ab und nach Perth (4081 km). Befestigte Straßen führen zum Ayers Rock und Jabiru im Kakadu National Park.

Der Stuart Highway
Die dünne Bitumenschicht dieser 3000 km langen Straße führt durch die einsamen Weiten Zentralaustraliens zwischen Adelaide und Darwin. Der »the Track« genannte Highway folgt der Route, die der unerschrockene Schotte John McDouall Stuart 1862 zurückgelegt hatte. Jahrelang war die Straße als Achsenbrecher berühmt-berüchtigt, doch nichts wurde zu ihrer Instandhaltung unternommen, bis sich Australien 1942 in einer desperaten Kriegslage befand. Damals wurde der Highway dann von der Endhaltestelle der Bahn in Alice Springs bis nach Darwin mit Hilfe der US-Armee rasch asphaltiert. Die südliche Hälfte der Straße wurde erst einige Jahrzehnte später befestigt.

Einer der riesigen road trains, *der durch den Norden und den Outback fährt.*

▶ Arnhem Land 176E2

Hinter Kakadu scheint ein zerklüfteter Steilabbruch den Weg in dieses mysteriöse, unzugängliche Gebiet zu versperren. Nach dem holländischen Schiff benannt, dessen Mannschaft die ersten Europäer waren, die es sichteten, erstreckt sich Arnhem Land Richtung Südosten, wo es den westlichen Küstenstreifen des Carpentaria-Golfs bildet. Wieder in den Händen der Aborigines, darf ein Großteil des Gebietes nur mit Genehmigung betreten werden. Doch finden auch Ausflüge von Darwin und Kakadu in beschränktem Umfang statt. Zudem können Sie in die entlegene Seven Spirit Bay auf der Cobourg Peninsula fliegen.

▶▶▶ Ayers Rock (Uluru) und The Olgas (Kata Tjuta) 176A1

Bekannt durch Funk und Fernsehen, ist der riesige rote Monolith Ayers Rock zu einem der Touristenklischees der Welt verkommen. Doch schlägt er noch immer alle, die ihn sehen, in seinen Bann. Es überrascht nicht, daß Uluru (wie die Aborigines ihn nennen) im spirituellen Leben der Stämme eine wichtige Rolle spielte, deren Vorfahren dieses Gebiet wahrscheinlich schon vor 20 000 Jahren besuchten. Einige geheiligte Plätze um den Fuß des Felsens sind geschützt und dürfen weder betreten noch fotografiert werden.

Der Landvermesser Ernest Giles entdeckte den Monolithen 1872. 1985 wurde das Land, zu dem der Uluru-Kata Tjuta National Park gehört, offiziell den Aborigines zurückgegeben und gleich anschließend für 99 Jahre an den Northern Territory Parks Service verpachtet. An die Stelle des Feriendorfes, das sich am Fuß des Felsens aufs Geratewohl gebildet hatte, trat das **Ayers Rock Resort** ▶, das in 18 km Entfernung erbaut wurde.

Die Sedimente, aus denen der Ayers Rock und die benachbarten Olgas entstanden, lagerten sich vor 500 bis 600 Millionen Jahren ab und wurden dann durch Erdbewegungen in die Senkrechte gekippt. Der Ayers Rock erhebt sich 348 m über die Ebene, der Mount Olga sogar 546 m, aber ihre Fundamente liegen viel tiefer.

Fortsetzung auf Seite 190.

The Olgas (Kata Tjuta) warten darauf, erforscht zu werden.

Ortsnamen der Aborigines
Wenn auch viele australische Ortsnamen aus der alten Welt stammen, so übernahmen die frühen Siedler doch auch einige Namen der Aborigines. Parramatta war die erste Stadt, die einen solchen Namen erhielt, und viele weitere sind auf der Landkarte auszumachen. Sie klingen oft passender als die Ortsnamen, die an die Dörfer oder Städte Englands erinnern. Heute besteht ein Trend, die englischen Namen durch die der Aborigines zu ersetzen. The Olgas – benannt nach einer spanischen Königin des 19. Jahrhunderts – heißen heute offiziell Kata Tjuta (»viele Köpfe«), und der Ayers Rock wurde wieder zu Uluru. Doch wahrscheinlich werden sich die »neuen alten« Namen nur schwer durchsetzen, da die englischen Bezeichnungen weltweit bekannt sind.

SPECIAL

Australische Eisenbahnen

■ Die Eisenbahn prägte Australien. In so einem weiten Land war der Kampf gegen die »Tyrannei der Entfernung« schwierig und langwierig, und die Rolle der Eisenbahn, um das Land wirtschaftlich gedeihen und politisch zusammenwachsen zu lassen, war von entscheidender Bedeutung. ■

Fraglicher Erfolg: Die ersten Bahnschienen in Australien dienten von Pferden gezogenen Fahrzeugen in Adelaide. Die ersten Dampflokomotiven verbanden Melbourne mit seinem Hafen (September 1854) und Sydney mit Parramatta (ein Jahr später). Doch hier traten bereits die ersten Probleme auf: Welche Spurweite sollte man wählen?

Anfangs waren sich die Kolonien darüber einig, daß man die Standardspurweite George Stephensons von 1435 mm übernehmen wollte, später sprach man sich für eine Spurweite von 1600 mm aus, wie sie in Irland Verwendung fand. Am Ende machte jede Kolonie, was sie wollte: Victoria und South Australia wählten die Breitspur-, New South Wales die Normalspurweite. Western Australia und Queensland ließen sich etwas ganz anderes einfallen: sie bauten Schmalspurstrecken mit einer Weite von 1067 mm. Tasmania begann mit der Normalspurweite und stieg dann auf Schmalspurweite um.

Solange die Bahnnetze nicht voneinander abhingen, war das schön und gut, doch irgendwann erreichten die Gleisstrecken das Nachbarland. Reisende mußten umsteigen und Güter aus- und wieder eingeladen werden. Die drei gehaßtesten Wörter sollen damals »All change! Albury!« (Alles umsteigen! Albury!) gewesen sein, Albury war der Bahnhof an der Grenze zwischen New South Wales und Victoria. 1897 war Mark Twain mehr als verärgert, als er hier umsteigen mußte, nicht zuletzt, weil man dabei einen sehr langen Bahnsteig entlangmarschieren mußte.

Natürliche Hindernisse: Oft erwies sich der Eisenbahnbau in Australien als schwierig und teuer: Riesige Entfernungen, natürliche Hindernisse und die hohen Kosten für den Import der Gleise und anderer Materialien aus England mußten bewältigt werden. Die launische Natur des Landes machte den Eisenbahngesellschaften zusätzlich zu schaffen: Oft kam es zu Überschwemmungen, die dann die Gleise einfach wegspülten.

Um die Kosten niedrig zu halten, wurden viele Überlandstrecken aufs Einfachste gebaut, was lästige Geschwindigkeitsbeschränkungen zur Folge hatte, und Brücken wurden nicht errichtet. Die Zugfähre, die die Waggons auf der Zugstrecke Sydney–Brisbane über den Clarence River brachte, wurde erst 1932 durch eine Brücke ersetzt. Nebenstrecken wurden mit einer noch schmäleren Spurweite als 1067 mm eingerichtet, nämlich mit 790 mm. Dort fuhren Miniaturzüge wie jene, die heute noch zwischen Ferntree Gully und Belgrave in den Dandenongs hin- und hertuckern. Noch schmäler (600 mm) ist die Spurweite der Zuckerrohrbahn, die durch die Plantagen Queenslands fährt.

Eine lange Abkürzung
Nachdem die Transkontinentale Eisenbahn den Westen mit dem Osten verbunden hatte, verließen europäische Reisende, die schnell nach Sydney oder Melbourne kommen wollten, schon in Fremantle ihr Schiff und fuhren mit dem Zug weiter. Das viele Umsteigen (in Kalgoorlie, Port Augusta und Albury) bei jedem Spurwechsel nahmen sie in Kauf, um einen oder zwei Tage früher am Ziel zu sein. Im Fahrpreis waren alle Mahlzeiten inbegriffen. Das ist auch heute noch so, aber inzwischen müssen Sie nicht mehr umsteigen, da sich die Gleise von Perth bis nach Sydney in Normalspurweite erstrecken.

Zeit genug, um die Route eingehend zu studieren.

SPECIAL
Australische Eisenbahnen

Von Zeit zu Zeit spielten Teile Australiens mit der Idee, eigene Wege zu gehen. Western Australia beispielsweise wollte Ende des 19. Jahrhunderts nur unter der Bedingung dem Staatenbund beitreten, daß es durch eine transkontinentale Eisenbahn – die vom Bund gezahlt werden sollte – mit dem Rest des Landes verbunden wurde. Man brauchte Jahre, um die Gleise auf der 479 km langen Strecke durch die Wüste Nullarbor zu legen. Doch 1917 wurde die Linie eröffnet, sie wird heute von dem weltberühmten *Indian Pacific* befahren.

Der Ghan: Ein immer noch unfertiges, aber trotzdem faszinierendes Bahnprojekt war die Verbindung zwischen South Australia und dem Northern Territory. Etwas wacklig verlegte Schmalspurgleise schlängelten sich von Port Augusta Richtung Norden und von Darwin Richtung Süden. Die südliche Strecke wurde Ghan genannt, weil sie die afghanischen Kamelzüge ersetzte, die bis dahin das effektivste Transportmittel dieser Gegend waren. 1890 bestand die Bahnlinie bis Oodnadatta, nach weiteren 39 Jahren wurde Alice Springs erreicht, der obere Abschnitt führte nur bis Birdum, 500 km südlich von Darwin. Beide Strecken wurden in den 70er Jahren aufgerissen, der nördliche Teil verschwand völlig, der südliche wurde entlang einer weniger zu Überschwemmungen neigenden Linie neu gebaut. Hier verkehrt heute ein Luxuszug, der erstklassigen Service auf einer weltberühmten Tour bietet, auch *Ghan* genannt, der einen Komfort bietet, der Wilfred Thomas' Reisegefährten wohl sehr befremdet hätte (siehe Kasten).

Afghanische Nächte
Ein früher Reisender mit dem *Ghan*, Wilfred Thomas, machte es sich gerade bequem, um etwas zu schlafen, als seine Mitreisenden – ein paar Minen- und Farmarbeiter – plötzlich die Sitze wegräumten, etwas zum Trinken und ein paar Dudelsäcke aus ihren Taschen kramten, um die ganze Nacht zusammen zu tanzen.

Der luxuriöse Ghan verbindet Adelaide mit Alice Springs.

NORTHERN TERRITORY

Blick vom Ayers Rock auf seine Umgebung.

Fortsetzung von Seite 187.

Ein Anblick, den kein Besucher missen möchte: das geheimnisvolle Licht, mit dem Morgendämmerung und Sonnenuntergang Ayers Rock und The Olgas überziehen. Ihre rote Farbe ist auf das Eisen in ihrem Gestein zurückzuführen.

Die meisten Besucher möchten den Felsen gleich besteigen. Das ist jedoch gar nicht so leicht, wie es aussieht, und besonders ältere oder körperlich angegriffene Personen sollten davon Abstand nehmen. Folgen Sie dem Rat der Ranger, was die Zeiteinteilung, Wasservorräte und die (einzige) Route betrifft. Die Aborigines bitten ausdrücklich darum, daß der Felsen nicht bestiegen wird, sondern mit Respekt erfahren wird, nämlich indem man die zehn Kilometer lange Strecke um ihn herumgeht oder -fährt. Dieser Weg enthüllt eine Fülle faszinierender Details: die eigenartige Struktur des Gesteins und die tiefen Furchen, die die Erosion in die fast senkrechten, unteren Hänge zeichnete. Wenn Sie Glück haben, kommt ein Sturm auf. Bei dem darauffolgenden Naturschauspiel ergießen sich Myriaden von Wasserfällen vor einem schwarzen Hintergrund.

Ähnlichen geologischen Ursprungs sind die etwa dreißig Bergkuppen der **Olgas,** die ganz anders, aber ebenso eindrucksvoll sind. In den geschützten Schluchten zwischen den einzelnen Gipfeln gedeiht ein vielfältiges Tier- und Pflanzenleben. Wer kann, sollte auf jeden Fall durch das steinige Gebiet wandern, doch am besten erlebt man diesen »schlafenden Dinosaurier« von oben. Auf einem kurzen Rundflug, der den Ayers Rock miteinschließt, sieht man auch den Tafelberg Mount Conner und den Grundriß von Yulara, dem Ayers Rock Resort (siehe Kasten Seite 191). Die Architektur der 1981 entworfenen Ferienanlage ist eine einfühlsame Antwort auf die Wüstenlandschaft.

Ein Drache im Outback
Der Dornteufel mit seinem furchterregenden Aussehen ist einer der erstaunlichsten Wüstenbewohner, der seine zoologische Bezeichnung *Moloch horridus* wohl verdient. Aber trotz seines stacheligen Körpers mit den vielen Farbflecken ist er eine friedliche Kreatur, deren einzige Waffe ihr unappetitliches Aussehen ist.

AYERS ROCK – CUTTA CUTTA CAVES

Wer den Ayers Rock besuchen möchte, kann aus einer Reihe organisierter Ausflüge auswählen: von Doppeldeckerbusreisen bis zu einer Fahrt auf dem Soziussitz einer Harley-Davidson. Die **Uluru Experience** ▶ versucht, kleinen Reisegruppen die Pflanzen und Tiere der Wüste sowie Leben und Schicksal der Aborigines näherzubringen.

▶ **Die Inseln Bathurst und Melville** 176E1

Die vor der Küste Darwins liegenden und voneinander durch die schmale Apsley-Straße getrennten großen Inseln sind die Heimat der Tiwi. Da sie keinen Kontakt mit den Aborigines des Festlandes hatten, entwickelte dieses Volk seine eigene Kultur. Es schuf beispielsweise die außergewöhnlichen und reich verzierten Pukamani-Begräbnispfähle. Die britische Siedlung bei Fort Dundas, der erste Besiedlungsversuch an der nordaustralischen Küste (1824–29), war zum Scheitern verurteilt. Anfang des 20. Jahrhunderts wurde eine katholische Mission gegründet, aber inzwischen wurden die Inseln ihren traditionellen Besitzern wieder zurückgegeben und können nur mit einer Reisegesellschaft besucht werden.

▶ **Chambers Pillar** 176A2

Dieser 50 m hohe rotgelbe Monolith aus Sandstein erhebt sich abrupt von seinem breiten Fundament. Der am Rand der Simpson-Wüste gelegene Pillar, der jetzt als historisches Reservat geschützt wird, wurde lange von unerschrockenen Forschern als Navigationshilfe verwendet – einige der Forscher haben Inschriften hinterlassen.

▶ **Cutta Cutta Caves** 176D2

Südlich von Katherine, am Stuart Highway, liegen diese alten Kalksteinhöhlen, die durch schmale Gänge miteinander verbunden sind. Hier lebt die Hufeisennase, eine Fledermausart, die man schon für ausgestorben hielt. In der Nähe wurden in jüngster Vergangenheit die Tindal Caves der Öffentlichkeit zugänglich gemacht, die ungewöhnlich zerstäubte Formationen aufweisen

Grün auf Rot
Wüsten sind sensible Systeme, deren ökologisches Gleichgewicht schnell zerstört ist, wenn große Besuchermengen kommen. Die Motels und anderen Anlagen, die am Fuß des Ayers Rock entstanden waren, wirkten völlig fehl am Platz. An ihre Stelle trat Ayers Rock Resort, das sowohl in architektonischer als auch in ökologischer Hinsicht hervorragend ist. In 20 km Entfernung vom Ayers Rock stört der Anblick der Ferienanlage die einzigartige Umgebung des Felsens kaum, zum Teil auch, weil sich ihre Pflanzen und Formen gut in die Landschaft einschmiegen. Dickes Mauerwerk isoliert das Hotel und die anderen Gebäude der Anlage, und Veranden und Dachvorsprünge mit abgerundeten Kanten schützen Fenster und Wege vor Sonneneinstrahlung. Die riesigen Schattensegel über dem Haupthotel wurden zum Symbol der Anlage, spielen aber auch eine Rolle bei der Energieeinsparung.

Barramundi
Dieser köstliche tropische Süßwasserfisch ist bei den Australiern besonders beliebt. Aber man muß fit sein, um ihn fangen zu können, denn er gibt sich nicht kampflos auf. Exemplare mit 1,8 m Länge und einem Gewicht von 50 kg sind nicht ungewöhnlich. Barramundi leben in den meisten nördlichen Gewässern, zum Laichen schwimmen sie in Mündungsgebiete. Noch gibt es viele Barramundi, aber im Northern Territory ist die Zahl der Fische, die man fangen darf, bereits eingeschränkt.

Die seltene, orangefarbene Hufeisennase befindet sich in den Cutta Cutta Caves.

Devils Marbels, 90 km südlich von Tennant Creek.

Tonburgen

In einem trockenen Land gibt es keine Regenwürmer, die den Boden bearbeiten. Diese Aufgabe haben im Northern Territory die Termiten übernommen, die überall in der Landschaft ihre außergewöhnlichen, manchmal bis zu sechs Meter hohen Hügel errichten (siehe unten). Diese Insektenfestungen werden aus einer Mischung aus Erde, Speichel und Dung gebaut. Wie ungünstig die Lebensbedingungen draußen auch sein mögen, hinter den steinharten Wänden im Inneren des Baus herrscht eine extreme Luftfeuchtigkeit und eine konstante Temperatur von 30° C.

▶▶ Devils Marbels 176C2

Hunderte von Granitfelsen liegen hier neben dem Stuart Highway, nördlich von Wauchope verstreut, riesige, winzige, manche seltsam geformt. Geologen halten sie für die Reste alter Berge, die sich hier einst erhoben, für die Aborigines sind es die Eier der Regenbogenschlange Wanambi. Am schönsten leuchten sie am frühen Morgen.

▶▶ Finke Gorge National Park 176A2

Zugang zu der berühmten Schlucht in den Western MacDonnell Ranges, dem Palm Valley, gewährt das steinige, trockene Flußbett des Finke River, das nach Regenfällen jedoch unpassierbar ist. Die üppige Vegetation der geschützten Schlucht bildet einen schroffen Kontrast zur Wüste. Die etwa 3000 Livistona-Palmen des 46 000 ha großen National Parks kommen nur in dieser Gegend vor, als Nachkommen prähistorischer Bäume, die am Ufer des Meeres wuchsen, das dieses Gebiet einst bedeckte. Einen Überblick über die zerklüftete Sandsteinschlucht haben Sie vom **Initiation Rock**, wo die Jungen der Aranda einst in einem Ritual in die Gemeinschaft der Männer aufgenommen wurden.

▶▶ Gurig National Park 176F1

Der inzwischen den Aborigines zurückgegebene Nationalpark umfaßt die gesamte entlegene Halbinsel Cobourg westlich von Arnhem Land. Hier kann man wunderbar segeln, fischen und die totale Einsamkeit genießen, da die Anzahl der Besuchergenehmigungen beschränkt ist (Genehmigungen sind bei der Parks and Wildlife Commision of the Northern Territory erhältlich). Der traumhafte Naturhafen **Port Essington** war der Standort Victorias, einer der ersten britischen Siedlungen.

▶ Henbury Meteorite Craters Conservation Reserve 176A2

Am Ende eines Feldwegs, der vom Stuart Highway abgeht, 130 km südlich von Alice Springs sind eine Reihe Krater zu sehen, die vor etwa 5000 Jahren entstanden, als ein großer Meteorit bei seinem Eintritt in die Erdatmosphäre in tausend Stücke zersprang.

DEVILS MARBLES – KAKADU NATIONAL PARK

▶▶▶ **Kakadu National Park** *176E2*

Etwa 250 km östlich von Darwin erstreckt sich der größte Nationalpark Australiens, seit 1987 wegen seiner Kunstwerke der Aborigines und des vielfältigen Tierlebens auf der *World Heritage Area List* der Unesco.

Der Kakadu National Park umfaßt völlig verschiedene Landschaftsformen. Der Gezeitensaum an der Küste des Van-Diemen-Golfs ist von den Flußmündungen der East, West und South Alligator Rivers und des Wildman River durchzogen. Hier kontrastiert das Grau der Schlammadern mit dem hellen Grün der Mangrovensümpfe, dem Laichplatz des Barramundi (siehe Kasten Seite 191). Das Schwemmland der Flüsse ist in der Regenzeit ein großer Süßwassersee, in dem es nur so vor Gänsen, Milanen, Reihern, Pelikanen, Kormoranen, Ibissen, den schönen *jabiru*, Salz- und Süßwasserkrokodilen wimmelt. Richtung Süden nehmen Eukalyptuswälder zu, durchsetzt von unzähligen Termitenhügeln und massiven Felsvorsprüngen, isolierte Fragmente des Steilabbruchs, der den Westrand von Arnhem Land bildet. Diese Barriere verläuft über 500 km in nord-südlicher Richtung, unterbrochen nur von Schluchten, die Ströme schufen, die das weite Landesinnere bewässern. In der Regenzeit ergießen sich hier traumhafte Wasserfälle. Zwei der bekanntesten sind die **Jim Jim Falls**▶ und die **Twin Falls**▶ im Süden des Parks, beide von überfließender tropischer Natur umgeben.

Viele natürliche Galerien im Steilabbruch bergen einige der schönsten Kunstwerke der Aborigines in Australien. Die am häufigsten besuchten sind die bei **Ubirr**▶▶ und die am **Nourlangie Rock**▶. Das **Bowali Visitor Center** des Parks befindet sich in der Nähe des Hauptortes Jabiru, in dem sich auch das ausgezeichnete **Warradjan Aboriginal Cultural Centre** befindet, das einen tieferen Einblick in Geschichte und Kultur der Gegend gewährt. Ein Tagesausflug, den man mit dem Flugzeug (oder mit dem Bus) von Darwin aus unternimmt, kann jedoch höchstens einen ersten Eindruck vom Kakadu National Park vermitteln.

Kunst im Outback
Die Kunst der australischen Ureinwohner ist mit Ritualen und Zeremonien verbunden und hat nichts mit Ausdruck der Persönlichkeit zu tun. Ein Großteil der Kunstwerke in Zentralaustralien sind abstrakt und symbolisch. Das Betätigungsfeld der Künstler umfaßte Felswände und den Boden, wo sie mit verschiedenfarbiger Erde, Steinen, Federn usw. Bilder erschaffen. Die Felszeichnungen im Kakadu National Park sind typisch. Die Jagdszenen beispielsweise sind unglaublich alt, ungefähr 23 000 Jahre. Die Malereien im »Röntgen-Stil« zeigen die inneren Organe und den Knochenbau von Fischen und Tieren. Diese Kunstwerke gehen auf die Zeit nach einem Anstieg des Meeresspiegels vor etwa 7000 bis 9000 Jahren zurück. Jüngere Bilder stellen die ersten Europäer dar.

Der Kakadu National Park in der Morgendämmerung.

SPECIAL — Aborigines heute

■ Anfang des 20. Jahrhunderts schien es, als sei das Volk der australischen Ureinwohner dem Tode geweiht. Ihre Zahl, die zu Beginn der europäischen Kolonialisierung schätzungsweise bei einer halben Million lag, war bis zu den 20er Jahren auf 60 000 gesunken, und unter ihnen waren viele Mischlinge. ■

Köstliche Larven
Während die männlichen Aborigines mit Bumerang und Feuer Wild jagten, machten sich Frauen und Kinder auf die Suche nach Eidechsen, Insekten, Samen und Früchten. Eine besondere Delikatesse sind die Witchetty-Larven. Kalt schmecken sie wie Butter, in heißer Asche gekocht dagegen angeblich wie Schweinefleisch. Stürzen Sie sich in ein kulinarisches Abenteuer, und kosten Sie!

Diese Kinder leben in der Nähe einer Schule. Wer zu weit weg wohnt, folgt im Radio dem Unterricht der »Schule der Luft«.

Die christlichen Missionen im Outback zerstörten die religiöse Bindung der Aborigines zu ihrem Land. Sogenannte »Protectors« (Beschützer) siedelten sie willkürlich um. Mischlingskinder wurden ihren Eltern weggenommen und in Heime oder zu Pflegeeltern gegeben. Vom Alkohol gezeichnet, von Krankheiten gepeinigt, selten in fester Anstellung und meist diskriminiert, nahm man an, daß die Aborigines bald dasselbe Schicksal ereilen würde wie die Tasmanier.

Der Ausrottung entkommen: Doch jetzt, gegen Ende des Jahrhunderts, ist die Situation nicht mehr so hoffnungslos. Eine Stimme ist gefunden, der auch die weiße Mehrheit Gehör schenkt. Dank verschiedener Protestaktionen, wie der »Zeltbotschaft«, die jahrelang vor dem Parlament in Canberra stand, oder dem Boykott der 200-Jahr-Feier der »Entdeckung« (oder »Invasion«) Australiens 1988, wurde die Öffentlichkeit auf das Elend der Aborigines aufmerksam. Die Aborigines haben mittlerweile sogar ihre eigenen Radio- und Fernsehsender.

Auch auf politischer Ebene sind Reformen vorgeschlagen und zum Teil durchgeführt worden. Die fast unglaubliche Tatsache, daß die Aborigines nicht als Staatsbürger anerkannt waren, gehört seit 1967 der Vergangenheit an. Seit dem damaligen Referendum ist die Bundesregierung für alle Angelegenheiten der Aborigines zuständig. Eine

SPECIAL — *Aborigines heute*

Folge des Referendums war 1976 die Verabschiedung eines Gesetzes, aufgrund dessen Staatsländereien ihren »traditionellen Eigentümern« zurückgegeben werden konnten. So gingen **Ayers Rock** und der **Uluru-Kata Tjuta National Park** 1985 in den Besitz des Uluru-Kata Tjuta Land Trust über, der die traditionellen Eigentümer repräsentiert. Solche Gebiete dürfen nur mit Genehmigung betreten werden. Handelt es sich um einen weltbekannten Nationalpark, erhält man diese schnell und ohne Probleme; bei weniger bekannten wird die Genehmigung keinesfalls automatisch ausgestellt, eine Tatsache, die viele weiße Australier verstimmt.

Mit anderen Augen: Die Einstellung der Weißen hat sich verändert. Angesichts der gewaltigen Umweltprobleme und dem Schwinden religiöser Werte hat die Art und Weise, in der die Aborigines Tausende von Jahren im Einklang mit der Erde lebten, Anerkennung und sogar Bewunderung geerntet. »Aboriginal Art«, die traditionelle und zeitgenössische Kunst der australischen Ureinwohner, wird allgemein geschätzt. Politiker und Bürger versuchen, die im Laufe von 200 Jahren begangenen Ungerechtigkeiten wieder gutzumachen. Probleme gibt es nach wie vor, scheinen aber nicht mehr unlösbar. Einige junge Aborigines und Mischlinge versuchen, den alten Lebensstil mit den Vorteilen der Zivilisation zu verbinden, andere finden keinen Platz in der Gesellschaft und fristen weiterhin ein Leben als Außenseiter. Angesichts einer weiten Verbreitung von Bagatell- und Alkoholdelikten verhält sich die Polizei immer noch sehr repressiv. Eine beschämend hohe Zahl junger Aborigines starb in polizeilicher »Obhut«. Viele Weiße verachten die Aborigines immer noch.

Vielleicht muß zunächst eine gewisse Trennung stattfinden, damit die beiden Völker harmonisch zusammenleben können. Das Recht der Eintrittsverweigerung in Gebiete der Aborigines sollte man in diesem Licht betrachten und nicht als den Beginn einer neuen Apartheid verurteilen. Seitens der Aborigines besteht offensichtlich der Wunsch, ihren wachsenden Stolz auf sich selbst und ihr Erbe mit anderen Australiern und Besuchern zu teilen. Zeitgenössische Kunstwerke der Aborigines sind in unterschiedlicher Qualität überall erhältlich, und die traditionellen Felszeichnungen lassen Sie sich am besten von einem Ranger erklären, der selbst ein Aboriginal ist. Musik- und Tanzaufführungen sowie Rituale gibt es vielerorts zu sehen, der Höhepunkt einer Australienreise ist für viele jedoch der Besuch einer Gemeinde der Aborigines, der von der Australian Tourist Commission (siehe Seite 266) angeboten wird.

Recht auf Land
Seit 1976 gehört den Aborigines des Northern Territory das Land, auf dem sie vorher in Reservaten lebten, und sie haben das Recht, Staatsländereien für sich zu beanspruchen. Viele dieser Anträge werden jedoch nicht genehmigt, und selbst wenn, dann darf der Staat darauf Bodenschätze abbauen. Zum Ausgleich müssen jedoch Förderabgaben gezahlt werden. Einigen Gemeinden, in Arnhem Land zum Beispiel, geht es daher finanziell ganz gut.

Manche Gemeinden sind bereit, ihre Traditionen mit weißen Besuchern zu teilen.

SPECIAL

Schafe

■ Heute gibt es in Australien über 160 Millionen Schafe, über drei Viertel davon sind Merinoschafe mit einem Vlies, das bis zu zehn Kilo wiegt. Etwa ein Viertel der Wolle auf der Welt stammt aus Australien, das auch das meiste Lamm- und Schaffleisch exportiert. Mancherorts ist das Verhältnis von Schafen zu Menschen fast unglaublich: Auf South Australias Kangaroo Island zum Beispiel leben eine Million Schafe und nur 4000 Menschen. ■

Rekord im Scheren
Die traditionell in Teams arbeitenden Scherer, die von Farm zu Farm zogen, erledigten ihre Arbeit in einer atemberaubenden Geschwindigkeit. 1892 schaffte ein Queensländer eine Rekordleistung im Scheren mit der Hand: In sieben Stunden und vierzig Minuten schor er 321 Schafe. Selbst heute haben Scherer mit elektrischen Scheren Schwierigkeiten, diesen Rekord zu brechen.

Ein neuer Rekord im Schafscheren?

Von der harten Sorte: Denkt man an Australien, fallen einem unter anderen gleich die Schafe ein. An Bord der ersten Flotte waren bereits 90 Schafe, von denen jedoch 59 bald starben. Später kreuzte ein gewisser Captain John Macarthur bengalische mit englischen Schafen, und deren Nachkommen mit spanischen Merinoschafen. Diese Züchtung mit einem feinen, schweren Vlies gedieh in der neuen Umgebung hervorragend, machte Macarthur zu einem reichen Mann und bildete den Grundstein für die australische Wollindustrie, die bis heute ein wichtiges Standbein der Wirtschaft ist. Im 19. Jahrhundert kolonisierten sowohl Menschen als auch Schafe die weiten Ebenen Australiens, im Jahre 1900 grasten hier bereits 100 Millionen wollige Vierbeiner.

Schafscherer: Schafscherer bei ihrer professionellen Arbeit zu beobachten, ist ein echtes Erlebnis. Das Schaf wird im Stall vom Scherer zu Boden geworfen und dann zwischen seinen/ihren Beinen dort gehalten. Die elektrische Schere wandert schnell durch das Vlies, das möglichst in einem Stück entfernt wird. Die Wolle wird nach Gesichtspunkten der Qualität sortiert und dann in riesigen Ballen verschickt.

KATHERINE – LITCHFIELD NATIONAL PARK

▶ Katherine 176E2

Diese Stadt ist das Zentrum des weiten, abgelegenen Territoriums, das Jeannie Gunn in ihrem klassischen Roman *We of the Never Never* beschreibt. Der Name dieser Gegend kommt daher, daß angeblich jeder, der hier lebt, »nie und nimmer« weggehen kann. Von hier können Sie Springvale, die älteste Heimstätte des Northern Territory, besichtigen, doch die meisten Besucher kommen wegen der spektakulären Katherine Gorge im **Nitmiluk National Park**▶▶, etwa 30 km östlich der Stadt. Der in Arnhem Land entspringende Katherine River schnitt erstaunliche Schluchten in das Sandsteinplateau, die einer vielfältigen Flora und Fauna Platz bieten. Durch die ersten beiden Schluchten fährt ein Touristenboot, die engeren weiter flußaufwärts kann man im eigenen Kanu erforschen. Mehrere Wege führen vom Informationszentrum entlang der Schlucht.

▶▶ Kings Canyon 176A1

Eine der spektakulärsten Landschaften Zentralaustraliens ist der Watarrka National Park etwa 350 km südwestlich von Alice Springs. Die zerklüfteten Sandsteinfelsen dieses tiefen Canyons erheben sich 200 m über dem trockenen Flußbett. Ein kurzer Weg führt vom Boden des Canyon hinauf zu einem Aussichtsplatz. Wer jedoch mit Wanderschuhen ausgerüstet und fit ist, sollte die etwas anstrengendere (sechs Kilometer lange) Wanderung auf das Plateau und den Rand des Canyons entlang unternehmen. Am Anfang ist der Weg recht steil, aber der Panoramablick über den Canyon lohnt die Mühe.

▶▶ Litchfield National Park 176E1

Dieses 650 km² große Gebiet, das einen Teil des Sandsteinplateaus und üppigen Regenwald umfaßt und bis vor kurzem noch zum Teil in Privatbesitz war, ist bei Touristen und Leuten aus der Gegend um Darwin sehr beliebt, nicht zuletzt wegen der hervorragenden Schwimmöglichkeiten in den klaren Becken der Wasserfälle. Außerdem zeigt der Park viele Termitenhügel und die Sandsteinsäulen der »Lost City«. Zu erreichen ist dieses Paradies über Batchelor.

Wild, aber schön zum Wandern: der Kings Canyon.

Lebendige Tradition

Aufgrund des wachsenden Interesses an der Kultur und der Geschichte der Ureinwohner und aufgrund der Initiative der Aborigines sind mehrere neue Kulturzentren im Territory entstanden. Eine ausgezeichnete Einrichtung befindet sich in Kakadu (siehe Seite 193), im Uluru-Kata Tjuta Cultural Centre in der Nähe des Ayers Rock werden traditioneller Tanz, Kunst und Kunsthandwerk gezeigt.

Spinifex

Die Forscher der Vergangenheit verfluchten die stacheligen Büschel des Spinifex-Grases. Spinifex-Gräser sind großartige Überlebenskünstler und oft die einzigen Pflanzen, die dank ihrer tiefen Pfahlwurzeln die hohen Temperaturen und die Trockenheit Zentralaustraliens aushalten. Außerdem bieten die Pflanzen Insekten, Echsen und sogar einer Taubenart Lebensraum.

NORTHERN TERRITORY

Der Larapinta Trail
Dieser Fernwanderweg, der sich von der alten Telegraphenstation in Alice Springs bis in die West Macdonnells erstreckt, führt in die Berge. Man kann entweder die gesamte Länge erwandern – ungefähr 200 km – oder kürzere Abschnitte mit Camping-Möglichkeit wählen. Weitere Informationen erhält man von der Northern Territory Parks and Wildlife Commission.

Die blaue Lagune der Glen Helen Gorge.

▶▶▶ **MacDonnell Ranges**   *176A2*

Diese parallelen Bergketten aus rotem Quarzfelsen und Sandstein ziehen sich über Hunderte von Kilometern durch Zentralaustralien und bieten aus der Luft einen trostlosen Anblick. Und doch waren sie bis lange nach der Ankunft der ersten Europäer die Heimat der Aranda. In den Schluchten, die inzwischen nur noch unregelmäßig Wasser führende Flüsse vor langer Zeit schufen, gedeihen Palmen und Farne.

Einige der schönsten Landstriche des **West MacDonnell National Park** sind von Alice Springs über den Namatjira Drive leicht zu erreichen. Über Alice Springs erhebt sich der knapp 1000 m hohe Mount Gillen. Ein Stück weiter, 17 km von Alice Springs, beginnt **Simpsons Gap**▶▶, dessen steile Schlucht, heller Sand, Flußeukalypten und Geisterbäume einen Vorgeschmack auf die Ranges geben. Man kann zwar durch das Reservat fahren, aber am besten läßt es sich zu Fuß erkunden, indem man einem der beschilderten Fuß- oder Fahrradwege folgt. Neben anderen Tieren lebt in der Schlucht auch eine Kolonie Schwarzfuß-Felswallabies.

Einen krassem Kontrast zu dieser beeindruckend breiten Schlucht bildet **Standley Chasm**▶▶, eine unglaublich enge Klamm zwischen 100 m hohen Quarzfelsen, in die nur mittags kurz die Sonne scheint. Im **Ellery Creek Big Hole**▶▶ umrahmen hohe rote Felsen eine mit Wasser gefüllte Schlucht, ein beliebter Platz zum Schwimmen und Fischen. Durch die unberührte und unerschlossene **Serpentine Gorge**▶ windet sich ein Engpaß, den eine Reihe tiefer Wasserlöcher begleitet. **Ormiston Gorge and Pound**▶▶ ist das größte Reservat in den westlichen MacDonnells mit ständig gefüllten Wasserlöchern und geheimnisvollen Geisterbäumen. Die rostfarbenen Felsen der **Glen Helen Gorge**▶▶ geben einen prächtigen Kontrast zum Blau der tiefen Lagune im Flußbett des Finke River ab. Angenehm kühl ist das Wasser der Felsen-

MACDONNELL RANGES– TENNANT CREEK

Vornehmes Wesen, zunächst importiert, heute heimisch.

becken in **Redbank Gorge**▶ weiter westlich. Noch weiter westlich führt der Tylers Pass nach Gosses Bluff und über die alte Hermannsburg-Mission zurück Richtung Alice Springs. Lohnenswert ist ein kurzer Umweg in das traumhafte **Palm Valley**▶.

Der **Emily and Jessie Gaps Nature Park**▶ in den MacDonnells östlich von Alice Springs besitzt eine Vielzahl von Wasserlöchern und Felsmalereien der Aborigines. Im **Trephina Gorge Nature Park**▶▶ zeichnen sich die bleichen Stämme der Geisterbäume gegen die dunklen Felsen ab. Hoch über dem **John Hayes Rockhole**▶ haben Sie eine gute Aussicht auf eine spektakuläre Landschaft und Felsenkunst der Aborigines. **Ross River**, wo auch eine Ferienanlage besteht, ist ein guter Ausgangspunkt für die Erkundung dieser Gegend.

▶   **Mataranka**   *176D2*

Abseits des Stuart Highway, 100 km südöstlich von Katherine, befinden sich die Mataranka Homestead und in ihrer Nähe ein Thermalbecken. Jede Minute stürzen 16 500 Liter Wasser mit einer konstanten Temperatur von 34° C in ein kristallklares, von Palmen umgebenes Wasserloch.

▶▶▶   **The Olgas/Kata Tjuta**   *176A1*

Siehe Seiten 187 und 190.

▶   **Pine Creek**   *176E1*

Ah Toys Laden in dieser Kleinstadt am Stuart Highway erinnert an die Tage des Goldrauschs in den 70er Jahren des letzten Jahrhunderts, als in Pine Creek auf einen Europäer 15 Chinesen kamen. Im Pine Creek Miners' Park werden die alten Zeiten wieder heraufbeschworen.

▶   **Tennant Creek**   *176C2*

Eine Legende besagt, daß Tennant Creek in den 30er Jahren seinen Anfang nahm, als die Achse eines Wagens brach, der Bier und Baumaterial für ein Hotel weiter nördlich transportierte. Weiter zu ziehen war offensichtlich zu umständlich, und nachdem das Bier getrunken war, wurde das Hotel einfach hier gebaut. Dann fand man Gold, und Tennant Creek wurde zu einem der rauhesten Orte auf der Strecke. Heute bietet die relativ ruhige Stadt dem Durchreisenden viele Annehmlichkeiten. Die **Gold Stamp Battery** verarbeitet das Gold der Region und verfügt über ein interessantes Bergbaumuseum, und die **Overland Telegraph Station** von 1874 kann besichtigt werden.

Keine Fata Morgana
Bis in die 30er Jahre spielten Kamele eine wichtige Rolle bei der Erschließung Zentralaustraliens. Forscher, Landvermesser, Bergarbeiter und Missionare, sie alle transportierten auf Kamelen Lebensmittel, Ausrüstungen, Baumaterial, Stacheldraht und Erz. Die ebenso unverwüstlichen Kamelführer wurden alle Afghanen genannt, wenn auch viele von ihnen aus Indien stammten. Nachdem Lastwagen, Jeep und Flugzeug deren Aufgabe übernommen hatten, fanden sich die Kamele schnell wieder in der Wildnis zurecht, wo sie heute zu Tausenden leben. In Gefangenschaft werden sie erfolgreich für den Export in arabische Länder gezüchtet. Auf einer solchen Zuchtfarm, der Frontier Camel Farm acht Kilometer südlich von Alice Springs, können Sie auch auf einem Kamel reiten.

QUEENSLAND

Idylle Green Island.

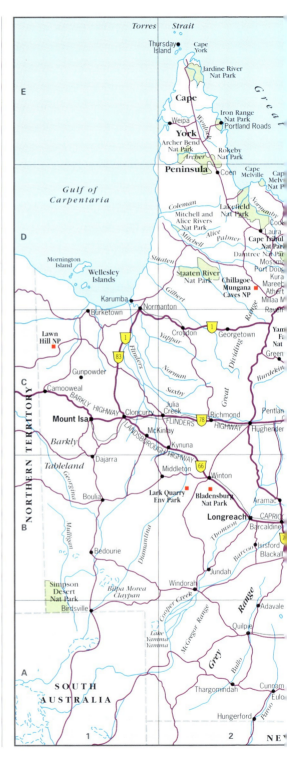

QUEENSLAND

HIGHLIGHTS

SOUTH BANK PARKLANDS, BRISBANE
siehe Seiten 206 und 207

QUEENSLAND CULTURAL CENTRE, BRISBANE
siehe Seite 207

CAIRNS siehe Seite 211

CARNARVON NATIONAL PARK
siehe Seite 213

DAINTREE NATIONAL PARK
siehe Seiten 212 und 214

FRASER ISLAND
siehe Seiten 214 und 215

GOLD COAST siehe Seite 215

GREAT BARRIER REEF
siehe Seiten 216–219

LAMINGTON NATIONAL PARK
siehe Seite 220

SUNSHINE COAST AND NOOSA
siehe Seiten 223 und 225

QUEENSLAND

Queensland: Der Sunshine State, nach Western Australia flächenmäßig zweitgrößter Staat, liegt am Wendekreis des Steinbocks, zwischen der Grenze zu New South Wales und der Torres Strait, die Australien von Papua Neuguinea trennt. Die ungeheuer lange und fruchtbare Küstenregion mit ihren vielen unvergleichlichen Stränden und Inselparadiesen gibt den Blick frei auf die Hügel und Berge des **Great Dividing Range**. Nach Osten zu, über die klaren Wasser einer Lagune, befindet sich das **Great Barrier Reef**, das größte Bauwerk der Welt, das je von Lebewesen errichtet wurde. Nach Westen geht der subtropische Regenwald, der die Berge zur See hin bedeckt, in eine Hochebene mit vorwiegend Farmland über, wo Viehstationen oft die einzigen Namen auf der Landkarte darstellen. Hier, im ursprünglich verbliebenen Teil des Landes, verliert sich am Ende alles in Stein, Sand und Wüste. Hoch im Norden liegt **Cape York Peninsula**, eine der fremdesten und entferntesten Regionen des Kontinents.

Überreich ausgestattet mit natürlicher Schönheit und angenehmstem Klima, ist Queensland ein absolut bevorzugtes Reiseziel sowohl für Besucher von weit her als auch für solche aus anderen Teilen des Kontinents. Zusammen mit seinen unglaublichen Bodenschätzen an Metallen, die z. B. im Gebiet des **Mount Isa** geschürft werden, verhalf der Tourismus Queensland zu Reichtum, als die Wirtschaft anderer Staaten bereits stagnierte. Die Landwirtschaft behauptet ihre Bedeutung; entlang der Küste findet man üppiges Land, das reiche Ernten hervorbringt sowie Zuckerrohr, das über ein weites Netz von Eisenbahnlinien in die Fabriken gebracht wird.

Geschichte: Queenslands jüngere Geschichte begann 1824 mit dem Bau eines Strafgefangenenlagers an der Moreton Bay. Dieses Lager für besonders schwere Verbrecher wurde schon bald weiter flußaufwärts an einen Ort verlegt, den man, nach dem damaligen Gouverneur von New South Wales, Brisbane nannte. 1859 erhielt diese Region ihre Unabhängigkeit von New South Wales, und man gab ihr nun zu Ehren von Queen Victoria den Namen Queensland.

Die Bevölkerung wuchs, Siedlungen entstanden; aus dem Regenwald wurden die besten Hölzer geholt, Farmer rodeten das Land, bald entdeckte man Gold sowie andere Metalle, und so entwickelte sich das Land rasch. Das ergiebigste Goldfeld Queenslands war der Palmer River, wo um 1870 ein wahrer Goldrausch ausbrach. Migrantenarbeit spielte in der Geschichte Queenslands eine relativ geringe Rolle, die goldsuchenden Chinesen am Palmer River jedoch übertrafen zahlenmäßig den Rest der Bevölkerung von Far North. Die Aborigines, so eine Legende, sollen die Chinesen getötet und gegessen haben. Eine andere Migrantengruppe waren die Kanaken, die aus dem Südpazifik und aus Neuguinea hierherkamen, um in den Zuckerrohrfeldern (siehe Kasten) zu arbeiten.

Ein Großteil der australischen Aboriginies lebte in Queensland, wohl mehr als 200 000 zu Beginn der Besiedelung des Landes durch die Weißen. Kriegerischer als viele Ureinwohner anderer Länder, wehrten sie sich gegen die Enteignung ihres Landes – und bezahlten dies mit ihrem Leben: Um die Jahrhundertwende war ihre Bevölkerung auf etwa 15 000 Überlebende reduziert.

Zuckerrohr
Ein spektakuläres Ereignis in Queensland sind die Feuer, die im Winter auf den Zuckerrohrfeldern, wie z. B. in der Nähe von Mossman (70 km von Cairns), angezündet werden, um Schnecken und Insekten abzutöten. Zu anderen Jahreszeiten bieten die großen grünen Zuckerrohre ein friedliches Bild, an der Küste oftmals zusammen mit tropischen Früchten wie Ananas, Mangos oder Guavas. Die Zuckerproduktion reicht zurück bis in das 19. Jahrhundert, als Arbeiter aus der Südsee (Kanaken genannt) hierhergebracht wurden, um in den Plantagen zu arbeiten. Viele der Zuckermühlen in Queensland können besichtigt werden.

QUEENSLAND

Politik und Bevölkerung: Lange wurde Queensland von der konservativen National Party, früher als Country Party bekannt, die die Interessen der ländlichen Bevölkerung vertrat, regiert. Seit 1968 wurde sie von Sir Joh Bjelke Petersen angeführt, einem konservativen Erdnußfarmer, der sich gegen alles zur Wehr setzte, was seiner Auffassung der »Entwicklung« des Landes widersprach. Sein autoritäres Regime verbot Demonstrationen, zensierte Bücher, verfolgte Homosexuelle und zerstörte denkmalgeschützte Gebäude. Grundstücksspekulanten hatten Hochkonjunktur und ausländisches Kapital wurde unbesehen ins Land geholt. Als man ihm Mißwirtschaft und Korruption nachwies, mußte er schließlich abtreten.

Vom typischen Queensländer heißt es, er sei der Australier schlechthin. Man sagt ihm Frontstaaten-Mentalität nach und Arroganz gegenüber den Metropolen Sydney und Melbourne, außerdem gegenüber allem, was »Kultur« bedeutet. Bis vor kurzem war man in Brisbane sehr stolz darauf, sich seinen provinziellen Charakter bewahrt zu haben, und auch wenn sich vieles in letzter Zeit ändert, hat Queensland doch in gewisser Hinsicht seine Eigenheiten.

Blick aus dem weltberühmten Zug von Cairns nach Kuranda.

QUEENSLAND

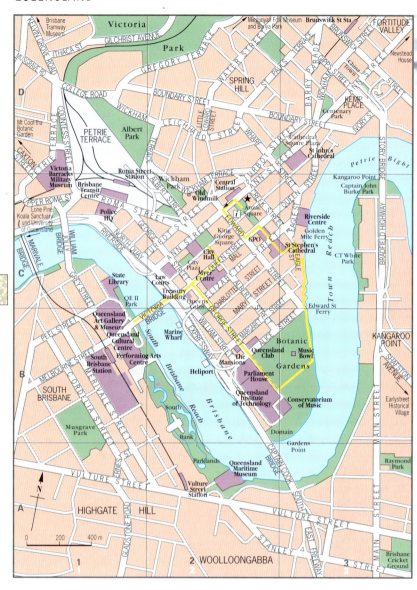

Brisbane

Australiens drittgrößte Stadt liegt am Brisbane River, im Hinterland der Moreton Bay. Lange Zeit galt sie als provinziell, als eine Art Landwirtschafts-Metropole, in der es bis 1961 noch Hunderte von Kilometern unausgebauter Straßen gab. Doch Brisbane hat sich heute, vielleicht um diese Einschätzung zu revidieren, der Idee des Fortschritts verschrieben, derart vehement, daß einige Leute dies schon wieder bedauern.

Altstadt: Nicht alles jedoch, was den etwas verstaubten Charme der Stadt ausmachte, wurde der Modernisierung

BRISBANE

geopfert, und so gibt es noch eine ganze Reihe alter Gebäude, die Brisbane in den Augen des Besuchers etwas von einer Tropen-Metropole verleihen, die es zwar nie war, aber vielleicht einmal wird. Ein Beispiel hierfür ist die Ecke George und Alice Street, wo der **Botanische Garten** einen wunderschönen Rahmen für den **Queensland Club** sowie das **Old Parliament House** abgibt. Ein schöneres Resultat der Modernisierung als das neue Parlaments-Hochhaus findet sich am Südufer des Flusses in den South Bank Parklands, wo die **Expo 88** stattfand, von der noch eine ganze Reihe Kultur- und Freizeiteinrichtungen übriggeblieben sind.

Vororte: In den Vororten bewahrt sich vielleicht noch am ehesten etwas von der Ursprünglichkeit der Stadt. Über eine weite Hügellandschaft ausgebreitet liegen hier ausschließlich kleinere, freistehende Häuser, und in Vororten wie Red Hill, Paddington oder Bardon findet man noch die typischen Queensland-Pfahlhäuser.

Innenstadt: Brisbanes Innenstadt ist erstaunlich klein und leicht zu Fuß zu besichtigen, obwohl es auch ein schönes Erlebnis ist, mit der City Sight Tram zu fahren, die an den meisten Sehenswürdigkeiten vorbeikommt. Wo immer man will, kann man ein- oder aussteigen. Ein Boot fährt zum historischen **Newstead House** und zu anderen Sehenswürdigkeiten entlang des Flußufers.

Das Parliament House von 1868 wurde sorgfältig renoviert.

Zu Fuß

Brisbanes Bauwerke und der Botanische Garten

Siehe Karte Seite 204.

Nehmen Sie sich einen halben Tag Zeit für die Entdeckung der Halbinsel, auf die Brisbane gebaut ist.

Die **Central Railway Station** von 1901 umfaßt einen ganzen Häuserblock am **Anzac Square** mit dem **Shrine of Remembrance**. An der Ecke Ann und Edward Street befindet sich der außergewöhnliche **People's Palace** mit seinen feingearbeiteten Veranden und Eisenbalustraden. Das **General Post Office** ist ein beeindruckendes Gebäude, dessen Arkaden auf die Elizabeth Street führen mit der **Old St Stephen's Church** und der **St Stephen's Cathedral**.

Der Weg am Flußufer führt vorbei am **Botanischen Garten** und der **University of Technology**.

Einen Hauch Tropenparadies vermittelt vielleicht das Gebäude des **Queensland Club**; gegenüber liegen **The Mansions**, eine Häuserreihe mit Läden und Restaurants. Etwas weiter, in der William Street, befinden sich die **Commissariat Stores**, 1829 errichtet, eines der beiden noch erhaltenen Gefängnisse der Stadt.

Auf der anderen Seite der Victoria Bridge sind in den **South Bank Parklands** die Gebäude des **Queensland Cultural Centre** zu finden. Ein Besuch hier kann gut einen ganzen Tag beanspruchen, man kann aber auch von hier aus sehr schnell mit der Fähre ins Stadtzentrum zurückkehren. Das nahe gelegene Lands Building und die Schatzkammer wurden originalgetreu restauriert, um heute das Conrad International Hotel und das Treasury Casino zu beherbergen.

Die **Queen Street Mall** ist eher kommerziell ausgerichtet, auch wenn es hier eine Reihe sehr schöner Gebäude aus dem späten 19. Jahrhundert gibt. Der Spaziergang endet am **King George Square**.

QUEENSLAND

Eines der alten Gebäude in der Earlystreet.

Südlich des Flusses
South Brisbane und die South Bank Parklands gehören zu den größten Anziehungspunkten der Stadt. In Parklands gibt es einen angelegten Strand und das Butterfly and Insect House sowie viele Geschäfte und Restaurants, das benachbarte Queensland Maritime Museum ist ebenfalls einen Besuch wert. In dieser Gegend befindet sich auch das riesige neue Convention and Exhibition Centre.

Parks und Gärten
Brisbane verfügt sowohl in der Stadt als auch in der unmittelbaren Umgebung über sehr viele Grünzonen. Der **Brisbane Forest Park** umfaßt 265 km² Wald- und Naturschutzgebiet, und der **Botanische Garten** bedeckt die Spitze der Halbinsel, die die große Flußbiegung des Brisbane River bildet. Man kann an dessen Ufern spazierengehen, und der Botanische Garten selbst bildet ein schönes Areal für die Gebäude des Queensland University of Technology, zu denen auch das Old Government House von 1860 gehört. Zu Füßen des **Mount Coot-Ha** (229 m), 6 km vom Zentrum entfernt, finden sich weitere sehr schöne Botanische Gärten, die, neben einem Planetarium, einen guten Überblick über die einheimische Pflanzenwelt bieten.

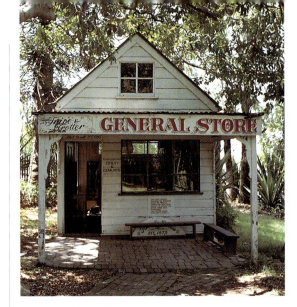

▶ **City Hall** 204C2
King George Square
Etwa ab 1925 wurde ein erster Versuch unternommen, Brisbane aus seiner Provinzialität zu befreien, u. a. indem man am King George Square dieses kolossale Gebäude mit seinem 91 m hohen Turm errichtete. Die Plattform hoch oben bietet *den* Blick über das Stadtzentrum. In seinem Innern befinden sich eine Kunstgalerie und ein Museum zur Geschichte und Bedeutung der Stadt. Von der City Hall führt Sie der Brisbane Heritage Trail zu den wichtigsten historischen Stätten und Gebäuden.

▶ **Earlystreet Historical Village** 204B3
McIlwraith Avenue, Norman Park
Dieses Freilichtmuseum im Osten des Stadtzentrums bietet einen Überblick über charakteristische Bauwerke Queenslands, die aus dem ganzen Land hier neu aufgebaut und so vor ihrer Zerstörung bewahrt wurden.

▶ **Miegunyah Folk Museum** 204D2
Jordan Terrace, Bowen Hills
Dieses Museum in einem wunderschönen Pfahlhaus von 1886 erzählt die Geschichte der Frauen während der Zeit des Kolonialismus.

▶ **Newstead House** 204D3
Breakfast Creek Road, Newstead
1846 erbaut, ist dieses weiße Wohnhaus (vier Kilometer nördlich des Stadtzentrums) mit seinen eleganten Veranden das älteste Haus Brisbanes. Das heutige Museum zur Kolonialgeschichte gehörte einst Captain John Wickham, Kommandeur der *Beagle*, der Newstead zum Zentrum des gesellschaftlichen Lebens der Stadt machte.

▶ **Old Windmill** 204C2
Wickham Terrace
Brisbanes ältestes Bauwerk überblickt die Stadt von der Wickham Terrace aus. Was geschah, wenn sich die Flügel der Windmühle nicht drehten? Dann wurden unzählige

BRISBANE

Strafgefangene in die Tretmühle beordert, um sie zu bewegen. Später diente sie als Observatorium.

▶▶ Queensland Cultural Centre 204B1
Melbourne Street, South Brisbane

»Kultur« war etwas, was man in Brisbane über Jahre hinweg den »Verrückten« in Sydney überließ. Aber die Zeiten ändern sich, und nachdem man erkannt hatte, daß Kultur nicht das Schlechteste ist, begann man, sie in der Stadt zu etablieren. Das Resultat dieser Bemühungen ist der beeindruckende Komplex von Gebäuden am Südufer des Flusses. 1985 vollendet, umfaßt es die Queensland Art Gallery, das Queensland Museum, die State Library und den Performing Arts Complex mit einem Theater für 2000 Zuschauer sowie einem ähnlich großen Konzertsaal.

Die **Queensland Art Gallery** ▶▶ zeigt eine gute Sammlung australischer Kunst sowie eine Sammlung europäischer Malerei, die interessanterweise teilweise nicht nach Ländern, sondern nach Themen geordnet ist. Aber die Bilder haben kaum eine Chance, gegen die unglaubliche Architektur dieser riesigen Galerie anzukommen.

Die Exponate des **Queensland Museum** ▶▶, vor allem die Dinosaurier und die Flugzeuge, sind beeindruckend, bedeutender jedoch ist eine Ausstellung zur Geschichte, Kunst und Kultur der australischen Ureinwohner.

▶▶ South Bank Parklands 204B2
South Brisbane

Ist das internationale Publikum wieder weg, sind Expo-Gelände oft verlassene Gegenden. Doch in Brisbane blieben viele der für die Expo 88 errichteten Gebäude stehen und beleben die Parklandschaft, die sich gegenüber dem Stadtzentrum am Fluß erstreckt. Das **Gondwana Wildlife Sanctuary** z. B. ist eine Neuschaffung des Dschungels von Queensland mit Koalas, Wombats, farbenprächtigen Vögeln und einem Regenwald (siehe gegenüber).

Hauptstadt der Koalas
Brisbane nennt sich selbst »koala capital«, Hauptstadt der Koalas. Im Bunya Park Wildlife Sanctuary und im Lone Pine Koala Sanctuary sind diese freundlichen Beuteltiere zu sehen.

Brisbane ist Australiens drittgrößte Stadt.

QUEENSLAND

Glass House Mountains.

Mit dem Auto

Sunshine Coast und Hinterland

Dieser Tagesausflug entlang der Sunshine Coast von Queensland führt über den Bruce Highway in das bergige Hinterland.

Etwa 60 km nördlich von Brisbane unterbrechen die **Glass House Mountains** die Monotonie der Küstenebene. Diese alten Vulkanberge sieht man am besten von der alten Hauptstraße nördlich von Caboolture aus, wie auch vom Mary Cairncross Park nahe Maleny. Über die **Blackall Range**-Panoramastraße gelangt man in dieses schöne Hochland mit seinen sanften Hügeln und grünen Tälern, Teeläden und Kunsthandwerkstätten. Unmittelbar nördlich des kleinen Hochland-Erholungsgebiets von Montville liegt der **Kondalilla Nationalpark**, in dem herrliche Wasserfälle bis zu 100 m in die Tiefe des Regenwaldes stürzen. Ähnlich spektakuläre Wasserfälle findet man auch im **Mapleton Falls National Park**.

In **Nambour**, einem Zentrum für tropische Früchte, fährt eine Zuckerrohr-Schmalspurbahn. Wunderschöne Strände erstrecken sich nördlich von Coolum entlang der Sunshine Coast bis nach Noosa Heads, und **Tewantin** hat eine Vielzahl von Kuriositäten zu bieten, z. B. die Big Shell. Zurück durch das Hinterland, bietet sich der reizvolle Ort **Eumundi** zum Halten an, auch wenn er an Markttagen (Samstag) ziemlich überlaufen ist.

Der Bruce Highway bringt Sie schnell nach Brisbane zurück.

Nationalparks

Wie man es sich schon allein aufgrund der Größe von Queensland denken kann, ist die Landschaft hier überaus vielfältig, und eine ganze Reihe von Landstrichen sind als National- oder anders geschützte Parks ausgewiesen.

Von den Tropen der Küste zu den Wüsten im Innern: Die meisten kennen die geschützten tropischen und subtropischen Regenwaldgebiete der Küste, doch auch die einzigartigen Naturschutzgebiete im Landesinneren verdienen Beachtung. Mehr als 1200 km westlich der Küste »erstrecken sich unendlich wie die Wellen des Meers«, so der Forscher Charles Sturt, der es aufgab, sie zu erobern, die monotonen Sandhügel der **Simpson Desert**. Zum ersten Mal 1973 zu Fuß durchquert, fordert diese Wüste auch heute noch jeden heraus, sie zu entdecken.

Weiter zum Osten hin geht die spärliche Vegetation der Wüste in das charakteristische Grasland über, mit Eukalyptus-Wäldern oder dem merkwürdigen, für Queensland so typischen Flaschenbaum. Im felsigen Gestein des **Lark Quarry Environmental Park** entdeckt man Fußspuren, die Dinosaurier vor etwa 100 Millionen Jahren im einst weichen Boden hinterließen, der nun längst versteinert ist.

Noch weiter im Osten bildet ein breiter Gürtel von Sandsteinfelsen eine spektakuläre Landschaft, in der die meisten Flüsse Australiens entspringen. Ihre eruptive Gewalt hat tiefe Schluchten in die Felsen gerissen, in denen eine reiche Flora gedeiht, u. a. die Kohlpalme des **Carnarvon National Park**, ebenfalls bekannt wegen seiner bizarren Felsformationen. Wo das Land ansteigt, geht das Blaugrün des Eukalyptus über in das Dunkelgrün des Regenwalds mit seinem unglaublichen Reichtum an Farnen, Schlingpflanzen und Epiphyten. Im Norden von Queensland zieht sich der Regenwald dann hinunter zum Great Barrier Reef und dem **Great Barrier Reef Marine Park**.

Vom wilden Norden in den freundlichen Süden: In Cape York befinden sich einige der schönsten Nationalparks Queenslands, in denen die Natur ihre ganze Vielfalt und Pracht präsentiert. In der Regenzeit wachsen hier die Flüsse zu wilden, reißenden Strömen an, die riesige Schlamm-Massen mit sich führen und ganze Gebiete für Wochen von der Außenwelt abschneiden können, um sich dann in der Trockenzeit irgendwo in Seen und Staubecken zu verlieren und zu verdunsten. Termitenhügel prägen die Landschaft im Landesinneren, während an der Küste Mangroven wachsen. Im Südosten des Landes gebärdet sich die Natur etwas freundlicher. Brisbane ist wohl eine der schönsten und beliebtesten Städte der Welt, was seine Natur und leichten Zugang dazu betrifft. Die Stadt geht direkt über in bewaldetes Bergland, das sich südlich bis zum **Lamington National Park** an der Grenze zwischen Queensland und New South Wales erstreckt.

Brisbanes Lone Pine Koala Sanctuary ist mit seinen Känguruhs und Tasmanischen Teufeln der bekannteste Tierpark des Landes.

Im Süden
Nahe dem Marktort Warwick bei Cunningham's Gap im Main Range National Park findet man schöne Aussichtspunkte und eine Vielzahl von Wanderwegen durch den Regen- und den Eukalyptus-Wald.

Bewundern Sie die hübschen Pennantsittiche.

QUEENSLAND

Unterwegs

Der Pacific Highway, von Brisbane in Richtung Süden, führt durch Eukalyptusland.

Die Queensland-Hochlandlinie

Etwa eine halbe Million Menschen fahren pro Jahr mit der Bahn von Cairns nach Kuranda, und nur wenige sind enttäuscht von der 34 km langen Strecke zwischen Küste und Regenwald. Der Zug fährt von Meereshöhe aus auf 328 m hinauf, durch Tunnel und scharfe Kurven, und hält dann zum Verschnaufen bei den spektakulären Barron Falls. Die Strecke wurde 1886–91 gebaut, um das landwirtschaftlich genutzte Atherton Tableland mit dem Hafen von Cairns zu verbinden, was unverzüglich den Niedergang von Port Douglas nach sich zog. Der Bahnhof von Kuranda, von Palmen und schattenspendenden Farnen umgeben, könnte jederzeit einen ersten internationalen Preis für Bahnhöfe gewinnen.

Mit dem Flugzeug: Queensland ist der einzige australische Staat, der drei internationale Flughäfen hat – Brisbane, Townsville und Cairns – alle mit regelmäßigen Flugverbindungen zu vielen Orten in Übersee. Viele Fluglinien verbinden auch andere Städte Australiens mit Queensland, zum Beispiel mit den Flughäfen an der Gold Coast (Coolangatta) und an der Sunshine Coast (Maroochydore). Wegen der großen Entfernungen gibt es auch viele Inlandfluglinien, die oft die einzige Möglichkeit bieten, während der Regenzeit in den hohen Norden zu kommen. Kleinere Flugzeuge verknüpfen das Festland mit den Inseln, von denen einige auch nur so erreicht werden können.

Mit dem Schiff: Selbst wenn man nur einen Tagesausflug machen möchte, z. B. mit einem Schnellboot oder einem bescheideneren Fahrzeug zum Great Barrier Reef, in Queensland muß man zwangsläufig auf ein Schiff oder Boot umsteigen. Fast alle Inseln sind mit Fähren oder Fährbooten zu erreichen, die auch Autos mitnehmen, sofern es auf den Inseln Straßen gibt. Für kürzere Aufenthalte auf einer Insel sollte man das Auto jedoch besser auf dem Festland lassen. Um die vielen Inseln kennenzulernen, können Sie in verschiedenen Agenturen eine Kreuzfahrt buchen. Sie bieten sowohl Fahrten in einer Luxuskategorie an als auch bescheidenere Trips inklusive Zeltaufenthalt auf einer unbewohnten Insel. Vergessen Sie nicht eine Fahrt auf dem Brisbane River.

Mit dem Bus: Buslinien verbinden Brisbane mit größeren Städten in Queensland und anderen Städten des Kontinents. Örtliche Verbindungen sind nicht überall gleich, an der Gold Coast z. B. sind sie sehr gut.

Mit der Bahn: Queensland hat das längste Schienennetz des Kontinents und bietet vor allem Touristen einen guten Service. Dieser umfaßt: den luxuriösen **Queenslander** (einmal wöchentlich Brisbane–Cairns), den **Sunlander** (mehrmals wöchentlich Brisbane–Cairns), den **Inlander** (Townsville–Mount Isa); den **Spirit of the Outback** (Brisbane–Longreach über Rockhampton), den **Westlander** (Brisbane–Charleville), den **Spirit of Capricorn** und den **Capricornian** (Brisbane–Rockhampton). Australiens beliebtester Touristenzug fährt von Cairns nach Kuranda (siehe Kasten), und zwei ganz besondere Züge locken vor allem Abenteuerlustige an: der wöchentlich verkehrende Zug von Cairns nach Forsayth im tiefen Landesinneren und der **Gulflander**, der durch eine abgelegene Gegend nahe dem Gulf of Carpentaria fährt. Die einzige transkontinentale Zugstrecke fährt nach Sydney.

Mit dem Auto: Das Straßennetz entlang der Küste ist gut ausgebaut; Asphaltstraßen durchqueren Queensland von Osten nach Westen und über den Mount Isa bis hinauf in den Norden. Doch gibt es immer noch Orte, zu denen nur schlecht ausgebaute Straßen führen. Cape York und andere nördliche Gebiete sind in der Regenzeit vom übrigen Land abgeschnitten, da viele Straßen hier dann völlig überschwemmt sind. Ein Auto, oder besser noch ein Jeep mit Vierradantrieb, ist fast unverzichtbar, will man die Naturparks besuchen, jedoch findet man fast immer auch organisierte Touren zu nahezu allen Reisezielen.

ATHERTON TABLELAND – CAIRNS

▶ **Atherton Tableland** 200D2

Von Cairns nach Süden bis Innisfail ragt auf 150 km Strecke das Hochland steil über die Küstenebene empor. Der früher dichte Regenwald ist heute Anbaugebiet für Tabak, Mais und eine Vielzahl exotischer Früchte. Südöstlich von Atherton, nahe dem Gillies Highway, liegt das Gebiet von **Yungaburra** ▶▶ mit außergewöhnlich schönen vulkanischen Kraterseen.

▶▶▶ **Cairns** 201D3

Cairns, Tor zum hohen Norden Queenslands, ruht unter subtropischer Sonne und in der milden Trinity Bay, als ob es kein Morgen gäbe. Der einstige Ausgangspunkt zu den Goldfeldern und Zinnminen des Hinterlands wurde später Hafenstadt für die sich rasch entwickelnde Landwirtschaft der Region, vor allem für den Zuckerrohrexport. Noch rosiger sieht seine Zukunft aus, da es nahe des Barrier Reef liegt und den wunderschönen Stränden, Flüssen und Wäldern von Daintree und Atherton Tableland. Cairns kürzlich eröffneter internationaler Flughafen ist, am Verkehrsaufkommen gemessen, der fünftgrößte des Kontinents.

Die Stadtgründer legten ein großzügiges Straßennetz an, doch da es kaum Verkehr gibt, bietet die Stadt eine sehr entspannte Atmosphäre. Die Uferpromenade mit ihren Boutiquen, Läden, dem 1996 eröffneten **Reef Casino** und einem Luxushotel verleiht dem ganzen eine besondere Note, ebenso die Segeljachten der Reichen und Superreichen im angrenzenden Hafen.

Cairns Museum and Art Gallery ▶ gibt einen faszinierenden Überblick über die Vergangenheit der Gegend, einst von Aborigines besiedelt, dann Schmelztiegel für Eisenbahnarbeiter, Goldsucher und chinesische Migranten. Sehr lohnenswert ist auch ein Ausflug zu den **Flecker Botanic Gardens** ▶ mit mehr als 200 verschiedenen Palmenarten. Der **Tjapuka Aboriginal Cultural Park** zeigt die Nachbildung eines Lagers der Ureinwohner des Kontinents, ihre traditionellen Tanzaufführungen und andere kulturelle Besonderheiten dieses Volkes.

Rum Bundaberg
Der Name dieser Stadt, etwa 300 km nördlich von Brisbane am Ende der Hervey Bay gelegen, ist synonym mit ihrem wichtigsten Produkt – Rum aus dem Zuckerrohr der Küsten-Plantagen. Bundaberg ist auch der wichtigste Hafen zum südlichen Barrier Reef. Im Mon Repos Environmental Park, einem Strand etwas weiter im Norden, legen Schildkröten zwischen November und Februar ihre Eier ab.

Strände
Naturfreunde haben den Kampf gegen verschiedene Vorhaben gewonnen, die Küste in ein riesiges, künstlich angelegtes Strandparadies zu verwandeln. Wassersportler wie Sonnenhungrige finden trotzdem eine Vielzahl von Stränden, die sich über 26 km an der »Marlin Coast« erstrecken, und jeder Strand ist tatsächlich schon ein kleines Paradies für sich.

Esplanade und Ufer im sonnigen Cairns.

QUEENSLAND

Mit dem Auto — Zum Daintree und Cape Tribulation

Wenn Sie der Versuchung traumhafter Strände auf dem Weg widerstehen können, führt Sie diese Ganztagesfahrt von Cairns über den Daintree River in tropischen Regenwald und zu einem Korallenriff.

Der **Captain Cook Highway** ist zweifellos eine der schönsten Küstenstraßen der Welt. Von Cairns verläuft er zunächst Richtung Landesinneres und kehrt dann nördlich des exklusiven Badeorts Palm Cove wieder an die Küste zurück. Das **Rainforest Habitat** in **Port Douglas** bildet perfekt tropischen Regenwald nach.

Die Zuckerrohrfelder um **Mossman** beliefern die Zuckerpresse der Stadt. Ein kurzer Umweg führt in die Mossman River Gorge im **Daintree National Park** mit seinen Wanderwegen, Stromschnellen und wunderbaren Schwimmbecken. An der Kurve, die zur Fähre über den Daintree River führt, endet vorläufig die Bitumenschicht der Straße. Fahrzeuge ohne Allradantrieb sollten nur mit äußerster Vorsicht weiterfahren und in der Regenzeit überhaupt nicht. In den Mangrovensümpfen am Ufer des breiten Flusses lauern die Krokodile.

Hinter der Anlegestelle der Fähre beginnt das tropische Paradies des **Cape Tribulation National Park,** ein Rest urzeitlicher Wälder, in denen die ersten Pflanzen blühten. Die unbefestigte Straße windet sich durch Wald und trockene Flußbetten; der von den Fahrzeugen aufgewirbelte Staub bedeckt die üppige Vegetation. Der Aussichtsplatz **Heights of Alexandra** bietet einen wunderbaren Blick auf den Wald, der sich bis zum Meer erstreckt. Eine gute Einführung in die vielfältige Ökologie und Schönheit des Parks erhalten Sie im **Daintree Forest Environmental Centre**. Sein Plankenweg führt tief in den geheimnisvollen Urwald hinein.

Auch wenn Quallen am Schwimmen hindern, sollten Sie doch einen der unvergleichlichen Strände des **Cape Tribulation** entlangspazieren. Hinter dem Kap beginnt der 32 km lange Bloomfield Track (nur für Fahrzeuge mit Allradantrieb).

QUEENSLAND

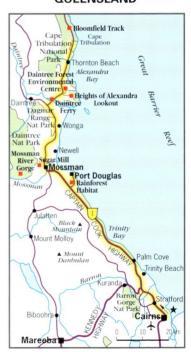

Waraneidechse.

CAPE YORK – CHARTERS TOWERS

Der bottle brush *ist in Queensland heimisch.*

▶▶ Halbinsel Cape York 200E2

Die oft als eines der letzten Wildnisgebiete der Erde bezeichnete Halbinsel verjüngt sich Richtung Norden, bis sie nach Hunderten von Kilometern an ihrer Spitze, dem Cape York endet. Von hier blickt man auf die von Inseln übersäte Torres Strait, die Australien von Papua-Neuguinea trennt. Insgesamt wohnen nur etwa 10 000 Menschen in diesem riesigen Gebiet, die meisten davon Aborigines, deren Vorfahren bemerkenswerte Felsmalereien hinterließen, von denen sich die schönsten um **Laura** befinden. Diese kleine Stadt liegt am unteren Ende der (nicht sonderlich guten) Peninsula Developmental Road. Besonders in der Regenzeit ist es selbst für Allradfahrzeuge unmöglich, die Flüsse zu überqueren.

In der Trockenzeit ist das Kap ein faszinierendes Ziel für Abenteurer. Der Regenwald entlang der Pazifikküste weicht im Landesinneren einer Art Savanne, in der bis zu drei Meter hohe Termitenhügel verstreut liegen. Die Halbinsel ist übersät mit bemerkenswerten Nationalparks, etwa dem in Lakefield, dem an der Küste gelegenen Cape Melville, und dem Areal für Krokodile in Archer Bend. Die Zukunft der Insel liegt vielleicht im Abenteuertourismus, denn die Zivilisation hat hier kaum Spuren hinterlassen.

▶▶ Carnarvon National Park 201B3

Ein Großteil dieses faszinierenden Parks ist nur schwer zugänglich, aber die außergewöhnlichen, vom Carnarvon Creek und seinen Nebenflüssen in das weiche Sandsteinplateau gefressenen Schluchten sind von der Carnarvon Developmental Road zwischen Roma und Rolleston zu erreichen. Hier erheben sich 200 m hohe Felsen über Kohlpalmen, Farne, Moose und Orchideen, eine schattige Welt, die sich vom ungeschützten Plateau darüber stark unterscheidet. Viele Höhlen bergen Felszeichnungen der Aborigines. Ein zehn Kilometer langer Fußweg führt von der Rangerstation in die Schlucht hinauf, seine Seitenpfade machen die Höhepunkte des Parks zugänglich.

▶ Charters Towers 201C3

In dieser mittelgroßen Stadt im Hochland herrscht ein belebendes Klima. Sie ist der Standort mehrerer Internate und bietet einige der schönsten Beispiele der frühen australischen Architektur (siehe Kasten).

Uraltes Zuhause
Der Mount Moffat im Carnarvon National Park umfaßt sowohl eigenartige Sandsteinformationen als auch die Kenniff Cave, eine Höhle, die vor fast 20 000 Jahren Aborigines bewohnten und mit Malereien verzierten.

Architektur im Hochland
Nachdem 1872 in Charters Towers Gold gefunden worden war, leistete sich die Stadt einige schöne Gebäude. Einige davon stehen heute noch, zum Beispiel verschiedene Bankgebäude, die Börse, die Bergbauschule, das Rathaus und das Gerichtsgebäude.

213

QUEENSLAND

Fliegende Ärzte
Der 1927 von Reverend John Flynn gegründete Royal Flying Doctor Service (RFDS) begann in Cloncurry mit einem Flugzeug, das der Queensland and Northern Territory Aerial Service (QANTAS) stiftete. An dieses Ereignis erinnert in Clonburry ein Flynn-Denkmal und das RFDS-Museum.

Rettung der Wildnis
In Urzeiten blieb der Daintree National Park zwar von Erdkatastrophen verschont, dafür ist er jetzt in Gefahr: Er wurde in Landparzellen aufgeteilt, die verkauft und »erschlossen« werden sollen, außerdem wurde der umstrittene Bloomfield Track durch den Regenwald gebaut. Die Ernennung zur World Heritage Area durch die UNESCO fand hoffentlich gerade noch rechtzeitig statt, um dieses unersetzliche Stück Natur zu retten.

▶ **Chillagoe-Mungana Caves National Park** 200D2

Um die alte Minenstadt Chillagoe grub das Wasser des Mitchell River Höhlen in das Kalkgestein, die jedoch nicht alle zugänglich sind. Donna und Trezkinn Caves sind künstlich beleuchtet, um die eigenartigen Kalksteinformationen zu betonen. Auf der Erdoberfläche formten Verwitterungsprozesse das Gestein zu bizarren Gestalten um.

▶ **Cloncurry** 200C1

Die einst geschäftige Gold- und Kupferstadt erstreckt sich entlang der Hauptstraße und Eisenbahnstrecke von Mount Isa zur Küste. Heute leben die meisten Einwohner Cloncurrys von der Schaf- und Viehzucht. 1928 nahm der Royal Flying Doctor Service hier seinen Anfang.

▶ **Cooktown** 200D2

Als im späten 19. Jahrhundert am Palmer River Gold gefunden wurde, erlebte die nach Kapitän Cook benannte Stadt einen Boom. Der große Seefahrer legte mit der *Endeavour* hier an, nachdem sie auf der Fahrt durch das Barrier Reef stark beschädigt worden war. Die Bevölkerung ging zwar von 30 000 auf weniger als 1000 zurück, doch zeugt noch genug von der Vergangenheit der Stadt, um Cooktown zu einem beliebten Reiseziel zu machen. An den Zwangsaufenthalt Cooks erinnern das **Historical Museum** in einer alten viktorianischen Villa, seine Statue und alljährlich das Schauspiel im Juni, das seine Landung in Szene setzt. Cooktown ist über die im Landesinneren verlaufende Straße von Cairns aus zu erreichen. Malerischer ist die Strecke entlang der größtenteils unbefestigten Cape-Tribulation-Küstenstraße. Auch als Ausgangspunkt für Reisen in das Landesinnere der Cape-York-Halbinsel ist die Stadt zu empfehlen.

▶▶▶ **Daintree National Park** 200D2

Die überragende internationale Bedeutung des Regenwaldes von Queensland wurde deutlich, als die UNESCO das Gebiet um Daintree und Cape Tribulation zur *World Heritage Area* erklärte. Der Dschungel im äußersten Norden Queenslands, ein Relikt aus der Kreidezeit vor über 100 Millionen Jahren, blieb von den Vulkanausbrüchen verschont, die andere Urwälder der Region zerstörten, und hat daher unschätzbaren ökologischen Wert.

Die kleine Gemeinde Daintree liegt am Ufer des Daintree River, der für seine Mangroven und Krokodile berühmt-berüchtigt ist. In den Regenwald sollten nur erfahrene Dschungelkenner eindringen, Neulinge auf diesem Gebiet erleben ihre Wunder am intensivsten im **Daintree Forest Environmental Centre** ▶▶.

▶▶ **Fraser Island** 201B4

Die größte Sandinsel der Welt liegt über 144 km parallel zur Südküste Queenslands. Traumhafte Strände, bis zu 240 m hohe Dünen, Moorland, Regenwald, Mangrovensümpfe und Süßwasserseen dieser World-Heritage-Insel locken viele Besucher an, obwohl es nur wenige Einrichtungen gibt und die Insel nur mit Allradfahrzeugen befahren werden kann (es gibt keine Straßen). Eine Fahrt entlang der Ostküste führt Sie am Wrack der *Maheno* und den Sandsteinfelsen vorbei zu den Ferienanlagen der Insel.

CHILLAGOE-MUNGANA CAVES – GOLD COAST

Fraser Island ist mit dem Flugzeug oder mit der Fähre von verschiedenen Orten auf dem Festland leicht zu erreichen: Inskip Point, Urangan und River Heads.

▶ Glass House Mountains   201A4

Vom Bruce Highway nördlich von Brisbane erhebt sich landeinwärts eine Gruppe von steilen Gipfeln mit eigenartigen Formen. Die Berge, die ihren rätselhaften Namen von Kapitän Cook erhielten, sind besonders bei Bergsteigern beliebt. Wer sich nicht in ihre schwindelnden Höhen begibt, hat von der Old Gympie Road oder vom Mary Cairncross Park die beste Aussicht auf sie.

▶▶▶ Gold Coast   201A4

Zwischen Tweed Heads an der Grenze zu New South Wales und Paradise Point im Norden erstreckt sich eine 40 km lange Kette traumhafter Sandstrände, die Goldküste, die mit einer gleichmäßig rollenden Brandung und ständigem Sonnenschein gesegnet ist. Surfen, Schwimmen und Sonnenbaden sind neben Golf nur einige der vielen hier möglichen Aktivitäten. Eine Menge Vergnügungsparks und ähnliche Anlagen warten auf Besucher, zum Beispiel die **Sea World** in Main Beach und der beliebte **Warner Bros Movie World** Themenpark.

Surfers Paradise bietet elegante Einkaufszentren, ausgezeichnete Restaurants, ein unterhaltsames Nachtleben, die Cascade Gardens und das Jupiters Casino. Etwas ruhiger (und billiger) ist das Leben weiter im Süden, um Currumbin und dem bewaldeten Burleigh Heads, wo das Besucherzentrum des Nationalparks seinen Gästen das zeigt, was von der Natur an der Küste übriggeblieben ist.

Sand zu verkaufen
Der Sand auf Fraser Island hat einen hohen Prozentsatz an Mineralien, weswegen er für bestimmte industrielle Verfahren sehr geeignet ist. Doch 1977 gelang es Umweltschützern endlich, den Sandabbau und damit den schrittweisen Export des Grund und Bodens der Insel zu stoppen.

Ungeplantes Utopia
Die wuchernde Goldküste ist ein abschreckendes Beispiel dafür, wie ein Stadtgebiet nicht aussehen sollte. Die Vorstädte, durch die man kommt, wenn man sich dem Gebiet von Brisbane her nähert, erinnern an die Umgebung von Moskau, nur daß die Wolkenkratzer verschiedene Formen haben und in zarten Pastelltönen gestrichen sind. Sie stehen dicht nebeneinander, damit ein jeder einen Blick auf den Strand erhaschen kann, der, weil er im Osten liegt und die Wolkenkratzer zu nahe an ihn herangebaut wurden, schon am Nachmittag im Schatten liegt. An der Hauptstraße wirbt eine Reihe von Schildern um Ihre Aufmerksamkeit. Hähnchen vom Holzkohlengrill konkurrieren mit koreanischer Küche und die Cocktail-Akademie mit den Chiropraktikern der Küste.

Wolkenkratzer erheben sich über dem großartigen Strand von Surfers Paradise.

SPECIAL
Great Barrier Reef

■ Das Riff, oft als achtes Weltwunder bezeichnet, ist vielleicht Australiens größte Touristenattraktion. Es zieht sich vom Golf von Papua 2000 km die Ostküste entlang bis in die Nähe von Gladstone. ■

Fische des Riffs
Das Riff ist die Heimat von Tausenden von Fischarten, hier tummeln sich gierige Kartoffel-Zackenbarsche (siehe unten), bunte Papageifische, anmutige Rochen, giftige Rotfeuerfische sowie verschiedene Haiarten. Angriffe sind allerdings selten, da die Tiere wahrscheinlich mehr Angst vor Ihnen haben als umgekehrt.

Am Cod Hole, 20 km vor Lizard Island, warten riesige Kartoffel-Zackenbarsche darauf, gefüttert zu werden.

Die Korallen des äußeren Riffrandes bilden einen Steilabbruch, der abrupt in die Tiefe des Pazifik abfällt. Bei Cairns ist dieses äußere Riff nur etwa dreißig Kilometer von der Küste entfernt, doch dann entfernt es sich immer mehr vom Festland, bis es, gegenüber von Mackay, 260 km Abstand von der Küste hat. Zur Landseite hin wird eine Art Lagune mit warmem und seichtem Wasser von weiteren Riffen und Hunderten von Inseln unterbrochen, von denen einige echte Koralleninseln sind, die meisten jedoch Festlandsinseln, die vom Kontinent getrennt wurden, als der Meeresspiegel stieg. Sie sind sehr unterschiedlich: Die ungeschützten Inseln aus Sand und Korallen, auf denen keine Pflanzen wachsen und die bei Ebbe kaum aus dem Wasser herausragen, haben mit den in Regenwald gehüllten und von Riffen umgebenen Bergketten anderer Inseln kaum etwas gemein.

Leben in der Tiefe: Kaum ein anderes Ökosystem der Erde kann das Riff an Schönheit und Vielfalt übertreffen. Für seine Gestaltung sind die Polypen zuständig, winzige Organismen mit Kalkskeletten, die die Grundbausteine eines Korallenriffs bilden. Mit ihren unterschiedlichen Formen, die an Bäume, Teller, Pilze und sogar Gehirne erinnern, schaffen die lebenden Polypen eine bunte Unterwasserlandschaft, in der sich quicklebendige Scharen anderer Lebewesen tummeln. Dazu gehören nicht nur die vielen verschiedenen tropischen Fische, sondern auch Schwämme, Seesterne, Krebse, Haie, Schildkröten, Riesenmuscheln und die Dugongs, harmlose Seekühe.

SPECIAL — Great Barrier Reef

Das Riff ist ideal, um schnorcheln zu lernen.

Eine weitere Kreatur, die in großer Zahl am Riff vertreten ist, ist der Homo sapiens, Unterklasse Tourist. Dieses mittelgroße Säugetier bestaunt vom Flugzeug oder Boot aus die Wunder des Riffs, oder nimmt mit Schnorchel oder im Taucheranzug mit anderen Riffbewohnern Kontakt auf. Ein Großteil dieser Spezies wohnt auf dem Festland und erkundet das Riff auf Tagesausflügen von den Touristenzentren Port Douglas, Cairns, Townsville und der Region um Whitsunday aus. Andere halten sich auf den Inseln auf, in exklusiven Ferienanlagen, überfüllten Hotels und Appartements oder in Hütten auf friedlichen unbewohnten Inseln.

Probleme der Erhaltung: Das Riff, inzwischen *World Heritage Area,* wird seit 1976 von der Great Barrier Reef Marine Park Authority verwaltet. In Gefahr ist es nicht nur aufgrund der Touristen und Spekulanten (die bis 1989 den Bau von nicht weniger als 250 neuen Ferienanlagen an der Küste Queenslands beantragt hatten), sondern auch wegen der landwirtschaftlichen und anderen Abwässer, die mit den Flüssen ins Meer gelangen. Probebohrungen im Ozean werden zwar nicht mehr durchgeführt, aber die petrochemische Industrie hat immer noch ein Auge auf das Riff als potentielles Ölfeld.

Eine direktere Bedrohung stellt ein natürliches Phänomen dar. Dem Dornenkronen-Seestern schmeckt der Korallenpolyp, den er aus seinem schützenden Skelett saugt, sehr gut. In den letzten Jahren hat er so bereits große Areale zerstört. Man nimmt jedoch an, daß ein Überfischen der natürlichen Feinde dieses Seesterns dazu führte, daß er zahlenmäßig so zunimmt. Aber die Wissenschaftler wissen nicht, wie man dagegen vorgehen könnte.

Der Gauklerfisch ist einer der vielen Bewohner des größten lebenden Organismus der Erde.

QUEENSLAND

Das Great Barrier Reef.

Blauer Engelfisch in der Nähe von Heron Island.

▶▶▶ **Great Barrier Reef Islands**   201C3

Im folgenden werden nicht alle Inseln des Riffs erwähnt, doch die beliebtesten und zugänglichsten werden in Süd-Nord-Richtung genauer behandelt.

Südliches Riff: Am südlichsten Ende des Riffs befinden sich **Lady Elliot Island** ▶▶ und die unbewohnte **Lady Musgrave Island** ▶▶, zwei kleine Koralleninseln mit hervorragenden Schnorchel- und Tauchmöglichkeiten. Die erstere ist nur mit dem Flugzeug von Bundaberg oder Hervey Bay aus zu erreichen (80 km). Nach Lady Musgrave Island, einem Nationalpark mit den notwendigsten Einrichtungen, aber ohne Unterkunft, kommt man bei einem Tagesausflug mit dem Schiff von Bundaberg aus (ebenfalls 80 km).

Auf **Heron Island** ▶▶, teils Ferienanlage, teils Nationalpark mit kunterbunter Tier- und Pflanzenvielfalt, kann man herrlich schnorcheln und tauchen, Riffwanderungen unternehmen und mit Tauchbooten fahren. Zu erreichen ist sie mit Helikopter oder Schiff von Gladstone (72 km).

Die große, bewaldete **Great Keppel Island** ▶▶ ist besonders bei jungen Menschen beliebt und bietet Glasbodenboote, ein Korallen-U-Boot, ein Unterwasserobservatorium, Wasserskilaufen, Buschwanderungen, ein reges Nachtleben und schöne, abgelegene Strände. Die Insel ist mit dem Flugzeug von Rockhampton (56 km) und mit der Fähre von Rosslyn Bay zu erreichen.

Wegen seiner romantischen Lage verbringen viele Paare ihre Flitterwochen auf dem Nationalpark **Brampton Island** ▶▶, die Golfplätze und Wanderwege aufweist und mit dem Flugzeug und dem Schiff von Mackay (32 km) zu erreichen ist.

Whitsunday Islands: Diese bewaldeten Inseln, einst die Gipfel urzeitlicher Berge, liegen zu beiden Seiten der Whitsunday Passage. Nur sieben der über 70 Inseln sind für den Tourismus erschlossen, der Rest ist unbewohnt.

Hoteltürme charakterisieren die beliebte, mittelgroße **Hamilton Island** ▶▶ mit ihrem Flughafen. Flugzeuge bringen Sie auch von Proserpine oder Mackay auf die Insel, von Shute Harbour (16 km) ist sie mit dem Schiff zu erreichen.

GREAT BARRIER REEF

Hayman Island ist luxuriös und teuer. **Lindeman**, obwohl ein Nationalpark, beherbergt heute einen Club Med, **South Molle** und **Daydream Island** sind dagegen auf Familien ausgerichtet. Die legere Atmosphäre und die etwas günstigeren Preise auf **Hook Island** und **Long Island** ziehen vor allem junge Leute an.

Die nördlichen Inseln: Die große **Magnetic Island**▶▶ umfaßt 500 m hohe Granithügel, ausgezeichnete Strände Koala-Bären und einen großen Nationalpark. Zu erreichen ist sie mit Hubschrauber oder der Fähre von Townsville. Auf der Insel verkehren Busse. Die weiter nördlich gelegene **Orpheus Island**▶▶ ist vulkanischen Ursprungs und dicht bewaldet. Sie hat schöne Strände, außergewöhnliche Korallen und eine biologische Forschungsstation. Erreichbar ist sie mit Flugzeug oder Schiff von Townsville aus (80 km).

Die größte, und vielleicht wildeste Insel Queenslands ist der Nationalpark **Hinchinbrook Island**▶▶, deren Berggipfel sich bis zu 1142 m über den Regenwald erheben. Für den Küstenwanderweg benötigen selbst erfahrene Wanderer mehrere Tage. Zu erreichen ist sie per Schiff von Cardwell oder per Wasserflugzeug von Townsville (150 km).

Die Hügel der mittelgroßen **Dunk Island**▶▶ und der kleineren **Fitzroy Island**▶▶ sind in dichten Regenwald gehüllt. Dunk Island bietet traumhafte Strände und eine vielfältige Tierwelt und ist mit dem Flugzeug von Townsville (160 km) und Cairns (120 km) und mit dem Schiff von Clump Point zu erreichen. Fitzroy Island ist ideal für Schnorchler und Taucher, außerdem hat man vom Leuchtturm eine herrliche Aussicht. Die Insel ist von Cairns schnell mit dem Schiff zu erreichen.

Ein beliebter Tagesausflug von Cairns aus ist eine Schiffahrt nach **Green Island**▶ mit dem ältesten Unterwasserobservatorium des Riffs, obwohl es heute die Heimstatt einer Luxusunterkunft ist.

Die nördlichste Urlaubsinsel, **Lizard Island**▶▶, auch das »Juwel des Barrier Reef« genannt, verfügt über wunderschöne Buchten und ein Korallenriff. Erreichbar ist die Insel mit dem Flugzeug von Cairns (241 km).

Inselunterkünfte
Einfach und billig: Lady Elliot Island: Hütten und Zelte, Lady Musgrave Island: Campen als Selbstversorger mit einer Genehmigung vom National Parks and Wildlife Service, Great Keppel Island: Jugendanlage und Camping, Brampton Island: Unterkünfte für Rucksackreisende, Hinchinbrook Island: Camping, Dunk Island: Camping mit Genehmigung, Fitzroy Island: Herberge.
Mittelklasse: Great Keppel Island: Ferienanlage und Hütten, Brampton Island: Ferienanlage, Hamilton Island: Ferienanlagen, Magnetic Island: Ferienanlagen, Hinchinbrook Island: Ferienanlage, Dunk Island: Ferienanlage, Fitzroy Island: Villen.
Exklusiv und teuer: Luxusanlagen finden Sie auf Heron, Hayman, Orpheus, Bedarra, Green und Lizard Island.

Im Oktober und November wird Heron Island zu einer Brutstätte der Karett- und Suppenschildkröten.

QUEENSLAND

In »Enten« durch die Tropen
Die *ducks*, die Kurandas steilen Dschungel ebenso mühelos durchqueren wie seine mit Schildkröten gefüllten Teiche, verdanken ihren Namen einer Verballhornung. *DUKWs* hieß ein robustes, im Zweiten Weltkrieg entwickeltes Amphibien-Militärfahrzeug.

Über dem Regenwald
Obwohl man dieses hübsche Dorf immer noch am besten mit der Eisenbahnlinie Cairns-Kuranda Railway erreicht, bietet die Skyrail Rain Forest Cableway eine neue spektakuläre Möglichkeit. Von den Waggons dieser Ende 1995 eröffneten Bergbahn hat man auf der 7,5 Kilometer langen Strecke einen überwältigenden Blick auf die Landschaft.

Der Lamington National Park – Paradies für Wanderer und Vogelfreunde.

▶ Innisfail 201D3

Die niederschlagsreiche Zuckerstadt Innisfail, Tor zum hohen Norden Queenslands, hat leichten Zugang zum Barrier Reef und Atherton Tableland. In den 80er Jahren des 19. Jahrhunderts baute man hier erstmals Zuckerrohr an. Nach dem Zweiten Weltkrieg wurde mit Hilfe italienischer Einwanderer die Industrie angekurbelt. Weit länger ansässig ist Innisfails chinesische Gemeinde; das Joss House ist einer von nur zwei genutzten chinesischen Tempel Australiens.

▶▶ Kuranda 200D2

Hoch im Atherton Tableland ist dieses »Dorf im Regenwald« von Cairns aus über eine eindrucksvolle Bahnstrecke zu erreichen und bei Touristen äußerst beliebt. Sie können ein Schmetterlings- und Nachttiergehege besichtigen, über den weitläufigen Markt bummeln, in ausgedienten Amphibienfahrzeugen der Armee *(ducks)* den Regenwald erkunden, und sogar Bungy-Springen. Dennoch blieb Kurandas Ursprünglichkeit weitgehend bewahrt. Andere Sehenswürdigkeiten sind ein Regenwald-Informationszentrum, Tanzvorführungen der Aborigines und ein Tierpark. Kuranda eignet sich zudem als Ausgangspunkt, um andere Gegenden des Atherton Tableland zu erkunden.

▶▶ Lamington National Park 201A4

Vom Betonmeer der Golden Coast hebt sich das waldreiche, von Bergfarmen durchsetzte Hinterland scharf ab. An der Grenze zu New South Wales steigt es in den grünen Bergen des Lamington National Park auf 1024 m an. Antarktische Südbuchen, einige mehrere tausend Jahre alt, haben in seinen Wäldern überlebt. Zur Erkundung empfiehlt sich der herausfordernde, in Baumwipfelhöhe verlaufende Weg, der bei O'Reilly's Guesthouse beginnt. Zwischen diesem und der Binna Burra Lodge, dem anderen Parkzentrum, bietet ein ebenfalls beliebter, 22 km langer Weg überwältigende Aussichten über die Grenze nach New South Wales.

INNISFAIL – MILLAA MILLAA

▶ Longreach   200B2

Von Rockhampton führen Capricorn Highway und Bahn tief ins Landesinnere nach Longreach, Zentrum eines weiten Weidegebiets im Outback. Hier, wo in den 20er Jahren die QANTAS gegründet wurde, baute Australien seine ersten Flugzeuge. Touristen lockt vor allem die aufwendige **Stockman's Hall of Fame** ▶. In dem modernen, 1988 anläßlich der 200-Jahr-Feier Australiens eröffneten Gebäude wird das Leben im Outback auf sehr abwechslungsreiche Weise erläutert.

▶ Mackay   201C3

Im Tiefwasserhafen dieses knapp 40 000 Einwohner zählenden Zentrums der Zuckerindustrie wird etwa ein Drittel von Australiens Zuckerproduktion verschifft. Der Tourismus nimmt zu: das Barrier Reef, die Strände und der wundervolle **Eungella National Park** ▶ im Nordwesten sind leicht zu erreichen. Nach der Hitze der Küste labt die Kühle seines regenwaldbestandenen Berglands, das die Aborigines »Land in den Wolken nennen«. Es schützt zum Teil einzigartige Pflanzen, Tiere und Vögel wie den Eungella-Honigfresser. Vielleicht sehen Sie das scheue Schnabeltier!

▶ Maryborough   201A4

Nahe der Mündung des Mary River versorgt Maryborough sein wohlhabendes landwirtschaftlich geprägtes Hinterland. In der 1843 gegründeten Stadt haben Bauten aus dem 19. Jahrhundert überlebt, und subtropische Parks und Gärten spenden Erfrischung.

▶ Millaa Millaa   200D2

Dem winzigen Ort trugen die **Millaa Millaa Falls** Ruhm ein, die neben anderen malerischen Wasserfällen die reizvolle Piste des Waterfall Circuit säumen. Westlich der Siedlung erlaubt der 1100 m hohe **Millaa Millaa Lookout** einzigartige Blicke über das Atherton Tableland, eines der am dichtesten bewachsenen Gegenden Australiens.

Ein Erlebnis: im Inneren des »Big Pineapple«.

Ein gigantisches Früchtchen
Einen der erschlagendsten Beweise australischer Kitschkultur liefert der »Big Pineapple«. Diese fast 15 m hohe Riesenananas aus Fiberglas springt gleich ins Auge, wenn Sie von der Sunshine Coast über den Bruce Highway landeinwärts fahren. Das überdimensionale Reklamemaskottchen einer weitläufigen Ananasplantage geriet zu einem Wahrzeichen der Region um Nambour, einem tropischen Fruchtkorb, dessen Straßen Sie bisweilen mit Zuckerrohrlastzügen teilen müssen.

SPECIAL
Regenwälder

■ Nachdem Australiens Regenwald lange rücksichtslos abgeholzt, für neue Zuckerrohrplantagen gerodet und von Straßen, Flughäfen, Stauseen und Tourismuseinrichtungen bedrängt wurde, hat man nun erkannt, daß er einen erhaltenswerten, einzigartigen Lebensraum darstellt, der den Besucher in Bann zieht. ■

Obwohl scheu, ist Australiens zweitgrößter Vogel, der seltene Kasuar ein kraftvoller, auch gefährlicher Vogel.

Tierwelt
Ein Regenwald spendet einer Fülle von Pflanzen und Tieren Leben. Einige Bewohner wie Baumkänguruh, Ringelschwanzoppossum oder das winzige Moschus-Rattenkänguruh kommen ausschließlich hier vor. Zu den vom Aussterben bedrohten Tieren zählt der Kasuar. Der wie der Emu flugunfähige Vogel droht mit grunzenden Lauten, vermag mit dem Hieb seiner scharfen Kralle zu töten und kann sich mit Kopfstößen durch dichtesten Untergund bewegen.

Subtropischer Regenwald im Bunya Mountains National Park.

Überreste der Vergangenheit: Die entlang der Ostküste von Cape York bis Tasmania verstreuten Regenwälder bilden nur mehr Splitter eines dichten Vegetationsmosaiks, dessen Pflanzendecke vor Jahrmillionen den gesamten Kontinent überzog. Regenwald gedeiht in gleichmäßig warmfeuchtem Klima. Als im Laufe der erdgeschichtlichen Entwicklung der Kontinent austrocknete, ging sein Bestand zurück. Wo Boden, Niederschlag, Verdunstung und Temperatur wohlausgewogene Bedingungen schaffen, können sich Flecken von Regenwald erhalten. Die Osthänge der Berge, an der Küste von Nord-Queensland etwa, schützt die hohe Great Dividing Range vor den heißen Winden aus dem Landesinneren, und so werden sie nur von den feuchtigkeitsspendenden Seebrisen umschmeichelt. Hier wuchern die üppigsten, vielleicht beeindruckendsten Regenwälder des Landes.

Vielfalt: Wo Sanddünen den salzigen, sengenden Gischtnebel abwehren, kann Regenwald auch in Meeresnähe gedeihen, so etwa auf einigen Inseln des Barrier Reef. Weiter südlich, in New South Wales und Victoria, ändert sich die Zusammensetzung des Regenwaldes. Obwohl von einfacherem Aufbau und artenärmer, wirken auch diese gemäßigten und subtropischen Regenwälder verschwenderisch üppig. In New South Wales wurden einige ihrer Bestände, die sich von der Grenze zu Queensland bis zur Umgebung von Newcastle verteilen, zusammengefaßt und zur *World Heritage Area* erklärt. Der Wald geht unmerklich in kühlgemäßigten Regenwald über, in dem Bäume wie die Südbuche und die Antarktische Südbuche heimisch sind. Diese Baumarten fühlen sich im kühleren Klima Tasmanias wohl, finden sich jedoch auch in den Höhen von Queenslands **Lamington National Park**.

MISSION BEACH – ROCKHAMPTON

▶ **Mission Beach** *201C3*

Mission Beach, so heißen die feinen, auf Dunk Island blickenden Strände zwischen Tully und Innisfail. Kasuare leben in den nahen Wäldern, und am Oberlauf des Tully River kitzeln Wildwasser-Floßfahrten die Nerven.

▶▶ **Noosa** *(siehe Seite 225)* *201A4*

Noosa, 150 km von Brisbane (siehe Seite 225) entfernt am Nordzipfel der Sunshine Coast, besitzt mehrere Zentren (Noosaville, Noosa Heads, Tewantin, Sunshine Beach). Wer hohe Zivilisationsansprüche hegt, aber die schrille Gold Coast verschmäht, ist hier richtig. Noosa bietet Hotels, einige ausgezeichnete Restaurants und wunderbare Sandstrände. Mit Booten kann man den Noosa flußaufwärts, seine Lagunen und den **Cooloola National Park** ▶▶ mit seinem 65 km langen Strand und der weltweit größten Dünenformation erkunden. Der Samstagsmarkt des netten Dorfs **Eumundi** etwas landeinwärts ist berühmt.

▶ **Port Douglas** *200D2*

Das Hafenstädtchen und Urlaubsziel nördlich von Cairns verströmt individuellen Charme, besonders an tropischen Abenden, wenn nur ab und an ein Auto die Stille seiner breiten, von historischen Kolonialbauten gesäumten Straßen aufstört. Mit der kleinen Bally-Holly-Bahn können Sie durch die Zuckerrohrfelder fahren oder das faszinierende **Rainforest Habitat** besuchen. In der Nähe liegen ein Schiffswrackmuseum und eine neugotische Kapelle mit Blick auf den Pazifik vom Altar aus.

▶ **Rockhampton** *201B4*

Australiens »Rindfleisch-Hauptstadt« liegt ein Stück landeinwärts am Fitzroy River auf dem Wendekreis des Steinbocks. Einen Hauch Noblesse verströmen elegante Gebäude aus dem späten 19. Jahrhundert inmitten tropischer Bäume und Sträucher. Die Botanischen Gärten zählen zu den schönsten des Landes. Unweit führt das **Dreaming Cultural Centre** ▶ vorbildlich in das Leben der Inselbewohner der Torres Strait und der Festland-Aborigenes ein.

Kohle aus den Tropen
Queensland liefert einen bedeutenden Anteil der australischen Kohleproduktion. Im Bowen Basin und der benachbarten Umgebung, landeinwärts von Rockhampton, wird die Kohle in riesigen Tagebaminen gefördert und über Gladstone und Kohleexporthäfen wie Hay Point weltweit ausgeführt. Einige Minen (Blackwater, Blair Athol, Goonyella und Peak Downs) heißen auch Besucher willkommen.

Auf der Heimreise zum Hafen von Port Douglas.

SPECIAL *Rinder*

■ Etwa die Hälfte der 1,5 Millionen Tonnen Rindfleisch, die das Land produziert, essen die Australier selber. Der Rest wird exportiert, vorwiegend nach Japan, Kanada und in die USA. ■

Die mit der Erste Flotte gelandeten Sträflinge und Soldaten ernährten sich von bengalischem Rindfleisch aus Indien. Danach sicherte die Einführung englischer Zuchtrassen die Selbstversorgung der Kolonie mit Rindfleisch, bis Überproduktion die lokale Nachfrage übertraf. Diese wurde später konserviert und gefroren, so daß Australien zu einem Hauptexporteur von Rindfleisch aufstieg. Vor Gründung der Europäischen Gemeinschaft verzehrten die Engländer Roastbeef, das großenteils aus dem Outback kam.

Rinder und Schafe begleiteten den weißen Siedler bei seiner Eroberung des weiten Landesinneren. Manche Pioniertrecks muten geradezu heroisch an: 1870 trieb Harry Redford 1000 gestohlene Tiere von Longreach in Queensland in den südaustralischen Outback, und 1883–85 zog die Familie Durack auf einer über zweijährigen Reise mit 10 000 Rindern von Queensland zum Ord River in den Kimberleys – eine Strecke von fast 5000 km.

Extensive Viehhaltung: In der australischen Fleischtierzucht dominieren Hereford- oder Shorthorn-Rinder. Das Einkreuzen von Brahman-Rindern steigerte die Widerstandsfähigkeit gegen Schädlinge und extreme Hitze. In den 70er Jahren zählte man auf dem Kontinent 33,4 Millionen Rinder, heute sind es nur noch 18 Millionen.

Die Rinder weiden zumeist in den Halbtrockengebieten im Zentrum und Norden des Landes. Wasser aus artesischen Brunnen stillt ihren Durst. Wegen des kargen Weidelandes sind die Bestände gemessen an der Fläche sehr gering. Viehfarmen dehnen sich über riesige Gebiete aus, von denen manche die Ausmaße europäischer Staaten erreichen. Nur wenige Zäune halten die grasenden Rinder in Schranken, bis sie schließlich zusammengetrieben werden. Mammuttransporter verfrachten das oft magere Vieh an Orte, an denen es erst noch gemästet und schließlich geschlachtet wird.

Das »Round-up«
Eine Handvoll Viehzüchter treibt die Rinder zu Pferde ein oder, was heute häufiger der Fall ist, mit Motorrädern oder Geländewagen. Auf den großen Farmen im Norden stöbert man eigensinnige Rinder oft mit Hubschraubern auf und leitet sie in die gewünschte Richtung.

Rinderweideland in New South Wales.

►► Sunshine Coast 201A4

Dieser berühmte Streifen herrlicher Strände erstreckt sich, etwa 100 km nördlich von Brisbane, von Bribie Island bis Tin Can Bay. Er ist bei den Besuchern beliebt, die eine ruhige Alternative zur Gold Coast suchen. Abwechslung von Sonne und Sand bietet das gartenähnliche Hinterland mit der grünen Blackall Range.

Die Sunshine Coast umfaßt Dutzende Sandstrände am tiefblauen Meer, wie hier im beliebten Caloundra.

► Toowoomba 201A4

Hoch in den Darling Downs bettet sich Queenslands größte Binnenstadt in Kornfelder und Weiden. Breite, baumbeschattete Straßen, einladende Parks und Gärten prägen das Stadtbild. In der Nähe locken der vogelreiche **Ravensbourne National Park**► und die **Crows Nest Falls**►, deren Wasser in eine Granitschlucht stürzen.

► Townsville 201C3

Australiens größte Tropenstadt ist Startpunkt zu einer endlos wirkenden Region, die sich landeinwärts zum Mount Isa und dem fernen Gulf of Carpentaria erstreckt. Das vom Castle Hill überwachte Townsville ist nicht nur Universitätsstadt und Versorgungszentrum, sondern auch beliebter Zwischenhalt von Touristen auf dem Weg nach Norden und Hafen für Ausflüge zum Barrier Reef. Aufmerksamkeit verdienen mehrere Gebäude und botanische Gärten aus dem 19. Jahrhundert. Besucher drängt es jedoch vornehmlich in das **Great Barrier Reef Wonderland**►►. Versäumen Sie nicht, in seinem gläsernen Tunnel durch das weltweit größte Korallenriff-Aquarium zu wandeln und, ohne Taucheranzug oder Schnorchel, die Wunder der Unterwasserwelt zu bestaunen. Kaum weniger eindringlich wirken die Filme auf der 360°-Leinwand des **Omnimax Theatre**►. Ein Ableger des **Queensland Museum**► informiert über Naturwissenschaft, Geschichte und Technologie. Auch das **Visitor Centre of the Marine Park Authority**, das Besucherzentrum der Verwaltung des Riff-Nationalparks, lohnt die Besichtigung.

Agakröten

Diese abstoßenden Tiere haben sich, ähnlich wie die ebenfalls eingeführten Kaninchen, zu einer Plage entwickelt, die bedrohlicher wirkt als die Schädlinge, auf die sie angesetzt wurden. Man führte sie 1935 aus Hawaii ein, damit sie die Käferschädlinge in den Zuckerrohrfeldern vernichteten – nicht ahnend, daß sie sich auftragswidrig an die Ausrottung zahlreicher nützlicher heimischer Tiere machen würden. Agakröten sondern ein Gift ab, das die meisten ihrer Feinde zu töten vermag – bis auf Fahrzeuge: Zerquetschte Kröten sind auf Queenslands Straßen kein seltener Anblick.

► Warwick 201A4

Das lebhafte Marktzentrum der südlichen Darling Downs ist, nach Brisbane, Queenslands älteste Stadt. Es wurde 1848 gegründet.

TASMANIA

TASMANIA

HIGHLIGHTS

BATTERY POINT, HOBART
siehe Seiten 232 und 234

TASMANIAN MUSEUM UND ART GALLERY, HOBART
siehe Seite 233

CRADLE MOUNTAIN–LAKE ST CLAIR NATIONAL PARK
siehe Seiten 236 und 237

FRANKLIN-GORDON WILD RIVERS NATIONAL PARK
siehe Seiten 236 und 240

SOUTHWEST NATIONAL PARK
siehe Seiten 236 und 249

FREYCINET NATIONAL PARK
siehe Seite 240

LAUNCESTON
siehe Seiten 244 und 245

PORT ARTHUR siehe Seite 247

RICHMOND siehe Seite 248

STRAHAN siehe Seite 250

TASMANIA

Tasmania: Das enge Bündnis dieser grünen, bergigen Insel mit dem australischen Festland feiert jeden Sommer die Hochseeregatta Sydney–Hobart, eine der aufregendsten der Welt. An der Küste von New South Wales vorbei führt sie durch die oft stürmische Bass Strait. Frühe Entdecker hielten Van Diemen's Land, wie Tasmania bis 1856 hieß, für einen Teil des Festlands, ein Irrtum, den George Bass und Matthew Flinders 1798 richtigstellten. 1804 wurde Hobart im Südosten Hauptstadt der zweiten britischen Kolonie in Australien.

Small is beautiful: »Tassie« ist ganz offensichtlich anders. In Australiens kleinstem Bundesstaat, etwa so groß wie Bayern, spendet ein gemäßigtes Klima den Wäldern reichlich Regen, doch strahlend blauer Himmel lockt auch – nicht allzu fanatische – Sonnenanbeter. Im Landesinneren bezeugen steinerne Brücken, Dörfer, Städtchen und georgianische Villen inmitten gepflegten, von Hecken durchzogenen Farmlandes die britische Herkunft der ersten Siedler. Weidewiesen und Obsthaine gehen über in zerklüftetes Hochland mit klaren Seen, dahineilenden Flüssen und Australiens beeindruckendsten, zum Teil kaum erschlossenen Gebirgen. Im Südwesten wurden drei große Nationalparks zur *World Heritage Area* erklärt, deren unberührte hohe Gipfel, tiefe Schluchten und dichte Regenwälder ihresgleichen suchen.

Touristische Reize: Tasmanias vergleichsweise lange »weiße« Geschichte hinterließ einen ungewöhnlichen Reichtum historischer Siedlungen und Bauten. Seine grausamen Ursprünge beschwören schmerzlich wie kein anderer Zeitzeuge die Ruinen der Strafkolonie Port Arthur, eindrucksvoll gelegen auf einer nur durch eine Landenge verbundenen Halbinsel. Hobart, die Hauptstadt Tasmani-

Konflikte

In den letzten Jahrzehnten hatte sich der Konflikt zwischen kurzsichtigen ökonomischen und ökologischen Interessen zugespitzt. Nachdem ein Staudamm den einzigartigen Lake Pedder vernichtet hatte, konnte die Umweltbewegung die Flüsse Franklin und Gordon vor diesem Schicksal retten. Zum Glück scheint im Augenblick der Naturschutz gesiegt zu haben.

TASMANIA

ens, verströmt auch heute noch gediegenes europäisches Flair, und sein Tiefwasserhafen öffnet sich vor einem malerischen Vorhang grüner Hügel und Berge zum breiten Derwent River.

Auf Besucher wirkt Tasmania ausgesprochen einladend. Vielleicht liegt dies an der Insellage, Überschaubarkeit und dem gemächlichen Lebensrhythmus; nur allzugern widmen Einheimische ihre Zeit einem Fremden. Das Motto *no worries*, »kein Problem«, scheint hier bestimmender noch als in »Restaustralien«. (Die Festlandaustralier nehmen die Offenherzigkeit von Tassies etwa 470 000 Einwohnern in Witzen aufs Korn.)

All dies machte – obwohl überraschend wenige ausländische Urlauber die 240 km kurze Reise vom Festland auf sich nehmen – im Verein mit zumeist niedrigeren Preisen den Tourismus zu einem wesentlichen Standbein der tasmanischen Wirtschaft. Touristendollars sind willkommen. Die Insel ist mit mehr Problemen einer auf den Primärsektor gestützten Wirtschaft und einer höheren Arbeitslosenrate konfrontiert als das Festland.

Landwirtschaft blüht in den Midlands, im Südosten und den Flußtälern, obgleich die Einfuhrkontrollen der Europäischen Gemeinschaft dem Obstanbau einen harten Schlag versetzten. Im dünnbesiedelten Westen und um Queensland entlang der Küste hat die Metallgewinnung eine in Mitleidenschaft gezogene Landschaft hinterlassen. Ein bedeutender industrieller Sektor ist die Forstwirtschaft, der jedoch das zunehmende Bewußtsein, daß Bäume nicht nur einen kurzfristigen finanziellen, sondern auch langfristigen ökologischen Wert und landschaftlichen Reiz darstellen, Einhalt gebietet. Trotz der Umweltzerstörungen jüngerer Zeit (siehe Kasten gegenüber und S. 238) verblieb ausreichend Natur, deren Unberührtheit Besucher in Bann zieht.

Launceston steckt voller geschichtsträchtiger Winkel.

Im Freycinet National Park an Tasmanias Ostküste.

TASMANIA

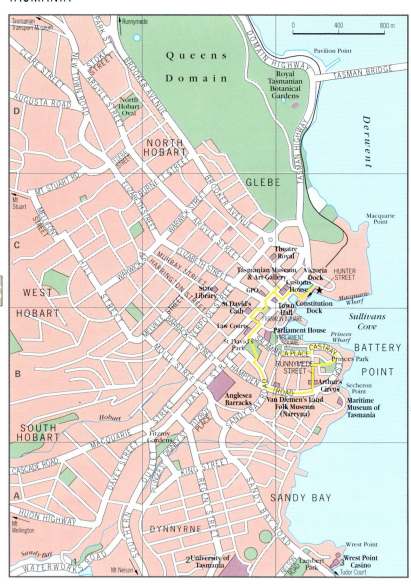

Hobart

Als älteste Stadt Australiens nach Sydney, ist Hobart zugleich die kleinste Bundeshauptstadt des Landes. Die »Mini«-Metropole breitet sich an beiden Ufern der weiten Flußmündung des Derwent aus. Ihren rekordverdächtigen Tiefwasserhafen überspannt die 1025 m lange Tasman Bridge. Um die **Sullivans Cove** am Westufer drängt sich der von Kolonialbauten geprägte historische Stadtkern. Die bewaldeten Hänge, hinauf zum oft schneebedeckten Gipfel des 1270 Meter hohen Mount Wellington, geben die Kulisse ab. Ihre einzigartige Lage und reiches architektonisches Erbe machen die Erkundung der Stadt zu einem Vergnügen.

HOBART

Geschichte: Vizegouverneur David Collins gründete 1804 die Stadt, nachdem der erste Siedlungsversuch ein Jahr zuvor an der Risdon Cove gescheitert war. Lange bestand die Bevölkerung vorwiegend aus Sträflingen und ihren Aufsehern, obgleich sich der Hafen bald zu einem Stützpunkt der Wal- und Robbenfänger entwickelte, die in der Antarktis und dem Südpazifik auf Jagd gingen.

Von den Kais und Lagerhäusern der Sullivan Cove kroch die Stadt entlang ihres Straßengitters bergan und hinterließ ein reiches Erbe stilvoller Bauten. Das verblüffend europäische Stadtbild verleiht Hobart seinen einzigartigen Reiz. Von viktorianischen Bauten wie dem Rathaus oder Theatre Royal (1837) beherrschte Straßen heben sich kontrastvoll ab von der charmanten Willkür dörflicher Vororte wie **Battery Point**.

Lässiger Lebensstil: Hobart pflegt einen sorglosen Lebensstil, beschwingt durch die gute Laune seiner Bewohner, die die Atmosphäre in ihrer kleinen Bundeshauptstadt zu genießen scheinen. Es mangelt nicht an Unterkünften und Unterhaltung: Das einst als verschlafen verschriene Hobart regt mit einer breiten Angebotspalette Einheimische wie Besucher an, und seine Hotels und Restaurants können sich mit ihren anderen australischen Rivalen durchaus messen. Für metropolitanen Anstrich sorgte das (erste australische) Casino beim Wrest Point. Jeden Samstag findet am **Salamanca Place** zu Füßen ehrwürdiger sandsteinerner Speicherhäuser im Freien einer der lebhaftesten und farbenfrohesten Märkte des Landes statt. Und Ende Dezember/Anfang Januar heißen am Ufer Tausende erhitzter Schaulustiger die Teilnehmer der Sydney-Hobart-Regatta willkommen. Zu dieser Zeit findet ebenso das Hobart Summer Festival statt, eine einmonatige Veranstaltung, die lokale kulinarische Köstlichkeiten vorstellt.

Die Entdeckung Tasmanias
Am 24. November 1642 sichtete der holländische Seefahrer Abel Tasman unbekanntes Land, das er nach Anthoonij van Diemen, dem Generalgouverneur von Niederländisch-Ostindien, Van-Diemens-Land nannte. Mount Heemskerk und Mount Zeehan im Westen der Insel heißen nach den beiden Schiffen seiner Expedition. Nicht wissend, daß dieses Neuland eine Insel war, die zudem einst seinen Namen tragen sollte, segelte er weiter und überließ es George Bass und Matthew Flinders, das Eiland 1798, über 150 Jahre später, zu umschiffen. Frankreich bekundete sein Interesse 1800 mit einer wissenschaftlichen Expedition unter Kapitän Nicolas Baudin. Nicht zuletzt um französischen Ansprüchen zuvorzukommen, wurde Leutnant Bowen entsandt, der 1803 an den Ufern der Risdon Cove den Union Jack hißte.

Der spektakuläre Hafen von Hobart.

TASMANIA

Kirchen als Wahrzeichen
Hobarts Kirchen wurden vorzugsweise an markanten Stellen errichtet, wo sie Wahrzeichen gleich emporragten. So erhebt sich beim Battery Point die St George's Church mit ihrem ehrfurchtgebietenden achteckigen Turm. Ungewöhnlich wirkt ihr Mauerwerk: Dieser ägyptische Stil war im frühen 19. Jahrhundert in Mode.

Der Botanische Garten mit seinen exotischen Pflanzen inmitten üppiger Natur.

▶ **Anglesea Barracks**   230B2
Davey Street
Die Kasernen im Westen des Stadtzentrums liefern ein herausragendes Beispiel der Militärarchitektur des frühen 19. Jahrhunderts. Exerzierhalle, Messen und Unterkünfte der Offiziere gehören zu dem gestrengen Anwesen.

▶▶ **Battery Point**   230B3
Dieser Hügelvorsprung trennt die Sullivans Cove im Norden von der Sandy Bay im Süden. Man nutzte sie als natürliche Festung und plazierte darauf 1818 zum Schutz des Hafens eine Kanonenbatterie. Heute bezaubert das Viertel um Battery Point durch die anheimelnde Stadtatmosphäre des 19. Jahrhunderts. Manche Häuschen, Villen und Reihenhäuser wirken, als hätte man sie aus dem spätgeorgianischen England importiert. Großartiger, mit säulenverzierter Steinfassade, wirkt dagegen die Villa »Narryna« aus dem Jahre 1836, die feingearbeitete Eisengitter von der Straße abschirmen. In ihren originalgetreu eingerichteten Räumen zeigt das **Van Diemen's Land Folk Museum** die elegante Seite Hobarts im 19. Jahrhundert. Das Viertel ist daneben die Heimstatt des sehenswerten staatlichen **Maritime Museums** (siehe nächste Seite), von ausgezeichneten Restaurants und zahlreichen Kunst- und Kunsthandwerksläden.

▶▶ **Hafenviertel**   230B3
Bei den Kaianlagen der Sullivans Cove kann man, obwohl die Walfänger längst davongesegelt sind, Hobarts ursprüngliche Atmosphäre schnuppern. Fischer- und Ausflugsboote beleben die Zwillingsbecken Victoria Dock und Constitution

HOBART

Dock. Der Name des letzteren erinnert an jenen Tag des Jahres 1853, an dem Tasmania eine Verfassung gewährt wurde, was die Ära als Sträflingskolonie beendete. Beim Battery Point im Westen legen stattliche Fähren aus Sydney, Fischdampfer und das blitzblanke Forschungsschiff der Commonwealth Scientific and Industrial Research Organisation (CSIRO) an. Um den Hafen sammeln sich Hobarts schönste Gebäude, so das **Customs House**, heute Teil des Museums, und die restaurierten Speicherhäuser der Hunter Street. Auch können Sie sich hier über das umstrittene Grand Chancellor Hotel Ihre Meinung bilden.

▶ **Maritime Museum of Tasmania**   *230B3*
Secheron Road, Battery Point
Dieses charmant altmodische Museum ist im »Secheron«, einer stilvollen Villa aus den 30er Jahren des 19. Jahrhunderts im Viertel von Battery Point untergebracht. Die umfassende Sammlung spürt den engen Verbindungen der tasmanischen Geschichte mit der Seefahrt nach.

▶ **Royal Tasmanian Botanical Gardens**   *230D3*
Die steil zum Derwent nahe der Tasman-Brücke abfallenden Rasenflächen dieser außergewöhnlich schönen Gärten lockern herrliche Bäume und Bauten auf, so das hölzerne Farnhaus und das mit wechselnden Blumenschauen stets aufs neue bezaubernde Gewächshaus. Tasmanias schillernde, sorgsam gehegte Flora, darunter noch nicht klassifizierte und vom Aussterben bedrohte Pflanzen, fasziniert nicht nur Botaniker.

▶▶ **Salamanca Place**   *230B3*
In der ersten Hälfte des 19. Jahrhunderts lieferten die Steinhänge des Battery Point das Baumaterial für die Kaianlage südlich der Sullivans Cove. Ihre stattlichen, sandsteinernen Lagerhäuser dienen längst nicht mehr dem Hafenbetrieb, sondern Boutiquen, Galerien, Restaurants, Antiquitäten-, Kunsthandwerk- und Buchläden. Lassen Sie sich nicht den Markt entgehen, der am Samstag morgen den Platz in einen bunten Basar verwandelt.

▶▶ **Tasmanian Museum and Art Gallery**   *230C3*
40 Macquarie Street
Tasmanias bedeutendstes Museum verteilt sich auf ein Anwesen mit Gebäuden unterschiedlichen Alters. In Australiens wohl ältestem ununterbrochen bewohnten, 1808 errichteten Haus (40 Macquarie Street) informiert die Abteilung für Naturgeschichte über Tasmanias Tierwelt und ihre Vorfahren (so die Megafauna des Pleistozäns mit ihren drei Meter hohen Känguruhs und dem Riesenwombat), während die völkerkundliche Abteilung von der grausamen Ausrottung der Ureinwohner Tasmanias berichtet. Ausstellungen zur Kolonialzeit, bewacht von einem Rotrock, beleuchten die heldenhaften wie erbärmlichen Seiten der ehemaligen Strafkolonie. Selbstverständlich mangelt es auch nicht an Beispielen kolonialer Kunst. Einen nicht nur flüchtigen Blick verdienen John Glovers Gemälde, die Tasmania als ein von Aborigines bevölkertes Paradies zeigen, sowie Benjamin Duterreaus *Conciliation*, eine Beschwörung jenes verhängnisvollen Treffens, das zur Verfolgung und brutalen Ausrottung der Ureinwohner Tasmanias führte.

Das sorgfältig restaurierte Theatre Royal von 1837.

Aussichtspunkte
Bei klarem Wetter erlauben Mount Nelson und Mount Wellington atemberaubende Blicke über Hobart und seine unvergleichliche Lage. Die Häuser der Betuchten kleben an den Hängen des Mount Nelson (340 m), der die Sandy Cove überragt. Das Wohnhaus der alten Signalstation auf seinem Gipfel ist in eine Teestube verwandelt worden. Den einst nur strammen Wanderern zugänglichen Mount Wellington (1270 m) können seit 1937 auch die Bequemen über eine Panoramastraße erreichen. Oben finden Sie einen Holzsteg und einen Unterstand vor, an dem die von hier aus zu erkennenden Sehenswürdigkeiten ausführlich beschrieben werden. Doch vergessen Sie darüber nicht, die überwältigende Aussicht ganz einfach zu genießen.

TASMANIA

Am Constitution Dock legen die Yachten der Regatta Sydney–Hobart an.

Zu Fuß

Von Sullivans Cove zum Battery Point

Dieser Spaziergang führt von dem Denkmal, das am nördlichen Hafenende an die Gründung der Stadt 1904 erinnert, durch das Hafenviertel zum charmanten Altstadtviertel beim Battery Point.

Die schmucken alten Speicherhäuser der Hunter Street heben sich ab von dem das Victoria Dock überragenden modernen Hotel. Genießen Sie in Muße die geschäftige Atmosphäre des **Hafens**.

Ein wenig vom Hafen zurückgesetzt sind die alten Gebäude der **Tasmanian Museum and Art Gallery**. Der neue Eingang liegt um die Ecke in der Macquarie Street, in der die Town Hall (1864) und das hohe **General Post Office** (1905) auffallen. Bäume und ein Brunnen schmücken den **Franklin Square**, einst Paradeplatz vor dem ersten Gouverneurssitz. An der Kreuzung von Murray und Macquarie Street blieben alle historischen Bauten erhalten: die **St David's Cathedral** und Reihenhäuser aus der Mitte des 19. Jahrhunderts.

Gegenüber dem St David's Park verblieb eine wahre Seltenheit, ein (noch benutzter) *Royal-Tennis*-Platz; diese französische Vorform des Tennis ist heute exklusives Hallenballspiel. Im rasenbedeckten, von heimischen wie exotischen Bäumen bestandenen Park, früher Stadtfriedhof, erinnert ein Denkmal an John Woodcock Graves, der 1886 Tasmania besuchte, und an sein Lied *Do ye ken John Peel?*.

Der Puls des Battery-Point-Viertels schlägt jenseits der Harrington Street, in der mit Bauten aus dem 19. und 20. Jahrhundert abwechslungsreichen **Hampden Road**. Der Princes Park steigt zur **Signal Station** (1818) ab. Hinter der Castray Esplanade besetzen die modernen CSIRO-Laboratorien die Landspitze; von hier können Sie die Aussicht auf den Derwent genießen.

Die Esplanade führt zurück in den Stadtkern. Am Ende des Princes Wharf schließt beim **Salamanca Place** das beeindruckende Ensemble von Lagerhäusern aus dem 19. Jahrhundert den Spazierweg ab.

Unterwegs

Mit dem Flugzeug: Mehrere Fluglinien verbinden Tasmanias Flughäfen Hobart, Launceston, Burnie/Wynyard und Devonport mit dem Festland. Auch die Flugplätze von Queenstown, Smithton, Strahan und der Flinders und King Islands in der Bass Strait besitzen, wenngleich eingeschränktere, Flugverbindungen innerhalb Tasmanias. Die einzige internationale Verbindung besteht (außer im Winter) zu Christchurch in Neuseeland. Den Insel-Linienverkehr ergänzen lokale Gesellschaften, die Touristenflüge anbieten; zu empfehlen ist vor allem die Reise mit dem Wasserflugzeug, das auf Strahan abhebt, Macquarie Harbour und Frenchman's Cap überfliegt und in der Schlucht des Lower Gordon River landet.

Mit dem Schiff: Eine Autofähre bringt Sie nach Tasmania: Die *Spirit of Tasmania* legt Montag, Mittwoch und Freitag in Melbourne ab und erreicht nach 15 Stunden Devonport, von wo sie am Samstag, Dienstag und Donnerstag die Rückreise antritt. Die Fähre bietet Schlafgelegenheiten in 467 Kabinen und faßt über 300 Fahrzeuge.

Mit dem Auto: Die meisten Besucher reisen mit dem Wagen an oder mieten vor Ort ein Fahrzeug. Die Entfernungen sind vergleichsweise kurz und die Straßen zumeist gut, aber Holzlaster, die die Eile treibt, behindern manchmal den Verkehr. In Tasmania zeigt die »Freiheit des Autofahrens« ausnahmsweise Sinn, denn sein öffentliches Verkehrsnetz ist löchrig.

Mit der Bahn: Zwar besteht noch ein Schmalspurnetz, doch wurde der Personenverkehr (bis auf einige Sonderzüge für Eisenbahnfans) vor einigen Jahren eingestellt.

Mit dem Bus: Nahezu jede Siedlung wird, obgleich manchmal nur selten, von Bussen bedient. Zwei Busunternehmen bedienen die Insel: **Tasmanian Redline Coaches**, die den »Tassie Pass« (mit unterschiedlicher Geltungsdauer) bietet, und **Tigerline**. Wer die Natur erkunden möchte, den bringen die robusten, häufig verkehrenden Minibusse der **Tasmanian Wilderness Transport and Tours** in das Herz der größeren Nationalparks und zurück.

Auf Schusters Rappen
Besucher Tasmanias sollten auf Wanderungen vorbereitet sein, und sei es nur auf den kurzen ausgeschilderten Stegen und Naturpfaden. Wagemutigere werden zugänglichere Gipfel wie den Mount Cradle erklimmen oder gar den fünf- bis zehntägigen Overland Track bewältigen wollen. Abenteuerliche Abwechslung bieten (geführte) Wildwasserfahrten den Franklin River stromab.

Eldorado für Wanderer.

TASMANIA

Nationalparks

Nationalparks und bundesstaatliche Naturreservate bedecken über ein Fünftel der Fläche Tasmanias.

Nervenkitzel für Wildwassersportler: der Franklin River.

World Heritage Area: Diese Region ist mit etwa 14 000 km^2 Tasmanias größtes Naturschutzgebiet, eine der weltweit letzten großen, unversehrten Landschaften der gemäßigten Klimazone. Sie vereint, vom Cradle Mountain bis zum South West Cape, mehrere Parks und Reservate. Einblick in diese Welt unberührter Flüsse, Regenwälder und zerfurchter Bergketten erlauben der Lyell Highway, Flüge oder in Strahan startende Kreuzfahrten. Tiefer in ihre Geheimnisse eindringen kann aber erst der erfahrene Buschwanderer oder Kanut. Cradle Mountain-Lake St Clair, Franklin-Gordon Wild Rivers und Southwest National Parks stellen die folgenden Seiten vor. Im unangetasteten Inselherzen legte die Natur das gewaltige Amphitheater der **Walls of Jerusalem** an und das »Land der 1000 Seen«, das zentrale Hochplateau. Dieses durchquert der Deloraine und Melton Mowbray verbindende Lake Highway, eine faszinierende, gemächliche Nord-Süd-Alternative zum Heritage Highway.

Geschützte Schönheiten: Viele weitere Nationalparks und Naturreservate hüten einzigartige Landschaften: Strände, Höhlen, Seen und Wälder. Tasmanias älteste Nationalparks schützen die Granithügel der Freycinet Peninsula sowie die Hochmoore, Baumfarne und Wasserfälle des Mount Field. Im Nordosten der Insel ragen die kahlen Kämme des Ben Lomond auf, zu dessen Skihängen sich eine Bergstraße windet. Die Eukalypten von Tasmanias letztem bedeutenden Bestand an trockenem Hartlaubwald erhält der **Douglas-Apsley National Park**. Schutzgebiete finden sich auf den meisten der kleineren Inseln. Das **Lavinia Nature Reserve** auf King Island ist Zuflucht des aussterbenden Gelbbauchsittichs. Für Tasmanias Aborigines kam Schutz zu spät: Daran mahnt auf Flinders Island der Wybalenna Historic Site mit den Überresten des Reservats, in dem zwischen 1833 und 1847 die wenigen Überlebenden dahinsiechten.

Üppiger Regenwald im Wild Rivers National Park.

BICHENO – CRADLE MOUNTAIN

Faszinierende Gebirgslandschaft des Cradle Mountain.

▶ **Bicheno** 227C5

Dieser kleine Ort an der Ostküste diente früher als Stützpunkt für Robben- und Walfänger und als Exporthafen für die Kohle der nahen Bergwerke. Heute holen die Fischer des bei Künstlern und Strandfreunden beliebten Städtchens reiche Fänge an Langusten und Abalonen ein. Das milde Klima und die schönen Strände in einer außergewöhnlichen Landschaft ziehen viele Besucher an. Der Douglas-Apsley National Park lädt zum Wandern ein.

▶ **Bothwell** 227B4

Bothwell, reizvoll gelegen im Clyde Valley, ist mit seinen Kolonialgebäuden ein historisch interessantes Reiseziel. Zudem öffnet es die südliche Pforte zu den bergigen Central Highlands.

▶ **Burnie** 226D3

Das Alltagsleben von Tasmanias viertgrößter Stadt, für die meisten Besucher nur Durchgangsstation, steht in Kontrast mit der eher ländlichen Gesetztheit weiter Teile der Insel. Hier dominieren Industrieanlagen, eine riesige Papierfabrik (»The Pulp«) und eine Käserei.

▶▶▶ **Cradle Mountain-Lake St Clair National Park** 226C3

Die Berge und Hochmoore dieses Nationalparks, eine der eindrucksvollsten Landschaften Australiens, sind Teil der tasmanischen *World Heritage Area*. Zugang ermöglichen das **Cradle Valley** ▶▶▶ im Norden und der Lake St Clair nahe dem Lyell Highway im Süden. Im Cradle Valley stellt das Besucherzentrum mit Ausstellungen, Vorträgen und Veranstaltungen den Nationalpark vor; ein Holzsteg dringt in den Regenwald ein und erlaubt eine bezaubernde Aussicht auf die Wasserfälle des Pencil Pine Creek. Vom Zentrum gehen Wanderwege unterschiedlicher Länge ab. Die meisten Besucher drängt es über die Schotterpiste zum Nordufer des **Lake Dove** ▶▶▶. Wenn Sie Glück haben, können Sie das Spiegelbild des Cradle Mountain in seinen Wassern sehen – ein unvergeßlicher Anblick im regenreichen Park, der jährlich mehr als 2600 mm Niederschlag empfängt.

Der River Derwent entspringt im **Lake St Clair** ▶▶▶, dem mit 200 m tiefsten Südwassersee Australiens. Von hier können Sie in unberührte Natur fliehen, selbst wenn Sie sich nur bis Watersmeet wagen, wo sich die Flüsse Cuvier und Hugel vereinen.

Weindorfers »Waldheim«

1912 errichtete sich der Österreicher Gustav Weindorfer tief im Urwald ein Chalet aus *King-Billy-Pines*, das er »Waldheim« taufte. Seinem Einsatz ist es zu verdanken, daß diese Gegend schon 1922 unter Landschaftsschutz gestellt und schließlich zum Nationalpark erklärt wurde. Sein »Waldheim« steht immer noch, wenngleich umgebaut und ergänzt um Unterkünfte. Diese reichen von der komfortablen Cradle Mountain Lodge bis zu den bescheideneren Einrichtungen eines Zeltplatzes, die sich allesamt harmonisch in die unvergleichliche Natur einfügen.

Der Overland Track

Dieser 85 km lange Pfad verbindet das Cradle Valley mit der Cynthia Bay des Lake St Clair und ist hervorragend geeignet, um die wechselvolle Szenerie des Nationalparks auf sich einwirken zu lassen – offene Heiden, bewaldete Täler, steile Schluchten, Seen und felsige Gipfel wie den Mount Ossa (1617 m), Tasmanias höchsten Berg. Für die Wanderung sind mindestens fünf, besser aber mehr Tage einzurechnen, um Muße und Zeit für kleine Erkundungen zu haben. Unterkunft bieten Hütten; doch ihr Fassungsvermögen ist begrenzt, so daß Sie ein Zelt mitnehmen sollten. Informieren Sie vor Aufbrüchen in die Wildnis stets einen Ranger!

SPECIAL *Wasserkraft*

■ Seine reichlichen Niederschlagsmengen und das gebirgige Gelände spenden Tasmania Wasserkraft und damit ein Energiepotential, das in Australien seinesgleichen sucht. ■

Einer von Tasmanias vielen Staudämmen.

Energiebedürfnisse
Tasmania baute seine Wasserenergieversorgung unter anderem aus, um seine aluminiumverarbeitende Industrie zu fördern. Die Gewinnung von Aluminiummetall aus dem Rohstoff Bauxit frißt gewaltige Mengen Strom. Die Wirtschaftlichkeit aus Wasserkraft erzeugter Energie schien Abhilfe zu bieten. So siedelte man in den 50er Jahren eine Aluminiumfabrik in der Bell Bay an, günstig gelegen in Nordtasmania zwischen dem Inselinneren mit seiner billigen Energie und Queenslands großen Bauxitvorkommen.

Frühe Entwicklungen: Die ersten Kraftwerke entstanden vor dem Ersten Weltkrieg. Doch erst zwischen den Kriegen entwarf man großangelegte Strategien für ein tasmanisches Ruhrgebiet, dessen neue Industrien mit Billigstrom arbeiten und Tasmanias Wirtschaftsprobleme beheben sollten. Die 1930 gegründete **Hydro-Electric Commission (HEC)** geriet, einem Staat im Staate ähnlich, zu Tasmanias größtem Unternehmen und bezwang sämtliche Hindernisse, die sich dem Versuch in den Weg stellten, unerschlossener Wildnis Energie abzuringen.

Ende der 60er Jahre faßte die HEC den **Lake Pedder** ins Auge. Trotz der Proteste einer wachsenden umweltbewußten Minderheit vernichtete sie dieses einzigartige Ökosystem für alle Zeit. Den Untergang des Lake Pedder bezeichnete die UNESCO als »die größte ökologische Tragödie seit der europäischen Besiedlung Tasmanias«.

David gegen Goliath: Der nächste vermessene Anschlag der HEC galt den Flüssen Franklin und Lower Gordon und ihrem gemäßigten Regenwald.

Die erbitterten Auseinandersetzungen spalteten Tasmania. Diesmal hatte sich die Lobby der Natur in der **Tasmanian Wilderness Society** besser formiert. Eine Volksbefragung zeigte die Betroffenheit, der Standort wurde blockiert, 1500 Menschen wurden verhaftet. 1983 gebot die neue Labor-Bundesregierung dem Projekt Einhalt, um ihre den »Grünen« gegebenen Wahlversprechen einzulösen. Die wilden Flüsse des Südwestens, von Premierminister Gray einst als »braun und blutegelverseucht« bezeichnet, wurden gerettet. Und womöglich wird Tasmania am Ende größeren Gewinn aus den Touristen ziehen, die dieses Stück Wildnis bewundern, als aus der Wattleistung, auf die es verzichtet hat.

DELORAINE – FLINDERS ISLAND

▶ **Deloraine** *227C4*

Auf halbem Wege zwischen Launceston und Devonport umfährt die Straße Deloraine, das sehr wohl einen Abstecher lohnt. Das attraktive alte Städtchen bettet sich in fruchtbares Land am Meander River. In und um Deloraine lassen sich interessante Kolonialbauten entdecken, darunter Bonney's Inn (1831).

▶ **Devonport** *226D3*

In Devonport, ein Ausgangspunkt für Erkundungen des Inselinneren, legt die in Melbourne auslaufende Nachtfähre *Spirit of Tasmania* nach ihrer Reise durch die Bass Strait an. Auch ein Flugplatz ist vorhanden. Das ausgezeichnete **Aboriginal Cultural and Arts Centre**▶, ganz in der Nähe des Leuchtturms (1889) auf dem Felsvorsprung Mersey Bluff gelegen, veranschaulicht das Leben der Ureinwohner Tasmanias; Führungen bringen Sie zu der rätselhaften Sammlung von über 250 Felszeichnungen dieses Gebiets. Lohnenswert sind Besuche des Marinemuseums, des Kunstzentrums und des weißen Gebäudes des **Home Hill**▶, dessen früherer Besitzer, Joseph Lyons, als einziger Australier sowohl Chef des Bundes als auch eines Bundesstaates war. Vor den westlichen Toren der Stadt hütet der Bahnhof der **Don River Railway**▶ Tasmanias größte Sammlung nostalgischer Lokomotiven und anderer Relikte der Eisenbahnfahrt. Züge verkehren regelmäßig, und das Museum lohnt einen Besuch.

▶▶ **Flinders Island** *227E5*

Dieses größte Eiland des Furneaux-Archipels bewacht das östliche Ende der Bass Strait. Der einstigen Zuflucht von Robbenfängern trug G. A. Robinsons Aboriginal-Reservat (siehe S. 241) traurigen Ruhm ein. Den einsamen Fleck besiedeln knapp tausend von Landwirtschaft und Fischfang lebende Insulaner. Dafür wimmelt es von Tieren (darunter »Hammelvögel«, siehe Kasten). Die vielen weißen Strände heben sich wirkungsvoll ab von den Granitfelsnasen des **Strzelecki National Park**▶▶.

»Hammelvögel«
Die Inseln der Bass Strait sind Brutplatz dieser Sturmtaucherart. Die unscheinbar bräunlich gefiederten, kurzschwänzigen Vögel ziehen im Uhrzeigersinn um den Pazifik. Wahre Rabeneltern, brüten sie ihre Jungen in meterlangen Höhlen aus, um sie dann ihrem Schicksal zu überlassen. Die kleinen runden Wesen waren so eine leichte, fett- und ölreiche Beute für die Aborigines, die sie eifrig einsammelten.

Die bezaubernden Liffey Falls, ein lohnenswertes Reiseziel südlich von Deloraine.

TASMANIA

Die traumhaften Stände der Freycinet Peninsula.

Huonkiefern
Diese Koniferenart, erkennbar am fedrigen Nadel- und verschlungenen Astwerk, hat sich in Tasmania, vorwiegend im feuchteren äußersten Südwesten, halten können. Sie wächst langsam, ist aber äußerst langlebig – manche Exemplare wurzelten vielleicht schon vor unserer Zeitrechnung. Respekt vor dem Alter bedeutete in der Kolonialzeit wenig: Fäller begeisterte vielmehr ihr elastisches Holz. Heute rückt man der Huonkiefer behutsamer zu Leibe; sie ist wichtiger Rohstoff der tasmanischen Souvenirhersteller, die die Schönheit ihres Holzes in kleinen Ziergegenständen einzufangen versuchen.

▶▶▶ Franklin-Gordon Wild Rivers National Park 226B3

Von der geschützten Bucht des Macquarie Harbour ziehen sich die Regenwälder, Wildwasser und Hochländer dieses Naturparadieses, Kern der tasmanischen *World Heritage Area*, zum Lyell Highway. Sein höchster Punkt (1443 m) ist der Quarzitmonolith **Frenchmans Cap** ▶▶▶, dessen Ostflanke 300 m abstürzt. Erfahrene Buschwanderer können ihn auf einem viertägigen Rundwanderweg erreichen; andere müssen sich mit einem Ausblick vom Highway vorliebnehmen. Wagemutigen empfiehlt sich eine Kanufahrt auf den Franklin-Wildwassern durch Schluchten und Stromschnellen, die nach einer Woche beim Pier nahe der Gordon-Mündung endet. Dieser läßt sich auch mit dem Boot von Strahan aus erreichen oder mit dem Wasserflugzeug, das seine Bahn durch die Schlucht zieht, um sanft auf dem klaren, teefarbenen Fluß aufzusetzen. Ein Holzsteg führt tief in den moosigen Wald, in dem zwischen Baumfarnen, Huonkiefern und Antarktischen Südbuchen ein Teich einen Wasserfall zügelt.

▶▶ Freycinet National Park 227B5

Die Freycinet-Halbinsel, erreichbar über den Fischerhafen Coles Bay, streckt sich über die azurblaue Tasmansee zum kleinen Schouten Island hin. Rote Granithügel bilden ihr Rückgrat, das Eukalyptuswälder, unzählige Wildblumen und unbefleckte weiße Sandstrände umschmiegen. Es wundert nicht, daß dieser Nationalpark, einer der ersten Tasmanias, bei Einheimischen seit langem beliebt ist.

▶ Geeveston 227A4

Die 1842 gegründete Stadt Geeveston ist mit dem **Esperance Forest and Heritage Centre** ▶ unverzichtbarer Ausgangsort für Ausflüge in die Wälder der Region. Picknick- und Aussichtsplätze säumen die **Arve Road** ▶▶, landeinwärts lockt der **Hartz Mountains National Park** ▶▶, eine zerklüftete Landschaft, die Teil des World Heritage des Landes ist.

SPECIAL

Tasmanias Aborigines

■ Im Dezember 1642 vernahm die Besatzung von Abel Tasmans *Heemskerk* menschliche Stimmen. Sie drangen aus dem Wald, der den Ankerplatz nahe Cape Sorell an der Westküste säumte. Die Rufer zeigten sich jedoch nicht. Vielleicht ahnten sie, welch furchtbares Schicksal ihre Nachfahren unter den Kolonisatoren erleiden sollten. ■

Grausamer Zusammenprall: Zu Beginn der weißen Besiedlung 1803 lebten auf der Insel 4000–5000 Aborigines, die sich von den Festlandstämmen sehr unterschieden. Die Kulturen prallten heftig und konfliktreich aufeinander, trotz mancherlei Ansätze zur Zusammenarbeit. Ur-Tasmanier, insbesondere die Frauen, stellten bereitwillig ihre Kenntnisse des Robbenfangs zur Verfügung, der ein Standbein der Inselwirtschaft bildete. Dennoch spitzte sich der Konflikt unausweichlich zu. Daran änderten auch reumütige (Lippen-)Bekenntnisse der weißen Beamten nichts. Die Umwandlung von Jagdgebieten in umzäuntes Agrarland vernichtete Lebensweise und -grundlage der Ureinwohner. Manche antworteten darauf mit Gewalt, um noch erbarmungsloser von den Siedlern verfolgt zu werden. Binnen 20 Jahren war die Zahl der Ur-Tasmanier um die Hälfte geschrumpft.

Ende eines Volks: Die fatalste Phase war die der »Aussöhnung«. Der zweifellos wohlmeinende George Augustus Robinson durchkämmte die Insel, nahm mit den überlebenden Aborigines Kontakt auf, gewann ihr Vertrauen und überredete sie, in dem christlich motivierten Reservat auf Flinders Island zu siedeln. Dort rafften Verlust von Land und kultureller Identität, fremde Religion, Alkohol und Krankheiten die wenigen Überlebenden dahin. Tasmanias letzte Aboriginal, eine Frau namens Truganini, starb 1876.

Oben: Steinritzung der Aborigines in Devonport.

Völkermord
Der Untergang der Aborigines Tasmanias gleicht einem Genozid. Anders als auf dem Festland, wo sich die weiße Besiedlung ähnlich verhängnisvoll auswirkte, wurden Tasmanias Aborigines restlos ausgerottet. Lediglich Mischlinge – eine weitere Folge des Vordringens der Weißen – blieben zurück.

John Glovers Gemälde Letzter Appell *(1836).*

SPECIAL
Schiffbrüche

■ Etliche Gefahren lauerten den frühen Seefahrern auf, die die unbekannten Küstengewässer des großen Südkontinents erkundeten: schwere Stürme, jäh auftauchende Inseln, verborgene Riffe. Hilfe von Land war nicht zu erwarten. Selbst der umsichtige Captain Cook lief auf ein Korallenriff des Barrier Reef auf. Zum Glück konnte seine erfahrene Crew die *Endeavour* bei der nächsten Flut wieder flottmachen. ■

Captain Bligh
Marineoffizier William Bligh (1754–1817), von Zeitgenossen »Bounty-Bligh« oder auch »Brotfrucht-Bligh« genannt, da er diese Frucht aus Westindien eingeführt hatte, geriet als Mann von unbeugsamer Härte zur Zielscheibe zweier Aufstände. Der erste, die Meuterei auf der *Bounty*, ging in die Literatur- und Filmgeschichte ein. Die zweite Rebellion führten Offiziere des als »Rum Corps« verrufenen New South Wales Corps an. Als Gouverneur der Kolonie New South Wales hatte Bligh versucht, den übermäßigen Einfluß des Corps auf die Wirtschaft der Kolonie (unter anderem durch ein Monopol auf den Verkauf von Alkohol) zu unterbinden. Der Corps antwortete mit einem Staatsstreich und ließ Bligh von dessen Wachen festnehmen. Unerschrocken wie unverbesserlich weigerte sich Bligh, als Gefangener nach London zurückzukehren. Später wurde jeder Zweifel an seinem politischen Führungsstil durch die britische Regierung offiziell ausgeräumt.

Meuterei der Gestrandeten: Die Feindseligkeit der australischen Gewässer bekamen als erste Europäer die Holländer zu spüren, die auf einer indirekten, doch schnelleren Route zu ihren Besitzungen in Niederländisch-Indien segelten. Diese führte sie um das Kap der Guten Hoffnung, dann zügig mit von den »Brüllenden Vierzigern« (den heftigen Westwinden der Südhalbkugel) geblähten Segeln ostwärts, um noch vor der Küste Westaustraliens (die sie Nova Hollandia, Neuholland, tauften) in Richtung Norden abzudrehen.

Nicht jedem gelang diese Wende rechtzeitig, so auch Kapitän Pelsaert nicht. Sein Schiff, die *Batavia* (benannt nach der Hauptstadt der niederländischen Handelsniederlassung auf Java, heute Jakarta), war unter anderem mit feingemeißelten Steinen für Batavias Stadttor beladen. An einem Morgen des Jahres 1629 strandete die *Batavia* etwa 70 km vor Geraldton auf einem niedrigen Korallenatoll der Houtman-Abrolhos-Inseln. Besatzung und Passagiere konnten sich mit Vorräten an Land retten. Nachdem das Chaos halbwegs beseitigt schien, segelte Pelsaert mit einem kleinen Boot gen Java, um Hilfe zu holen. Seine Abreise ließ die Meuterstimmung, die schon an Bord der *Batavia* geschwelt hatte, ausbrechen. Die unzufriedenen Seeleute bildeten eine Terrorherrschaft. Raub und Mord standen auf der Tagesordnung. Einige konnten vor den Meuterern auf Nachbarinseln fliehen. Wie durch ein Wunder bestand Pelsaerts Nußschale die Ozeanfahrt. Bei seiner Rückkehr verhaftete er die Aufständischen und ließ die Anführer an Ort und Stelle hinrichten.

Von diesem unglaublichen Abenteuer erzählt ausführlich das **Western Australian Maritime Museum** in Fremantle. Die zum Heck der *Batavia* zusammengesetzten Wrackteile beschwören die Vergangenheit herauf. Aus dem bereits behauenen Mauerwerk ihrer Fracht errichtete man das Stadttor, das den Eingang zu Batavia schmücken sollte.

Die Küste der Schiffbrüche: Vor Westaustralien sank nicht allein die *Batavia*. Den meisten Schiffen aber wurde die Bass Strait zwischen Victoria und Tasmania zum Verhängnis. Im vorigen Jahrhundert dienten ihre stürmischen Wasser nach Ostaustralien segelnden Schiffen als Hauptpassage. Ehe ab 1861 auf King Island ein Leuchtturm den Weg wies, hielten sich die Schiffe dicht an die felsige Festlandküste, wobei viele auf Grund liefen.

SPECIAL   *Schiffbrüche*

Höchstes Aufsehen erregte 1878 der Untergang des Klippers *Loch Ard* bei den Felsen nahe Port Campbell in Victoria. Nur zwei der etwa fünfzig Passagiere überlebten. Den Schiffsjungen Tom Pearce, der sich an ein Rettungsboot klammerte, verschlug es in eine schmale, klippenumrankte Schlucht. Obwohl übel mitgenommen, konnte er die junge Eva Carmichael retten, die die Strömung auch in die Schlucht getrieben hatte. Er ließ sie, halb bewußtlos, am Strand zurück, erklomm die Klippen und suchte Hilfe. Nur vier Leichen gab die *Loch Ard* frei; sie ruhen auf dem nahen Friedhof, der, wie andere, die sterblichen Überreste der Opfer dieser heimtückischen Küste birgt, die man »Küste der Schiffbrüche«, Shipwreck Coast, nennt.

Zwischen Princetown im Osten und Port Fairy im Westen kennzeichnen am Historic Shipwreck Trail Gedenk- und Informationstafeln die Stellen, an denen 25 Küstenkreuzer, Frachter und andere mit hoffnungsfrohen Einwanderern beladene Schiffe sanken. In Warrnambools rekonstruierter Hafenstadt **Flagstaff Hill Maritime Museum** sind viele aus den Wracks geborgene Funde zu besichtigen. Weitere Hinterlassenschaften der Seefahrt hüten das **Old Cable Station Museum** von Apollo Bay und das **Blackwood Gully Centre** von Lavers Hill.

Oben: Die zerklüfteten Klippen an der tasmanischen Halbinsel.

Die Gewässer um Flinders Island sind tückisch.

Oben und unten: Schätze, die aus dem Wrack der Batavia *(16. Jahrhundert) geborgen wurden.*

TASMANIA

Tasmanische Teufel ...
Ein insgeheimes Wappentier Tasmanias ist der *Sarcophilus harrisii*, besser bekannt als Tasman- oder Beutelteufel. Der gedrungene, schwarz-weiß gezeichnete kleine Räuber, meist wenig einnehmend mit einem Zähnefletschen dargestellt, macht mit kräftigen Kieferknochen dem Aas, seiner Lieblingsspeise, kurzen Prozeß. Diese Teufel sind in der Tat jähzornige Gesellen, die sich beim Fressen heftig in die Haare geraten und bei Nahrungsmangel sogar ihre Jungen töten. Sie können sie in der Wildnis sichten, wahrscheinlicher aber an Orten wie dem Bonorong Park Wildlife Centre bei Brighton, 25 km nördlich von Hobart.

▶ **George Town** 227D4

George Town, einer der ältesten Orte Australiens, kauert sich an die Mündung des Tamar River, des 50 km langen Zusammenflusses von North Esk, South Esk und Macquarie River. Einige Gebäude erinnern an frühkoloniale Zeiten, so das elegante georgianische Haus **The Grove**, Anfang der 30er Jahre des 19. Jahrhunderts für den Hafenbeamten und Friedensrichter Matthew Curling Friend erbaut.

▶ **Hamilton** 227B4

Auf dem Weg von Hobart nach Westen bietet sich dieser reizende kleine Ort als Zwischenstopp an. Seine Sandsteinhäuschen und wenigen größeren Gebäude hinken hinter dem Ehrgeiz früher Siedler nach, die Hamilton eine große Zukunft weissagten. Selbst Jackson's Emporium hat sich von zwei Stockwerken auf eines verkleinert.

▶▶ **King Island** 226E1

Das grüne, fern vor Tasmanias Nordwestküste von der Bass Strait umwirbelte Eiland ist für seine Milchprodukte bekannt. Dennoch besteht die 58 km lange Insel weitenteils aus unbewohntem Buschland, in dem es von Tieren wimmelt. Im frühen 19. Jahrhundert war sie eines der Schlachtfelder skrupelloser *straitsmen*, die auf der Jagd nach Fett und Häuten zahllose Robben metzelten.

▶▶ **Launceston** 227C4

Tasmanias zweitgrößte Stadt liegt am Zusammenfluß von North und South Esk zum reizvollen Tamar. Die heimliche Hauptstadt des Nordens der Insel hütet ein reiches georgianisches und viktorianisches Erbe, ein Vergnügen für müßige »Stadtstreicher«, selbst wenn nur wenige Gebäude architektonisch herausragen.

Den Stadtkern durchzieht das herkömmlichen Raster rechtwinkliger Straßen, von denen einige, so die Mall und der Civic Square, Fußgängern vorbehalten sind. Auf dem Civic Square stehen eine der tasmanischen Tierwelt gewidmete Skulptur, die auch den Tasmanischen Tiger (siehe Kasten) zeigt, und das **Macquarie House**▶. Der hervorragend restaurierte, aus Stein, Eisen und Holz gefügte Bau stammt aus den frühesten Tagen der Kolonie und birgt das lokale Museum. Nahebei erheben sich weitere Zeugen der Vergangenheit: der rote Backsteinbau im klassizistischen Queen-Anne-Stil, das italienisch inspirierte Rathaus und die St Andrew's Kirk mit weißem Stuck. In der George Street ziert den Old Umbrella Shop (heute National Trust Shop und Informationszentrum) seine Originalfassade aus den 60er Jahren des 19. Jahrhunderts.

Launcestons weitere Sehenswürdigkeiten finden Sie östlich des Stadtzentrums. In landschaftlich geschmackvollem Rahmen machen die Sammlungen und moderne Repräsentation des **Queen Victoria Museum and Art Gallery**▶ Hobarts Tasmanian Museum ernsthaft Konkurrenz; der Name »Galerie« macht bewußt, daß Tasmania in der Tat »eine besondere Insel« ist. Nahe der King's Bridge über den South Esk zeigt die **Penny Royal World**▶ in Nach- und Wiederaufbau Gebäude des 19. Jahrhunderts, darunter Wasser- und Windmühlen sowie eine betriebsfähige Schießpulvermühle, die eine nostalgische Straßenbahn verbindet. Flußaufwärts gelangen Sie zu Launce-

Touristenattraktion in Launceston: eine alte Windmühle.

GEORGE TOWN – MOLE CREEK

stons aufregendster Parklandschaft, dem **Cataract Gorge Reserve**▶▶, einem kleinen, doch wilden Felscanyon, den ein Sessellift und eine Hängebrücke überqueren.

Stilvolle (Besuchern geöffnete) Landhäuser schmücken Launcestons Hinterland. Das wohlproportionierte **Franklin House**▶ nahe Kings Meadow scheint dem georgianischen ländlichen England entnommen. Mehr tasmanischen Verhältnissen angepaßt wirkt Hadspens **Entally House**▶, ein einstöckiger Verandenbau, herrisch dagegen das **Clarendon House**▶ mit restaurierter ionischer Säulenvorhalle. Dieser vornehme Landsitz überblickt hochmütig seine Ländereien und den South Esk River.

▶ **Maria Island National Park** *227B5*

Erreichbar mit der Fähre von Triabunna, spricht die Insel all jene an, die Beschaulichkeit und Natur suchen. Einst, eher noch als Port Arthur eine Sträflingssiedlung – die ersten Verurteilten wurden 1825 nach Maria Island geschickt – und wirtschaftlich genutzt, bietet sie heute eine Oase der Ruhe. Eine reiche Tierwelt weiß zu schätzen, daß Motorfahrzeuge verbannt sind. Besucher müssen sich selbst versorgen, da es auf der Insel weder Geschäfte noch Elektrizität gibt.

▶ **Mole Creek** *226C3*

Den Kalksteinfels um diese winzige Siedlung durchlöchern Höhlen, von denen die meisten unzugänglich sind. Zwei der beeindruckendsten jedoch können Sie besichtigen: die **King Salomon Cave**▶, in der eine Gestalt an den biblischen König erinnert, und die längere, von zwei Flüssen bewässerte **Marakoopa Cave**▶, in der Glühwürmchen für die Beleuchtung sorgen.

... und Tiger
Anders als Tasmanias Teufel ist der Tasmantiger oder Beutelwolf *Thylacinus cynocephalus* ausgestorben. Die letzten seiner Art starben 1936 im Zoo von Hobart – drei Monate, nachdem er unter Schutz gestellt worden war. Das Hunden oder Wölfen ähnelnde, mit quergestreiftem Hinterteil und weitsperrendem Kiefer ausgestattete Beuteltier wurde aufgrund seiner Vorliebe für Schafe und Lämmer von Siedlern abgeschossen. Die Frage, ob der Tasmantiger in Rückzugsgebieten überlebt hat oder nicht, hat die Tasmanier in Gläubige und Zweifler gespalten; Gerüchte erzählen von Beobachtungen, doch endgültige Beweise fehlen.

Ein Erlebnis: Cataract Gorge, das Erholungsgebiet von Launceston schlechthin.

TASMANIA

Mit dem Auto
Über den Lyell Highway durch die Wildnis

Siehe Karte Seiten 226–27.

Einen Tag sollten Sie einrechnen, um von Hobart über den Lyell Highway durch das großartige gebirgige Inselinnere zum abgeschiedenen Hafen- und Ferienort Strahan zu reisen.

Die erste Etappe steigt durch kultiviertes Land im Flußtal des Derwent auf, vorbei an Feldern, Farmen und ansprechenden Städtchen wie dem englisch anmutenden New Norfolk und dem historischen Hamilton. Alsdann zeigt die Landschaft ein zunehmend wildes Gesicht, obwohl hier unübersehbar die hochentwickelte Wasserkraftwerks-Industrie eingegriffen hat. Ausgeschilderte Abzweigungen leiten zu Staudämmen, überraschend taucht ein Kanal auf, Pipelines winden sich wie Riesenschlangen bergan und bergab. Hinter dem Lake Binney lichtet sich der Wald und weicht eintönigen *Buttongras*-Ebenen.

Nahe der Derwent Bridge gerät der **Mount Olympus** in Sicht. Majestätisch überblickt er die klaren Wasser des **Lake St Clair**, von der Derwent Bridge zu erreichen über eine kurze Nebenstraße. Bei der Rangerstation an der Cynthia Bay beginnt der berühmte, mindestens fünf Tage fordernde Overland Track; doch lassen sich auch kürzere Wanderungen unternehmen.

Der Lyell Highway, eine höchst reizvolle Gebirgsstraße, wurde erst 1932 angelegt. Zwischen Derwent Bridge und Queenstown bieten mehrere, meist gut ausgeschilderte Plätze Rast: Der King William Saddle markiert die Wasserscheide zwischen den Flußsystemen von Derwent und Franklin/Gordon; vom Surprise Valley Lookout sehen Sie die imposanten Gipfel des **Frenchmans Cap**. In der Umgebung der Franklin River Bridge können Sie kürzere Wanderungen einlegen: auf dem Frenchmans Cap Walking Track zum Donaghy's Hill Wilderness Lookout, zur Alma Riva Crossing oder zu den Nelson Falls.

Eine neue Straße umgeht den Talgrund, den der erst jüngst angelegte **Lake Burbury** überflutet hat, und eröffnet unvergleichliche Bergszenerien. Ebenso tief beeindruckt, wenngleich auf vollkommen andere Weise, das erodierte und verwüstete Bergland um die Bergbaustadt Queenstown. Die letzte Etappe führt auf einer gewundenen, ansonsten recht eintönigen Straße durch Wald und hinab nach **Strahan**. Der kleine Hafenort eignet sich vorzüglich zur Erkundung der kaum erschlossenen Westküste sowie der Regenwälder, Flüsse und Berge des Inselinneren.

Nur eine kurze Autofahrt trennt die Wälder und Dörfer des pittoresken Derwent-Tals von Hobart.

NEW NORFOLK – PORT ARTHUR

▶ **New Norfolk** 227B4

Das von Hobart den Derwent flußaufwärts begleitende Tal erinnert an Südengland. Wellige Hügel bilden die Kulisse für prächtige Laubbäume und die Hopfengärten um das alte Städtchen New Norfolk. Eines der Trockenhäuser für den Hopfen dient heute als Museum.

▶ **Oatlands** 227B4

Der Straßenbau begleitete die Briten bei ihrem Vormarsch auf Tasmania. Einer der bedeutenden Verkehrswege, der heutige Heritage Highway, verband Hobart mit Launceston. Ihn säumten strategisch angelegte Siedlungen, darunter das 1832 vermessene Oatlands. Obwohl kaum größer als ein Dorf, weist es sehenswerte Kolonialgebäude auf.

▶▶▶ **Port Arthur** 227A5

Port Arthur sollten Sie nicht ausklammern, beschwört es doch eindringlich wie keine andere Stätte die Tage der Sträflingskolonie herauf (s. Kasten Seite 248).

Die ersten Häftlinge wurden 1830 hierher verbannt. Sie begründeten Port Arthurs aufblühende Holzwirtschaft, indem sie Bäume zusägten. Mit dem Eintreffen weiterer Sträflinge und Aufseher breitete sich die Gewerbepalette aus. Schließlich konnte der Ort seine über 2000 Einwohner nahezu selbst versorgen. Viele Ziegel- und Steinbauten dienten als Wohn-, Arbeits- und Gebetsstätten. Um das Wohlbefinden der Offiziere zu steigern, sorgte man für heimatlichen englischen Anstrich, pflanzte Eichen und Ulmen und setzte Amseln aus, die in deren Zweigen zwitscherten.

Maßlose Brutalität und merkwürdige Erneuerungen regierten Port Arthurs Alltag. Man ahndete die geringsten Verstöße mit Prügel und führte, erstmals auf der Welt, für jugendliche Straftäter die Schulpflicht ein. Mitte des 19. Jahrhunderts entstand im Zuge des Bestrebens, statt auf Strafen verstärkt auf Besserungsmaßregeln zu setzen, das Model Prison. Seine Insassen verbrachten die Haft in Isolation – mit der Folge, daß viele psychisch erkrankten und ihre Wiedereingliederung um so weniger gelang.

Mit dem Ende der Sträflingstransporte schloß die Strafkolonie ihre Pforten. Schon im späten 19. Jahrhundert kamen Touristen. Die Ruinen der Gefängnisbauten lassen den Besucher erschauern. Zeugen dieser Zeit sind das Zuchthaus von 1844, Wachtürme, das finstere Model Prison sowie die mit Zinnen und einem Turm versehene Kirche landeinwärts, die die Stätte überblickt.

Die Halbinsel bietet viele weitere Sehenswürdigkeiten, so etwa bizarre Felsformationen an der Küste und die rekonstruierte Holzfällersiedlung Bush Mill mit ihrer dampfbetriebenen Eisenbahn.

New Norfolks Älteste
New Norfolk rühmt sich der ältesten Kirche Tasmanias (St Matthew's), des ältesten, Zeit seines Bestehens mit Ausschanklizenz ausgestatteten Gasthauses (diesen Rang sprechen dem Bush Inn mehrere Rivalen ab) und der ältesten Lachsforellenteiche der Südhalbkugel. Ihre Anzucht gelang aus tiefgekühltem Laich, der aus dem weiten England gekommen war.

Vom Sträfling zum Ehrenmann
Erfüllt von »tiefem, geballtem Haß auf die Gewalt, die mich zu Unrecht verfolgte«, schwamm 1840 der irische Sträfling Martin Cash mit zwei Leidensgenossen den Haien trotzend von der Tasmanischen Halbinsel in die Freiheit. Als er 1843 eine alte Freundin in Hobart besuchte, erkannte man ihn wieder. Obwohl er bei seiner Verhaftung einen Polizisten erschoß, konnte Cash dem Todesurteil entkommen. Später führte er das Leben eines ehrenwerten Farmers.

Port Arthur, Erbe der Zeit der Strafkolonie.

Erodierte Berglandschaft bei Queenstown.

Tragödie in Port Arthur
Ein Nachtrag zu Port Arthurs eigenartiger und beizeiten brutaler Geschichte wurde im April 1996 geschrieben, als der 26jährige Martin Byant aus Hobart eine bislang ungeklärte Folge von Gewaltakten beging. In nur wenigen Stunden erschoß Byant 35 Personen und verletzte viele, womit er Tasmania und ganz Australien in einen schockartigen Zustand versetzte. Byant verbüßt heute eine lebenslange Freiheitsstrafe, und Port Arthur entdeckt seine Qualitäten als Haupterholungsort des Landes wieder.

Honig aus dem Regenwald
Zu Tasmanias außergewöhnlichsten Bäumen zählt *Eucryphia lucida*, gemeinhin *leatherwood* (»Lederholz«) genannt und im gemäßigten Regenwald heimisch. Viele Jahre haben Imker ihre Bienenstöcke in der Nachbarschaft dieser Bäume gehalten, deren nektarreiche, sich im Frühling und Frühsommer öffnenden Blüten die Bienen besonders mögen.

▶▶ **Queenstown** *226B2*

Geradezu erschreckende Bilder industriell verursachter Umweltzerstörung zeigen die Berge, die Westtasmanias Bergbaustadt Queenstown umgeben. Reist man von Osten an, erschlägt einen der Kontrast zwischen ·den üppig den Lyell Highway umwuchernden Regenwäldern und Queenstowns entblößten Hängen geradezu.

Seit Beginn der 80er Jahre des 19. Jahrhunderts kamen Bergarbeiter hierher, um nach Gold zu suchen. Doch schon bald gewann der Kupferabbau Vorrang. Der Brennstoffbedarf seiner Schmelzhütten führte zur großflächigen Rodung der umgebenden Regenwälder und seine giftigen Emissionen verhinderten das Nachwachsen der Vegetation. Ohne schützende Pflanzendecke wurde die Erde von den kräftigen Regenfällen (bis zu 3000 mm im Jahr) davongespült. Zurück blieben tiefe Abflußrinnen und nackte Felsen, die wieder langsam begrünt werden.

Queenstown hat sich trotz der grauenhaften Folgen seiner Bergbautradition einen gewissen Stolz bewahrt, gewiß aber eine besondere Identität, die aus der skurrilen Skulpturensammlung des **Miners Siding** ebenso spricht wie aus der kleinen Zahnradbahn. Die Mount Lyell Mining and Railway Co verarbeitet weiterhin Kupfer; Mine und Museum sind im Rahmen einer Führung zu besichtigen.

▶▶ **Richmond** *227B4*

In den Augen der Tasmanier stellt das winzige Richmond *die* Verkörperung der Inselgeschichte dar. Eine Anzahl von Gebäuden aus den frühen Kolonialtagen, manche aus den 20er Jahren des 19. Jahrhunderts, verleiht der Hauptstraße ein gewisses historisches Flair.

Zwei Sehenswürdigkeiten vermögen die Phantasie des Besuchers besonders zu beflügeln: das 1825 erbaute Gefängnis für Strafgefangene, die zu öffentlichen Arbeiten herangezogen wurden, und die 1823–25 aus hiesigem Sandstein errichtete älteste Brücke Australiens. Über sie verlief der Highway, der lange Jahre Hobart mit Port Arthur verband. Malerisches Ambiente schenken ihr die Rasenufer des Flusses, Bäume und Enten.

QUEENSTOWN – STANLEY

▶▶ **Ross** *227C4*

Eine Fahrt über den Midland Heritage Highway bereitet nahezu ununterbrochen Vergnügen; gut gebaut, treibt er Sie vor dem Hintergrund blauer Berge durch ländliche Gegend, die die Pioniere zum nostalgischen Faksimile ihrer Heimat England machten. Ross zählt zu den strategisch die Straße begleitenden Siedlungen, die man in den 20er Jahren des 19. Jahrhunderts als Raststationen für Reisende anlegte. Die Church Street mit ihren einnehmenden alten Steinhäusern ist von Ulmen gesäumt. Außergewöhnlich gelungen ist die elegante Steinbrücke aus dem Jahre 1836. Ein Sträfling dekorierte sie so meisterhaft mit Steinmetzarbeiten, daß man ihn mit der Freiheit belohnte.

▶ **St Helens** *227C5*

St Helens ist nicht nur der dichtestbevölkerte Ort der Ostküste, sondern auch der beliebteste. In der belebten Sommersaison kommen fünf Urlauber auf einen Einheimischen. Zum touristischen Angebot gehört neben Sportangeln auch die Erkundung der nordöstlichen Küste mit ihren Dünen, weißen Sandstränden und Scharen von Foresterkänguruhs.

▶▶▶ **Southwest National Park** *226A3*

In dieser weiten Wildnis, dem südlichen Teil von Tasmanias *World Heritage Area*, steigen Bergketten aus mit Südbuchen und Huonkiefern bestandenem Urwald auf, *Buttongrass*-Sümpfe dehnen sich aus, Gletscherseen und Wildflüsse glitzern, und leere Sandstrände bezaubern.

Vor noch nicht allzulanger Zeit wagten sich nur kundige Buschwanderer, Bergsteiger und Kanuten in diese abgeschiedene, unberührte Welt. Doch in den späten 60er Jahren schlug Tasmanias Hydroelectric Commission eine breite Straße in ihr Herz. Sie war Vorbote des Projekts, den Lake Pedder unter einem Stausee zwanzigfachen Fassungsvermögens zu ertränken.

Das Vorhaben löste nicht nur bei Umweltschützern, sondern auch in der Öffentlichkeit Empörung aus, jedoch vergeblich. Der Lake Pedder, seine einzigartige Fauna und sein strahlendweißer Sandstrand mußten geringfügig billigerer Energiegewinnung weichen. Einziger Vorteil: Auf der Fahrt über die Strathgordon und Scotts Peak Road kann man einen Eindruck dieses urtümlichen gemäßigten Regenwaldes, einem der weltweit letzten, gewinnen und atemberaubende Blicke auf den neuen, in ungezügelte Landschaft gebetteten Lake Pedder genießen. Wer weiter vorstoßen will, kann vom Scotts Peak Dam über die tiefe Meeresbucht von Port Davey bis zum South East Cape wandern. Diese anstrengende Tour, die auch Trekkingveranstalter anbieten, währt an die 14 Tage.

▶ **Stanley** *226D2*

Auf seiner in die Bass Strait ragenden Halbinsel klebt dieser Ferien- und historische Hafenort zu Füßen seines Wahrzeichens, The Nut oder korrekt **Circular Head**. Den Gipfel des 143 m hohen Basaltfelsens vulkanischen Ursprungs erreicht man zu Fuß oder mit dem Sessellift. Oben schweift der Blick weit über die Nordwestküste.

Fischerei
Die Fischerei ist ein wichtiges Standbein der Wirtschaft Tasmanias. Die frischen Meeresfrüchte machen die Insel zum Schlemmerparadies. Sportfischern bieten sich zahlreiche Gelegenheiten zum Hochseefischen, vor allem nach Thunfisch und Marlin. Angler aber ködert zumeist die Aussicht auf reichen Forellenfang. Mit aus England importiertem Laich gelang es 1864, die berühmte Forellenzucht der Salmon Ponds nahe New Norfolk zu begründen. Seither haben sich die reinen Flüsse und Seen der Insel als vorzüglicher Lebensraum für braune und Lachsforellen erwiesen.

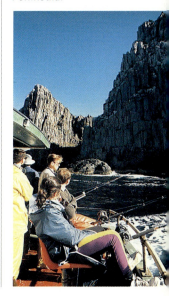

»Sanfter« Thunfischfang vor der Tasman Peninsula.

TASMANIA

▶▶ Strahan 226B2

In der Inlandsbucht des Macquarie Harbour entstand dieser Ort als Hafen, um Holz und Minerale zu exportieren. Heute lebt er vorwiegend von Fischerei, Forstwirtschaft und Tourismus. Das Strahan Wharf Centre am Ufer zeigt Ausstellungen zur Geschichte der Region. Der schmale, gefährliche Einlaß zum Macquarie Harbour heißt Hell's Gates. Diese »Tore zur Hölle« bewachten Sarah Island, das 1822–34 eine von Englands berüchtigsten Strafkolonien beherbergte. Zudem stellt Strahan einen geeigneten Standort dar, um den Gordon River per Flugzeug oder Schiff zu erkunden.

▶ Swansea 227B5

Vom Strand blickt man über die Great Oyster Bay auf die Freycinet-Halbinsel. Swansea, einer der attraktivsten Orte an der tasmanischen Suncoast, bietet als Sehenswürdigkeiten u. a. den dreistöckigen General Store aus Ziegeln (1838 erbaut) und die ungewöhnliche Rindenmühle von 1885.

▶ Wynyard 226D3

Der Fischereihafen an der Mündung des Inglis ist mit dem Festland über einen eigenen Flughafen verbunden. Wynyard ist ein weiteres Tor zur malerischen Nordwestküste und deren ländlichen Hinterland. Östlich liegen der weiße Sandstrand von **Boat Harbour** und **Sisters Beach** und die zerklüftete Küste des **Rocky Cape National Park** ▶▶, hinter der sich Heide und Hügel erstrecken. Die Landspitze von Table Cape mit ihrem Leuchtturm bietet schöne Ausblicke.

▶ Zeehan 226C2

Diese abgelegene Bergbaustadt im äußersten Westen, benannt nach einem von Abel Tasmans Schiffen, sah Blüte und Niedergang, bevor in den vergangenen Jahren eine bescheidene Wiederbelebung anläßlich der Wiedereröffnung einer Zinnmine einsetzte. An den Wohlstand der Jahrhundertwende aus der Silber- und Bleigewinnung erinnern das **Gaiety Theatre** und das **West Coast Pioneers Memorial Museum** ▶ (siehe Kasten).

Eisenbahngeschichte
Das West Coast Pioneers Museum in Zeehan beherbergt nicht nur lokale Ausstellungsstücke, sondern auch Lokomotiven, die vor langer Zeit in Glasgow, Manchester und Deutschland gebaut wurden. Auch sie hatten dem Erztransport in einem der reichsten Bergbaugebiete der Erde gedient.

Georges Bay bei St Helens ist trotz der vielen Besucher vom Fischfang geprägt.

REISE-INFORMATIONEN

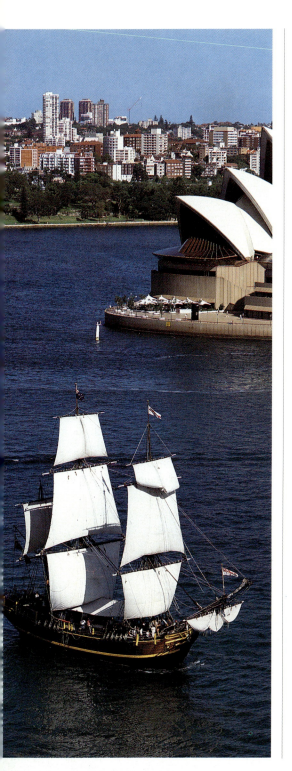

REISEINFORMATIONEN

Anreise
Alle Australienbesucher müssen einen gültigen Reisepaß und (bis auf Neuseeländer) ein Touristenvisum besitzen. Visa werden von den Botschaften und Konsulaten Australiens erteilt. Nur ein Mehrfacheinreise- oder ein Visum für mehr als drei Monate kostet Gebühren.

Ein *Working Holiday Maker Visa* (zwölf Monate gültig und gebührenpflichtig) erlaubt vorübergehende Tätigkeit während des Aufenthaltes.

Mit dem Flugzeug: Alle australischen Landeshauptstädte (außer Canberra) besitzen direkte Flugverbindungen ins Ausland. Auch Darwin, Cairns und Townsville sind international vernetzt. Während des Hinflugs bietet es sich an, einen oder mehere *Stop-Overs* einzulegen. Zugleich besteht die Möglichkeit, von einem anderen als dem Ankunftsflughafen zurückzureisen.

Die Tarife der etwa 40 Liniengesellschaften, die Australien anfliegen, unterscheiden sich beträchtlich und variieren zudem nach Jahreszeit. Das billigste Angebot mag sich als nervtötender Bummelflug mit vielen Zwischenstopps erweisen. Überprüfen Sie deshalb die Angebote im voraus.

Mit dem Schiff: Wer viel Zeit hat, kann Australien an Bord von Kreuzfahrtschiffen (betrieben von Reedereien wie CTC, Cunard, P&O, Royal Viking etc.) ansteuern – zum entsprechenden Preis. Einige Frachter nehmen wenige Passagiere auf, was keineswegs billiger kommt.

Apotheken
Apotheken, *chemists* oder *pharmacies*, führen ein breites Sortiment an Medikamenten, darunter Ihnen vertraute Mittel. Viele öffnen länger als Geschäfte; in größeren Städten ist ein 24-Stunden-Dienst eingerichtet. Rezeptpflichtige Medikamente muß ein in Australien niedergelassener Arzt verschreiben. Die Preise für Pharmazeutika sind recht hoch.

Autopanne
Wenn Sie ein Fahrzeug mieten, sollten Sie mit der Verleihfirma den Pannendienst absprechen, meist organisieren sie Hilfe. Die Mitgliedschaft in einem Automobilclub Ihres Landes ermöglicht Ihnen häufig Zugang zu den Dienstleistungen der Motorclubs der verschiedenen Staaten (über Einzelheiten informiert die Australian Automobile Association).

Eine Panne im *outback* kann tödlich enden, weshalb Sie sich umsichtig auf Ihre Reise vorbereiten sollten (siehe Fahrverhalten auf S. 253–56).
Nazional Roads and Motorists Association, 151 Clarence Street, Sydney, NSW 2000 (Tel.: 13 21 32)

Behinderte Reisende
Öffentliche Institutionen und die Tourismusindustrie bemühen sich sehr, Behinderten das Reisen zu erleichtern. Neue Gebäude und Einrichtungen werden rollstuhlgerecht gebaut, Fußgängerampeln geben bei Grün auch Hörzeichen, und viele Nationalparks haben Wege für Rollstuhlfahrer. Für Behinderte ist Australien eines der hilfreichsten Reiseländer, dennoch sollten Sie bei Planung und Buchung Ihre Behinderung angeben.

REISEINFORMATIONEN

Der Overland Train zwischen Adelaide und Melbourne.

Das **Australian Council for Rehabilitation of the Disabled** (P.O. Box 29, Garran, ACT 2605, Tel.: 02 6282 4333) liefert genaue Angaben über die vorhandenen Einrichtungen.

Botschaften und Konsulate
Deutschland
119 Empire Circuit, Yarralumla, Canberra,
Tel.: 06 270 1911, 06 273 3177
Schweiz
7 Melbourne Avenue, Forrest, Canberra, Tel.: 06 273 3977
Österreich
12 Talbot Street, Forrest, Canberra, Tel.: 06 295 1533

Konsulate der drei Länder befinden sich in **Sydney** (D, A, CH), **Melbourne** (D, A, CH), **Adelaide** (D, A, CH), **Perth** (D, A, CH), **Darwin** (D, CH), **Brisbane** (D, A, CH) und **Hobart** (D, CH).

Camping
Abgesehen von Insektenbehelligung ist Australien ein Campingparadies – nicht nur wegen seines Klimas, sondern auch wegen der vielen und großzügig angelegten Campingplätze an den Stadträndern und im Busch. Die Anlagen sind meist gut ausgestattet, oft mit Stromanschluß, heißem Wasser, Duschen, Toiletten und Wäscherei. Manche bieten aufgestellte Zelte oder sogar Wohnmobile und -wagen zur Miete an. Die Betreiber sind Stadtverwaltungen, Unternehmensketten und Nationalparkverwaltungen. Einige der Anlagen in Nationalparks sind sehr einfach ausgestattet. Freies Campen ist möglich, aber Rücksichtnahme geraten. Versichern Sie sich, daß Ihr Zelt keinen Landbesitzer stört.

Wohnwagen und -mobile werden immer beliebter bei Australiern, die ihr Land auf erholsame Weise erkunden wollen. Das Anmieten eines solchen Campmobils sollten diejenigen erwägen, die viel Zeit »auf Achse« und nicht vor städtischen Sehenswürdigkeiten verbringen wollen.

Fahrverhalten
Das Lächeln eines Australiers entartet manchmal zum Zähnefletschen, wenn er hinter dem Steuer des Autos sitzt. Doch mittlerweile ist der Ver-

REISEINFORMATIONEN

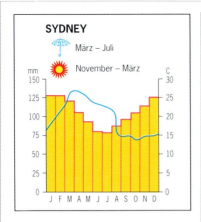

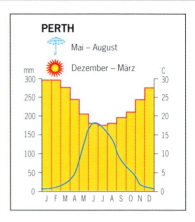

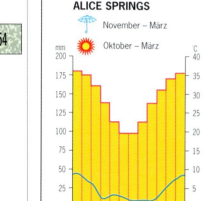

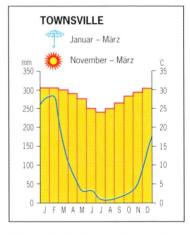

kehr sicherer geworden; die Quote der Verkehrstoten (bezogen auf Fahrzeugdichte und gefahrene Strecken) zählt zu den relativ niedrigen. Autofahren mit Alkohol gehörte einst zum Alltag, was möglicherweise fürs Outback immer noch zutrifft, aber Polizeisperren mit *booze buses* für Alkoholstichproben scheinen zumindest in den Großstädten Wirkung zu zeigen. Der gesetzlich erlaubte Blutalkoholgehalt beträgt im ganzen Land 0,5 Promille.

Eigentlich fährt man in Australien links und überholt rechts. Dies mag jedoch nicht immer so erscheinen, wenn sich auf einer mehrspurigen Straße mehrere Fahrer geschlossen auf der rechten Spur halten und den Überholenden somit nur die linke Fahrspur bleibt. Es ist erlaubt, auf der asphaltierten Mittelspur einer nur teilweise geteerten Überlandstraße zu fahren, allerdings gerät dies bei Gegenverkehr oft zum Nervenkrieg. Die Fahrer der gewaltigen *road trains*, denen man in Westaustralien, Queensland und im Nordterritorium begegnet, rechnen fest damit, daß man ihnen ausweicht. Eine andere Möglichkeit übersteigt ihr Vorstellungsvermögen. Einen solchen Lastzug zu überholen, der 50 m oder länger ist und eine Staubhölle hinter sich läßt, bedeutet Risiko. Wenn Sie nicht weit voraussehen können, sollten Sie aufgeben.

Das Fahren auf unbefestigten Straßen erfordert ein gewisses Geschick, für dessen Erwerb Ihnen möglicherweise keine Zeit bleibt. Wenn sie solche Pisten nicht vermeiden können,

REISEINFORMATIONEN

UMRECHNUNGSTABELLE

von	in	multipliziert mit
Inch	Zentimeter	2,54
Zentimeter	Inch	0,3937
Fuß (Feet)	Meter	0,3048
Meter	Fuß	3,281
Yard	Meter	0,9144
Meter	Yard	1,094
Meile (Mile)	Kilometer	1,609
Kilometer	Meile	0,6214
Acre (Morgen)	Hektar	0,4047
Hektar	Acre	2,4710
Gallon	Liter	4,546
Liter	Gallon	0,22
Ounce (Unze)	Gramm	28,35
Gramm	Ounce	0,0353
Pound (Pfund)	Gramm	453,6
Gramm	Pound	0,0022
Pound	Kilogramm	0,4536
Kilogramm	Pound	2,205
Ton	Tonne	1,0160
Tonne	Ton	0,9842

Herrengrößen

Europa	46	48	50	52	54	56	58
Australien	92	97	102	107	112	117	122

Damengrößen

Europa	34	36	38	40	42	44
Australien	8	10	12	14	16	18

Herrenhemden

Europa	36	37	38	39/40	41	42	43
Australien	36	37	38	39		41	42	43

Herrenschuhe

Europa	41	42	43	44	45	46
Australien	7	7,5	8,5	9,5	10,5	11

Damenschuhe

Europa	38	38	39	39	40	41
Australien	6,5	7	7,5	8	8,5	9

seien Sie besonders vorsichtig, vor allem bei Morgen- und Abenddämmerung und nachts, wenn geblendete Tiere auftauchen können. »Roo Bars« vor dem Kühlergrill sind keine *Macho*-Fetische, sondern schützen beim Zusammenprall mit einem riesigen Känguruh.

Die Geschwindigkeitsgrenze beträgt im Stadtbereich 50/60 km/h, sonst (wenn nicht anders angezeigt) 100-110 km/h; Sicherheitsgurte müssen auf allen Sitzen angelegt werden. Australien kennt besondere Verkehrszeichen, aber die meisten davon wird der Besucher problemlos verstehen. Auf etlichen kurvenreichen Strecken wurden Kriechspuren angelegt, damit der langsame Verkehr überholt werden kann. Der überholende Wagen besitzt dann das Vorfahrtsrecht.

Ausländische Besucher müssen einen gültigen Führerschein mit englischer Übersetzung vorweisen können, wenn sie keinen Internationalen Führerschein besitzen. Treibstoff wird in bleihaltigen und -freien Arten (in Litern bemessen) verkauft. Tankstellen sind zwar recht zahlreich vor-

Für das Outback empfiehlt sich ein Fahrzeug mit Allradantrieb.

REISEINFORMATIONEN

handen, aber nur begrenzt geöffnet. Eventuell mag es an Samstagnachmittagen und Sonntagen beim Tanken Probleme geben.

Fahrten in den Outback sollten angemessen vorbereitet werden. Das Fahrzeug muß gut gewartet und mit Ersatzteilen versehen sein, darunter eine Plastikwindschutzscheibe. Ausreichend Treibstoff und Wasser (vier Liter pro Person und Tag) gehören zur Grundausstattung. Auf einigen Routen müssen Sie für die Polizei ein Formular mit Ihrer Wegstrecke und der geplanten Ankunft ausfüllen.

Bei einer Panne sollten Sie unbedingt in der Nähe Ihres Fahrzeugs bleiben, denn es bietet Schatten und Schutz und wird leicht entdeckt.

Feiertage
Neujahrstag	1. Januar
Australia Day	4. Montag im Januar (erinnert an die Landung der Ersten Flotte am 26. Januar 1788)
Labour Day	Termin variiert je nach Bundesstaat (feiert die Durchsetzung des Acht-Stunden-Tags)
Karfreitag	
Ostermontag	
Anzac Day	25. April (Jahrestag der Landung der Anzac-Truppen auf Gallipoli am 25. April 1915)
Queen's Birthday	Zweiter Montag im Juni
1. Weihnachtstag	25. Dezember
Boxing Day	26. Dezember (28. Dezember in Südaustralien)

Frauen
Australien ist ein für Frauen recht sicheres Reiseland, in dem Sie keine besonderen Probleme erwarten – von einigen lächerlich-lästigen Darbietungen des *ockerism*, des spezifischen australischen Machismo, vielleicht abgesehen.

Gebetstätten
In Australien werden viele Religionen ausgeübt. Doch außerhalb der größeren Städte besitzen nur die großen christlichen Konfessionen Kirchen. Die römisch-katholische zählt etwa ebensoviele Mitglieder wie die anglikanische Gemeinde; ihre Kirchen schmücken unübersehbar die Stadt-

Ansett Australia bieten oft Reisen zu Diskount-Preisen.

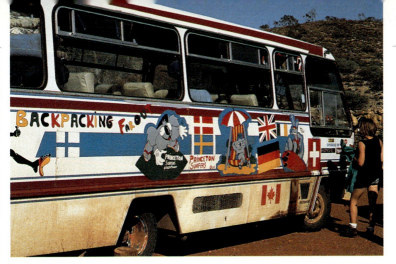

Paradies für Rucksackreisende.

kerne. Methodisten und Kongregationalisten gründeten 1977 die *Uniting Church*. Vom Islam, im 19. Jahrhundert von Kameltreibern aus Afghanistan eingeführt, zeugen in Australien zwei Dutzend Moscheen. Synagogen trifft man nur in den Hauptstädten der Bundesstaaten an.

Geld und Währung

Die Landeswährung wurde 1966 auf das Dezimalsystem umgestellt und der Sterling (Pounds, Shillings und Cents) durch Dollar und Cents ersetzt (100 ¢ = 1 $). Münzen sind zu 5, 10, 20, 50 ¢, 1 und 2 $, Banknoten zu 5, 10, 20, 50 und 100 $ in Umlauf. Die meisten Banknoten sind aus haltbarem Plastik. Sie können Geld in beliebiger Höhe ein- und ausführen, müssen für 5000 A$ übersteigende Summen aber ein Meldeformular ausfüllen.

Der Geldwechsel bereitet kaum Probleme; Sie finden zahlreiche Wechselstuben an Touristenzielen, ebenso Banken. Banken snd meist Mo–Do 9.30–16 Uhr, Fr 9.30–17 Uhr geöffnet. Mühelos werden auf australische Dollar ausgestellte Reiseschecks eingelöst. Kreditkarten werden ebenfalls meist, außer in abgelegenen Gegenden oder kleinen Geschäften, angenommen.

Gesundheit

Die Reise nach Australien erfordert keine besonderen medizinischen Vorbereitungen. Der Hygienestandard liegt hoch, Nahrungsmittel und Trinkwasser sind sauber. Sonnenbrand ist eine häufige »Erkrankung«; tragen Sie deshalb einen breitrandigen Hut, ein Kragenhemd, und verwenden Sie reichlich Sonnenschutzmittel.

Die kostenlose Krankenhausbetreuung im Rahmen des australischen *Medicare*-Systems kommt nur Besuchern aus Großbritannien und Neuseeland zugute. Touristen aus Europa sollten mit ihrer Krankenversicherung den Auslandschutz klären und eine Reisezusatzversicherung abschließen.

Inlandsreisen

Mit dem Flugzeug: Wie von diesem riesigen Land zu erwarten, wird in Australien sehr viel geflogen. Mehr als drei Viertel aller Langstreckenreisen werden mit dem Flugzeug abgewickelt. Fast alle Orte können erreicht werden, sei es in der komfortablen Kabine eines modernen Jumbojets oder neben dem Piloten einer einmotorigen Oldtimermaschine, die thermische Wechsel deutlich spüren läßt.

Der Binnenflugmarkt wurde inzwischen von Regulierungen befreit, was den Passagieren in Preis und Service zugute kommt. Die großen Binnenfluggesellschaften, neben den Regionallinien, sind **Ansett Australia** und **Qantas Airways**, die beide ausländischen Passagieren Preisnachlässe gewähren. Wer mit Qantas nach Australien fliegt, kann bei dieser Gesellschaft üblicherweise auch preiswerte Inlandsanschlußflüge buchen. Prüfen Sie die Konkurrenzangebote, und

REISEINFORMATIONEN

beachten Sie, daß in den Hauptferienzeiten Plätze knapp sind. Studentenermäßigungen und Standby-Flüge sind ebenfalls erhältlich. Auf Inlandsflügen herrscht Rauchverbot. Sie sollten ein oder zwei Dollar für einen Gepäckkarren bereithalten.

Ansett Australia, 501 Swanston Street, Melbourne (Tel.: 03 623 3333 oder 131300)

Qantas Airways, 203 Coward Street, Mascot (Tel.: 02 691 3636 oder 131313)

Mit dem Auto: Australische Straßen sind von unterschiedlicher Qualität. Im Bereich der Großstädte entsprechen sie dem höchsten Standard, in entlegenen Gebieten können es Staubpisten sein, die sich in der Regenzeit in Bäche verwandeln. Autobahnen finden Sie nur als kurzstreckige Ausfallstraßen der großen Städte. Die meisten Hauptverbindungsstraßen sind zweispurig, einige bestehen allerdings immer noch aus einer einzigen Asphaltspur mit Verbreiterung des Schotterbanketts, andere gar nur aus Schotter. Die kürzliche Asphaltierung von Hauptstrecken Westaustraliens und des Nordterritoriums ermöglicht nun einen »Asphalt-Cowboy-Ritt« rund um den Kontinent. Das eigene Fahrzeug macht flexibel und unabhängig, doch sollten Sie sich bewußt sein, welche Anforderungen die riesigen Entfernungen stellen. Die meisten beliebten Touristenorte sind mit einem normalen Auto zu erreichen. Ein Allradantrieb ist nur bei ausgedehnten Fahrten auf Pisten im Outback notwendig – zum Beispiel auf einem von Südaustraliens *tracks* (siehe S. 143). Ein Campmobil bietet noch mehr Unabhängigkeit.

Eine Alternative zum Leihen (siehe S. 260) stellt der Kauf dar, insbesondere bei längerem Aufenthalt. Gebrauchtwagen sind über die üblichen Wege (Händler, Auktionen etc.) oder von abreisenden Touristen zu erhalten. Die Pinnwände in den *Backpacker*-Unterkünften können hierbei behilflich sein. Manchenorts sieht man staubbedeckte Campmobile mit hoffnungsfrohen Preiserwartungen aufgereiht stehen. Die Bürde des Wiederverkaufs wird Ihnen genommen, wenn Sie das Fahrzeug bei einem Händler erwerben, der einen Rückkauf garantiert, wenngleich dies sicher keine preisgünstige Lösung ist.

Mit der Eisenbahn: Die Eisenbahnkarte Australiens wirkt wegen ihrer riesigen weißen Flecken unvollständig. Jedoch sind die großen Städte mit dem Zug erreichbar, und einige der Strecken zählen zu den großen Eisenbahnerlebnissen der Erde. Dazu gehört der drei Nächte lange Transkontinentaltrip mit dem *Indian Pacific* zwischen Sydney (oder Adelaide) und Perth durch die gähnende Leere der Nullarbor Plain und der berühmte *Ghan*, der sich 22 Stunden von Adelaide zum Zentrum des Kontinents nach Alice Springs vorkämpft. Diese und andere Züge (wie der *Sunlander* zwischen Brisbane und Cairns) eröffnen die Weite und Vielfalt Australiens in entspannender Weise und mit großem Komfort (luxuriöse Schlafabteile, Duschen, Gourmetverpflegung, erstklassiger Service). Der Osten und Südosten des Kontinents bietet ebenfalls hervorragende Bahndienste: die ausgedehnten Großraumnetze von Sydney, Melbourne, Brisbane und Adelaide. Europäer wundern sich oft, daß Fernzüge nur einmal täglich fahren. Diese sind zwar nicht sehr schnell, dafür aber äußerst komfortabel.

Einige Verkehrszeichen sind in Australien zwar anders, aber ihre Bedeutung ist leicht zu verstehen.

REISEINFORMATIONEN

Simpsons Gap läßt sich am besten zu Fuß erkunden.

Besucher können (nur außerhalb des Landes) einen **Austrailpass** erwerben, der für unterschiedliche Perioden unbegrenztes Fahren im gesamten Netz ermöglicht. Der **Austrail Flexipass** ist eine gute Alternative für diejenigen, die über längere Zeit an verschiedene Orte reisen wollen.

Klima

Das Land, das gleichzeitig auch Kontinent ist, bietet unterschiedliche Klimazonen. Besucher von der nördlichen Erdhalbkugel müssen sich natürlich zunächst an die umgekehrten Jahreszeiten gewöhnen (Sommer ist von Dezember bis Februar, Winter von Juni bis August). Als beste Zeit, den Südwesten und Südosten zu besuchen, gelten die Monate September bis April, für den Norden und das Zentrum Mai bis Oktober.

Der Südwesten und Südosten (das südwestliche Western Australia, ein erheblicher Teil von South Australia, Victoria, ein Großteil von New South Wales, das Australia Capital Territory und Tasmania) sind im Frühjahr und Sommer klimatisch am angenehmsten, obwohl die Hochsommertemperaturen extrem ansteigen können. Die Winter dieser Regionen können grau und regnerisch sein. Frost tritt allerdings selten auf – außer in großen Höhen, wo es auch schneien kann (zum Beispiel in den Snowy Mountains).

Viele Australier genießen ihren Winterurlaub im Roten Zentrum oder nordwestlichen Western Australia, wo sich mit hoher Wahrscheinlichkeit sonnige Tage (mit Temperaturen zwischen 20° und 25° C) unendlich aneinanderreihen. Allerdings sind die Nächte im Landesinneren kühl. Der Sommer kann in diesen Gebieten mit nicht seltenen 45° C nahezu unerträglich heiß werden.

Die subtropischen und tropischen Landesteile (ein Großteil von Queensland, Western Australia und des Norhern Territory) zeigen ihre eher unangenehme Seite in der Regenzeit (gewöhnlich von November bis April), wenn der Regen und die hohe Luftfeuchtigkeit das Klima bestimmen. In dieser Zeit macht eine Qualle, *box jellyfish*, die See für Schwimmer gefährlich, und Straßen können davongespült werden. Angenehmer hingegen ist die Trockenzeit (von Mai bis Oktober) mit vielen angenehm warmen – nicht allzu heißen – Sonnentagen.

REISEINFORMATIONEN

Ein australischer Genuß: Barbecue mit Freunden.

Kriminalität

Politik- und Wirtschaftsskandale von gelegentlich spektakulären Ausmaßen und die Aktivitäten der organisierten Unterwelt spiegeln sich in den australischen Schlagzeilen eher wider als einzelne Verbrechen an Personen. Zwar gibt es Diebe und Räuber, aber die australischen Städte zählen immer noch zu den sichersten der Welt, und keine weitergehenden als die üblichen Vorsichtsmaßnahmen gegen Taschendiebe, Räuber und Autoknacker sind anzuraten.

Leihwagen

In Australien bestehen viele Möglichkeiten, einen Wagen zu leihen, bei Firmen, an Flughäfen und in Stadtzentren. Sie brauchen dafür einen gültigen Führerschein und müssen in der Regel älter als 21 Jahre sein. Einwegmieten zwischen größeren Städten sind möglich, aber nicht billig. Die Gesamtkosten setzen sich aus der Tages- oder Wochengrundmiete zuzüglich verschiedener möglicher Extras wie Kilometeraufschlag zusammen. Die Fahrzeugwahl richtet sich natürlich auch nach Geschmack und Budget, wobei Automobile mit Allradantrieb und Campmobile für einige Strecken unentbehrlich sind. Es mag auch vom Verleiher vorgeschrieben sein, nicht über Landesgrenzen, in entlegene Gebiete oder auf ungeteerten Straßen zu fahren.

Medien

Zeitungen und Zeitschriften: Der Blick in einen Zeitschriftenladen überzeugt davon, daß die Australier gerne lesen. Die schillernde Palette beleben regionale und überregionale Tageszeitungen, Revolverblätter mit schrillen Schlagzeilen, Lokalzeitungen und etliche Zeitschriften zu den erdenklichsten Themen.

The Australian rief 1964 der Medienmogul Rupert Murdoch ins Leben. Das Blatt, Australiens erste landesweit erscheinende allgemeine Tageszeitung, ergänzte die weniger verbreitete *Australian Financial Review*. Viele Leser bewerten Regionalzeitungen wie die Melbourner *Age* und den *Sydney Morning Herald* höher. Ihnen wird die internationale Berichterstattung vermutlich willkürlich erscheinen (ehe Sie allzu hart urteilen, prüfen Sie, welchen Stellenwert Ihre

REISEINFORMATIONEN

heimischen Zeitungen Australien beimessen). Auch Australiens Sensationspresse entspricht nicht dem höchsten Niveau. Für die meisten ethnischen Gruppen erscheinen Tages- oder Wochenzeitungen in der jeweiligen Muttersprache.

Rundfunk und Fernsehen: Die Rundfunkstruktur ähnelt jener des Pressewesens. Die öffentlich-rechtliche ABC (Australian Broadcasting Corporation) sendet landesweit ausgezeichnete Nachrichten- und Unterhaltungsprogramme und bietet bei weitem die anspruchsvollste Unterhaltung. Im Gegensatz dazu füllen kommerzielle Sender, oftmals auf einer sehr dünnen Finanzdecke, mit Popmusik, Höreranrufen, Verkehrsberichten und ähnlichen Zeitschindern ihre Sendezeit. Daneben behaupten sich ethnische und andere Spezialsender.

Das kommerzielle Fernsehen überfrachten auch hier Werbung und importierte Programme (Fernsehsüchtige können vielleicht fern der Heimat ihrer Lieblingsserie frönen). Die Sendungen der ABC zeichnet ein insgesamt hohes Niveau aus, während sich der SBS (Special Broadcasting Service, nicht landesweit zu empfangen) vorwiegend in den jeweiligen Sprachen an die jeweils vertretenen ethnischen Gruppen wendet.

Notruf
Die Notrufsammelnummer für Polizei, Notarzt und Feuerwehr ist 000.

Öffentlicher Nahverkehr
Die dünnbesiedelten Vororte im weiten Umfeld der größeren Städte reizen zum Ausbau lokaler öffentlicher Nahverkehrssysteme nur wenig. Australier bewegen sich in ihrer Freizeit, zum Arbeitsplatz oder Einkaufen vorwiegend mit dem Auto. Daher überraschen die weitgespannten, häufig und zuverlässig verkehrenden öffentlichen Verkehrsmittel Bus und Bahn (in Melbourne auch Straßenbahn und in Adelaide Fähren). Allerdings zehrt dies am Staatssäckel. Häufig locken auch für Touristen interessante Spezialtarife, zum Beispiel Tageskarten für das Gesamtnetz oder Billigtarife außerhalb der Stoßzeiten.

Genauere Informationen über die lokalen Verkehrsmittel sind als Block jedem Hauptkapitel dieses Buches beigefügt; über den Fernverkehr informieren die Seiten 258–259.

Öffnungszeiten
Geschäfte: Geschäfte sind in der Regel Mo–Fr 9–17 (oder 17.30) Uhr, Sa 9–13 Uhr, Do oder Fr bis 20 oder 21 Uhr geöffnet. Manche kleine Läden öffnen auch sonntags und länger.
Büros: Mo–Fr 9–17 Uhr.
Museen und Galerien: Die meisten schließen am 1. Weihnachtstag und Karfreitag, manche am Anzac Day. Größere Museen sind in der Regel täglich von 10–17 Uhr geöffnet. Viele kleinere Museen sind nur an Wochenenden während der Schulzeit

Das beste Essen gibt's am Fluß.

REISEINFORMATIONEN

und an Feiertagen zu besichtigen; erkundigen Sie sich rechtzeitig.

Polizei
In Anlehnung an seine föderative Struktur ist Australien mit einer Landes- und Bundespolizei ausgestattet. Der Bundespolizei (AFP) obliegen die Verfolgung von Schwerverbrechen, Nachrichtendienst, antiterroristische Maßnahmen sowie die polizeiliche Kontrolle Canberras (ACT).

So hilfsbereit die blauuniformierten Ordnungshüter ausländischen Besuchern meist entgegenkommen: Erwarten Sie keine Sonderbehandlung, wenn Sie das Gesetz übertreten (siehe Fahrverhalten, Seiten 253–256). Bei einer – hoffentlich unwahrscheinlichen – Festnahme müssen Sie Namen und Adresse angeben; weitere Aussagen dürfen Sie verweigern, bis Sie mit einem Freund oder Anwalt gesprochen haben. In solchen Fällen sollten Sie Kontakt zu Ihrer Botschaft oder Ihrem Konsulat aufnehmen (siehe Botschaften und Konsulate, S. 253).

Post
Postämter finden Sie in den Stadtzentren, Vororten und über das ganze Land verteilt in kleineren Orten oft in Verbindung mit einem Gemischtwarenladen. Größere Ämter bieten vielfältige Dienstleistungen, auch Fax und Email.

Luftpostbriefe und -karten erreichen Mitteleuropa nach spätestens einer Woche, Pakete nach 14 Tagen (vorausgesetzt, sie sind ausreichend frankiert und deutlich adressiert). Auf dem Seeweg versandte Pakete können drei Monate benötigen. In den Postämtern können Sie meist auch Schreibwaren und Verpackungsmaterial erstehen, Ihre Post lagern lassen und Telegramme aufgeben. Zuweilen können Sie nostalgische Briefkästen sehen, doch die meisten ähneln roten, mit weißem Streifen versehenen Abfalleimern.

Sprache
Die Besonderheiten der australischen Sprache sind in der englischsprachigen Welt genußvoll bekannt – nicht zuletzt durch die Bemühungen des Humoristen Barry Humphries, Schöpfer der Figuren Dame Edna Everage, Sir Leslie Patterson und Barray »Bazza« McKenzie.

Wenn auch dem *cockney* verwandt, besitzt das eher nasale australische Englisch starke Eigenheiten. Es wird auf dem gesamten Kontinent – abgesehen vom Unterschied von Stadt und Land – ohne auffällige Dialektausprägungen gesprochen.

Sprachunterschiede entstehen eher aus Situations-, Milieu- oder sozialen Unterschieden. Die Kumpel, die am Freitagabend in der Kneipe ihr Bier stemmen, würden vermutlich kübelweise ihren Spott über einen Gast ausschütten, der mit dem piekfeinen Akzent eines Sprechers der Australian Broadcasting Corporation spräche.

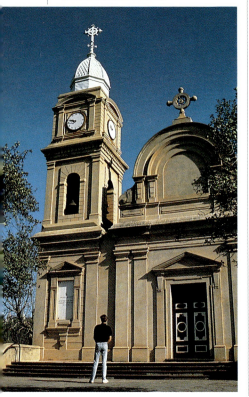

Die Abbey Church von New Norcia (Western Australien).

Sydney feiert den Australia Day.

Andererseits brächte wohl ihre spezifisch australische Redeweise einem Ausländer, der mühevoll *Oxford English* gelernt hat, erhebliche Verständnisschwierigkeiten. Viele Australier sprechen mit anhebender Intonation, was ihre Aussagen wie Fragen klingen läßt.

Der australische Wortschatz enthält einen gewissen Anteil von Aboriginal-Wörtern (*mallee, didgeridoo, kangaroo* etc.); ebenso wie zahlreiche erfundene Begriffe, die australische Besonderheiten kennzeichnen (*outback, bottlebrush, bloodwood* etc.); desgleichen nicht wenige englische Begriffe, die ihre ursprüngliche Bedeutung veränderten (*creek* bedeutet Fluß, *mountain ash*/Bergesche ist eine Eukalyptusart und *mob* eine Gruppe von Menschen oder Tieren). Aber das wahre Vergnügen am *Strine* (Australian) liegt in seinem ureigensten Slang, seinem »Rotwelsch«. Was immer auch verniedlichend oder verächtlichend verkürzt werden kann, das wird verkürzt: *Barbie* stammt von Barbecue, *cossie* von swimming costume, *garbo* von garbage collector. Und es gibt etliche zum Schmunzeln reizende Bezeichnungen (*dunny* bedeutet Freilufttoilette, ein *bludger* ist ein Schnorrer), die noch aus der Zeit der georgianischen englischen Volkssprache stammen könnten.

Ein nicht zu vernachlässigender Teil des *Strine* bezieht sich auf Sex, Fäkalien oder Saufen. Es gibt zahlreiche lautmalerische und bildliche Begriffe für den Vorgang der Entleerung nach überreichlichem Trinken: *to chunder*, »flüssig lachen«, »in die große weiße Telefonmuschel sprechen« etc. Beleidigende Bezeichnungen kommen häufig vor, können aber auch liebevoll gemeint sein (»you old bastard«). Ein kürzlich angebotener Universitätskurs unterrichtete *new aussies* in angemessenem Fluchen.

Obgleich *Strine* auf britischem Englisch gründet, kommt der größte Einfluß heute vom amerikanischen Englisch – bezogen auf Aussprache (»quarder« statt *quarter*), Wortschatz (»take on board«, »yuppie«) und Schreibweise (»program«; die ALP hieß jedoch bereits bei ihrer Gründung im späten 19. Jahrhundert »*Labor*« Party anstatt *Labour*).

Nachfolgend eine kurze und unsystematische Auswahl von Begriffen, Abkürzungen und Redewendungen, auf die Sie stoßen werden:

ABC	Australian Broadcasting Corporation
ACT	Australian Capital Territory (Canberra-Gebiet)
Alice, the	Alice Springs
ALP	Australian Labor Party
ANZAC	Australian and New Zealand Army Corps
arvo	Nachmittag
barbie	Barbecue
beaut	(sprich: *bjut*) wunderbar
billabong	Altarm eines Flusses

REISEINFORMATIONEN

Fliegenfischen bei den London Lakes (Tasmania).

billy	Blechbüchse zum Teekochen
bludger	Schnorrer
blue	Kampf
bloke	Mann
bottle shop	Laden für alkoholische Getränke
bush	ländliche Gegend
bushranger	»Strauchdieb«
BYO	*bring your own* (Getränkeselbstversorgung im Restaurant)
cask	Weinkiste
chook	Huhn
chunder	kotzen
crook	krank, nicht gut
dag, daggy	verfilzte, schmutzige Wolle am Steiß eines Schafs; beleidigend oder herzlich gemeint
daks	Hosen
dinkum	echt, wahre Klasse
drongo	Trottel
Dry	Trockenzeit
dunny	Freilufttoilette
fossicking	Jagd z.B. nach Edelsteinen
galah	Pageienart; Idiot
garbo	Müllmann
g'day	Guten Tag
greenie	Umweltschützer
hoon	Hooligan
international	ausländisch (z.B.: *international visitors*)
interstate	bezogen auf andere australische Staaten (z.B.: *he's interstate* = »er ist fern seines Heimatstaats«)
journo	Journalist
larrikin	Halbstarker
mate	Standardgruß für Männer
mob	Gruppe von Menschen oder Tieren
mozzie	Mücke
never-never	entlegener *outback*
new Australian	neuer Einwanderer
ocker	australischer Flegel
pokie	Spielautomat
pom, pommie	Engländer/in
property	Farm
RSL	Returned Servicemen's League
rort	Rowdygruppe, Saufgelage
salties	Salzwasserkrokodile
semi-trailer	Sattelschlepper
shout	eine Runde geben
slab	24er-Pack Bier
smoko	Rauchpause, Pause
station	große Farm
stingers	Quallen
strides	Hosen
swag	persönliche Habseligkeiten
ta	danke
tea	Abendessen
thongs	Badelatschen
tucker	Lebensmittel
uni	Universität
ute	Pritschenwagen
Wet	Regenzeit
wowser	Griesgram, Spielverderber
yakka	Arbeit

REISEINFORMATIONEN

Studenten- und Jugendreisen

Offizielle Vergünstigungen finden junge ausländische Besucher nur recht wenige, was dadurch wettgemacht wird, daß Australien ein vergleichsweise kostengünstiges Reiseland ist.

Unterkunft bieten unzählige kleine Hotels und Herbergen für Rucksackreisende *(hostels* und *backpackers' lodges).* Ein gültiger Jugendherbergsausweis des Heimatlandes kann Ermäßigungen einbringen und berechtigt zur Benutzung australischer Jugendherbergen. Fernreisen mit dem Bus reißen kein großes Loch in den Geldbeutel. Trampen ist möglich (in Queensland nicht erlaubt), doch nicht ganz ohne Gefahr. Mit wertvollen Informationen (über Mitfahrgelegenheiten, Ausflüge, Unterhaltungsangebote etc.) gespickt sind die in den Unterkünften aushängenden Schwarzen Bretter. Die Möglichkeiten zur einst so beliebten Ferienarbeit sind heute, in wirtschaftlich härteren Zeiten, beschränkt.

Telefon

An den meisten Orten finden Sie öffentliche Telefonzellen der Telstra. Ferngespräche oder STD (Subscriber Trunk Dialling) ermöglichen die meisten Telefonzellen, internationale Verbindungen, die mit ISD (International Subscriber Dialling) ausgewiesenen Zellen. Viele Apparate sind für Telefon- oder Kreditkarten eingerichtet. Bei Ortsgesprächen ist die Sprechzeit unbegrenzt. Nationale Ferngespräche sind angesichts der Entfernungen günstig. Billigtarife gelten an Wochentagen 18–8 Uhr sowie Fr 20 Uhr bis Mo 8 Uhr. Hotels berechnen für Anrufe, die Sie von Ihrem Zimmer aus geführt haben, oft den doppelten Tarif.

Um aus Übersee in Australien anzurufen, wählen Sie zunächst die internationale Vorwahl, dann Australiens Landeskennzahl (61), gefolgt von der Vorwahl der Stadt (ohne die erste Null) und der Teilnehmernummer. Um aus Australien nach Übersee zu telefonieren, wählen Sie die internationale Vorwahl (0011), die Landesnummer, Vorwahl der Stadt (ohne die erste Null), zuletzt die Teilnehmernummer. Beachten Sie die Zeitunterschiede (siehe unten)!

Toiletten

Australische Städte sind ausgesprochen gut ausgestattet mit (meist sauberen) öffentlichen Toiletten, die zusätzlich auf den Stadtplänen häufig hervorgehoben werden.

Touristeninformation

Australien verwöhnt seine Gäste mit Informationen. Die **Australian Tourist Commission** verteilt ihr Infomaterial über ihre Auslandsbüros (siehe nächste Seite). Die einzelnen Staaten verfügen jeweils über ein *Tourism-Board*-Hauptbüro in der Landeshauptstadt, Niederlassungen in anderen Staaten und verschiedene Auslandsbüros. Orte nahezu aller Größen betreiben Informationszentren, die Einblick in lokale Sehenswürdigkeiten und Buchungsmöglichkeiten für Unterkunft und Ausflüge bieten. Da häufig Beziehungen zwischen der Informationsstelle und den empfohlenen Dienstleistungen bestehen, muß mit einer gewissen Parteilichkeit gerechnet werden.

Weitere nützliche Informationen bieten die Verkehrsclubs (die kostenloses Kartenmaterial auch für Mitglie-

Planschen am Bondi Beach.

REISEINFORMATIONEN

der befreundeter ausländischer Organisationen ausgeben) und die Infostellen des National Parks and Wildlife Service.

Australian Tourist Commission:
Deutschland:
Neue Mainzer Straße 22,
D-60311 Frankfurt
Tel.: 069/274 00620;
Fax: 069/274 00640
Schweiz:
c/o Lilly Seydoux,
Weissenrainstraße 37,
CH-8707 Uetikon am See
Tel.: 01/920 3310;
Fax: 01/920 3595
Österreich:
Gebührenfreie Information über
Tel.: 0660/8902

Trinkgeld
Trinkgelder sind in Australien kaum üblich, werden auch nicht von Taxifahrern, Flughafengepäckträgern und Friseuren erwartet. Bahnhofsgepäckträger haben feste Tarife, während Sie Hotelgepäckträger nach Ermessen belohnen. Restaurants erheben meist keinen Servicezuschlag, außergewöhnlich gute Bedienung können Sie mit etwa zehn Prozent belohnen.

Zeit
Bedingt durch die Weite des Landes stoßen Sie in Australien auf drei Zeitzonen. Die Eastern Standard Time (EST) gilt in New South Wales, ACT, Victoria, Tasmania und Queensland; die Central Standard Time (CST) in Südaustralien und dem Nordterritorium; die Western Standard Time (WST) in Westaustralien. Die CST ist eine halbe Stunde hinter der EST zurück, die WST zwei Stunden. Während der von Oktober/ November bis März in allen Bundesstaaten (außer Queensland, NT und Westaustralien) üblichen Sommerzeit gehen die Uhren eine Stunde vor. Die Eastern Standard Time ist der mitteleuropäischen Zeit neun Stunden voraus.

Zollbestimmungen
Persönliche Gegenstände dürfen ohne Zoll nach Australien eingeführt werden; ebenso 250 Zigaretten, 1,125 l alkoholischen Getränks (Bier, Wein oder Schnaps) und Geschenke bis zu einem Wert von 400 A$. Schwere Strafen stehen auf die Einfuhr von Waffen, Drogen (weichen wie harten) und Quarantäneobjekten, z. B. kranke Pflanzen.

Die Northern Territory Tourist Commission hält Informationen über Sehenswürdigkeiten – wie etwa die Devils Marbles – bereit.

HOTELS UND RESTAURANTS

HOTELS UND RESTAURANTS

HOTELS

Die Übernachtungsmöglichkeiten in Australien reichen von einigen der besten und luxuriösesten Hotels der Welt über Motels, »units« (möblierte Appartements), »hotels« (worunter zuweilen einfachste Pubs zu verstehen sind) bis zu Herbergen für Rucksackreisende, die außer einem Dach über dem Kopf nichts anderes bieten. Selten einmal kommt man in die Verlegenheit, keine Unterkunft zu finden, doch ist es, vor allen Dingen in der Hochsaison, von Juli bis September und Dezember bis Februar, angeraten, im voraus zu reservieren. Die Preise sind im Vergleich zu anderen Industrieländern günstig. Oft kann, bei längerem Aufenthalt oder wenn man die Hotels einer Kette bucht, ein Preisnachlaß ausgehandelt werden.
Die folgenden Hotelempfehlungen sind in drei Preiskategorien eingeteilt:
- Preiswert ($)
- Mittel ($$)
- Teuer ($$$)

SYDNEY

Aarons Hotel ($–$$) 37 Ultimo Road, Haymarket (Tel.: 02 9281 5555). Überdurchschnittliche, preiswerte Unterkunft Nähe Darling Harbour and Chinatown.
The Cambridge ($$) 212 Riley Street, Surry Hills (Tel.: 02 9212 1111). Südlich der City gelegen; Darling Harbour, das Entertainment Centre und Chinatown sind zu Fuß leicht erreichbar.
Chateau Sydney ($$) 14 Macleay Street, Potts Point (Tel.: 02 9358 2500). Nahe Kings Cross; Pool und weitere Einrichtungen. Schöner Blick auf den Hafen.
Cremorne Point Manor ($–$$) 6 Cremorne Road, Cremorne Point (Tel.: 02 9953 7899). Dieses kleine Hotel bietet gute Unterkunft unweit vom Stadtzentrum.
Grand Hotel ($) 30 Hunter Street (Tel.: 02 9232 3755). Eines der ältesten Hotels in Sydney, mitten in der City gelegen.

Harbour Rocks Hotel ($$) 34 Harrington Street, The Rocks (Tel.: 02 9251 8944). Mittelgroßes Hotel in ausgezeichneter City-Lage.
Hotel Inter-Continental Sydney ($$$) 117 Macquarie Street (Tel.: 02 9230 0200). Zum Teil in den originalgetreu restaurierten Treasury Buildings von 1851, in der historischen Macquarie Street im Herzen der City.
Hotel Nikko Darling Harbour ($$$) Ecke Sussex und King Street (Tel.: 02 9299 1231). Edles Fünf-Sterne-Hotel mit Blick auf Darling Harbour, nicht weit zum City-Zentrum.
Hyatt Regency Sydney ($$$) Kings Cross Road, Kings Cross (Tel.: 02 9356 1234). Der gewohnte Luxus der Hyatt-Kette im Herzen von Sydneys Amüsierviertel.
Manhattan Hotel ($$) 8 Greenknowle Avenue, Elizabeth Bay (Tel.: 02 9358 1288). Die Zimmer im preiswerten Art-déco-Hotel bieten TV-Gerät, Kühlschrank und Gelegenheiten zur Selbstversorgung. Nahe Kings Cross.
Manly Beach Resort ($) 6 Carlton Street, Manly (Tel.: 02 977 4188). Nur ein Katzensprung zu den Attraktionen von Manly und dessen berühmten Strand.
Manly Pacific Parkroyal ($$$) 55 North Steyne, Manly (Tel.: 02 9977 7666). Das Haus der Parkroyal-Kette liegt direkt am Strand von Sydneys Badevorort Manly, der mit einer halbstündigen, abwechslungsreichen Fährenfahrt von der City leicht erreichbar ist.
Mercantile Hotel ($$) 25 George Street, The Rocks (Tel.: 02 9247 3570). Kleiner, stimmungsvoller Pub in zentraler Lage.
Oakford Apartments ($$) 10 Wylde Street, Potts Point (Tel.: 02 9358 4544). Komfortable Selbstversorger-Apartments mit Blick aufs Meer in der Kings-Cross-Gegend.
The Observatory Hotel ($$$) 89–113 Kent Street (Tel.: 02 9256 2222). Eines der neuesten und luxuriösesten Hotels in Sydney, unweit von The Rocks gelegen.

Old Sydney Parkroyal ($$$) 55 George Street (Tel.: 02 9252 0524). Mitten in The Rocks gelegen, ein Luxushotel mit Charakter, dessen allgemeiner Aufenthaltsbereich einst als Lagerhaus und Stallung diente.
Park Hyatt Sydney ($$$) 7 Hickson Road, The Rocks (Tel.: 02 9241 1234). Die wohl beste Lage in Sydney, das Hotel schmiegt sich elegant um eine Hafenbiegung.
Ravesi's on Bondi Beach ($$) Ecke Campbell Parade und Hall Street, Bondi Beach (Tel.: 02 9365 4422). Kleines, interessantes Hotel im Boutiquestil mit Blick auf den berühmten Bondi Beach. Ausgezeichnetes Restaurant.
The Regent of Sydney ($$$) 199 George Street (Tel.: 02 9238 0000). Unweit von The Rocks gelegen, mit fantastischen Aussichten auf City und Hafen.
Sebel Town House Hotel Sydney ($$$) 23 Elizabeth Bay Road, Elizabeth Bay (Tel.: 02 9358 3244). Unweit von Kings Cross, intimes Hotel, in dem die Reichen und Großen dieser Welt absteigen; gehört zu den »Leading Hotels of the World«.
Sir Stamford Double Bay ($$$) 22 Sir Stamford Knox Street, Double Bay (Tel.: 02 9363 0100). Hotel im Boutiquestil für die besseren Kreise in einem der buntesten und exklusivsten Stadtteile von Groß-Sydney.
Sydney Central YHA ($) Ecke Pitt Street/Rawson Place (Tel.: 02 9281 9111). Mit 530 Betten größte Jugendherberge der Welt nahe dem Hauptbahnhof.
Sydney Hilton ($$$) 259 Pitt Street (Tel.: 02 9266 2000). Das kürzlich renovierte Hilton, einst eines der ersten Hochhäuser im Zentrum der City, liegt günstig zu allen Sehenswürdigkeiten.
Thelellen Beach Inn ($) 2 Campbell Parade, Bondi Beach (Tel.: 02 9130 5333). In dieses renovierte Strandhotel strahlt noch etwas der Atmosphäre aus, die in Bondi in den 30er Jahren geherrscht haben muß.

HOTELS

Victoria Court Hotel ($$)
122 Victoria Street, Potts Point (Tel.: 02 9357 3200). Wunderschönes Gästehaus im viktorianischen Stil in einer grünen Straße unweit von Kings Cross.
Wynyard Vista Hotel ($$$)
7–9 York Street (Tel.: 02 9290 1840). Hotel für Geschäftsleute, das günstig zum Circular Quay, zum Knotenpunkt der öffentlichen Verkehrsmittel Wynyard und zum Geschäftsviertel der City liegt.

NEW SOUTH WALES
Canberra
Embassy Motel ($$)
Hopetoun Circuit, Deakin (Tel.: 02 6281 1322). Im Diplomatenviertel der Stadt gelegen.
Hyatt Hotel Canberra ($$$)
Commonwealth Avenue, Yarralumla (Tel.: 02 6270 1234). Das beste Hotel in Canberra. Ausgezeichneter Service und umfangreiches Angebot an Leistungen; in einem restaurierten Art-déco-Gebäude aus den 20er Jahren.
Macquarie Hotel ($)
18 National Circuit, Barton (Tel.: 02 6273 2325). In einem ruhigen Stadtteil; das Parliament House ist zu Fuß erreichbar.
Olims Canberra Hotel ($$)
Ecke Ainslie und Limestone Avenue, Braddon (Tel.: 06 248 5511). Gute Unterkunft zum vernünftigen Preis, unweit des City-Zentrums.
Rydgers Canberra ($$–$$$)
London Circuit, Canberra (Tel.: 06 247 6244). Unweit der wichtigen Sehenswürdigkeiten mit guter Aussicht.
Tall Trees Motel ($$)
21 Stephen Street, Ainslie (Tel.: 02 6247 9200). Zum Zentrum der City ist es von diesem ruhigen und schön gelegenen Motel nicht weit.

Blue Mountains
The Chalet Guesthouse ($$)
46 Portland Avenue, Medlow Bath (Tel.: 02 4788 1122). Das reizende Gästehaus stammt aus den 90er Jahren des 19. Jahrhunderts und liegt günstig zu den Sehenswürdigkeiten in den Blue Mountains.

Fairmont Resort ($$$)
1 Sublime Point Road, Leura (Tel.: 02 4782 5222). Dieses moderne Kurhotel bietet ausgezeichnete Unterkunfts- und Erholungsmöglichkeiten; als Zugabe gibt es wunderbare Ausblicke auf die Felsspitzen.
Jemby Rinjah Lodge ($$)
336 Evans Lookour Road, Blackheath (Tel.: 02 4787 7622). Direkt am Blue Mountains National Park mit Unterkunft in holzgetäfelten Zimmern, manche mit Möglichkeit zur Selbstversorgung, und ein ausgezeichnetes Restaurant.
Jenolan Caves House ($$$)
Jenolan Caves (Tel.: 02 6359 3304). Ein prächtiges, weitausgelegtes Haus im Tudorstil, das aus den großen Tagen der Bergferien im 19. Jahrhundert überlebt hat.
Lilianfels Blue Mountains ($$$) Lilianfels Avenue, Echo Point, Katoomba (Tel.: 02 4780 1200). Die exklusivste Unterkunft in den Blue Mountains. Das originalgetreu erhaltene Haus aus den 1890er Jahren beherbergt heute ein preisgekröntes Restaurant.
Mountain Heritage Country House Retreat ($$)
Ecke Apex/Novel Street, Katoomba (Tel.: 02 4782 2155). Reizendes Hotel alten Zuschnitts mit Kamin, geräumigen Zimmern verschiedener Größe und Raumaufteilung. Ausgezeichneter Ausblick in die Umgebung.

Hunter Valley
Peppers Guest House ($$–$$$) Ekerts Road, Pokolbin (Tel.: 02 4998 7596). Das wunderbar in den Weinbergen gelegene, noch im Kolonialstil erhaltene Haus wird immer wieder wegen seines Komforts, des Leistungsangebots, der Freundlichkeit und wegen des Essens im Restaurant Chez Pok ausgezeichnet.
Pokolbin Village Resort ($$)
Broke Road, Pokolbin (Tel.: 02 4998 7670). Inmitten des Hunter Valley bietet die Wahl zwischen motelartiger Unterkunft und Selbstversorger-Villen.

Southern Highlands
Berida Manor ($$)
6 David Street, Bowral (Tel.: 02 4861 1177). Herrenhaus im englischen Stil, umgeben von einem prächtigen Garten. Antike Möbel und ausgezeichnetes Essen runden das Bild ab.
Links House Small Hotel ($$) 17 Links Road, Bowral (Tel.: 02 4861 1408). In ruhiger Lage gegenüber dem örtlichen Golfklub gelegen, verfügt dieses Hotel über einen Garten, Tennisplätze, angenehme Zimmer, zwei Hallen und ein beliebtes Restaurant.
Mecure Grand Bowral Heritage Park ($$)
9 Kangaloon Road, Bowral, Blackheath (Tel.: 02 4861 483). Preisgekrönte Unterkunft mit allen Annehmlichkeiten, einschließlich grossem Garten, Tennis, Krocket, Golf und Billard.
Milton Park Country House Hotel ($$$) Hordern's Road, Bowral (Tel.: 043 61 1522). Das Haus genießt den Ruf, eines der ersten in Australien zu sein und zeigt das auch. Das hochgeschätzte Landhotel liegt in einem herrlichen Gelände und bietet seinen Gästen nicht nur umfassenden modernen Hotelkomfort, sondern auch eine ausgezeichnete Küche.

VICTORIA
Melbourne
Albany Motor Inn ($)
Ecke Toorak Road und Millswyn Street, South Yarra (Tel.: 03 9866 4485). Preiswerte Unterkunft in der ansonsten teuren City-Gegend von South Yarra.
All Seasons Crossley ($$–$$$) 51 Little Bourke Street (Tel.: 03 9639 1639). Modernes »Boutique«-Hotel mit ausgezeichnetem Hotelkomfort.
Batmans Hill Hotel ($$)
66–70 Spencer Street Tel.: 03 9614 6344). Gegenüber der Spencer Street Station, etwas versteckt hinter einer restaurierten Fassade.
City Limits Hotel ($)
20–22 Little Bourke Street (Tel.: 03 9662 2544). Preis-

HOTELS UND RESTAURANTS

wertes Hotel im Zentrum, das Zimmer mit eigenem Bad und Küchenzeile hat.
City Park Motel ($–$$)
308–310 Kingsway, South Melbourne (Tel.: 03 9699 9811). Preisgünstiges Haus in der Nähe des Botanischen Gartens und der lebhaften Gegend von St Kilda.
Georgian Court Guest House ($) 21–25 George Street, East Melbourne (Tel.: 03 9419 6353). In der exklusiven und beliebten Gegend von East Melbourne; zum City-Zentrum sind es nur ein paar Minuten zu Fuß.
Grand Hyatt Melbourne ($$$) 123 Collins Street (Tel.: 03 9657 1234). Wohl das luxuriöseste Hotel im Herzen der City, ausgestattet mit allen Bequemlichkeiten.
Hotel Grand Chancellor Melbourne ($$)
131 Lonsdale Street (Tel.: 03 9663 3161). Zentral gelegenes Hotel mit gutem Service, guten Leistungen und akzeptablen Preisen.
Kingsgate Hotel ($)
131 King Street (Tel.: 03 9629 3049). Ausgesprochen gutes Preis-Leistungs-Verhältnis im City-Zentrum, mit Restaurant, Coffeeshop und Bar.
Le Meridien at Rialto ($$$) 495 Collins Street (Tel.: 03 9620 9111). In einem herrlichen neogotischen Bau aus dem späten 19. Jahrhundert mit üblichem Komfort.
Lygon Lodge Carlton ($)
220 Lygon Street, Carlton (Tel.: 03 663 6633), zwei gehobene Motels im innerstädtischen Teil von Carlton.
Oakford Gordon Place ($$–$$$) 24 Little Bourke Street (Tel.: 03 9663 2888). Das zwischen Parliament und Chinatown gelegene Oakford bietet luxuriöse Appartements (mit Bücherregalen und Büchern!), die an einen mit Wein bewachsenen Innenhof liegen, den eine hohe Palme ziert. In dem historischen Gebäude finden sich ein Delikatessengeschäft, eine Bar und Places Restaurant; hier tobt das Großstadtleben.
Oakford The Park ($$)
631 Punt Road, South Yarra (Tel.: 03 9820 8544). Das ist eines jener Gebäude, die mehrfach in Melbourne zu finden sind und in denen man gut in Schuß gehaltene Appartements mieten kann.
Old Melbourne Hotel ($$)
5 Flemington Road, North Melbourne (Tel.: 03 9329 9344). Um einen Hof gruppieren sich drei Restaurants und ein paar Bars.
Parkroyal on St Kilda Road ($$–$$$) 562 St Kilda Road, St Kilda (Tel.: 03 9529 8888). Elegantes Hotel im Boutique-Stil mit großen Zimmern und ausgezeichnetem Service. Eine kurze Straßenbahnfahrt vom City-Zentrum entfernt, in einem der interessantesten inneren Stadtteile gelegen.
Rockman's Regency Hotel ($$$) Ecke Exhibition und Lonsdale Street (Tel.: 03 9662 3900). Melbournes luxuriösestes Hotel liegt unweit des City-Zentrums. Es bietet ausgezeichneten Hotelkomfort und einige der besten Restaurants der Stadt.
Rydgers Carlton Hotel ($)
701 Swanston Street, Carlton (Tel.: 03 9347 7811) und **Lygon Lodge Carlton** ($) 220 Lygon Street, Carlton (Tel.: 03 9663 6633), zwei gehobene Motels im innerstädtischen Bereich von Carlton.
Rydgers on Flinders ($$–$$$) Ecke Flinders Lane und Spencer Street (Tel.: 03 9629 4111). Das im Herzen des Finanzdistrikts gelegene Hotel ist stolz auf seine wählerischen Gäste.
Sheraton Vista Hotel
($$–$$$) 13 Spring Street (Tel.: 03 9205 9999). Verläßliches Haus im City-Zentrum mit Aussicht auf die Treasury Gardens.
South Yarra Hill Suites ($$–$$$) 14 Murphy Street, South Yarra (Tel.: 03 9868 8222). Diese Appartements mit ein bis drei Schlafzimmern, Küche und Wohnzimmer findet man im exklusiven Stadtteil von South Yarra. Zusätzlich besteht auch ein Zimmerservice.
St Kilda Road Travelodge ($$) Ecke St Kilda Road und Park Street (Tel.: 03 9699 4833). Gegenüber dem Botanischen Garten und nicht weit vom Victoria Arts Centre; 230 Zimmer.
Victoria Hotel ($$) 215 Little Collins Street (Tel.: 03 9633 6000). Komfortables Hotel aus der Jahrhundertwende, das im City-Zentrum liegt und im Lauf seiner Geschichte zu einer Institution von Melbourne geworden ist.
The Windsor ($$$)
103 Spring Street (Tel.: 03 9633 6000). Das ehrwürdige und altmodische Hotel wurde wunderbar restauriert und mit Antiquitäten ausgestattet. Es hat eine ausgezeichnete Lage gegenüber dem Parlament und wurde vom National Trust als bewahrenswertes australisches Kulturerbe eingestuft.

Great Ocean Road
Caledonian Inn ($)
Ecke Bank und James Street, Port Fairy (Tel.: 03 5568 1044). Eine hervorragende Bar und ein Fischrestaurant zeichnen das Caledonian Inn aus, das auch das älteste »Hotel« in Victoria ist, das ununterbrochen eine Ausschanklizenz besessen hat. Auf den Motelbereich bezieht sich dieser Altersrekord aber sicher nicht.
Cumberland Lorne Resort ($$$) 150 Mountjoy Parade, Lorne (Tel.: 03 5289 2400). Ein neuer Hotelkomplex mit Appartements im Zentrum dieses bekannten Seebades.
Erskine House ($$)
136 Mountjoy Parade, Lorne (Tel.: 03 5289 1209). Der Schriftsteller Rudyard Kipling stieg einstmals in diesem ehrwürdigen Hotel ab, das sich durch seinen makellosen Garten auszeichnet.
Seacombe House Motor Inn ($$) 22 Sackville Street, Port Fairy (Tel.: 03 5568 1082). Eines der älteren Gebäude in diesem reizvollen Hafenstädtchen; auch Seacombe House ist vom National Trust in seine Liste aufgenommen worden. Das Inn selbst allerdings besteht aus neuen Moteleinheiten.

Nordöstliches Victoria
Eucalypt Ridge ($$$)
564 Skyline Road, Eildon (Tel.: 03 5774 2033). Ein Berghotel mit Aussichten auf den Lake Eildon für die gehobeneren Schichten. Das Haus bietet neben Luxus-Suiten

HOTELS

und einer hervorragenden Küche 100 Hektar Buschland und einen Nationalpark in unmittelbarer Nähe.
Mount Buffalo Chalet ($$) Mount Buffalo National Park (Tel.: 03 5755 1500). Herrlich altmodisches Haus im alpinen Stil in der sehenswerten Umgebung dieses Nationalparks.
Pension Grimus ($$$) 149 Breathtaker Road, Mount Buller (Tel.: 03 5777 6396). Beste Unterkunft in der Gegend um Mount Buller. Ideal für Wintersport oder Bergwandern. Dampfbad und preisgekröntes Restaurant.
Rose Cottage ($$) 42 Camp Street, Beechworth (Tel.: 03 5728 1069). Unterkunft wie bei »Bed and Breakfast« in einem reizenden Häuschen; wunderbare Atmosphäre.
Tanswells Commercial Hotel ($) 50 Ford Street, Beechworth (Tel.: 03 5728 1480). Das mitten in einer perfekt erhaltenen, Goldgräberstadt gelegene Tanswells aus dem 19. Jahrhundert wartet mit schönen Schmiedearbeiten und originalgetreuer Einrichtung auf. Das Haus steht gehört zum National Trust.
Trackers Mountain Lodge ($$–$$$) 88 Schuss Street, Falls Creek (Tel.: 03 5758 3346). Luxuriöse Unterkunft in einem der beliebtesten Skiorte Australiens. Auch im Sommer eignet sich das Hotel sehr gut als Basis für Wanderungen, Ausritte und Angelabenteuer.

SOUTH AUSTRALIA
Adelaide
Adelaide's Bed And Breakfast ($$) 239 Franklin Street (Tel.: 08 8231 3124). Gemütliche Zimmer in einem historischen Sandsteingebäude aus den 70er Jahren des 19. Jahrhunderts, zentral gelegen am City Square.
Apartments on the Park ($$) 274 South Terrace (Tel.: 08 8232 0555). Selbstversorger-Appartements am Südende der Stadt; ideal für Familien oder Kleingruppen.
Barron Townhouse ($$) Ecke Hindley und Morphett Street (Tel.: 08 8211 8255). Zentral gelegene Appartements.
Earl of Zetland Hotel ($) Ecke Gawler Place und Flinders Street (Tel.: 08 8223 5500). Komfortables, altmodisches Hotel in zentraler Lage.
Festival Lodge Motel ($) 140 North Terrace (Tel.: 08 8212 7877). Unterkunft im Motelstil zu vernünftigen Preisen in Adelaides bekanntester Straße.
Grosvenor Hotel ($$) 125 North Terrace (Tel.: 08 8407 8888). Fast genau gegenüber dem Hotel Hyatt. Hier steigen Großfarmer und ihre Familien ab, die in die Stadt kommen; die Zimmer umfassen alle Preiskategorien.
Hilton International ($$$) 233 Victoria Square (Tel.: 08 8237 0777). Der übliche gute Komfort der Hilton-Hotels im Herzen der City.
Hintley Parkroyal ($$$) 65 Hindley Street (Tel.: 08 8231 5552). Im Herzen von Adelaides Vergnügungsviertel mit gutem Preis-Leistungs-Verhältnis. Pool und Restaurant sind vorhanden.
Hyatt Regency Adelaide ($$$) North Terrace (Tel.: 08 8231 1234). Das innen und außen mit erstaunlich vielen Kunstwerken versehene Hyatt gilt als das luxuriöseste Hotel der Stadt und liegt zentral nahe der wichtigsten Sehenswürdigkeiten.
The Mansions Apartments ($$) 21 Pulteney Street (Tel.: 08 8232 0033). Gut gelegene Selbstversorger-Appartements in einem interessanten alten Gebäude.
North Adelaide Heritage Apartments ($$) (Tel.: 08 8272 1355). Selbstversorger-Appartements an verschiedenen Orten im Norden von Adelaide.
Richmond Hotel on The Mall ($$) 128 Rundle Mall (Tel.: 08 8223 4044). Zentral gelegene Appartements im Geschäftsviertel.
Stamford Grand ($$$) Moseley Square, Glenelg (Tel.: 08 8376 1222). Das beste Hotel in Adelaides berühmtem Strandvorort, nur eine kurze und angenehme Tramfahrt vom City-Zentrum entfernt.
Stamford Plaza ($$$) 150 North Terrace (Tel.: 08 8217 7552). Elegantestes Hotel der Stadt mit ausgezeichnetem Service und geschmackvoll eingerichteten Zimmern.

Adelaide Hills
Hahndorf Inn Motor Lodge ($–$$) 35 Main Road, Hahndorf (Tel.: 08 8388 1000). Motel-Unterkunft zu vernünftigen Preisen im Herzen des malerischen Ortes in den Adelaide Hills.
Mecure Grand Hotel Mount Lofty House ($$$) 74 Summit Road, Crafers (Tel.: 08 8339 6777). Luxuriöses Landhaus im südaustralischen Stil unterhalb des Gipfels des Mount Lofty in den Adelaide Hills; Gourmet-Restaurant im Haus.
Thorngrove Country Manor ($$$) 2 Glenside Lane, Stirling (Tel.: 08 8339 6748). 20 Minuten vom Zentrum der City, ein Beispiel großzügiger Landhauskultur im europäischen Stil: Garten, europäische Antiquitäten und weitläufige Suiten.

Barossa Valley
Blickinstal Hillside ($$) Rifle Range Road, Tanunda (Tel.: 08 8563 2716). Bed-and-Breakfast-Unterkunft mit herrlichen Ausblicken über das Barossa-Tal – der deutsche Pensionsname sagt es bereits.
Collingrove Homestead ($$$) Eden Valley Road, Angaston (Tel.: 08 8564 2061). Komfortable Übernachtung in den Bediensteten-Unterkünften dieses National-Trust-Anwesens am Rande des Barossas; einst im Besitz einer der reichsten Landbesitzerfamilien Australiens; Abendessen nur mit Voranmeldung.
The Hermitage of Marananga ($$$) Ecke Seppeltsfield und Stonewell Road, Marananga (Tel.: 08 8562 2722). Das Gebäude im Kolonialstil inmitten der Barossa-Weinberge bietet Bed-and-Breakfast-Unterkunft der gehobenen Klasse. Mit ausgezeichneter Gourmet-Küche (siehe S. 279).

HOTELS UND RESTAURANTS

Tanunda Hotel ($)
51 Murray Street, Tanunda (Tel.: 08 8563 2030). Preisgünstige Unterkunft im sonst eher teuren Barossa-Tal.

WESTERN AUSTRALIA
Perth
Airways City Hotel ($$)
195 Adelaide Terrace (Tel.: 08 9492 7799). Eine erschwingliche Alternative zum nahen Sheraton.
Baileys Parkside Motel ($)
150 Bennett Street (Tel.: 08 9325 3788). Zentral gelegene preiswerte Selbstversorger-Appartements für Familien; auch Suiten.
Burswood Resort Hotel and Casino ($$$) Great Eastern Highway, Rivervale (Tel.: 08 9362 7777). Vom City-Zentrum aus auf der anderen Seite des Swan River gelegen; eine luxuriöse Erholungsanlage mit eigenem Golfplatz; das angeschlossene Spielkasino ist das größte der südlichen Hemisphäre.
Carlton Hotel ($)
248 Hay Street East (Tel.: 08 9325 2092). Ob es tatsächlich der »freundlichste Pub der Stadt« ist? Im Preis ist die Morgenzeitung eingeschlossen.
Chateau Commodore Hotel ($$) 417 Hay Street (Tel.: 08 9325 0461). Gute Unterkunft zum vernünftigen Preis; Schwimmbad, Restaurant, nur ein paar Schritte zum Geschäftsviertel der Stadt.
City Waters Lodge ($–$$)
118 Terrace Road (Tel.: 08 9325 1566). Das Gästehaus bietet Selbstversorger-Appartements am Hochufer des Swan River.
Cottesloe Beach Hotel ($–$$) 104 Marine Parade, Cottesloe (Tel.: 08 9383 1100). 15 Fahrminuten außerhalb von Perth bietet dieses Strandhotel eine preiswerte Unterkunft; Bars und Café.
Hyatt Regency Perth ($$$)
99 Adelaide Terrace, East Perth (Tel.: 08 9225 1234). Eines der besten Hotels der Stadt, östlich des Zentrums gelegen und mit Blick auf den Swan River.
Metro Inn Apartments ($)
22 Nile Street, East Perth (Tel.: 08 9325 1866). Preiswerte Selbstversorger-Appartements und Hotelzimmer nahe des City-Zentrums und des Flusses.
Miss Maud Swedish Hotel ($$) 97 Murray Street (Tel.: 08 9325 3900). Skandinavische Eleganz in zentraler Lage. Miss Maud sorgt für gutes, preiswertes Essen.
Parkroyal Perth ($$$)
54 Terrace Road (Tel.: 08 9325 3811). Das Parkroyal bietet luxuriöse Unterkunft im Herzen der City und schöne Aussichten auf den Swan River. Eine der besten Adressen in Perth.
Parmelia Hilton ($$$)
14 Mill Street (Tel.: 08 9322 3622). Eines der profiliertesten Hotels der Hilton-Kette im Zentrum von Perths City.
Radisson Observation City Hotel ($$$)
The Esplanade, Scarborough (Tel.: 08 9245 1000). Luxuriöse Hotelanlage am Strand von Scarborough, mit dem Wagen nur 15 Minuten zum City-Zentrum.
The Royal Hotel ($)
Ecke Wellington und William Street (Tel.: 08 9481 1000). Ein renoviertes Hotel im Pub-Stil, zentrale Lage im City-Zentrum, mit Selbstsorger-Ausstattung in den Zimmern oder in den Gemeinschaftsräumen.
Sheraton Perth Hotel ($$$)
207 Adelaide Terrace (Tel.: 08 9325 0501). Sheraton-Komfort an einer der Hauptstraßen von Perth.
Sullivans Hotel ($$)
166 Mounts Bay Road (Tel.: 08 9321 8022). Kleines, freundliches Hotel am Rande des Kings Park. Einige Zimmer mit Flußblick.

Fremantle
Esplanade Hotel ($$$)
Ecke Marine Terrace und Essex Street (Tel.: 08 9430 4000). Hotel von internationalem Standard im Herzen des historischen Fremantle. Man kann zwischen Zimmern, Studios und Suiten wählen; auch das Restaurant und die Erholungseinrichtungen sind ausgezeichnet.
Tradewinds Hotel ($$)
59 Canning Highway, East Fremantle (Tel.: 08 9339 8188). In schöner Lage über dem Swan River unweit des Zentrums bietet dieses Hotel Appartements auf Zeit mit täglichem Service.

Kalgoorlie-Boulder
Hannan's View Motel ($$)
430 Hannan Street, Kalgoorlie (Tel.: 08 9021 3333). Empfehlenswertes, zentral gelegenes Hotel.
Mecure Plaza Hotel ($$)
45 Egan Street, Kalgoorlie (Tel.: 08 9021 4544). Das wohl beste Hotel der Stadt, komfortabel und mit allen zu erwartenden Einrichtungen; anders als die meisten Hotels in Kalgoorlie relativ nahe beim Zentrum.
York Hotel ($–$$)
259 Hannan Street, Kalgoorlie (Tel.: 08 9021 2337). Herrliches Hotel, das Anfang des Jahrhunderts eröffnet wurde; die Erinnerungen an den Goldrausch leben fort in den dunkel möblierten Räumen oder altertümlichen Badezimmern. Das Restaurant bietet Haxen und Steaks zum Frühstück – echte Goldsucherkost.

Weitere historische Hotels in Kalgoorlie-Boulder sind das **Exchange** (Tel.: 08 9021 2833) und das **Palace** (Tel.: 08 9021 2788) in der Hannan Street.

NORTHERN TERRITORY
Darwin
Beaufort Darwin ($$$)
The Esplanade (Tel.: 08 8980 0800). Das luxuriöse Beaufort ist in einem faszinierenden, rosa und blau gehaltenen, postmodernen Gebäude untergebracht an Darwins Esplanade. Der Bau ist einer der auffallendsten Beiträge zur Skyline in der Ära nach Tracy. Ausgezeichnete Restaurants wie das Siam (gute Thai-Küche) und das edle Siggi's (internationale Kost) sorgen sich um das Wohlergehen des Gastes.
Capricornia Motel ($)
44 East Point Road, Fannie Bay (Tel.: 08 8981 4055). Komfortable und preiswerte »units« unmittelbar außerhalb des Stadtzentrums; mit Restaurant und Swimmingpool.

HOTELS

Cherry Blossom Motel ($)
108 The Esplanade (Tel.: 08 8981 6734). Annehmbares Motel in ausgezeichneter Lage an der Esplanade; günstig gelegen zum Zentrum.
City Gardens Apartments ($$) 93 Woods Street (Tel.: 08 8941 2888). Zentral gelegener Komplex mit Appartements und Familien-»units«, inklusive Pool und Grillbereich im Freien.
Darwin Travelodge ($$–$$$) 122 The Esplanade (Tel.: 089 81 5388). Gutes modernes Hotel am Meer.
MGM Grand Darwin ($$$) Gilruth Avenue, The Gardens (Tel.: 08 8943 8888). Luxushotel, das zum Spielkasinokomplex von Darwin gehört; am Strand, knapp außerhalb des Stadtzentrums.
Novotel Atrium Hotel Darwin ($$–$$$)
Ecke Peel Street und The Esplanade (Tel.: 08 8941 0755). Mittelgroßes, modernes Hotel in Spitzenlage am Meer, gut ausgestattet und mit freundlichem Service. Standardzimmer und Luxussuiten.
Plaza Hotel Darwin ($$$) 32 Mitchell Street (Tel.: 08 8982 0000). Das Plaza ist das höchste Gebäude von Darwin und bietet in seinem kühlen Innenhof Erholung während der feucht-heißen Jahreszeit.
Poinciana Inn ($$) Ecke Mitchell und McLachlan Street (Tel.: 08 8981 8111). Günstige Einzel- bis Mehrbettzimmer; nur fünf Gehminuten vom Stadtzentrum entfernt.

Alice Springs
Alice Springs Pacific Resort ($$–$$$) 34 Stott Terrace (Tel.: 08 8952 6699). Attraktive Anlage, deren Zimmerangebot von familiengerechten Appartements über normale Zimmer bis hin zu Luxussuiten reicht. Ein Restaurant, ein Swimmingpool und ein öffentlicher Grillbreich stehen den Gästen zur Verfügung.
Alice Tourist Apartments ($) Corner Gap Road and Gnoilya Street (Tel.: 08 8952 2788). Zwei-Schlafzimmer-Appartements zum günstigen Preis. Der kleine Komplex liegt unmittelbar außerhalb der Stadt und bietet Schwimmbad und Kochgelegenheiten.
Diplomat Hotel ($$)
Ecke Gregory Terrace und Hartley Street (Tel.: 08 8952 8977). Geschmackvoll in reizvollen Rosatönen gehaltenes Motel, das auf zwei Ebenen im Herzen der Stadt zu finden ist. Managersuiten mit Massagebädern werden ebenfalls geboten.
Frontier Oasis Alice Springs ($$) 10 Gap Road (Tel.: 08 8952 1444). Gut gelegene Unterkunft im Motel-Stil, überdurchschnittliche Infrastruktur mit Pool und Garten.
Lasseters Hotel Casino ($$–$$$) 93 Barrett Drive (Tel.: 08·8952 5066). Eines der besten Hotels in Alice Springs, gehört zum wachsenden Spielkasinokomplex und bietet sowohl Zimmer als auch Suiten.
Melanka Lodge ($)
94 Todd Street (Tel.: 08 8952 2233). Vermutlich das beste Angebot preiswerter Unterkunft in Zentralaustralien; man kann sich in einfachen Zimmern, in motelartigem Unterkünften mit eigenem Badezimmer und anderen Preiskategorien einmieten. Ein Restaurant mit Alkoholausschanklizenz und zwei Schwimmbäder stehen zur Verfügung der Gäste; zentrale Lage.
Plaza Hotel Alice Springs Hotel ($$$) Barrett Drive (Tel.: 08 8952 8000). Unterkunft in einem Ferienkomplex der Luxusklasse zu Füßen der MacDonnell Ranges unmittelbar südlich der Stadt.

Ayers Rock
Am Ayers Rock stehen Unterkünfte und andere Einrichtungen nur außerhalb des Nationalparks im Ayers Rock Resort (dem ehemaligen Yulara) zur Verfügung. Hier bietet sich die Wahl zwischen der herrlich angelegten Luxusanlage **Sails in the Desert** (Tel.: 08 8956 2200), dem komfortablen **Desert Gardens** (Tel.: 08 8956 2100) und dem ebenso bequemen, aber etwas einfacheren und preiswerteren **Outback Pioneer Lodge** (Tel.: 08 8956 2170). Auch für Rucksackreisende und Camper ist gesorgt. In allen Hotels sind Restaurants zu finden, die alle in der etwa gleichen Preis- und Leistungskategorie liegen.

QUEENSLAND
Brisbane
Albert Park Hotel Inn ($$) 551 Wickham Terrace, Spring Hill (Tel.: 07 3831 3111). Komfortables Hotel in der Nähe des Albert Park; kurzer Fußweg ins City-Zentrum. Vom Pool und der Terasse hat man einen schönen Blick auf den Park. Das Restaurant bietet eine umfangreiche Karte.
Bellevue Hotel ($–$$)
103 George Street (Tel.: 07 3221 6044). Das Innenstadthotel lockt mit relativ niedrigen Preisen. Es besitzt sowohl Pool als auch Restaurant und liegt nahe Kasino und South Bank Parklands.
Conrad Treasury Brisbane ($$$) Ecke William/George Street (Tel.: 07 3306 8888). Brisbanes jüngstes Luxus-Hotel ist mit dem Kasino verbunden. Beide befinden sich in ausgezeichnet renovierten historischen Sandsteingebäuden.
Coronation Motel ($)
205 Coronation Drive, Milton (Tel.: 07 3369 9955). Preiswerte Motelzimmer unweit des City-Zentrums; das Hotels bietet nichts Besonderes, aber ein gutes Preis-Leistungs-Verhältnis.
Gazebo Hotel Brisbane ($$) 345 Wickham Terrace (Tel.: 07 3831 6177). Unter den Hotels auf den grünen Hügeln oberhalb des City-Zentrums (das zu Fuß erreichbar ist) ragt dieses deutlich heraus.
The Heritage ($$$) Ecke Margaret und Edward Street (Tel.: 07 3221 1999). Luxushotel im City-Zentrum, das vor allem von seiner Lage in der Nähe des Meeres und des Botanischen Gartens profitiert.
Kirribilli Apartments ($$) 150 Oxlade Drive, New Farm (Tel.: 07 3358 5622).

HOTELS UND RESTAURANTS

Am Brisbane River gelegene Appartements mit einem oder zwei Schlafzimmern und Zimmerservice; zur City sind es mit der Fähre oder dem Auto nur ein paar Minuten.
Mercure Hotel Brisbane ($$)
85–87 North Quay (Tel.: 07 3236 3300). In der Nähe des City-Zentrums gelegen, mit Blick auf den Fluß und die Parkanlagen der South Bank; komfortabel mit Bars, Restaurants und Pool.
Metro Inn Tower Mill ($$)
239 Wickham Terrace (Tel.: 07 3832 1421). Oberhalb der Stadt gelegen, hat man von den Balkonen des Hotels einen wunderschönen Blick. Cocktailbar und 24-Stunden-Zimmerservice sind weitere Annehmlichkeiten.
Powerhouse Boutique Hotel ($$–$$$) Ecke Kingsford Smith Drive und Hunt Street, Hamilton (Tel.: 07 3862 1800). Elegantes Hotel im Boutique-Stil, das günstig zum Flughafen liegt, aber auch nur ein paar Autominuten von der City entfernt ist. Aller Hotelkomfort, dazu ein Restaurant und eine Bar.
Sheraton Brisbane Hotel and Towers ($$$)
249 Turbot Street (Tel.: 07 3835 3535). Der komplette Sheraton-Luxus im Herzen der Stadt.

Sunshine Coast
Hyatt Regency Coolum ($$$) Warran Road, Coolum Beach (Tel.: 07 5446 1234). Eine nahezu autarke und außerordentlich luxuriöse Erholungsanlage, die eine große Auswahl an Unterbringungsmöglichkeiten anbietet; auch das Angebot an Sport und Erholungseinrichtungen läßt nichts zu wünschen übrig. Liegt zwischen dem Mount Coolum National Park und den berühmten Sandstränden der Sunshine Coast. Unter den Restaurants ist Petrie's Restaurant hervorzuheben. Fragen Sie nach Sonderarrangements und Spezialtarifen.
Netanya Noosa Resort ($$) 75 Hastings Street, Noosa Heads (Tel.: 07 5447 4722). Angenehme Ferienanlage direkt am Strand, nahe bei vielen Restaurants. Alle Suiten sind mit Balkon und Kochnische ausgestattet; ein Restaurant (mit Alkohollizenz) und eine Cocktailbar stehen zur Verfügung.
Novotel Twin Waters Resort ($$$) Ocean Drive, Mudjimba Beach (Tel.: 07 5448 8000). Eine weitere exklusive Ferienanlage an der Sunshine Coast mit einem breitgestreuten Angebot an Einrichtungen in Mündungsnähe des Maroochy River.
Sheraton Noosa Resort ($$$) Hastings Street, Noosa Heads (Tel.: 07 5449 4888). Gehobene Unterkunft in einer durchdachten, flachgebauten Ferienanlage; weitläufige Zimmer mit Massagebädern und Kochnischen.
Sun Lagoon ($$) Quamby Place, Noosa Sound (Tel.: 07 5447 4833). An Meeresufer und Noosa River erbaut, besteht diese Anlage aus Selbstversorger-Appartements, in denen bis zu sechs Personen wohnen können.

Noosa hat eine große Bandbreite an Unterkünften zu bieten, die noch ein menschliches Maß besitzen, und keine Wolkenkratzer wie an der Gold Coast. Nähere Auskünfte erteilt: Accom Noosa, Hastings Street, Noosa Heads, PO Box 694, Noosa, Qld 4567 (Tel.: 07 5447 3444).

Gold Coast und das Landesinnere
Conrad Jupiters ($$$) Broadbeach Island (Tel.: 07 5592 1133). Mit mehr als 600 Zimmern und einem rund um die Uhr geöffneten Spielkasino einer der Plätze an der Gold Coast, die man gesehen haben muß.
Diamonds Resort ($$)
19 Orchid Avenue, Surfers Paradise (Tel.: 07 5570 1011). Die im Herzen von Surfers Paradise gelegene Anlage liegt nur einen Block vom Strand entfernt. Sie bietet Zimmer, Appartements und Suiten zu vernünftigen Preisen.
Sheraton Mirage ($$$) Sea World Drive, Main Beach (Tel.: 07 5591 1488). Daß nicht alles an der Gold Coast gedankenlos hochgezogen wurde, beweisen die geschmackvollen und luxuriösen Flachbauten des Sheraton mit ihrer makelloser Gartenanlage. Auch das Horizons Restaurant zieht illustre Gäste an.

In den grünen Hügeln hinter der Küste:
Binna Burra Mountain Lodge ($$) Beechmont, über Nerang (Tel.: 07 5533 3622). Ausgezeichnete Alternative zu O'Reilly's (siehe unten).
O'Reilly's Rainforest Guesthouse ($$)
Lamington National Park via Canungra (Tel.: 07 5544 0644). Noch immer im Besitz der Pionierfamilie, die seit über 80 Jahren Gäste in den Bergen willkommen heißt. Im Preis sind Mahlzeiten und Unternehmungen mit eingeschlossen.
St Bernard's ($) 101 Alpine Terrace, Tamborine Mountain (Tel.: 07 5545 1177). Kookaburras machen den üblichen Lärm im Regenwald um dieses altgediente Hotel unweit des Gipfels des Mount Tamborine.
Springbrook Mountain English Manor ($$) Springbrook Road, Springbrook (Tel.: 07 5533 5344). Landhotel mit viel »altenglischer« Atmosphäre und gutem Essen.

Cairns und der Norden
Cairns Colonial Club Resort ($$) 18–26 Cannon Street, Manunda, Cairns (Tel.: 07 4053 5111). Beliebter Urlaubskomplex mit weitläufigem Garten, zur Ortsmitte ist es nur eine kurze Fahrt. Tennisplätze, Schwimmbäder und zwei Restaurants zählen zum Angebot.
Club Tropical ($$$)
Ecke Wharf und Macrossan Street, Port Douglas (Tel.: 07 4099 5885). Hier bietet man totalen Luxus – zu entsprechenden Preisen natürlich, aber dafür ist es auch eine der exotischsten und schicksten Anlagen in der Gegend.
Coconut Beach Rainforest Resort ($$$) Cape Tribulation (Tel.: 07 4098 0033). Einma-

HOTELS

lige Hotelanlage, die sich sehr gut in den wunderbaren Regenwald der Umgebung und den tropischen Strand einpaßt.
Country Comfort Outrigger ($$) Ecke Florence und Abbott Street, Cairns (Tel.: 07 4051 6188). Diese moderne Interpretation traditioneller Architektur aus Queensland findet sich hier unweit des Wassers im Zentrum von Cairns.
Daintree Cape Tribulation Heritage Lodge ($$) Turpentine Road, Cooper Creek, über Mossman (Tel.: 07 4098 9138). Elegante, moderne Wohneinheiten, die sich gut in den Regenwald einpassen.
Garrick House ($$) 11–13 Garrick Street, Port Douglas (Tel.: 07 4099 5322). Appartementeinheiten von hohem Standard und mit kompletter Ausstattung in einer ruhigen Straße des reizvollen Port Douglas.
Mercure Hotel Harbourside ($$) 209 The Esplanade, Cairns (Tel.: 07 4051 8999). Tadelloses, aber eher gesichtsloses, modernes Hotel an The Esplanade; zum Zentrum von Cairns sind es nur ein paar Schritte.
Radisson Plaza at the Pier ($$$) Pierpoint Road, Cairns (Tel.: 070 31 1411). Im Radisson findet man Luxusleben über dem lebhaften Pier Marketplace am Hafen.
The Reef Hotel Casino ($$$) 35–41 Wharf Street (Tel.: 07 4030 8888). Das Reef ist Teil der Entwicklung Cairns' zur Kasino-Stadt, die im Jahr 1996 abgeschlossen wurde. Es bietet herausragende Restaurants, geschmackvolles Dekor und ultimativen Komfort.
Reef House ($$$) 99 Williams Esplanade, Palm Cove (Tel.: 07 4055 3633). An einem der Strände im Norden von Cairns gelegen; Anlage im tropischen Stil mit allen Einrichtungen.
Tradewinds Esplanade Hotel ($$) 137 The Esplanade, Cairns (Tel.: 07 4052 1111). Attraktives und zentral gelegenes Hotel mit Aussicht auf die Trinity Bay; mit Garten und Pool.

TASMANIA

Hobart
Balmoral Motor Inn ($) 511 Brooker Highway, Glenorchy (Tel.: 03 6272 5833). Preiswerte Moteleinheiten; etwas außerhalb der Stadt, aber gutes Preis-Leistungs-Verhältnis.
Battery Point Guest House ($$) »Mandalay«, 7 McGregor Street (Tel.: 03 6224 2111). Oberhalb der Treppen von Salamanca Place liegen die umgebauten Stallungen und die ehemalige Kutschenstation des »Mandalay«.
Country Comfort Hadley's Hotel ($$) 34 Murray Street (Tel.: 03 6223 4355). Zentral gelegene, preisgünstige Unterkunft mit einem Restaurant (mit Alkohollizenz) und zwei Bars.
Crabtree House ($$) Crabtree Road, 7km nördlich von Huonville (Tel.: 03 6266 4227). Eine Fahrt von Hobart über den Huon Highway durch schöne Landschaft bringt den Gast zu diesem wunderbar eingerichteten Kolonialwohnhaus; Bed and Breakfast sowie üppiges Abendessen.
Hobart Pacific Motor Inn ($$) Kirby Court, West Hobart (Tel.: 03 6234 6733). Komfortable Unterkunft zu vernünftigen Preisen, doch das beste ist die Lage – nur wenige Minuten vom Zentrum und ein hervorragender Ausblick auf die Stadt.
Lenna of Hobart ($$–$$$) 20 Runnymede Street, Battery Point (Tel.: 03 6232 3900). Viktorianische Villa mit modernem Anbau oberhalb des Derwent River.
The Lodge on Elizabeth ($$) 249 Elizabeth Street (Tel.: 03 6231 3830). Am oberen Ende der Stadt, das Zentrum ist aber zu Fuß erreichbar; das älteste Wohnhaus in Hobart. Vor dem Abendessen serviert der höfliche Inhaber der Drinks selbst.
Marquis of Hastings ($) 209 Brisbane Street, West Hobart (Tel.: 03 6234 3541). Ein nicht besonders attraktiver Ziegelbau aus den 60er Jahren, doch eine gute Übernachtungsmöglichkeit.

Regent Park Apartments ($$) 17–22 Regent Street, Sandy Bay (Tel.: 03 6223 3200). In der Nähe des Spielkasinos gelegen, gut ausgestattete Selbstversorger-Appartements, ideal für kleine Gruppen und Familien.
Salamanca Inn ($$$) 10 Gladstone Street (Tel.: 03 6223 3300). Mit ungewöhnlichem Einfühlungsvermögen zwischen die alten Lagerhäuser um den Salamanca Place eingefügtes Luxusappartementhotel.
Tantallon Lodge ($$) 8 Mona Street (Tel.: 03 6224 1724) und **Barton Cottage** ($$) 72 Hampden Road (Tel.: 03 6224 1606) Eingeführte Bed-and-Breakfast-Villen in günstiger Lage in Battery Point.
Wrest Point Hotel Casino ($$$) 410 Sandy Bay Road, Sandy Bay (Tel.: 03 6225 0112). Das Hotel des Spielkasinos gehört zu den besten Unterkünften in Hobart. In ausgezeichneter Lage am Fluß bietet es, wie zu erwarten, gute Restaurants und Unterhaltungsmöglichkeiten.

Cradle Mountain-Lake St Clair
Die Übernachtungsmöglichkeiten im Nationalpark reichen von den schicken Hütten (mit Kaminfeuer) der **Cradle Mountain Lodge** (PO Box 153 Sheffield, Tel.: 03 6492 1303) zu einem Zeltplatz und Mehrbettunterkünften. Im Inneren des Parks bieten die **Waldheim Huts** ($$) einen Vorgeschmack auf das Leben in der Wildnis mit etwas Komfort. Das hübsche Gästehaus im Blockhausstil hat mehrere Bars und ein ausgezeichnetes Restaurant. Gelegentliche Besucher auf dem Zimmerbalkon sind australische »Possums« und vielleicht ein »Tasmanian Devil«.

Launceston
Adina Place Motel Apartments ($$) 50 York Street (Tel.: 03 6331 6866). Vollausgestattete Selbstversorger-Appartements, nur ein paar Minuten vom City-Zentrum entfernt.

HOTELS UND RESTAURANTS

Ashton Gate Guest House ($) 32 High Street (Tel.: 03 6331 6180). Das vorbildlich renovierte viktorianische Haus liegt ein wenig außerhalb des Stadtzentrums, oberhalb des St George's Square Park.

Colonial Motor Inn ($$) Ecke George und Elizabeth Street (Tel.: 03 6331 6588). Diese ehemalige Schule wurde modernisiert und mit zusätzlichen Unterkünften ausgestattet; ausgezeichnet auch das Restaurant Quill and Cane.

Country Club Casino ($$$) Country Club Avenue, Prospect Vale (Tel.: 03 6344 8855). Obwohl etwas außerhalb von Launceston gelegen, bietet diese teure Hotelanlage von internationalem Standard eine fabelhafte Unterkunft. Zur Infrastruktur gehören ein 18-Loch-Golfplatz, Reitpferde und fischreiche Bäche.

Kilmarnock House ($$) 66 Elphin Road (Tel.: 03 6334 1514). Die herrliche, in die Liste des National Trust aufgenommene großzügige Villa wurde sorgfältig wieder hergerichtet und ausgestattet; originalgetreue Atmosphäre, wie am Abend des Jahres 1904, als der Prinz von Wales das Anwesen einweihte.

Novotel Launceston ($$) 29 Cameron Street (Tel.: 03 6334 3434). Alle Dienstleistungen und aller Komfort eines modernen Luxushotels, das sich sogar Mühe gegeben hat, sich seiner Umgebung in der Stadtmitte anzupassen. Erkundigen Sie sich voher telefonisch, ob zum aktuellen Zeitpunkt Spezialangebote bestehen.

The Old Bakery Inn ($$) 270 York Street (Tel.: 03 6331 7900). Schön restaurierte alte Einkehr, die dem Verband Historic Hotels of Australia angehört und traditionelle Gastlichkeit bietet.

Tamar River Villas ($$) 23 Elouera Street, Riverside (Tel.: 03 6327 1022). Gutes, aber dennoch preisgünstiges Motel mit komfortablen Zimmern und Ausblicken auf den Fluß.

RESTAURANTS

Essengehen ist relativ preiswert in Australien, wobei das Angebot eine große Auswahl an nationalen Küchen umfaßt und die Zutaten meist von ausgezeichneter Qualität sind. Noch preisgünstiger wird es, wenn man die alkoholischen Getränke selbst mitbringt – BYO (bring your own) ist in vielen Lokalen erlaubt. Das Essen von der Theke, sogenannte »counter meals«, ist in vielen Pubs üblich und oft von ausgezeichneter Qualität. Und an Plätzen, die von touristischem Interesse sind, findet man gehäuft Imbißbuden mit einem breitgestreuten Angebot vor.

Die im Folgenden genannten Restaurants sind in drei verschiedene Preiskategorien eingeteilt:
- Preiswert ($)
- Mittel ($$)
- Teuer ($$$)

SYDNEY

Arun Thai ($$) 13/39 Elizabeth Bay Road, Elizabeth Bay (Tel.: 02 9357 7414). Eines der verläßlichsten Thai-Restaurants in Sydney mit angenehmer Sitzmöglichkeit unter freiem Himmel; unweit der Gegend von Kings Cross.

Balkan Seafood ($$) 215 Oxford Street, Darlinghurst (Tel.: 02 9331 7670). Ausgezeichnete Meeresfrüchte zu akzeptablen Preisen; es herrscht eine fröhliche Atmosphäre.

Bayswater Brasserie ($$–$$$) 32 Bayswater Road, Kings Cross (Tel.: 02 9357 2177). Die beste und vornehmste Brasserie der Stadt. Ein dreigängiges Mahl kann teuer kommen, es gibt aber auch billigere Alternativen.

Bennelong ($$$) Sydney Opera House, Bennelong Point (Tel.: 02 9250 7578). Das beste Essen in der Oper, ausgezeichnete moderne australische Küche und hervorragender Blick auf die Bucht und den Hafen.

Borobudur ($) 123–25 Glebe Point Road, Glebe (Tel.: 02 9660 5611). Gute Service und Qualität zeichnen dieses Lokal (BYO) im Vortort Glebe aus.

Catalina Rose Bay ($$$) 1 Sutherland Avenue, Rose Bay (Tel.: 02 9371 0555). Teures Lokal, aber wegen der wundervollen Lage am Hafen und moderner australischer Küche (Meeresfrüchte) zu empfehlen.

Doyle's On the Beach ($$$) 11 Marine Parade, Watsons Bay (Tel.: 02 9337 2007). Hier werden klassische »Fish and Chips« an manchmal bis zu 700 begeisterte Esser verteilt; Doyle's, vielleicht eines der bekanntesten Restaurants der Welt, liegt herrlich am South Head, von wo aus man großartige Aussichten auf den Hafen und die Skyline der City hat. Eine Filiale gibt es gegenüber dem Opera House, **Doyle's at Circular Quay West** (Tel.: 02 9252 3400).

Flavour of India Edgecliffe ($$) 120 New South Head Road, Edgecliffe (Tel.: 02 9326 2659). Obwohl indische Küche in Sydney nicht gerade bekannt ist, ist dieses Restaurant eines der besten. Traditionelle und indo-australische Küche.

Golden Harbour ($$) 31 Dixon Street (Tel.: 02 9211 5160). Unter den vielen preiswerten chinesischen Lokalen in Chinatown wurde das Golden Harbour von der renommierten Tageszeitung *The Sydney Morning Herald* als das beste Dim-Sum-Restaurant ausgezeichnet.

Imperial Harbourside ($$$) 15 Circular Quay West (Tel.: 02 9247 7073). Eines der herausragendsten chinesischen Restaurants in Sydney, wunderbar gegenüber dem Opera House gelegen.

Jordons Seafood Restaurant ($$) 197 Harbourside, Darling Harbour (Tel.: 02 9281 3711). Eines der besten Restaurantangebote in Darling Harbour. Guter Fisch und ausgezeichnete Atmosphäre sowie Aussichten auf den Hafen.

Kable's ($$$) The Regent, 199 George Street (Tel.: 02 9238 0000). Die elegante Küche des Kable, ein füh-

HOTELS UND RESTAURANTS

rendes Hotelrestaurant in der City, ergänzt ein aufmerksamer Service und eine umfangreiche Weinkarte.
Kam Fook ($$) Market City, 9 May Street, Haymarket (Tel.: 02 9211 8988). Mit 800 Plätzen ein neues Restaurant in Sydney mit ungewöhnlicher Karte.
Kamogawa ($$$) Corn Exchange Building, Ecke Sussex Street und Market Street, Darling Harbour (Tel.: 02 9299 5533). Die Neueröffnung hat sich bereits als ebenbürtig oder gar besser als das Suntory (siehe unten) erwiesen.
Laurie's ($–$$) Ecke Victoria und Burton Street, Darlinghurst (Tel.: 02 9360 4915). Wunderbares und qualitätsvolles vegetarisches Lokal in der Nähe von Kings Cross – BYO, Nichtrauchertische.
Malaya ($$) 761 George Street (Tel.: 02 9211 0946). Das seit langem gut eingeführte Restaurant zeichnet sich durch nette Einrichtung und schmackhafte malayische Küche aus (probieren Sie das Satay!).
Nelson Bistro ($$) The Nelson Hotel, 232 Oxford Street, Bondi Junction (Tel.: 02 9389 1442). Seine moderne australische Küche gehört mit zu dem Besten, was Sydney in kulinarischer Hinsicht zu bieten hat.
Ravesi's ($$–$$$) Ecke Campbell Parade und Hall Street, Bondi Beach (Tel.: 02 9365 4422). Eine großartige Brasserie im Ravesi's Hotel am Bondi Beach.
Rossini's Rosticceria ($) Shop W5, Circular Quay (Tel.: 02 9247 8026). Der Blick auf den Hafen ist eine Dreingabe zu Rossinis schnell herbeigezaubertem und schmackhaftem Essen.
Sailor's Thai ($–$$$) 106 George Street, The Rocks (Tel.: 02 9251 2466). Sie haben die Wahl zwischen einer Nudelbar mit preiswertem Essen und einem exklusiven Restaurant im Untergeschoß. Beide Lokalitäten haben hervorragendes Essen.
Suntory ($$$) 529 Kent Street (Tel.: 02 9267 2900). Eine Institution in Sydney, exquisite japanische Speisen in eleganter Umgebung.
Sydney Tower Restaurant ($$$) Sydney Tower, Centrepoint (Tel.: 02 9233 3722). Allein der unübertroffene Blick auf die City und den Hafen lohnt den Besuch im drehenden Restaurant auf dem mehr als 300 m hohen Turm – und das Essen ist gar nicht mal schlecht.
Tetsaya's ($$$) 759 Darling Street, Rozelle (Tel.: 02 9555 1017). Eines der besten Restaurants der Stadt mit australischer, französischer und japanischer Küche.
Thai Flora ($) 46 Hall Street, Bondi Beach (Tel.: 02 9130 2751). Bangkok am Bondi Beach.
Tre Scalini ($$) 174 Liverpool Street, East Sydney (Tel.: 02 9331 4358). Einfaches, gutes Essen, vor allem der Fisch; mittags meist voll.

NEW SOUTH WALES
Canberra
Cavalier Carousel Restaurant ($–$$) Red Hill Lookout, Red Hill (Tel.: 02 6273 1808). Zeitgemäße internationale Gerichte werden im Restaurant und im Café im Untergeschoß serviert; letzteres hat den Vorteil, daß man von dort spektakuläre Blicke auf die Stadt hat.
Fringe Benefits Brasserie ($$) 54 Marcus Clarke Street, City (Tel.: 02 6247 4042). Die Stammkunden aus Sydney bezeichnen es als das einzige Lokal, das einer schicken Brasserie wie zu Hause nahekommt.
The Lobby ($$) King George Terrace, Parkes (Tel.: 02 6273 1563). Moderne australische Cuisine, serviert in einem ansprechenden Garten in der Nähe des alten Parlamentsgebäudes.
The Oak Room ($$$) Hyatt Hotel Canberra, Commonwealth Avenue, Yarralumla (Tel.: 02 6270 8977). Elegantes Ambiente und entsprechend verfeinertes Essen.
Vivaldi ($$) Australian National University, Campus Arts Centre, University Avenue, Acton (Tel.: 06 6259 2718). Den Einheimischen gefällt das Lokal; großzügige Portionen und BYO.

Blue Mountains
Café Bon Ton ($$) 192 The Mall, Leura (Tel.: 02 4782 4377). In diesem schönen Café gibt es vom Snack über Frühstück und 3-Gänge-Menü alles. Offenes Feuer im Winter und Tische im freien im Sommer.
Cleopatra ($$$) 118 Cleopatra Street, Blackheath (Tel.: 02 4787 8456). Überragende französische Küche in einem der besten Restaurants von New South Wales.
Paragon Café ($$) 65 Katoomba Street, Katoomba (Tel.: 02 4782 2928). Ein Café (gebaut 1916) auf der Liste des National Trust; ein Besuch nicht nur wegen der köstlichen Schokolade, sondern auch wegen des Hauses selbst.
Silks Brasserie ($$–$$$) 128 The Mall, Leura (Tel.: 02 4784 2534). Diese nett dekorierte Brasserie genießt aufgrund ihrer modernen australischen Küche, wie Känguruh und Lachs, großes Ansehen.

VICTORIA
Melbourne
Caffe Grossi ($$) 199 Toorak Road, South Yarra (Tel.: 03 9827 6076). Beliebtes italienisches Restaurant; gute Kost und guter Service.
Colonial Tramcar Restaurant ($$$) (Tel.: 03 9696 4000). Australische Kost, serviert während einer Rundfahrt durch Melbourne in einem umgebauten Straßenbahnwagen.
Fanny's ($$$) 243 Lonsdale Street (Tel.: 03 9663 3017). Diese Melbourner Institution bietet preisgekrönte französische Küche in einem ausgesprochen eleganten Ambiente.
Flower Drum ($$$) 17 Market Lane (Tel.: 03 9662 3655). Sehr gutes und prämiertes Kanton-chinesisches Restaurant. Besonders zu empfehlen: Pekingente und Meeresfrüchte.

HOTELS UND RESTAURANTS

Geppetto ($) 78a Wellington Parade, East Melbourne (Tel.: 03 9417 4691). Ruhiges, preisgünstiges italienisches Restaurant.

The Last Aussie Fishcaf ($) 256 Park Street, South Melbourne (Tel.: 03 9699 1900). Dieser spaßige Fish-and-Chip-Shop orientiert sich an den 50er Jahren.

Madame Joe Joe ($$) 9 Fitzroy Street, St. Kilda (Tel.: 03 9534 0000). Im Zentrum von Melbournes belebtesten Vorort überzeugt dieses Restaurant mit australischer Küche und mediterranem Flair.

Malaysian Delight ($) 1335 Burke Road, East Kew (Tel.: 03 9817 2459). Alles, was der Name verspricht, und das zu moderaten Preisen.

Maria Trattoria ($) 122 Peel Street, North Melbourne (Tel.: 03 9329 9016). Beliebt bei den Studenten der nahegelegenen Universität.

Mount Lebanon Restaurant ($$) 177 Toorak Road, South Yarra (Tel.: 03 9826 9080). Das beste libanesische Essen in der Stadt; zur Unterhaltung der Gäste tragen Livemusik und Bauchtänzerinnen bei; mit Alkohollizenz, aber auch BYO.

Nudel Bar ($) 76 Bourke Street (Tel.: 03 9662 9100). Im Zentrum der Stadt mit vielen Nudelvariationen, auch Thai.

The Pavilion ($$$) 40 Jacka Boulevard, St Kilda (Tel.: 03 9534 8221). Großartiges Fischrestaurant in und um einen herrlich restaurierten Badepavillon mit Blick auf die Bucht.

Rogalsky's ($$$) 440 Clarendon Street, South Melbourne (Tel.: 03 9690 1977). Tony R., ein ehemaliger Armeekoch, der hier sein kulinarisches Talent voll entfalten kann, führt eines der sensationellen französischen Restaurants der Stadt.

Stella ($$–$$$) 159 Spring Street (Tel.: 03 9639 1555). Eines der hervorragendsten Restaurants der Stadt; exzellente Küche, geschmackvolle Einrichtung und ausgezeichneter Service.

Stephanie's ($$$) 405 Tooronga Road, East Hawthorn (Tel.: 03 9822 8944). Seit den 70er Jahren hat Stephanie Alexander die Leitung eines der besten australischen Restaurants; von Kritikern hochgelobt und eine Quelle kulinarischer Inspiration, nimmt das Lokal eine Reihe von eleganten Speiseräumen in einem viktorianischen Herrenhaus ein.

Sukhothai ($) 234 Johnston Street, Fitzroy (Tel.: 03 9419 4040). Gute Thai-Küche zu sehr vernünftigen Preisen. Salate und Curries sind eine Spezialität des Hauses, das auch eine große vegetarische Auswahl bietet; BYO.

Suntory ($$–$$$) 74 Queens Road (Tel.: 03 9525 1231). Gute japanische Küche mit entsprechendem Service in einem traditionellen fernöstlichen Garten.

Thy Thy ($) First floor, 142 Victoria Street, Richmond (Tel.: 03 9429 1104). Ausgezeichnete und sehr preiswerte vietnamesische Kost. Eine Filiale gibt es in 116 Victoria Street, Richmond (Tel.: 03 428 5914).

SOUTH AUSTRALIA
Adelaide

Bangkok ($$) 217 Rundle Street (Tel.: 08 8223 5406). Das älteste Thai-Restaurant in Adelaides City-Zentrum bietet authentische Küche zu sehr vernünftigen Preisen.

Blake's ($$$) Hyatt Regency Hotel, North Terrace (Tel.: 08 8238 2381). Elegantes Hotel-Restaurant mit innovativer australischer Küche, besonders aus dem Süden.

Chloe's ($$–$$$) 36 College Road, Kent Town (Tel.: 08 8362 2574). Herrlich restaurierte viktorianische Villa mit Veranda und antiken Möbeln; elegant und freundlich, französische Gourmet-Küche.

Earl of Aberdeen ($$) 316 Pulteney Street (Tel.: 08 8223 6433). Alte Bar im Pub-Stil mit ausgezeichnetem Restaurant; zu empfehlen ist das Känguruhfleisch.

Fishcaf ($) 100 Flinders Street (Tel.: 08 8232 3660). Hübsches Ambiente und Fischgerichte, die ihr Geld tatsächlich wert sind.

Jolleys Boathouse ($$) Jolleys Lane (Tel.: 08 8223 2891). Aufgemöbeltes, altes Bootshaus direkt am River Torrens; australische Kost und großartige Aussicht.

Lemongrass Bistro ($–$$) 289 Rundle Street (Tel.: 08 8223 6627). Populäres Bistro mit exzellenter thailändischer Küche.

Mona Lisa's Bistro ($$) 160 Hutt Street (Tel.: 08 8223 3733). Laut Selbstdarstellung »stark mediterran beeinflußt«; in einem ehemaligen General-Store-Gebäude, das auf der Liste des National Trust steht.

Nediz Tu ($$) 170 Hutt Street (Tel.: 08 8223 2618). Schickes, aber keineswegs großspuriges Restaurant, das von einem anglo-chinesischen Paar geführt wird.

The Oxford North Adelaide ($$) 101 O'Connell Street, North Adelaide (Tel.: 08 8267 2652). Preisgekröntes Restaurant mit Tischen im Freien und ausgezeichneter Weinkarte.

Paul's Seafood Restaurant ($$) 79 Gouger Street (Tel.: 08 8231 9778). Die Gerichte im Angebot sind einfach, doch dafür findet man den »besten gebratenen Fisch ganz Australiens«. In jedem Fall gibt es großzügige Portionen von jedem Fisch, den man sich aussucht.

Pullman Restaurant ($$) North Terrace (Tel.: 08 8218 4273). Adelaides Spielkasino überrascht mit diesem preiswerten Buffet-Restaurant. Salate, Pasta und eine Reihe weiterer warmer Gerichte stehen zur Auswahl.

Red Ochre Grill ($$) 129 Gouger Street (Tel.: 08 8212 7266). Sehr beliebter Treffpunkt in Adelaide, der »Buschkost« bietet: Emu, Opossum, Meeresfrüchte, Känguruh.

Adelaide Hills

The Bistro at Hochstens of Hahndorf ($$) 145a Main Road, Hahndorf (Tel.: 08 8388 1176). Einer der besten Orte in den Bergen, um Adelaide in schöner Atmosphäre, offenem Feuer und gutem Ausblick.

RESTAURANTS

Barossa Valley
The Hermitage of Marananga ($$–$$$)
Ecke Seppeltsfield und Stonewell Road, Marananga (Tel.: 08 8562 2722). Das Restaurant in diesem weithin gerühmten Hotel ist ebenfalls Spitzenklasse: Frühstück, Mittag- und Abendessen können innen oder im Freien eingenommen werden.

WESTERN AUSTRALIA
Perth
Belissimo ($/$$) 3 Bay View Terrace, Claremont (Tel.: 08 9385 3588). Süditalienische Küche mit Holzofenpizza, verschiedenen Nudelgerichten. Sehr beliebt.
Canton Restaurant ($$) 532 Hay Street (Tel.: 08 9325 8865). Eines der ältesten chinesischen Lokale in Perth; mit Alkohollizenz, auch BYO.
Dusit Thai ($$) 233 James Street, Northbridge (Tel.: 08 9328 7647). Bekanntes Thai-Restaurant mit guter authentischer Küche.
Fraser's ($$) Kings Park (Tel.: 08 9481 7100). Qualitätvolle australische Zutaten verwendet man hier. Großartige Aussicht auf die Stadt und den Fluß.
Gershwin's ($$$) 99 Adelaide Terrace (Tel.: 08 9225 1234). Internationale Cuisine steht in diesem noblen Restaurant des Hyatt Regency auf der Karte.
The Loose Box Restaurant ($$$) 6825 Great Eastern Highway, Mundaring (Tel.: 08 9295 1787). Das Restaurant genießt einen vorzüglichen Ruf in ganz Westaustralien, und die halbstündige Fahrt von Perth über den Highway zu den Darling Ranges hat noch niemand bereut.
Mamma Maria's ($) Ecke Aberdeen und Lake Street, Northbridge (Tel.: 08 9328 4532). Billig und fröhlich, eine italienische Institution in Perth.
Matilda Bay Restaurant ($$) 3 Hackett Drive, Crawley (Tel.: 08 9386 5425). Ausgezeichnete Fischspezialitäten werden dem Gast in einer entspannenden Umgebung am Swan River serviert. In einem wohlhabenden Stadtteil im Westen von Perth gelegen.
The Oyster Bar ($$) 20 Roe Street, Northbridge (Tel.: 08 9328 7888). »Perths führendes Fischrestaurant« stellt sich als freundlicher Familienbetrieb heraus, der kürzlich neue und schicke Räume bezogen hat, um die vielen Konkurrenten auch weiterhin aus dem Feld schlagen zu können. Billiges und gutes Essen im trendbewußten Stadtteil von Northbridge.
Perugino ($$) 77 Outram Street, West Perth (Tel.: 08 9321 5420). Gute italienische Küche in einem Restaurant mit Alkohollizenz.
Tuscany Grill ($$$) Sheraton Perth Hotel, 207 Adelaide Terrace (Tel.: 08 9325 0501). Ausgezeichnete mediterrane Kost im eleganten Ambiente dieses Hotel-Restaurants.
Vino Vino ($$) 157 James Street, Northbridge (Tel.: 08 9328 5403). Schmackhaftes, stilvolles italienisches Essen, dazu italienische, aber auch westaustralische Weine.

Fremantle
Café Panache ($$–$$$) Esplanade Hotel, Ecke Marine Terrace und Essex Street (Tel.: 08 9430 4000). Hier werden vor allem exzellente Meeresfrüchte fantasievoll zubereitet und angerichtet. Preiswerter kann man unter gleicher Adresse im **Atrium** essen.
Prickles Café ($$) Ecke Douro Road und South Terrace (Tel.: 08 9336 2194). Eines der beliebtesten Hausmannskost-Restaurants von ganz Westaustralien: Büffel, Emu, Garnelen und Känguruh werden innovativ zubereitet.

Kalgoorlie-Boulder
Basil's on Hannan ($$) 168 Hannan Street (Tel.: 08 9021 7832). Café mit Snacks, Kaffee, Kuchen und Mittagessen, manchmal auch abends. Sehr gute Pasta und andere italienische Gerichte.
Top End Thai ($$) 71 Hannan Street (Tel.: 090 21 4286). Im gleichen Gebäude wie eine Shrimps-Bar untergebracht, kocht dieses ausgezeichnete Thai-Restaurant aber auf weitaus höherem Niveau.

NORTHERN TERRITORY
Darwin
Corellas Restaurant ($) The Atrium Hotel, Ecke The Esplanade und Peel Street (Tel.: 08 8941 0755). Preisgünstige Salate und Suppen sowie Buffet-Gerichte, zu verzehren in einem Tropengarten; BYO.
Christos on the Wharf ($$) Stokes Hill Wharf (Tel.: 08 8981 8658). Einmalige Lage in der Nähe der Werften; aus gutem Grund sehr beliebtes Fischrestaurant.
Genghis Khan Mongolian Barbecue Restaurant ($$$) 44 East Point Road, Fannie Bay (Tel.: 08 8981 3883). Neben Steaks von bekannten Tieren, kann man hier auch welche von Känguruh, Krokodil und Büffel probieren.
The Hanuman ($$–$$$) Mitchell Street, (Tel.: 08 8941 3500). Das definitiv beste Restaurant der Stadt; sehr guter Service, Thai- und malaiische Nonya-Küche.
The Magic Wok ($$) 48 Cavenagh Street (Tel.: 08 8981 3332). Im Wok zubereitete Gerichte, darunter auch Krokodil-, Büffel-, Hirsch- und Kamelgeschnetzeltes. Die Fischarten sind weniger exotisch, ebenso das Gemüse.
Raymond's ($$) 21 Cavenagh Street (Tel.: 08 8981 2909). Hier genießen die Einheimischen gute internationale Küche: ausgezeichnet zubereitet, gut angerichtet und nur beste Zutaten.
Rock Oyster ($$) 110 Mitchell Street (Tel.: 08 8981 3472). Das seit langem bestehende Restaurant soll Darwins bestes Fischrestaurant sein.
Scales ($$) 56 Marina Boulevard (Tel.: 08 8981 6522). Darwins

HOTELS UND RESTAURANTS

Cullen Bay hat viele ausgezeichnete Restaurants mit moderner und origineller australischer Küche, darunter dieses Bistro.
Siam ($$) The Esplanade (Tel.: 08 8941 2555). Thai-Küche im Restaurant des Hotel Beaufort.

Alice Springs
Alice Springs Bush Restaurant ($$)
PO Box 1820, Alice Springs (Tel.: 08 8952 9355). 30 Kilometer außerhalb von Alice Springs gelegen und im Besitz der gleichen, aus den Northern Territories stammenden Familie wie das Bojangles (siehe unten). In dieser Nachahmung einer australischen Outback-Ranch wird die »totale Outback-Erfahrung« geboten, einschließlich eines Marsches durch den »Bush«, Unterhaltung und kräftigen Portionen typisch australischer Kost wie »beef, billy tea, bread pudding« und »spotted dog«.
Bojangle's Bush Bistro ($$)
80 Todd Street (Tel.: 08 8953 0888). Auf der Karte des feucht-fröhlichen Etablissements mit langer Bar und Live-Unterhaltung stehen Büffel- und Kamelgerichte ganz oben.
Oriental Gourmet ($)
80 Hartley Street (Tel.: 08 8953 0888). Das Menü in diesem Outback-Restaurant ist traditionell chinesisch, frisch und gut.
Overlander Steakhouse ($$)
72 Hartley Street (Tel.: 08 8952 2159). Unverputzte Wände, eine niedrige Decke, dekoratives Handwerksburschenrüstzeug an der Wand und große Portionen »stockman's tucker« (»Viehzüchter-Proviant«) schaffen Outback-Atmosphäre.
Ristorante Puccini ($$)
Ansett Building, Todd Mall (Tel.: 08 8953 0935). Dieser Familienbetrieb bietet außergewöhnlich gute italienische Menüs.

Ayers Rock
Siehe die auf Seite 273 aufgeführten Hotels.

QUEENSLAND
Brisbane
City Gardens Café ($–$$)
Brisbane Botanic Gardens (Tel.: 07 229 1554). Eine reizende Überraschung im Grün des Botanischen Gartens ist dieses Cottage mit Terrasse, in dem man sich bei köstlichen Snacks vom Besichtigungsprogramm erholen kann. Komplette Mahlzeiten werden mittags serviert.
Coronation Seafood Restaurant ($$$) 205 Coronation Drive, Milton (Tel.: 07 3369 9955). Das Coronation genießt den Ruf, die besten Fischgerichte der Stadt anzubieten.
Emperor's Palace ($$)
Chinatown Mall, Fortitude Valley (Tel.: 07 3252 3368). Eines der anspruchsvolleren Lokale unter den vielen Imbissen, die in der kleingeratenen Chinatown von Brisbane zu finden sind.
Il Centro ($$$) 1 Eagle Street Pier (Tel.: 07 3221 6090). Beste italienische Küche bietet dieses elegante Restaurant am Fluß. Die Tageskarte wechselt täglich.
Kookaburra Queen ($$) Legt von Eagle Street ab (Tel.: 07 3221 1300). Wie in vielen Touristenrestaurants kein besonderes Essen, aber eine Mahlzeit auf dem Brisbane River ist den Preis wert.
La Grange ($$) 153 Elizabeth Street (Tel.: 07 3221 5590). Provençalische Küche im City-Zentrum.
The Lotus Room ($$)
Ecke Elizabeth und Edward Street (Tel.: 07 3221 8546). Schneller und tüchtiger Service zeichnen dieses beliebte chinesische Lokal aus.
The Malaysian Experience ($$) 80 Jephson Street, Toowong (Tel.: 07 3870 2646). Das vielleicht beste malaiische Restaurant in der Stadt: Laksas, Nudeln und viele Chilli-Gerichte werden serviert.
Michael's Riverside Restaurant ($$$) Riverside Centre, 123 Eagle Street (Tel.: 07 3832 5522). Italienische und internationale Cuisine werden hier in zwei Speiseräumen geboten, die beide einen hervorragenden Blick über den Fluß zulassen.

Mount Coot-Ha Summit Restaurant ($$–$$$)
Sir Samuel Griffith Drive, Mount Coot-Ha (Tel.: 07 3369 9922). Gutes Essen und herrliche Aussichten auf die Stadt und die Moreton Bay bietet dieses Restaurant auf einem noch innerhalb der Stadtgrenzen gelegenen Berggipfel.
Oshin Japanese Restaurant ($$) 1st floor, Koala House, Ecke Adelaide und Creek Street (Tel.: 07 3229 0410). Japanische Kost, darunter traditionelle Gerichte wie Yakiniku und viele andere mehr.
Pier Nine ($$–$$$)
Eagle Street Pier (Tel.: 07 3229 2194). Köstliche Meeresfrüchte mit Blick auf den Fluß.
Romeo's Italian Restaurant ($$) 216 Petrie Terrace (Tel.: 07 3367 0955). Norditalienische Küche ist die Spezialität des Hauses, besonders empfehlenswert sind Kalb und Meeresfrüchte sowie Tiramisu.
Siggi's at The Heritage ($$$) Corner of Edward and Margaret streets (Tel.: 07 3221 4555). Hier feiert man Brisbanes große Feste; Teil des Heritage Hotel.

Sunshine Coast
Artis Café und Bar ($$)
Noosa Drive, Noosa Heads (Tel.: 07 5447 2300). Unter den vielen Restaurants Noosas bietet dieses Restaurant ausgezeichnete Euraustralische Küche mit asiatischer Note.
Chili Jam Café ($–$$)
195 Weyba Road, Noosaville (Tel.: 07 5449 9755). Nicht weit von der Sunshine Coast bietet dieses beliebte Restaurant ausgezeichnete Thai-Küche.
Lindoni's Ristorante ($$) Hastings Street, Noosa Heads (Tel.: 07 5447 5111). Sehr zu empfehlendes italienisches Essen.

Gold Coast und das Landesinnere
Great Wall ($$$)
Marina Mirage, Seaworld Drive, Main Beach (Tel.: 07 5591 0898). Eines der besten chinesischen Restaurants in

RESTAURANTS

Australien mit elegantem Ambiente.
Oskar's on the Beach ($$$) Marine Parade, Coolangatta (Tel.: 07 5536 4621). Das am Coolangatta Beach unmittelbar nördlich der Grenze zu New South Wales gelegene Oskar's ist berühmt für seine feine und köstliche Küche. Die Tatsache, daß es zu den zehn besten Restaurants der Welt zählt, spricht für sich.

Cairns und der Norden
Barnacle Bills ($$) 65 The Esplanade (Tel.: 07 4051 2241). Beliebtes Fischrestaurant an der Esplanade in Cairns, dessen Ruf sich bis an die Ufer der Inland Sea erstreckt; ein hier verbrachter Abend ist ein wesentlicher Bestandteil eines jeden Aufenthalts in Cairns!
Macrossans ($$$) Sheraton Mirage, Port Douglas (Tel.: 07 4099 5888). Teil einer luxuriösen Hotelanlage, die abseits des palmengesäumten Highways liegt, der nach Port Douglas hineinführt; Macrossans bietet gutes Essen in einem vornehmen Umfeld.
Marina Connection ($) Marina Mirage, Port Douglas (Tel.: 07 4099 5258). Hier kann man drinnen und draußen in der Nähe des Piers essen, von dem die Yachten zum Barrier Reef abfahren.

TASMANIA
Hobart
Alexander's ($$$) 20 Runnymede Street, Battery Point (Tel.: 03 6232 3900). Ausgezeichnetes, aber teures Restaurant, das sich auf Fisch und internationale Spezialitäten konzentriert; elegantes Ambiente im Hotel Victorian Lenna of Hobart.
The Asian Restaurant ($$$) West Point Hotel Casino, 410 Sandy Bay Road (Tel.: 03 6225 0112). Die Küche des Restaurants produziert weit Besseres als die übliche chinesische und andere asiatische Kost – dank seines außergewöhnlich begabten Inhabers. Frühzeitig reservieren, wenn man einen Tisch mit Blick auf den Derwent ergattern will.
Ball & Chain Grill ($$) 87 Salamanca Place (Tel.: 03 6223 2655). Holzkohlen-Steaks, Geflügel und Fisch zu erschwinglichen Preisen; im Sommer kann man draußen im Hof sitzen.
Battery Point Brasserie ($) 59 Hampden Road, Battery Point (Tel.: 03 6223 3186). Essen à la Brasserie mit vorzüglichen Desserts in einem der besten Restaurants in Hobart. Preiswert.
Blue Skies Dining ($–$$) Murray Street Pier (Tel.: 03 6224 3747) In außergewöhnlicher Lage an der Küste bietet diese lebhafte Brasserie moderne australische Küche an Tischen im Freien.
Dear Friends ($$$) 8 Brooke Street (Tel.: 03 6223 2646). Steht im Ruf, Hobarts bestes Restaurant zu sein; internationale Kost und zuvorkommender Service haben bereits zu mehreren Auszeichnungen geführt.
Drunken Admiral Restaurant ($$) 17–19 Hunter Street (Tel.: 03 6234 1903). Beliebtes Restaurant, das in einem alten Lagerhaus im Victoria Dock untergebracht ist; mit Schiffsinventar ausgeschmückt, und natürlich steht Fisch auf seiner Karte.
Mures Lower Deck ($) Victoria Dock (Tel.: 03 6231 2121). Lange Schlangen bilden sich an der Fischtheke, um frischeste Meeresernte allerbester Qualität gleich vor Ort oder drüben am Kai zu verzehren oder mit nach Hause zu nehmen.
Mures Upper Deck ($$) Victoria Dock (Tel.: 03 6231 2121). Zwischen Victoria und Constitution Dock betreibt Mures im ersten Stock eines verglasten Pavillons auch ein hervorragendes Restaurant; Tische sollte man reservieren.
Sisco's on the Pier ($$) Murray Street Pier (Tel.: 03 6223 2059). Direkt über Blue Skies Dining gelegen können Sie exzellente spanisch-mediterran inspirierte Küche und ausgezeichneten Service genießen.

Cradle Mountain
Siehe die auf Seite 275 aufgeführten Hotels.

Launceston
Fee and Mee ($$–$$$) 190 Charles Street (Tel.: 03 6331 3195). Als angeblich eines der besten Restaurants Tasmanias hat es sich auf moderne australische Küche mit einer ausgezeichneten Weinkarte spezialisiert.
The Gorge Restaurant ($$) Cliff Grounds (Tel.: 03 6331 3330). Überragende Lage mit Blick auf die berühmte Schlucht von Launceston und den sie umgebenden Garten; vorzügliche tasmanische Zutaten und Weine.
Shrimps ($$) 72 George Street (Tel.: 03 6334 0584). Beliebtes Restaurant in einem Innenstadtgebäude, das auf der Liste des National Trust steht; ausgezeichnete Meeresfrüchte – Muscheln, Austern, Atlantiklachs, Meeresforellen.
Squires ($) 70 Brisbane Street (Tel.: 03 6334 1466). Unter den Arkaden am Anfang der zentralen Brisbane Street; köstliche Fisch- und Wildgerichte.
Star Bar Café ($–$$) Dieses Café im Stadtzentrum verfügt über ein gutes Preis-Leistungs-Verhältnis; Snacks, Hauptgerichte oder einfach Getränke werden hier angeboten.
Woofies ($$) Macquarie House, Civic Square (Tel.: 03 6334 0695). In einem weiteren historischen Gebäude im Herzen der Stadt logiert dieses preiswerte und variantenreiche Restaurant.

Register

A

Aborigines 24–25, 194–95, 202, 241
  Kultur 24–25
  Kunst 116, 193
  Musik 19
Adelaide 126, 127, 128–32
  Adelaide Botanic Gardens 130, 132
  Art Gallery of South Australia 130
  Ayers House 131, 132
  Festival Centre 130
  Geschichte 128–29
  Glenelg 130
  Government House 132
  Hotels 271
  Migration Museum 130
  North Adelaide 131
  Old Parliament House 131, 132
  Port Adelaide 131
  Port Dock Station Museum 131
  Restaurants 278
  St Peter's Cathedral 131
  South Australian Maritime Museum 131
  South Australian Museum 131
  Tandanya National Aboriginal Cultural Institute 131, 132
  Unterwegs 134
Adelaide Hills 135, 141
  Hotels 271
  Restaurants 278–79
Airworld Museum 121
Albany 159
  Amity Replica 159
  Old Gaol 159
  Patrick Taylor Cottage 159
  Post Office 159
  Residency Museum 159
Albury 112
Alfred National Park 107
Alice Springs 178, 184–85
  Adelaide House 185
  Anzac Hill 184
  Frontier Camel Farm 185, 199
  Ghan Preservation Society 185
  Hotels 273
  Museum of Central Australia 185
  Museum of Technology, Transport and Communications 185
  Old Telegraph Station 185
  Residency 185
  Restaurants 280
  Strehlow Research Centre 185
  Stuart Town Gaol 185
Alma River Crossing 246
Alpine National Park 93, 106
Alpine Way 83
Anreise 252
Antill, John 19
Apollo Bay 109, 243
  Old Cable Station Museum 243
Apotheken 252
Ararat 109
Architektur 102
Arkaroola 135
Armadale 159

Pioneer World 159
Armidale 72
  New England Regional Art Museum 72
Arnhem Land 187
Art Gallery of New South Wales 42
Art Gallery of South Australia 130
Art Gallery of Western Australia 152
Arthur's Seat 118, 122
Arve Road 240
Atherton Tableland 211
Augusta 159
  Jewel Cave 159
Australian Capital Territory (ACT) 65–66
Australian East Coast Temperate and Subtropical Rainforest Parks 74
Australien heute
  Kultur 18–19
  Lebensstil 16–17
  Medien 19, 261
  Multikulturelle Gesellschaft 14–15
  Politik 20
  Wirtschaft 20
Australian Museum 42
Australian National Botanic Gardens 68
Australian War Memorial 68
Autopanne 252
Aviation Museum 152
Avoca 109
Avon Valley 170, 175
Ayers Rock (Uluru) 187, 190–91
Ayers Rock Resort 187, 191, 273

B

Bald Rock 74
Ballarat 30, 31, 109–10
  Ballarat Wildlife Park 110
  Botanischer Garten 109
  Goldmuseum 110
  Minenmuseum 110
  Sovereign Hill 110
Banks, Joseph 60, 77
Barmah Forest 112
Barossa Reservoir 144
Barossa Valley 135, 141, 144
  Hotels 271–72
  Restaurants 279
Barrenjoey 58
Barron Falls 210
Barwon Heads 110
Bass Strait 27, 118, 239, 242
Bass, George 27, 228, 231
Batchelor 197
Batemans Bay 72
Bathurst 72
Batman, John 92, 96
Baudin, Nicolas 27, 142, 231
Beagle Bay 161
Beechworth 110
  Burke Museum 110
Behinderte Reisende 252
Belgrave 114, 122
Bell Bay 238
Bellarine-Halbinsel 110
Ben Lomond 236

Bendigo 30, 111
  Central Deborah Goldmine 111
  Joss House 111
Berge siehe unter Mount
Berrima 87
Berry Springs 179
Bethany 144
Bévölkerung 14–15
Bibbawarra Bore 162
Bicheno 237
Big Banana 78
Big Merino 80
»Big Pineapple« 221
Birdsville Track 143
Birdwood 135
Bjelke-Petersen, Sir Joh 203
Blackall Range 208, 223
Blaxland, Gregory 28
Bligh, Captain William 242
Bloomfield Track 212, 214
Blue Lake 139
Blue Mountains National Park 58, 72–73
  Echo Point 58, 73
  Govett's Leap 58, 73
  Heritage Centre 72–73
  Hotels 269
  Jenolan Caves 73
  Katoomba 58, 73
  Norman Lindsay Gallery and Museum 73
  Restaurants 277
  Three Sisters 58, 73
  Wentworth Falls 58, 73
  Zig Zag Railway 73
Boat Harbour 250
Bobbin Head 60
Bondi Beach 45, 46
Bonorong Park Wildlife Centre 244
Boranup Forest 155, 156, 168
Botany Bay 60, 77
Bothwell 237
Botschaften und Konsulate 253
Bourke 65, 75
Bowen Basin 223
Bowral 87
  Hotels 269
Boyd, Arthur 18, 70
Boyd, Benjamin 79
Brampton Island 218
Bribie Island 225
Brighton 244
Brisbane 204–07
  Anzac Square 205
  Botanischer Garten 205, 206
  Bunya Park Wildlife Sanctuary 207
  Central Railway Station 205
  City Hall 206
  Commissariat Stores 205
  Conrad Treasury Casino 205
  Earlystreet Historical Village 206
  General Post Office 205
  Gondwana Wildlife Sanctuary 207
  Hotels 273–74
  King George Square 205
  Lone Pine Koala Sanctuary 207
  Miegunyah Folk Museum 206
  Newstead House 206
  Old Parliament House 205

Old St Stephen's Church 205
Old Windmill 206–07
People's Palace 205
Queen Street Mall 205
Queensland Art Gallery 207
Queensland Club 205
Queensland Cultural Centre 205, 207
Queensland Maritime Museum 206
Queensland Museum 207
Restaurants 280
South Bank Parklands 205, 207
St Stephen's Cathedral 205
The Mansions 205
Brisbane Forest Park 206
Brisbane Ranges National Park 107, 111
Brisbane Water National Park 60
Broken Bay 58, 60
Broken Hill 65, 75, 78
  Gladstone Mining Museum 78
  Royal Flying Doctor Service 78
  School of the Air 78
Broome 148, 160, 161
  Broome Historical Society Museum 160
Bruce Highway 208
Brumby, Colin 19
Buckley, William 92
Bunbury 154, 160
Bundanoon 87
Bungle Bungle (Purnukila) National Park 160
Bungle Bungles 157, 173
Burke Museum 110
Burke, Robert O'Hara 29
Burleigh Heads 215
Burley Griffin, Walter 66–67, 69, 80
Burnie 237
Burra 135
Bush Mill 247
Bushrangers 31
Busselton 162
  Wonnerup House 162
Butterfield, William 104
Byron Bay 78

C

Cable Beach 160
Cairns 211
  Cairns Museum and Art Gallery 211
  Flecker Botanic Gardens 211
  Hotels 274–275
  Restaurants 281
  Tjapukai Aboriginal Cultural Park 211
  Kuranda Skyrail 230
Campbell, Donald 133
Camperdown 111
Camping 253
Canberra 66–80
  Australian Institute of Sport 68
  Australian National Botanic Gardens 68
  Australian War Memorial 68

REGISTER

Blundell's Farmhouse 69
Canberra Deep Space Communications Complex 87
Captain Cook Memorial Jet 69
Commonwealth Park 69
Diplomatic Missions 68–69
Fernsehturm 69
Hotels 269
Lake Burley Griffin 69
Mount Ainslie 69
National Aquarium and Australian Wildlife Sanctuary 69
National Capital Exhibition 69
National Carillon 69
National Film and Sound Archive 70
National Gallery of Australia 68
National Library of Australia 70
Parliament House 70
Questacon 70
Red Hill 69
Restaurants 277
Royal Australian Mint 70
Telsray Tower 96
Yarralumla 68
Cape Bridgewater 119
Cape Byron 78
Cape Everard 76
Cape Jervis 136
Cape Le Grand National Park 163
Cape Leeuwin 159
Cape Nelson 119
Cape Otway 109
Cape Range 170
Cape Range National Park 157
Cape Tribulation 212
Cape Tribulation National Park 212
Cape York Peninsula 202, 209, 213
Captain Cook Highway 212
Captain Cooks Landungsplatz 74
Carden, Joan 18
Carey, Peter 18
Carmody, Kev 19
Carnarvon 162
Carnarvon National Park 209, 213
   Kenniff Cave 213
   Mount Moffat 213
Cash, Martin 247
Castlemaine 30, 111
Castlemaine and Maldon Railway 111
Cataract Gorge Reserve 245
Central Eastern Lowlands 11
Chaffey, George und William 113
Chambers Pillar 191
Charlotte Pass 83
Charters Towers 213
Chillagoe-Mungana Caves National Park 214
Circular Head 249
Clare Valley 141
Clarendon House 245
Cleland Conservation Park 135
Cloncurry 214
Clunes 30
Clyde Valley 237

Coal Creek Historical Village 111
Coastal Lowlands 63–64
Cobar 78
Cobourg-Halbinsel 179
Cobram 112
Cockington Green 79
Cockle Train 138
Coffs Harbour 79
Colac 114
Collaroy 58
Collingrove Homestead 144
Coober Pedy 136
Cook, Captain James 27, 60, 64, 76–77, 214
Cooktown 214
Coolgardie 162, 166–67
   Goldfields Exhibition 162
   Open Air Museum 162
   Railway Station Museum 162
Cooloola National Park 223
Cooma 82, 83
Coonawarra 141
Coorong National Park 133
Coral Bay 170
Cradle Mountain-Lake St Clair 237, 275
Cradle Valley 237
Croajingolong National Park 107
Cronulla 46
Crows Nest Falls 225
Cumberland Valley 117
Currumbin 215
Cutta Cutta Caves 191
Cynthia Bay 246

D

Daintree 212, 214
Daintree Forest Environmental Centre 212, 214
Daintree National Park 212, 214
Daly River Nature Park 179
Dampier, William 27, 149
Dandenong Ranges 114, 122
Dangerous Reef 136
Darling Range 148, 156, 162–63
Darwin 177, 180–82
   »Baum der Erkenntnis« 181
   Bierdosen-Regatta 181
   Botanischer Garten 182
   Chinesischer Tempel 181
   Darwin Wharf Precinct 179
   East Point Military Museum 182
   Esplanade 179
   Fannie Bay Gaol Museum 182
   Government House 181
   Hotels 272–73
   MGM Grand Casino 181
   Mindil Beach 181
   Museum and Art Gallery of the Northern Territory 182
   Old Admiralty House 181
   Restaurants 279–80

Wirbelsturmschäden 180–81, 182
Darwin Crocodile Farm 183
Daydream Island 219
Daylesford 114–15
   Daylesford Historical Society Museum 115
De Groot, Francis 48
Deep Creek Conservation Park 136
Dellit, Bruce 44
Deloraine 239
Denham 174
Denmark 163
Derby 163
Devils Marbles 192
Devonport 239
   Home Hill 239
   Tiagarra Aboriginal Cultural and Arts Centre 239
Dinner Plain 93
Don River Railway 239
Donaghy's Hill Wilderness Lookout 246
Douglas-Apsley National Park 236–237
Dromana 122
Drysdale River National Park 173
Dubbo 79
   Western Plains Zoo 79
Dunk Island 219
Dunolly 115
   Goldfields Museum 115
Dunstan, Don 127

E

East Point Military Museum 182
Eastern Goldfields 166–67
Echo Point 58, 73
Echuca 112–13
Eden 79
   Killer Whale Museum 79
Eisenbahnen 188–89
Elizabeth 144
Ellery Creek Big Hole 198
Emily and Jessie Gaps Nature Park 199
Encounter Bay 27, 142
Entally House 245
Errinundra National Park 107
Esperance 163
Esperance Forest and Heritage Centre 240
Essen und Trinken
   Bier 140
   Hotels und Restaurants 276–81
   Weinanbau 140–41
Etmilyn Forest Tramway 168
Eumundi 208, 223
Eungella National Park 221
Exmouth 170
Eyre Highway 136, 158
Eyre Peninsula 136
Eyre, Edward John 29, 171

F

Fahrverhalten 253–56
Falls Creek 93

Fannie Bay 181
Faulconbridge 73
Feiertage 256
Film 18
Finke Gorge National Park 192
Fischerei 249
Fitzroy 164, 173
Fitzroy Crossing 164
Fitzroy Falls 87
Fitzroy Island 219
Flagstaff Hill Maritime Museum 121, 243
Fleurieu Peninsula 136, 145
Flinders Island 236, 239, 241
Flinders Ranges 133, 137
Flinders Ranges National Park 137
Flinders, Matthew 27, 138, 142, 228, 231
Flynn, Reverend John 214
Forbes 79
Fort Dundas 177, 191
Franklin 240
Franklin House 245
Franklin-Gordon Wild Rivers National Park 240
Frenchman's Cap 240
Frankston 122
Fraser Island 214–15
Frauen 256
Fremantle 148, 163
   Fremantle Markets 163
   Fremantle Museum 163
   Hotels 272
   Restaurants 279
   Round House 163
   Western Australian Maritime Museum 163, 242
Fremantle, Charles Howe 163
French Island 118
Frenchman Bay 159
Frenchman's Cap 240
Freycinet National Park 240
Frontier Camel Farm 185, 199

G

Gammon Ranges National Park 135
Gantheaume Point 160
Gawler 144
Gawler Ranges 136
Gebetstätten 256–57
Geelong 115
   National Wool Museum 115
Geeveston 240
Geikie Gorge 157, 173
Geikie Gorge National Park 164
Geld und Währung
   Banken 257
   Kreditkarten 257
   Reiseschecks 257
   Währung 257
   Wechselstuben 257
Geographe Bay 162
Geologie 22–23
George Town 244
Geraldton 164
   Geraldton Museum 164
Geschichte Australiens
   Aborigines 24–25

REGISTER

Entdecker des Landes 28–29
Entdeckungsreisen 26–27
Goldrausch 30–31, 166–67
Veränderte Natur 32
Gesundheit 257
Ghan 127, 134, 184, 186, 189
Ghan Preservation Society 185
Gibb River Road 173
Gippsland 115
Gippsland Heritage Centre 115
Gippsland Lakes 115
Gladstone 223
Glass House Mountains 208, 215
Glen Helen Gorge 198
Glen Innes 80
  Land of the Beardies History House Museum 80
Glenrowan 31
Gold Coast 215
  Hotels 274
  Restaurants 280–81
Golden Grape Estate 81
Goolwa 136, 138, 145
  Signal Point Interpretive Centre 136, 138, 145
Gosses Bluff 199
Goulburn 80
Goulburn Valley 116
Govett's Leap 58, 73
Grafton 80
Grampians (Gariverd) National Park 107, 116
  Balconies 116
  Boroka Lookout 116
  Brambuk Living Cultural Centre 116
  Mackenzie Falls 116
Granite Island 142
Graves, John Woodcock 234
Great Australian Bight 136
Great Barrier Reef 202, 216–19
Great Barrier Reef Marine Park 209
Great Barrier Reef Wonderland 225
Great Dividing Range 10, 22, 64–65, 202
Great Keppel Island 218
Great Ocean Road 108, 119, 270
Great Sandy Desert 157
Green Island 219
Gregory National Park 179
Griffith 80–81
Großes Artesisches Becken 22
Guildford 175
  Woodbridge 175
Gumeracha 144
Gundagai 81
Gunn, Jeannie 197
Gurig National Park 192

H

Hadspen 245
Hahndorf 135, 138
Hall, Ben 79
Halls Creek 164, 166
Hamilton (Tasmania) 244

Hamilton (Victoria) 116–17
  City of Hamilton Art Gallery 116–17
Hamilton Island 218
Hannan, Patrick 165
Harold Heights 170
Hartog, Dirk 26
Hartz Mountains National Park 240
Harwood, Gwen 18
Hawk's Head Lookout 165
Hawkesbury 60
Hay Point 223
Hayman Island 219
Healesville 117
  Galeena Beek Living Cultural Centre 117
  Healesville Sanctuary 117, 122
Heights of Alexandra 212
Hell's Gates 249
Henbury Meteorite Craters Conservation Reserve 192
Hepburn Springs 114
Heritage Highway 247, 249
Hermannsburg-Mission 199
Heron Island 218
Heysen, Sir Hans 138
Hinchinbrook Island 219
Historic Shipwreck Trail 243
Hobart 228-29, 230–34
  Anglesea Barracks 232
  Battery Point 232
  Customs House 233
  Franklin Square 234
  General Post Office 234
  Geschichte 231
  Hafenviertel 232–33
  Hampden Road 234
  Hotels 275
  Maritime Museum of Tasmania 233
  Restaurants 281
  Royal Tasmanian Botanical Gardens 233
  Salamanca Place 231, 233
  Signal Station 234
  St David's Cathedral 234
  St George's Church 232
  Tasmanian Museum and Art Gallery 233
  Van Diemen's Land Folk Museum 232
Hoff, Rayner 44
Holden, Sir Edward 135
Hook Island 219
Hotels 268–76
Hotham Valley Tourist Railway 168
Houtman Abrolhos Inseln 164
Houtman, Frederik de 26
Hungerford Hill 81
Hunter Valley 81, 140
  Hotels 269
Hyams Beach 87
Hyden 175

I

Illawarra State Recreation Area 89
Indian Pacific 127, 158

Inlandsreisen 257–58
  Mit dem Auto 258
  Mit dem Flugzeug 252, 257
  Mit der Eisenbahn 258–59
Innamincka 143
Innes National Park 133
Innisfail 220
Insel Bathurst 191
Insel Melville 191

J

Jansz, Willem 26
Jenolan Caves 73
Jervis Bay 87
Jewel Cave 159
Jindabyne 82
John Forrest National Park 155, 156, 162–63
John Hayes Rockhole 199
Jundumurra 157

K

Kakadu National Park 179, 193
  Jim Jim Falls 193
  Nourlangie Rock 193
  Twin Falls 193
  Ubirr 193
Kalamunda 155
Kalbarri National Park 165, 169
Kalgoorlie-Boulder 165
  Goldfields War Museum 167
  Hannan's North Mine 167
  Hotels 272
  Museum of the Goldfields 167
  Restaurants 279
  School of Mines Mineral Museum 167
Kangaroo Island 127, 138–39
  Admirals Arch 139
  Cape Borda 139
  Cape du Couedic 138–39
  Christmas Cove 138
  Flinders Chase National Park 139
  Kelly Hill Caves 138
  Kingscote 138
  Penneshaw 138
  Remarkable Rocks 139
  Seal Bay 138
Kangaroo Valley 84
  Pioneer Farm Museum 84
Kanyaka Homestead 137
Karijini (Hamersley Range) National Park 172
Katherine 197
Katherine Gorge 197
Katherine River 179, 197
Katoomba 58, 73
Kelly, Ned 31, 101, 110
Kempsey 89
Keneally, Thomas 18
Kenniff Cave 213
Kiama 84
Kiandra 83
Kimberley 148, 157, 173
Kinchega National Park 74

King Edward River 173
King Island 242, 244
King Solomon Cave 245
King William Saddle 246
King, John 29
Kinglake National Park 107
Kings Canyon 197
Klemzig 135
Klima 11, 259
Kondalilla National Park 208
Koombana Beach 160
Kosciuszko National Park 74, 83
Kriminalität 259–60
Ku-ring-gai Chase National Park 58, 60
Kultur 18–19
Kunst 18
Kununurra 165, 173
  Argyle Downs Homestead 165
Kuranda 210, 220

L

La Perouse 60
La Trobe Valley 115
Lachlan Vintage Village 7
Lady Elliot Island 218
Lady Musgrave Island 218
Lake Argyle 165
Lake Binney 246
Lake Bullen Merri 111
Lake Burbury 246
Lake Corangamite 114
Lake Dove 237
Lake Eucumbene 82
Lake Eyre 133
Lake Gnotuk 111
Lake Hume 112
Lake Macquarie 86
Lake Mountain 117
Lake Pedder 228, 238, 249
Lake St Clair 237, 246
Lake Torrens 137
Lamington National Park 209, 220, 222
Land of the Beardies History House Museum 80
Landschaft 10–11
Lane Pool 156
Lanyon Homestead 84
Lark Quarry Environmental Park 209
Launceston 244–45
  Cataract Gorge Reserve 245
  Hotels 275–76
  Macquarie House 244
  Penny Royal World 244
  Queen Victoria Museum and Art Gallery 244
  Restaurants 281
Laura 213
Lavers Hill 243
  Blackwood Gully Centre 243
Lavinia Nature Reserve 236
Lawson, William 28
Lebenstil 16–17
Leeuwin-Naturaliste National Park 154, 156
Leichhardt, Ludwig 28
Leihwagen 260
Lesmurdie Falls 155

REGISTER

Leura 58
Light, Colonel William 126, 128, 129
Lightning Ridge 84
Lincoln National Park 136
Lind National Park 107
Lindeman Island 219
Lindsay, Norman 73
Litchfield National Park 197
Literatur 18
Lithgow 73
Little Churchill Island 118–19
Little Sandy Desert 157
Lizard Island 219
Lobethal 135
Long Island 219
Long Reef 58
Longreach 221
 Stockman's Hall of Fame 221
Loos, Wouter 164
Lord Howe Island 35
Lorne 117
Loxton Historical Village 139
Lyell Highway 246
Lyndoch 144

MacDonnell Ranges 179, 184, 198–99
Mackay 221
Mackenzie Falls 116
Magnetic Island 219
Main Range National Park 209
Maldon 117
Malouf, David 18
Mandurah 154, 168
Manjimup Regional Timber Park 171
Manly 46, 58
Mannum 139
Mapleton Falls National Park 208
Marakoopa Cave 245
Margaret River 141, 155, 168
Maria Island National Park 245
Marlin Coast 211
Marrinup 156
Mary Cairncross Park 208
Mary River 221
Maryborough 221
Marysville 117
Maslins 126, 136
Mataranka 199
McCrae Homestead 118, 122
McLaren Vale 136, 141, 145, 269
McMillan, Angus 119
Medien 19, 260–61
 Rundfunk und Fernsehen 261
 Zeitungen und Zeitschriften 260–61
Melba, Dame Nellie 104
Melbourne 96–105
 Alexandra Garden 99
 ANZ (Australia and New Zealand) Bank 98
 ANZ Banking Museum 98
 Architektur 102
 Bahnhof Flinders Street 105
 Carlton 97
 Chinatown 98
 Collins Street 98, 105
 Como 98–99
 Cooks Cottage 99
 Fitzroy 97
 Fitzroy Gardens 99
 Geschichte 96
 Government House 99
 Hotels 269–70
 Kings Domain 99, 105
 Kunsthandwerksmarkt 97
 La Trobe's Cottage 99
 Melbourne Club 98
 Melbourne Cricket Ground 99
 Melbourne Zoo 100
 Moomba 96
 Museum of Chinese Australian History 98
 Museum of Victoria 100
 National Gallery of Victoria 100
 Old Melbourne Gaol 100–01
 Ost-Melbourne 97
 Parliament House 101, 105
 Polly Woodside Maritime Museum 101
 Queen Victoria Gardens 99
 Queen Victoria Market 101
 Rialto Towers Oberservation Deck 101
 Restaurants 277–78
 Rippon Lea 101
 Royal Botanic Gardens 101, 103
 St Kilda 97
 St Patrick's Cathedral 103
 St Paul's Cathedral 104
 Shrine of Remembrance 104, 105
 Sidney Myer Music Bowl 99
 Southbank Promenade & Southgate 105
 Straßenbahnen 97
 Süd-Melbourne 97
 Toorak 97
 Tudor-Dorf 99
 Unterwegs 108
 Victorian Arts Centre 104
 Vororte 97
 Williamstown 97
Melbourne Cup 93
Mengler's Hill Lookout 144
Mersey Bluff 239
Migration Museum 130
Mildura 113
Millaa Millaa 221
Millaa Millaa Falls 221
Millaa Millaa Lookout 221
Millstream-Chichester National Park 172
Mineralien 166–67
Mineralwasserquellen 114–15
Minnamurra 84
Mirima National Park 165
Mission Beach 223
Mitchell Falls 173
Mitchell, Thomas 113
Moe 115
Mole Creek 245
Mon Repos Environmental Park 211
Monkey Mia 168
Montville 208
Mootwingee National Park 74, 85
Moreton Bay 202
Morgan, Dan 121
Mornington-Halbinsel 118, 122
Morrison, James 19
Morton National Park 87
Morwell Visitor Centre 115
Moses, Jack 81
Mossman 202, 212
Mount Augustus 162
Mount Baw Baw 93
Mount Blue Cow 83
Mount Bogong 11
Mount Buffalo 106
Mount Buller 93
Mount Clarence 159
Mount Connor 190
Mount Coot-Ha 206
Mount Dandenong 114, 122
Mount Donna Buang 93
Mount Dromedary 64
Mount Eccles 107
Mount Franklin 115
Mount Gambier 139
Mount Gillen 198
Mount Heemskerk 231
Mount Hotham 93
Mount Isa 202
Mount Kosciuszko 10–11, 74, 83
Mount Moffat 213
Mount Nelson 233
Mount Olympus 246
Mount Ossa 11, 237
Mount Panorama 72
Mount Remarkable 133
Mount Selwyn 83
Mount Warning National Park 84–85
Mount Wellington 233
Mount Whaleback Mine 166
Mulka's Cave 175
Mundaring Weir 155, 162, 163
Murray 112–13, 139
Murray Downs 113
Murrumbidgee-Bewässerungsgebiet 80–81
Museum and Art Gallery of the Northern Territory 182
Museum of Chinese Australian History 98
Museum of Sydney 45
Museum of Technology, Transport and Communications 185
Museum of Victoria 100
Musgrave Ranges 133
Musik 18–19
Muttonbird Island 79
Myall Lakes National Park 85

Namatjira, Albert 184
Nambour 208, 221
Nambucca Heads 85
Nambung National Park 157, 172
Naracoorte 142
 Naracoorte Caves 142
 Sheep's Back Wool Museum 142
Narrabeen 46, 58
National Film and Sound Archive 70
National Gallery of Australia 68
National Gallery of Victoria 100
National Library of Australia 70
National Maritime Museum 45
National Motor Museum 135
National Wool Museum 115
Nationalparks 13
 siehe auch einzeln aufgeführte Parks
Nelson Falls 246
New England 65
New England Regional Art Museum 72
New Norcia 168
New Norfolk 247
 Bush Inn 247
 St Matthew's 247
New South Wales 62–89
 Hotels 269
 Nationalparks 74
 Restaurants 277
 Weite Autoreisen 71
Newcastle 86
 Fort Scratchley 86
 Maritime Museum 86
 Military Museum 86
Ngurunderi 131
Nicholas Memorial Gardens 122
Nicholls, Sir Douglas 127
Nightcap National Park 86
Nimbin 86
Ningaloo Marine Park 157, 170
Nitmiluk National Park 197
Nolan, Sidney 18, 19, 84
Noosa 223
Noosa Heads 208
Nördliches Victoria Hotels 270–71
Norfolk Island 35
Nornalup 156
North West Cape 157, 170
Northam 170
Northcliffe 170
 Pioneer Museum 170
Northern Territory 176–99
 Hotels 272–73
 Museum and Art Gallery of the Northern Territory 182
 Nationalparks 179
 Restaurants 279–80
 Unterwegs 186
Notruf 261
Nowra 87
Nullarbor Plain 171
Nuriootpa 144

O'Connor Museum 163
O'Connor, Charles Yelverton 162
Oatlands 247
Ocean Drive 160
Ocean Grove 110
Öffnungszeiten 261
Old Halls Creek 164
Old Sydney Town 60
Old Tailem Bend Pioneer Village 139

REGISTER

The Olgas/Kata Tjuta 187, 190–91
Olinda Rhododendron Gardens 114
Oodnadatta Track 143
Ooldea 171
Ophir 87
Orange 87
Ord-River-Bewässerungssystem 165, 173
Organ Pipes National Park 107
Ormiston Gorge and Pound 198–99
Orpheus Island 219
Otways 107
Outback 11, 143
Overland Telegraph 143
Overland Track 237, 246
Oxley Wild Rivers National Park 72
Oxley, John 80

Palm Beach 58, 60
Palm Cove 212
Palm Valley 192, 199
Palmer River 202
Palmerston 182
Parramatta 56, 60–61
 Elizabeth Farm 61, 102
 Experiment Farm Cottage 61
 Government House 61
Peel Inlet 168
Pelgrom, Jan 164
Pelsaert, Kapitän 242
Pemberton 171
 Gloucester Tree 171
Pencil Pine Creek Wasserfälle 237
Perisher Blue Valley 83
Perlen 161
Perth 148, 150–54
 Art Gallery of Western Australia 152
 Aviation Museum 152
 Botanic Gardens 152
 Burswood Casino 151
 Deanery 154
 Fähren 151, 152
 Government House 154
 Hotels 272
 Kings Park 152, 169
 Old Court House 154
 Old Perth Boys' School 154
 Perth Zoo 152–53
 Restaurants 279
 Stirling Gardens 154
 Supreme Court Gardens 154
 The Cloisters 154
 Unterwegs 158
 Vororte 150
 Western Australian Museum 153
Pflanzen
 Eukalyptus 120
 Grasbäume 156
 Huonkiefern 12, 240
 Karribaum 12, 156, 172
 »Lederholz« 248
 Mallee 12, 107
 Königseukalyptus 120
 Regenwald 12, 222
 Spinifex 12, 197
 Wildblumen 169
 Zuckerrohr 202
Phillip Island 118–19

Cape Woolamai 119
Cowes 119
Fairy Penguin Parade 119
Point Grant 119
Pichi Richi Steam Railway 137
Pilbara 157, 166, 172
Pine Creek 199
Pine Creek Miners' Park 199
Pinjarra 156
Pink Lake 163
Pioneer Farm Museum 84
Pioneer World 159
Pitjantjatjara Aborigines 133
Pittwater 58, 60
Plunkett Point 247
Point Nepean 107, 118, 122
Point Puer 247
Politik 20
Polizei 262
Pommies 14
Porongurup National Park 159, 172
Porongurup Range 156, 169
Port Arthur 247
Port Campbell National Park 107, 119
Port Darwin 177, 180
Port Dock Station Museum 131
Port Douglas 212, 223
Port Elliot 136
Port Essington 177, 192
Port Fairy 119
Port Hedland 148
Port Lincoln 136
Port Macquarie 87
 Hastings District Historical Museum 87
 Sea Acres Rainforest Centre 87
 St Thomas' Church 87
Portland 119
Portsea 118, 122
Post 262
Prevelly Park 155, 168
 Lake Cave 168
 Mammoth Cave 168
»Puffing Billy« 114, 122, 188

Queenscliff 119
Queensland 200–25
 Hotels 273–75
 Nationalparks 209
 Restaurants 280–81
 Unterwegs 210
Queensland Art Gallery 207
Queensland Museum 207, 225
Queensland-Hochlandlinie 210
Queenstown 246, 248
 Miners Siding 248
 Mount Lyell Mining and Railway Co 248
Quorn 137

Raffles Bay 177

Rainforest Habitat 212
Rasp, Charles 75
Ravensbourne National Park 225
Red Centre 177, 179
Redbank 199
Reiseinformationen 251–66
Reisen mit dem Auto 258
 Autopanne 252
 Fahrverhalten 254–56
 Gebrauchtwagen 258
 Leihwagen 260
Reisen mit dem Flugzeug 252, 257
Reisen mit der Eisenbahn 257
Reiseroute, Planung der 35
Restaurants 276–81
Richmond 248
Rinder 224
Riverina 65
Robe 127
Robinson, George Augustus 241
Rockhampton 223
 Dreamtime Cultural Centre 223
Rocky Cape National Park 250
Roebuck Bay 160
Rolleston 213
Roma 213
Rosetta Head 136
Ross 249
Ross River 199
Rothbury 81
Rottnest Island 174
Royal Australian Mint 70
Royal Botanic Gardens 101, 103
Royal Flying Doctor Service (RFDS) 78, 185, 214
Royal National Park 13, 61
Rudall River National Park 157
Rum Bundaberg 211
Rusconi, Frank 81
Ruse, James 61
Rushworth 116
Rutherglen 112

Sarah Island 249
Sawpit Creek 82–83
Schafe 196
Scharze Opale 84
Schiffbrüche 242–43
 Küste der Schiffbrüche 242–43
Schouten Island 240
Sculthorpe, Peter 19
Sea World 215
Seal Bay 138
Seal Rocks 85
Seppelt Great Western Winery 109
Serpentine Gorge 198
Shark Bay Marine Park 157, 174
Shell Beach 157, 174
Sherbrooke Forest Park 122
Silverton 78
Simpson Desert 133, 209
Simpsons Gap 198
Sisters Beach 250
Skifahren 93

Smiggin Holes 83
Snowy Mountains 64, 82–83
Snowy Mountains Scheme 82
Snowy River 107
Sorrento 92, 118, 122
South Australia 124–45
 Hotels 271–72
 Nationalparks 133
 Restaurants 278–79
 Unterwegs 134
South Australian Maritime Museum 131
South Australian Museum 131
South Molle Island 219
Southern Cross 174
Southern Highlands 65, 87
Southwest National Park 249
Spencer Gulf 136
Sport 17
Sprache 262–64
Springvale 197
St Helens 250
St Kilda 59
Standley Chasm 198
Stanley 249
Starlight, Captain 143
Steavenson Falls 117
Steiglitz 111
Stirling Range 149, 156, 159, 169
Stirling Range National Park 174
Stockman's Hall of Fame 221
Sträflinge 14, 16
Strahan 246, 249
Strathalbyn 142
Strzelecki National Park 239
Strzelecki Ranges 119
Strzelecki Track 143
Strzelecki-Wüste 74
Strzelecki, Paul Edmund de 28, 119
Stuart Highway 186
Stuart, John McDouall 29, 143, 178
Studenten- und Jugendreisen 264–65
Sturt National Park 74
Sturt Stony Desert 133, 143
Sturt, Charles 28, 112, 209
Sullivans Cove 232
Summer Hill Creek 87
Sunshine Coast 208, 225
 Hotels 274
 Restaurants 280
Surfers Paradise 215
Surprise Valley Lookout 246
Swan Hill 113
Swan Hill Pioneer Settlement 113
Swan River 175
Swan Valley 141, 175
Swansea 250
Sydney 38–61
 AMP Tower 48
 Anzac Memorial 44
 Architektur 102
 Argyle Place 44
 Art Gallery of New South Wales 42
 Ausflüge 60
 Australian Museum 42
 Balmain 59
 Bondi Beach 45, 46

REGISTER

Cadman's Cottage 42, 74
Centennial Park 59
Chinatown 42
Chinesischer Garten 42, 49
Circular Quay 43
Darling Harbour 43, 49
Dawes Point Park 55
Double Bay 59
Elizabeth Bay House 42, 59
Essen und Trinken 51, 276–77
Fähren 50, 54, 55
Garrison Church 44
Geschichte 40–41
Harris Street Motor Museum 43
Hotels 50, 268–69
Hunters Hill 59
Hyde Park 44, 49
Hyde Park Barracks 44
Kings Cross 59
Märkte 52
Mit dem Auto 58
Mrs Macquarie's Point 49
Museum of Contemporary Art 45
Museum of Sydney 45, 49
Nachtleben 53
National Maritime Museum 45
Observatory Hill 41, 44
Paddington 59
Parliament House 47
Powerhouse Museum 47
Pyrmont Bridge 43
Queen Victoria Building 47
Royal Botanic Gardens 47
Shopping 52
Strände 46
Sydney Harbour Bridge 47–48
Sydney Harbour Casino 43, 57
Sydney Jewish Museum 59
Sydney Observatory 44
Sydney Olympic Park 58
Sydney Opera House 48, 49
The Domain 44
The Rocks 47, 55
Touristeninformation 54
Transportmöglichkeiten 54
Trinklokale 51
Vaucluse House 42
Victoria Barracks 48
Vienna Cottage 59
Vororte 59
Sydney-Hobart-Regatta 231
Sydneys Hafen 55

T

Table Cape 250
Tamworth 86
  Country Music Festival 86
  Gallery of Stars 86
  Hands of Fame Corner Stone 86
Pyramid Planetarium 86
Tanunda 144
Tarcoola 127
Taronga Zoo 61
Tarra Bulga National Park 119
Tasman, Abel 26, 231
Tasmania 141, 226–50
  Hotels 275–76
  Nationalparks 236
  Restaurants 281
  Unterwegs 235
Tasmanian Museum and Art Gallery 233
Tasmanian Wilderness Society 238
Tasmanische Halbinsel 247
Telefon 265
Tennant Creek 199
Territory Wildlife Park 179
Tewantin 208
The Blowholes 162
The Olgas/Kata Tjuta 187, 190–91
The Pinnacles (Nambung National Park) 157, 172
Thomas, Wilfred 189
Three Sisters 58, 73
Tidbinbilla 87
Tidbinbilla Nature Reserve 87
Tierwelt
  Agakröten 225
  Ameisenigel 13
  Barramundi 191
  Dornenkronen-Seesterne 88, 217
  Dornteufel 190
  Fliegen 136
  Haie 88
  Hammelvögel 239
  Kamele 199
  Känguruhs und Wallabies 13
  Kasuar 222
  Koalas 13
  Krokodile 88, 183
  Leierschwanz 114
  Oppossums 13
  Pinguine 118
  Quallen 88
  Schlangen 88
  Schnabeltiere 13, 117
  Seehunde 138
  Seeschlangen 88
  Spinnen 88
  Steinfisch 88
  Tasmanische Teufel 110, 244
  Tasmantiger 245
  Termiten 192
  Tödliche Tierwelt 88
  Wale 121
  Witchetty-Larven 194
  Wombats 13
  Würmer 111
Timbertown 89
Toiletten 265
Tollgate Island's Nature Reserve 72
Toodyay 175
Toowoomba 225
Top End 177, 179
Torndirrup National Park 159
  Blowholes 159
  Natural Bridge 159
  The Gap 159
Touristeninformation 265–66
Townsville 225
  Great Barrier Reef Wonderland 225
Omnimax Theatre 225
Queensland Museum 225
Toy Factory 135
Trephina Gorge Nature Park 199
Trinity Bay 211
Trinkgeld 266
Tully 223
Twofold Bay 79
Tyntynder Homestead 113

U

Ubirr 193
Uluru Experience 191
Uluru-Kata Tjuta National Park 187
Umrechnungstabelle 255
Upper Hunter Valley 81

V

Victor Harbor 136, 142, 145
Victoria (Northern Territory) 177
Victoria 90–123
  Hotels 269–71
  Nationalparks 106–07
  Restaurants 277–78
  Unterwegs 108
Viktorianische Alpen 106
Visa 252

W

Wagga Wagga 89
Waldheim 237
Walhalla 121
Walls of Jerusalem 236
Walpole-Nornalup National Park 156
Walyunga National Park 156
Wangaratta 121
  Airworld Museum 121
Wardell, William 99, 103
Warringah Peninsula 60
Warrnambool 121, 243
  Flagstaff Hill Maritime Village 121, 243
Warrumbungle National Park 74
Warwick 225
Wasserkraftwerke 238
Wauchope 89
Wave Rock 175
Weinanbau 140–41
Weindorfer, Gustav 237
Weizengürtel 148
Wentworth Falls 58, 73
Wentworth, William Charles 28, 42
West Coast Pioneers Memorial Museum 250
West Head 58
West MacDonnell National Park 198
West Wyalong 89
Western Australia 146–75
  Hotels 272
  Nationalparks 156–57
Restaurant 279
Unterwegs 158
Western Australian Maritime Museum 163, 242
Western Australian Museum 153
Western Plains 65
Western Plains Zoo 79
Western Plateau 10
Western Slopes 65
Whale Beach 46, 58
Whaleworld 159
White Cliffs 89
White, Patrick 18
Whiteley, Brett 18
Whitsunday Islands 218–19
Whyalla 136
William Bay National Park 163
William Ricketts Sanctuary 122
Williams, Fred 18
Williamson, David 18
Williamson, John 19
Willunga 136
Wilpena Pound 133, 137
Wilson Inlet 163
Wilsons Promontory National Park 121
Windjana Gorge 157, 173
Windy Harbour 170
Windy Point Lookout 145
Wirbelstürme 180–81, 182
Wirtschaftliche Entwicklung 20
Wodonga 112
Wolfe Creek 157, 164, 173
Wollomombi Falls 72
Wollongong 89
Wright, Judith 18
Wüste 12
Wyndham 81, 173
Wynyard 250
Wyperfeld National Park 106, 107

Y

Yalgorup National Park 154, 156
Yanchep 175
Yanchep National Park 156–57, 175
Yarra Valley 141
Yarrangobilly Caves 83
Yarrawonga 112
York 175
  Balladong Farm 175
  Residency Museum 175
  York Motor Museum 175
Yorke Peninsula 142
Yothu Yindi 19
Yourambulla Caves 137
Yungaburra 211

Z

Zeehan 250
  West Coast Pioneers Memorial Museum 250
Zeit 266
Zig Zag Railway 73
Zollbestimmungen 266

BILDNACHWEIS

Bildnachweis

Die Automobile Association bedankt sich bei den folgenden Fotografen, Bibliotheken und Gesellschaften für ihre Mithilfe bei der Vorbereitung dieses Buches.

ACT TOURISM 82 Skifahren, Snowy Mountains. ALLSPORT UK LTD 166 Melbourne Cup. ARDEA LONDON 88o Taipan (C. J. Mason), 228–29 Freycinet National Park (Jon P. Ferrero), 236u The Lower Gordon (Jon P. Ferrero), 238u Gordon-Staudamm (Jon P. Ferrero), 242–43 Die tasmanische Halbinsel (Jon P. Ferrero). BRIDGEMAN ART LIBRARY 18u Sidney Nolans *Dog & Duck Hotel*. DEPARTMENT OF MARITIME ARCHAEOLOGY, WA MARITIME MUSEUM 243o Silberteller. MARY EVANS PICTURE LIBRARY 26o Sträflinge, 26u Dampier wird von Aborigines angegriffen, 27 Kapitän Phillip erreicht Sydney Cove, 28–9 Burke und Wills, 30u Goldgräber, 76 Captain Cook, 77 Cook in Botany Bay, 161u Perlensuche. CHRIS FAIRCLOUGH COLOUR LIBRARY 116o Aborigines, 166–67 Diamantenmine, 194 Aboriginal-Kinder in der Schule, 195 Aborigines im Busch. FFOTOGRAFF 240 Höhlenmalereien, 174 Delphine in der Shark Bay, 241 Steinritzungen der Aborigines. FOOTPRINTS 216–17 Korallenriff (A. Dalton), 216 Kartoffel-Zackenbarsche (N. Hanna), 217u Gauklerfisch (Carlos Lima), 218 Engelfisch (A. Dalton), 219 Heron Island (N. Hanna), 256 Heron Island (N. Hanna). RONALD GRANT ARCHIVES 18m Paul Hogan in *Crocodile Dundee*. INTERNATIONAL PHOTOBANK 12o Akazie, 13 Känguruh, 14o Schiff zum Great Barrier Reef, 24u Aboriginal, 29 Alice Springs, 31 Sovereign Hill, 32 Eukalyptuskautschuk, 34 Wohnmobile, 82–83 Lake Blowering, 90 Heimische Flora, 92–93 Great Ocean Road, 97 Straßenbahn, 114 Olinda Rhododendron Garden, 118 Zwölf Apostel, Port Campbell, 127 Bethany Church, 134 Schienenbus, 135 Cleland Wildlife Park, 137 Flinders Ranges, 138 Goolwa PS *Mundoo*, 140–41 Barossa Valley, 140 Kellerei, 142 Victor Harbor, 175u Hotelschild in York, 177 Geisterbaum, 178 Schlucht am Katherine River, 184 Gedenkstätte, 185u Einladung, 200 Green Island, 208 Glass House Mountains, 209u Pennantsittiche, 210 Pacific Highway, 211 Cairns, 213 *Bottle-brush*-Pflanze, 217o Tauchunterricht, 252 Australier, 253 Der Overland Train, 257 Rucksackreisende, 267o Standley. MICHAEL IVORY 8u 25 Ranger Kakadu National Park. NATURE PHOTOGRAPHERS LTD 121 Spielende Wale (R. Tidman), 222u Kasuar. NORTHERN TERRITORY TOURIST COMMISSION 181 Government House in Darwin, 182 Im Arts & Sciences Museum, Darwin, 189 Der Ghan, 191 Cutta Cutta Caves, 198 Glen Helen Gorge, 255 Jeep, 259 Simpsons Gap. CHRISTINE OSBORNE PICTURES 224u Cowboy. ANDY PRICE 18o Tjapukai-Aboriginal-Tanz, 21o Aboriginal-Kunst, 178–79 Katherine Gorge, 192u Termitenhügel, 193 Kakadu National Park, 194–95 Aboriginal-Kunst. PS PRODUCTIONS Titel. QUEEN VICTORIA MUSEUM & ART GALLERY 241u J. Glovers *Letzter Appell*, ROYAL GEOGRAPHIC SOCIETY 23 Landkarte. SPECTRUM COLOUR LIBRARY 99 Melbourne Cricket Ground, 103 Zoo von Melbourne, 120 *Gum tree* 203u Zug nach Kuranda, 215 Surfers Paradise, 220 Lamington National Park, 222o Regenwald, 222m Regenwald in den Bunya Mountains, 223 Hafen von Port Douglas, 225 Sunshine Coast, 235 Wanderparadies, 237 Cradle Mountain National Park, 247 Port Arthur Convict Museum, 250 Bei St Helens. TOURISM SOUTH AUSTRALIA 130 Hafen von Adelaide, 131 Ayers House, 132 Tandanya Aboriginal Culture Centre, 133 Remarkable Rocks, Kangaroo Island, 139 River Murray. TOURISM TASMANIA 236o Nervenkitzel, 240 Freycinet Peninsula, 243 Schiffswrack, 246 Derwent-Tal, 248 Berglandschaft, 249 Thunfischfang, 264 Fischen. WESTERN AUSTRALIAN TOURISM COMMISSION 148 Warren National Park, 151 Kings Park in Perth, 157u Bungle Bungle National Park, 159 In der Pioneer World, Armadale, 160 Bunbury, 167 Erztransport, 168 Mandurah, 170 Ningaloo-Riff, 173o Gibb River, 173u Diamantenmine in Argyle, 175o Wave Rock, 262 Die Abbey Church in New Norcia. ZEFA PICTURE LIBRARY (UK) LTD 224o Rinderweideland.

Alle übrigen Fotos sind Eigentum der AA PHOTO LIBRARY mit Beiträgen von:

ADRIAN BAKER 2, 5u, 5m, 6o, 7o, 7u, 8o, 9o, 10–11, 10, 11, 15, 20, 21u, 22–23, 22, 23, 28, 30o, 33o, 35, 47, 48, 49, 52o, 54, 55u, 60, 64–65, 66, 67o, 69, 70, 71, 72, 73, 75, 76–77, 78, 79, 83, 85, 87, 88u, 89, 92, 98, 100o, 100u, 102u, 106, 107, 109, 110, 111, 112–13, 112, 113, 115, 117, 119, 120u, 122, 123, 126–27, 136, 143o, 143u, 145, 146, 149, 152, 153, 154, 156, 157u, 158, 161u, 162, 163, 164, 165, 169o, 169u, 169m, 171, 172, 185o, 186, 187, 188–89, 190o, 190u, 192o, 196o, 196u, 197, 199, 202, 203o, 205, 206, 207, 209o, 212, 221, 228, 229, 231, 232, 233, 234, 238o, 239, 244, 245, 258, 260, 261, 263. PAUL KENWARD 3, 4, 5o, 9u, 12u, 14u, 16o, 17, 19, 33u, 39, 40, 40–41, 42, 43, 45, 46o, 46u, 50, 51, 52u, 53, 55o, 58, 59, 61, 62, 67u, 68, 74, 80–81, 84, 86, 183u, 188, 251o,u, 265, 266, 267u. CHRISTINE OSBORNE 96u, 96u, 101, 102o, 104, 105, 108, 110, 166. KEN PATERSON 183o.

Umschlag: Titel: TSW/David Sutherland; Einklinker: TSW/Sylvain Grandadam; Rückseite: IFA-Bilderteam.
Umschlaggestaltung: Pro Design, München.

Mitwirkende

Redaktion der aktualisierten Auflage: Rebecca Snelling
Redaktion: Sally Knowles   **Dokumentation:** Anne Matthews